哲学史家文库

第2辑

德国古典哲学逻辑进程

A Series of Books by the Historian of Philosophy

杨祖陶 著

人民出版社

修订版前言

本书初版面世于十年前。出版后不久台湾志一出版社就出了本书的繁体字版，后又获国家教委高校出版社优秀学术著作奖。由于本书问世于学术著作出版最艰难的时期，印数不多，很快就脱销了。多年来本书都被列为武汉大学哲学系招收德国近现代哲学方向研究生的必读参考书目，但早就是只有书目而找不到书了。许多研究生和外地素不相识的人都来打听哪儿能买到此书，有的人为了得到此书，甚至从别人那里将它复印下来，可见希望此书再版之心切。现在武汉大学出版社决定再版此书，以满足各方需要，这是令人感到欣慰和庆幸的。对于出版社的这一远见卓识的决定，我要表示特别的谢意。

下面我想就本书的研究对象、课题和方法说几句话。

本书研究的对象是18世纪末至19世纪40年代的德国古典哲学，即在这一时期德国哲学革命中相继产生和形成的各种哲学学说或哲学体系。对于德国古典哲学的研究在我国曾经是一个热点，但自改革开放以来它就逐渐地受到漠视。这种现象的出现不管是出于什么样的历史原因，但从根本上来说是由于不理解或不甚理解德国古典哲学研究的现代价值，即其理论的和现实的意义。我在《德国古典哲学研究的现代价值》一文中曾经指出：虽然我国对德国古典哲学的研究已有近百年的历史，取得了巨大的成绩，"但从德国古典哲学的无比丰富的内容和极其深刻的意蕴，从它作为一个整体的无数构成环节，从它作为人类哲学史上一场持续时间最长、展示出一幕幕宏伟场景的哲学革命所隐含的支配哲学发展的内在规律等等来看，我们对德国古典哲学的研究和对整个西方哲学的研究一样，不能不说都还处在起始的或初级的阶段"[①]。然而，就我国社会主义现代化的建设需

[①] 杨祖陶：《德国古典哲学研究的现代价值》，《哲学研究》2001年第4期。

要大力引进、研究、借鉴和吸收西方哲学来看，时代要求于我们的却是必须把德国古典哲学的研究在学术化的道路上推向更高的阶段和更高的层次。这是因为不深刻理解作为以往西方哲学发展最高阶段的德国古典哲学，就缺少一把理解它以前的西方哲学发展诸阶段的钥匙；不深入理解作为现代西方哲学产生和发展的源头、土壤和背景的德国古典哲学，就难以深入理解现代西方哲学及其发展；不理解作为马克思主义哲学的理论前提和理论来源的德国古典哲学，就不能真正理解马克思主义哲学的产生、本质和特征。

德国古典哲学的研究不仅具有这样的理论意义，而且对于培育和铸造我们国家新的、社会主义的、现代的民族精神具有值得注意的现实意义。这是因为德国古典哲学的现代价值集中地表现在它把西方哲学传统所特有的两种精神发展到了典型的高度，这两种精神恰好是中国传统文化所缺乏，而又为中国现实所必需的。这就是"为真理而真理"的理论精神和"为自由而自由"的实践精神。前一种精神理应是西方的哲学、自然科学和社会科学得以生成和发展到今天这样的高度的精神前提，后一种精神则可以说是西方发达社会从封建的自然经济进到市场经济再进到全球经济从而客观上为通向更高社会形态开辟道路的精神前提。马克思主义哲学自觉地继承和发展了德国古典哲学的这两种精神。针对"为真理而真理"的精神，恩格斯宣称"德国的工人运动是德国古典哲学的继承者"①。马克思和恩格斯从德国古典哲学那里同样继承、改造、发展和提高了"为自由而自由"的实践精神，这集中地表现在他们把建立一个"每个人的自由发展是一切人的自由发展的条件"的"联合体"②宣告为共产党为之奋斗不已的最后目标。显然，马克思主义哲学继德国古典哲学之后所进一步向前推进了的这样两种精神应当成为正在形成中的现代中国的民族精神的核心。

本书的课题是探索和阐明德国古典哲学发展的逻辑进程，这无疑是德国古典哲学研究中最核心、最本质的一个问题。

所谓研究德国古典哲学的逻辑进程，按照我的理解，就是要把这个历史时期中相继出现的各种哲学学说或体系作为人类哲学思维自身具有逻

① 《马克思恩格斯文集》第 4 卷，人民出版社 2009 年版，第 313 页。
② 《马克思恩格斯文集》第 2 卷，人民出版社 2009 年版，第 53 页。

辑必然性的矛盾进程来研究，并使它们作为人类哲学思维由于内在矛盾而向前推进的、必然的、活生生的自己运动的过程呈现出来。因此，正如我在别的地方指出来的那样，"所谓德国古典哲学的逻辑进程实际上也就是德国古典哲学的现实的历史进程，只不过摆脱了历史的外在性和偶然性，它是现实的历史进程按照其自身的规律修正过的和在纯粹的、典型的、逻辑上前后一贯形式上的反映，简言之，它是现实的历史进程之辩证逻辑的再现"①。

关于解决这样一个课题的方法，我在本书的"结束语"中作了一个简明而颇为全面的总结性的说明。现在需要指出的是，就这方法的核心而言，它其实已经包含在对这课题的理解中了。这就是要把作为唯物主义认识论、辩证法和逻辑学之统一的唯物辩证逻辑应用于德国古典哲学的现实历史进程的研究。这就要求我们的研究必须从充分占有的、经过批判审查的德国古典哲学的材料出发，寻找出它们的内在联系，首先是内在的矛盾的联系，根据它们的内在联系把历史中不同的哲学学说或体系理解为由其内在矛盾的展开所构成的哲学发展的不同形态或阶段，并循着内在矛盾运动的轨迹而寻找出这些发展形态或发展阶段的内在联系，根据这样的内在联系而把所有这些按一定顺序连结起来的形态和体系理解为人类哲学思维的有内在必然规律的进程。正是依据于这样的方法的运用，本书把从康德到费尔巴哈的德国古典哲学理解和展示为围绕"主体能动性和客体制约性"这对矛盾所展开的从一种哲学形态到另一种哲学形态的螺旋式上升运动，阐明了人类哲学思维在这个思维时期内从一个思维层次到另一个思维层次的提高，并由此必然发展到它的逻辑结论——马克思的"实践唯物主义"。

在这里还必须说明的是，所谓应用唯物辩证逻辑，就是以它作为研究的指南，去发现德国古典哲学发展的固有的内在规律和逻辑进程，实质上也就是要在这个"单独的历史事例"上发展出与之相应的唯物辩证逻辑的观点。这正如恩格斯所说的"是一项要求多年冷静钻研的科学工作，因为很明显，在这里只说空话是无济于事的，只有靠大量的、批判地审查过的、充分地掌握了的历史资料，才能解决这样的任务"②。本书只是以唯物

---

① 杨祖陶：《论德国古典哲学的逻辑进程》，《哲学研究》1992 年第 10 期。

② 《马克思恩格斯文集》第 2 卷，人民出版社 2009 年版，第 598 页。

辩证逻辑为指南来探索和阐述德国古典哲学的逻辑进程的一个初步的尝试，缺点、不足和错误都是难以避免的，但是对于这样的尝试来说，只要能引起不同的意见和讨论，就是它的成功或意义所在。因为只有通过不同意见的争论对德国古典哲学的内在规律和逻辑进程的认识才能一次一次地更加接近真实，但决不会达到什么"绝对完善"、"不容再议"的最后解决。所以本书对于一切指正和批评都是敞开或开放的。

本书这次再版，作了以下几点修订：

1. 对正文作了一些必要的修改和补充，对有的表述方式进行了调整。

2. 第一章有关康德三大批判著作的引文尽可能都根据最新出版的康德译著引用，如杨祖陶、邓晓芒编译：《康德三大批判精粹》，人民出版社2001年版；邓晓芒译、杨祖陶校：《判断力批判》，人民出版社2002年版；*Grundlegung zur Metaphysik der Sitten* 一书的引文则尽可能按上海人民出版社出版、苗力田译的《道德形而上学原理》引用。这样便于读者查阅。

3. 删去了初版的附录《从法国唯物主义到德国唯心主义》，而代之以作者的另一论文《德国近代理性哲学和意志哲学的关系问题》[①]，作为再版的附录。这是考虑到前文与本书本质上只是一种历史的联系，后文则是本书在内容上的一种进展，讨论了德国古典哲学研究中应当注意的一个新的视角和方面，对于读者和研究者来说也许会更有意义。

4. 为了满足读者和研究者的需要，新版还附有作者特意编制的：(1)汉德人名对照表；(2)汉德书名对照表；(3)汉德术语对照表。

本书再版虽然作了这些修订，不完善之处在所难免，敬请读者不吝指正。

杨祖陶

2002年12月于珞珈山麓

---

① 参见杨祖陶：《德国近代理性哲学和意志哲学的关系问题》，《哲学研究》1998年第3期。

目　　录

导论　德国古典哲学逻辑进程的基础和线索

一、经济—政治基础

从 18 世纪末到 19 世纪 40 年代的几十年间，在德国出现了一场轰轰烈烈的哲学革命。这场革命与 1789 年的法国大革命平行，并作为对这场政治革命的反思，就其对人类历史发展所造成的影响来说，其意义决不亚于法国大革命。然而，德国的哲学革命既不是从天而降的，也不是由法国"输入"的，而是由当时的整个欧洲和德国国内的一般社会历史条件所决定的。

这个时期的欧洲，正经历着一个前所未有的动荡和发展的时代。英国经过 18 世纪的工业革命，扫除了封建的残余关系，使英国资产阶级成了日益紧密联系和发展起来的资本主义世界经济体系的领导力量；法国在 18 世纪也有了强大而富裕的资产阶级，它领导第三等级实现了资产阶级反封建的具有世界意义的大革命，并夺得了几乎整个欧洲大陆，成为资本主义世界经济体系中与英国竞长争高的唯一力量。至于德国，则直到 19 世纪，还没有形成具有民族独立性的工商业，因而也没有形成富裕而强大的、团结为阶级的民族资产阶级。自 16 世纪宗教改革和农民战争以来，德国在 300 年间被排除于欧洲积极行动的民族行列之外，整个社会的发展日益具有了完全小资产阶级的性质。德国没有成为一个资本主义社会，而是一个半封建的小资产阶级性的社会，这是这一时期德国社会发展的一个重要的历史特点，它表现在如下几个方面。

首先，封建时代自给自足的自然经济已遭到破坏，但在农业中占统治的仍然是农奴制度，农奴主剥削的目的已不是直接满足自己的需要，而是把农产品输出国外。其次，与封建的农业经济并列的，是城市、乡镇和沿海从事工商业的小资产阶级经济，其中混杂着一部分资本主义生产的萌芽。这种中小市民经济的特点是，它的发展局限于某些地区，形成了一些具有极其不同的地方色彩和狭隘地方利益的地方经济；它不是在生产和贸易的日益增长的需要的基础上发展的，而是在国民经济衰退和居民消费水平极端低下的基础上，依靠王室、官厅和军队的需要而存在和发展的；市民经济中的资本主义萌芽部分由于长期停滞，不仅得不到发展，反而日益具有与农奴制度和宗法关系相适应的性质。中小市民经济在德国经济生活中是一个不可缺少的经济部门，正是它使封建制度趋于没落；但它不是德国社会经济的主要形式，也不可能取代封建的经济制度而成为新的社会经济制度的基础。

由于封建制度的没落和资本主义经济陷于停滞，德国社会内部的阶级关系是极其复杂和特殊的，正如马克思和恩格斯所指出的，封建等级已经瓦解但未被消除，新兴社会阶级的元素已经具备但尚未形成。一方面，旧的封建贵族在农民战争中被消灭后，各地的小诸侯和容克地主成了国家的统治阶级，在他们的残酷剥削和压迫之下，农民（大部分为农奴）的反抗能力已消耗殆尽；另一方面，从事工商业的中小市民局限于狭隘的地方利益，始终不能发展出一个阶级的共同的和民族的利益，他们只是一些具有特殊利益的地方集团，而不成为一个阶级。他们受封建主义压迫和外国资产阶级的剥削，具有反封建和民族独立的愿望，但由于他们利益分散和经济上对王室的依赖性，他们又没有毅力与勇气团结人民进行斗争，而宁愿忍受着压迫和侮辱，安于现状，依靠对统治者和人民双方的欺骗，在这腐朽透顶的现实中寻求自己的蝇头小利。这是一个保守的阶级，它与英、法两国相当历史阶段上的中小市民不同，是被打断了的资本主义发展的产物，是革命失败的结果；它没有任何历史主动性，怯懦，软弱，没有独创能力；它在每一个现存社会阶级和在这个社会胎胞内孕育出来的每一个未来阶级身上都打上小市民庸碌的标记，把它的自甘屈辱和为日常琐事操心的特点传染给它们。德国社会陷入了这样一种毫无出路的可悲境地：德国特殊的封建社会制度打断了中小市民的资本主义发展道路，使一个新兴的资产阶级陷于难产；但要扫除资本主义发展道路上的障碍即陈腐的封建关系，又必须以一个新兴的资产阶级的出现为前提。

这就是 18 世纪末甚至连德国最优秀最坚强的思想家都对祖国前途不抱任何希望的根源。

法国资产阶级在 18 世纪末爆发的法国大革命为德国中小市民作出了表率。这场革命推翻了封建生产关系，建立了资本主义生产关系，使之与封建制度内部生长起来的生产力相适合；而为了巩固国内革命成果，为了给法国资产阶级社会在欧洲大陆上创造一个适当的环境，革命也不可避免地推广到了法国境外，在欧洲大陆上，首先是在邻国德意志的土地上到处扫除封建制度。法国革命军队在拿破仑率领下，以革命战争的恐怖手段清除了德国的心脏地带莱茵区的封建制度，推行了法国资产阶级革命的原则。普鲁士王朝在拿破仑的压力之下，为了自身的利益也不得不实行某些实质上是资产阶级性质的自上而下的改革，如较为自由的市政组织，废除农奴制等等。但是，德国的中小市民并没有以实际的革命行动同国内的封建统治作斗争，而是继续靠他们微小的盘剥和伟大的幻想过日子。他们满足于普鲁士王朝的空洞的约言，在反拿破仑的民族解放战争胜利之后，把人民斗争的果实送给了封建统治阶级。然而，不管德国的封建统治者多么不愿意，也不管德国中小市民多么不自觉，德国历史的车轮终于在世界资本主义经济的必然规律推动下前进了一步，德国在近三个世纪的停滞与倒退之后，无可挽回地走上了资本主义的发展道路，中小市民开始形成为资产阶级了。

从 1815 年开始，整个欧洲进入了反革命复辟时期，德国也是这样。德国在复辟时期既没有广大资产阶级参加的自由主义运动，也没有工人农民广泛参加的民主主义运动。直到 19 世纪 30 年代，资产阶级自由主义运动和一般民主运动才在法国 1830 年 7 月革命影响下有了一度高涨。但德国资产阶级的主体——普鲁士资产阶级仍未参加这些运动，因为德国的经济关系还远未达到与资产阶级自由主义的政治形式相适应的发展阶段，正在形成中的资产阶级还满足于能够安安静静地经营自己规模不大的私营企业，很少过问政治。复辟时期的革命派只是由一些理论家所组成，主要成员是大学生，但大学生的运动没有得到资产阶级本身的支持。德国资产阶级把全部实际政权留在专制政府手里，而热衷于发展自己的经济，以自己的经济力量迫使政府缓慢地修改法律以利于资产阶级。德国资本主义就是在这种改良的道路上，在大量半封建残余存在的情况下，缓慢而持续地发展着。

但是，由于德国走上资本主义发展道路是在大工业时代进行的，德国资产阶级就可以比历史上英、法两国在更短时期内建立起具有全民族意义的工业和交通事业。自从 1834 年全德关税同盟以来，德国工业资本主义的发展就更快了。德国中小市民转变为大资产阶级的最后时刻来到了，它已经使自己的生产部门成为全民族主导的生产部门，已把分散的地方利益在一定程度上结合为一个阶级共同的和民族的利益。德国资产阶级已经处于这样一个转折点上：要么继续向前迈进成为统治阶级，要么就放弃自己以前所取得的成绩。从 1840 年起，德国资产阶级的主体普鲁士资产阶级就以现政权反对派面貌出现，用革命恐吓专制政府，要求亲自控制政权，它差不多已处于法国资产阶级在 1789 年所处的状况了。然而另一方面，也正由于这一过程与资本主义大工业时代的一致性，当德国资产阶级成熟到开始同君主专制做斗争以确立自己的统治时，现代无产阶级也就已经成熟并作为独立的政治力量走上了历史舞台，与资产阶级展开了全面的阶级斗争。这样，德国资产阶级已不可能再扮演法国资产阶级曾扮演过的革命领导者的角色，它已觉察到它与无产阶级的根本性对抗，已丧失了进行独占的政治统治的能力；它宁可寻找另外的同盟者，与之分享统治权，直至把统治权完全让给它们。在 1848 年革命中，德国资产阶级就扮演了串通国王和背弃人民的角色。

在中小市民发展成为大资产阶级的过程中，资产阶级的思想意识也经历着相应的变化。从康德到费尔巴哈为止的德国古典哲学就是以哲学的形式表现了与这一过程相适应的资产阶级思想意识，是德国资产阶级反对封建主义的实际运动在理论上的集中表现，它反映了资产阶级在其发展的不同时期和阶段的根本利益，其使命是为意识形态各领域中资产阶级反封建斗争提供世界观和方法论的根本原则。18 世纪末到 19 世纪 40 年代的德国古典哲学是 1848 年资产阶级政治革命的哲学先导。

具体言之，从康德到黑格尔是德国古典哲学发展的第一时期，是尚未形成和正在形成为大资产阶级的德国中小市民思想意识形态的集中表现，是这个时期中小市民力求在与封建势力妥协下发展资本主义这一倾向的反映。恩格斯在讲到这个时期的德国哲学与经济发展的内在联系时指出："在从康德到黑格尔的德国哲学中始终显现着德国庸人的面孔——有时积极地，有时消极地。"① 资产阶级这种妥协保守的政治倾向，产生与发展了德国唯心主义哲学，产生与发展了唯心辩证法，从而推翻了18世纪占统治地位的形而上学。其中，康德哲学作为德国古典唯心主义的创立阶段，把各种敌对的哲学派别结合在一个体系中，这种充满不可解决的内在矛盾的二元论哲学，是18世纪末德国市民的软弱、受压迫和贫乏状况的体现，它表现着被打断了发展进程的德国市民，在欧洲资本主义经济增长和资产阶级反封建斗争高涨的条件下，要求摆脱封建束缚和变为资产者的日益强烈的愿望，以及无力实现这一愿望而将之推向彼岸世界的妥协态度。黑格尔哲学属于德国古典唯心主义的完成阶段。他在唯心主义范围内完成了对康德的批判，解决了康德所提出的思维与存在、理想与现实等一系列矛盾，坚信世界历史是绝对精神的必然运动，是谁也阻止不了的。但他既然把一切都转化为思想的规定，只是在思想中克服现实矛盾，现实却并未因此而有丝毫改变，他的哲学就把现实合理化了，成了最保守的哲学。黑格尔的辩证唯心主义哲学是19世纪初德国市民在改良的道路上畏缩而缓慢地向大资产阶级转化过程的反映。在康德和黑格尔的哲学之间，作为过渡环节的是费希特和谢林的哲学。

德国古典哲学发展的第二时期产生了费尔巴哈的唯物主义哲学。这一时期的德国古典哲学是接近形成了的大资产阶级意识形态的反映。它表现了资产阶级革命的利益，同时也表现了资产阶级对刚刚走上历史舞台的无产阶级的顾虑。它推翻了唯心主义的统治，恢复了唯物主义的权威，但同时也抛弃了辩证法，回到了旧的形而上学思维方式。从第一时期到这个第二时期的过渡环节，则是黑格尔学派中分裂出来的青年黑格尔派哲学。

由此可见，德国资产阶级从中小市民发展为大资产阶级的社会历史过程，构成了18世纪末至19世纪40年代德国古典哲学的基础和背景。这一哲学发展过程以及每一哲学体系本身的复杂性、矛盾性和二重性，归根结底是由德国资本主义和资产阶级发展的复杂性、矛盾性和二重性所决定的。

---

① 《马克思恩格斯文集》第10卷，人民出版社2009年版，第599页。

二、自然科学和社会科学基础

德国古典哲学发展的两大成果是：在从康德到黑格尔时期，推翻了占统治地位的旧形而上学，发展了作为方法的辩证法在认识中的作用和作为科学思维形式的范畴在认识中的意义的理论，即发展了唯心主义的辩证法；在费尔巴哈时期，则推翻了德国古典唯心主义，恢复了唯物主义的权威。整个德国古典哲学，比起 17、18 世纪的哲学来，具有非常不同的形式和内容，它标志着人类对作为整体的自然、社会历史和精神生活的认识进入了一个新的更高阶段，为人类认识史上空前的伟大革命即马克思主义的辩证唯物论和历史唯物论做好了思想的准备。当然，决定德国古典哲学的这种进展和它所能具有的特殊内容和形式的，首先不是哲学本身即纯粹思维，而是 18 世纪末至 19 世纪 40 年代的人类实践。这一时期是人类实践史中一个非常重大的转折时期，反映着人类与自然的关系和人与人的相互关系的自然科学和社会科学，也都在 18 世纪末结束了自己过去的发展过程，而开始向着一个崭新的发展过程过渡。哲学作为关于自然知识和社会知识的概括和总结，在这个时期无论是内容还是形式上，都必然要经历重大的变化和改造。

首先，在人类社会生产活动方面，18 世纪的工业革命促成了以手工劳动为基础的小生产向以机器为基础的大生产的转化。从 1735 年淮亚特发明纺纱机开始，到 1784 年瓦特发明复式蒸汽机，直到 19 世纪 40 年代和 50 年代大规模铺设铁路及整个重工业部门的机械化，这些生产物质技术方面的变革所引起的自然界和社会关系的变化，就其规模、深刻性和速度来看，都是过去任何一个时代所不能比拟的。工业革命的过程也就是自然界和人类、个人和社会之间的联系和相互作用的秘密日益显露的过程，这些秘密都先后反映到参加物质生产活动以及与之相联系的其他社会活动的人们的头脑中来。人们日益感到，18 世纪所流行的那种把自然界、人类社会、个人活动看作彼此孤立的领域，把自然界仅当作直观的对象，把人的认识仅当作被动的直观活动的看法，同新的事实材料并不完全符合，而有必要按照新的实践经验来改变过去的那种思维习惯了。

　　其次，与此相应的是，这个时期也是欧洲历史和社会生活中一个重大的转折时期。1789 年法国资产阶级革命是"完全抛开宗教外衣、在毫不掩饰的政治战线上作战的首次起义；这也是真正把斗争进行到底，直到交战的一方即贵族被彻底消灭而另一方即资产阶级完全胜利的首次起义"①。随之，无产阶级也相应地发展起来。然而，经过拿破仑的对外扩张和欧洲封建势力的复辟，直到 1830 年之前，整个欧洲的无产阶级都还没有形成自己独立的政治运动。在资产阶级反对封建势力的斗争中，新诞生的工人阶级的运动实质上还是民主主义性质的，都或多或少从属于资产阶级的自由主义运动；工人阶级还没有意识到他们与资产阶级在阶级利益上的根本对立，因而充当了资产阶级政治斗争的工具。从 1830 年开始，虽然资产阶级还在为巩固自己的利益同封建主义做斗争，但工人阶级已开始了独立的政治运动。1831 年法国里昂的工人举行起义，1838—1842 年英国工人的宪章运动达到高潮，1843 年在落后的德国爆发了西里西亚纺织工人的暴动，都说明了这一点。在法国革命后为资本主义关系发展扫清道路的规模最大的 1848 年革命这一准备阶段，在欧洲最先进的国家的历史上，无产阶级和资产阶级之间的"阶级斗争在实践方面和理论方面采取了日益鲜明的和带有威胁性的形式"②。阶级斗争的这种日益深刻、明朗和尖锐化的过程，也就是社会的秘密和历史的秘密日益暴露出来的过程，因而参加阶级斗争实践的人们对于社会历史发展的基础、动力、动因与后果的联系等也就日益获得新的知识、新的材料，并日益感到，启蒙主义者把历史看作君子与小人的斗争，看作至多不过是供哲学家利用的例证和插图的汇集，以及认为历史上很少有教益的东西等历史见解已经过时了，跟新发现的材料和事实不相符合了。

　　与上述生产活动和社会历史活动中的重大转折相对应，这一时期也是自然科学和社会科学发展史中的一个重大转折时期。

　　在自然科学方面，这是一个从"主要是搜集材料的科学，关于既成事物的科学"向"本质上是整理材料的科学，关于过程、关于这些事物的发生和发展以及关于把这些自然过程结合为一个伟大整体的联系的科学"

①　《马克思恩格斯文集》第 3 卷，人民出版社 2009 年版，第 514 页。
②　《马克思恩格斯文集》第 5 卷，人民出版社 2009 年版，第 17 页。

的转化时期。18 世纪末以前的自然科学属于从文艺复兴开始的近代自然科学的第一时期，牛顿和林奈是这一时期的标志。直到这一时期末为止，真正成为科学的还只有力学和数学，但同时也为别的物质运动形态的研究准备了一些材料，如化学中氧气的发现，矿物学、动物学、解剖学、生理学材料的搜集和初步整理，以及气体力学和液体力学、光学的某些研究。19 世纪最初 30 年开始了自然科学发展的第二时期。随着工业革命的开展和对科学的需要，自然科学广泛研究了物质运动的其他形态，物理学、化学、生物学、地质学、地理学、胚胎学、动植物生理学等都先后成为了科学，提供了大量关于自然界个别领域内各种现象和过程之间的联系及某些关于这些领域之间的联系的材料。最重大的发现如道尔顿的化学原子论及其定比、倍比定律；柏采留斯、李比希和魏勒在有机化学方面的成就；戴维关于电流的化学作用（电解现象）的发现；加诺关于热现象和机械现象之联系的热力学研究成果及用人工方法使某些气体转化为液体的物理学实验；拉马克关于物种变异的思想、关于生物进化论因素的天才预测；居维叶关于古生物化石之间及它们与地层之间联系的确定；莱伊尔关于地球缓慢变化和逐步进化的理论等。19 世纪第二个 30 年是自然科学发展第二时期的完成阶段。在这个阶段里作出了自然科学中的许多伟大发现，实现了自然科学的第二次革命。其中最重要的三大发现就是：细胞的发现并被确定为独立生存的最低有机形态；能量转化的发现，它表明自然界不仅运动的量是守恒的，而且各种自然力不过是唯一的物质运动各种转化着的表现形式；达尔文进化论的发现，它证明现代的植物、动物和人类，都是多少万年之久的合乎规律的发展过程的结果。由于这些伟大发现和其他自然科学成就，单凭实验自然科学本身所提供的材料，就已经可以用系统的方式描绘出自然界这一相互联系和发展着的整体的面貌了。

总之，18 世纪末至 19 世纪 40 年代的自然科学发展进程，也就是自然界的辩证性质日益暴露的过程，同时也是 18 世纪占统治地位的形而上学自然观日益被打破，而预示着后来的辩证自然观的天才推测到产生并日益获得确定形式的过程。自然科学家们被逼得开始自发地去寻求认识自然的新的可靠方法。但是，传统是一种势力，不但在教会中是如此，而且在自然科学中也是如此。自然科学中形而上学的自然观和方法论传统严重束缚着自然科学家的头脑，使他们从新的辩证性质的发现中，往往作出各种错误的、片面的和反科学的结论。自然科学的这种发展变化对哲学有重大的、内在的影响，哲学标志着人类认识自然的历史阶段，"认为事物是既成的东西的旧形而上学，是从那种把非生物和生物当做既成事物来研究的自然科学中产生的。而当这种研究已经进展到可以向前迈出决定性的一步，即可以过渡到系统地研究这些事物在自然界本身中所发生的变化的时候，在哲学领域内也就响起了旧形而上学的丧钟。"①

　　在社会科学方面，这是一个资产阶级古典社会学达到最后完成并开始向资产阶级庸俗社会学转化，以及社会主义从空想到科学的转化时期。在这一时期中，在无产阶级和资产阶级的斗争尚未发展的阶段上，英国资产阶级古典政治经济学经过亚当·斯密而在大卫·李嘉图那里得到了最高体现。古典经济学者的最大成就在于他们力图透过资本主义社会经济关系的错综复杂的现象，探索其内在联系，把各种看来似乎相互独立的事物，作综合统一的理解；他们把资本主义社会的一切经济范畴都归结为一个具有决定性的原则，并把它们从这个原则中引申出来，这个原则就是"劳动时间决定商品价值"，这就奠定了劳动价值论的基础；最后，他们并不回避和掩盖阶级利益的对立，即工资、利润与地租的对立，并有意识地把这种对立作为研究的出发点，建立了阶级对立的分配理论。除经济学外，这一时期在法国也经历着社会学和历史学方面的重大变化。在 19 世纪最初 20 余年内，产生和发展出了批判的、空想的社会主义学说，圣西门和傅立叶等人依据新的社会实践材料，力图突破启蒙主义历史观的局限性。他们不再把历史仅仅看作是一系列的偶然事件，而提出了在历史中寻找规律性的任务，要求有关人类社会的科学应成为如自然科学一样严密的科学。他们从产业发展的需要去说明封建关系的历史必要性和让位于资本主义关系的历史必然性。但由于他们并未把自己看作是无产阶级利益的代表，而自以为是超阶级的人物，拒绝阶级斗争，因此自 1830 年起，当无产阶级的斗争日渐发展并日益具有确定的形式时，他们的学说便被抛到后面去了，代之而起的是法国复辟时期资产阶级的社会历史学家梯也尔、基佐和米涅等人的学说。他们为了资产阶级的政治利益，依据法国革命后阶级斗争的新经验，力图从历史中总结出社会发展的规律。他们把社会划分为阶

---

① 《马克思恩格斯文集》第 4 卷，人民出版社 2009 年版，第 299 页。

级，把政治制度看作"社会的外衣"，看作财产关系的表现，认为财产关系的改变导致新的阶级关系和政治制度的改变，而阶级斗争则是历史的主要内容。然而，由于资产阶级历史学家的阶级偏见和历史的局限性，旧的唯心主义和形而上学的历史观与方法论传统仍紧紧地束缚着他们的头脑，常常使他们作出某些错误的甚至反动的结论。

18 世纪末和 19 世纪初的德国古典哲学，就是在人类历史的这样一个转折时期产生、发展和终结的。德国古典哲学迅猛的发展，正是这一时期的人类实践对哲学提出的日益迫切的需要的特殊反映。德国古典哲学在其发展进程中日益明确地提出了制定新的辩证的方法和新的认识理论的任务，其充满矛盾的发展过程，在一定程度上正是对人类实践提供的日新月异的丰富的哲学原料和半成品进行理论加工的过程。德国古典哲学没有完成它所提出来的任务就终结了。从 1848 年革命以来，在德国资产阶级哲学领域，"那种旧有的在理论上毫无顾忌的精神已随着古典哲学完全消失了；起而代之的是没有头脑的折中主义，是对职位和收入的担忧，直到极其卑劣的向上爬的思想"。而"德国人的理论兴趣，只是在工人阶级中还没有衰退，继续存在着。在这里，它是根除不了的"；"科学越是毫无顾忌和大公无私，它就越符合工人的利益和愿望……德国的工人运动是德国古典哲学的继承者"①。从此，批判地继承和改造德国古典哲学的合理内容，总结与概括新的实践材料，制定新的科学的辩证法和认识论的历史任务，就只能由代表工人阶级根本利益的理论家和活动家马克思和恩格斯来承担了。

三、思想基础
——近代哲学及其提出的问题

18 世纪末到 19 世纪初的德国古典哲学，除了在社会历史背景和人类科学知识方面有其必不可少的基础之外，作为马克思主义哲学以前的近代哲学的最高发展阶段，本身又是以前此整个西方哲学的发展为思想基础或

---

① 《马克思恩格斯文集》第 4 卷，人民出版社 2009 年版，第 313 页。

思想前提的，较切近地说，是合乎逻辑、合乎思维发展自身规律地从近代哲学的矛盾运动中产生出来的。近代哲学所遇到的困难和所提出的问题，构成了德国古典哲学产生和发展的原初动力和努力的方向；也正是由于对这些问题的解决和不断深化，使德国古典哲学成为了近代哲学发展的一个新阶段。那么，近代哲学究竟提出了什么问题，又是如何提出这些问题的呢？在这里，我们必须追溯一下近代哲学从培根、笛卡尔到莱布尼茨、休谟和法国唯物论者的思维历程，看看他们是如何给德国古典哲学提供了思想上的前提的。

众所周知，近代哲学的中心是认识论的研究。与古代和中世纪哲学将重点放在探讨世界的本原、上帝的存在等问题上不同，近代哲学把人的认识的本性及其可靠性根据置于一切哲学问题的首要的和基本的问题的地位。哲学家们从中世纪烦琐的神学教条和对人的理性的重重禁锢中摆脱出来，凭着对"理性之光"的万能力量的信念，试图通过自觉地反省人的认识能力而制定出一套使思维与存在达到统一的可靠程序和步骤。在这时，全部哲学的基本问题，即思维和存在的关系问题，才第一次得到了自己明确的表达。

思维和存在的关系问题，在近代一开始就表现出两种完全不同或对立的研究方向，即经验主义（主要在英国）和理性主义（主要在大陆）的方向，这并不是偶然的。这种分化体现出自文艺复兴以来自然和人这两大原则从浑然一体（人是自然的人，自然是人眼中的感性自然）到理论上相互分裂的过程。这一分裂是必要的，非如此，思维和存在的关系无法以纯粹的方式表现出它的哲学含义；但这同时也就带来了，或发展出了近代哲学一个无法回避的深刻矛盾，这就是思维和存在作为主体与客体（主观与客观）的二元对立。

就思维和存在这两个概念本身的含义来说，它们原来并没有相互"对立"的意思。早在古希腊巴门尼德那里就已经指出，思维和存在是同一的，一切存在都是可思维的，一切思维或思维的东西也都有自己的存在。根据这种理解，即使没有任何思维存在，存在本身仍可以被思维为自在地存在着；反之，即使一切存在都消失了，只要有思维，这思维也就有自己的存在。这就是后来德谟克里特的唯物主义和柏拉图的唯心主义从两个不同的方向发展出来的思想。不过，早期唯物主义与唯心主义的这种对立还是比较朴素的，它并没有采取思维和存在这两个纯粹的哲学原则相互对立的方式，而只是两种不同的思路或（如列宁所说的）"路线"，因为，真正纯粹的思维（"对思维的思维"）和真正纯粹的存在（"作为有的有"）概念，只是在亚里士多德那里才明确提出来的。但亚里士多德又恰好使这两方面调和起来，模糊了两者的界线：借助于既是最高现实存在同时又是最纯粹的思维的上帝，思维与存在的根本对立仍然得到了消除。这种状况一直持续到整个基督教神学和正统经院哲学之中。

只有在近代哲学中，当哲学家不再从一个无条件的信仰对象即上帝出发，而是从自然和人的角度来考察思维和存在的关系问题时，才谈得上把这两者当作真正对立甚至互相矛盾的原则来看待。这种对立和矛盾在近代哲学的创始人那里一开始就鲜明地表现出来了，虽然他们还未能很明确地意识到这一点。当培根主张清除人头脑中的四种"假相"，抛开一切主观的先人之见时，他的目的是要使人成为"自然的仆役和解释者"；而当笛卡尔主张对人的一切感觉经验，包括有关外界一切事物的知觉进行彻底的怀疑时，则是为了达到和确认那无法怀疑的怀疑本身，即主观思维（我思）本身。培根对四假相的排除和笛卡尔对一切思想内容的怀疑都是一种否定，但前者否定的是思维的主体，后者否定的则是思维的一切对象和客体。不过，培根在排除了四种假相之后，又重新建立了一种"新工具"，即某种主观上用来揭示和把握自然界奥秘的思维方法，而且他最终也不能不从某种主观预设的前提出发来使用这种"新工具"，不能不承认有必要作某种"智力的放纵"，即提出某种假说，否则他将得不到任何肯定的结论和有价值的知识；同样，笛卡尔在去掉了一切思想的内容之后，他就把思维的纯形式本身（我思）当成了最初、最可靠的内容，并赋予这个内容以最确定无疑的存在，"我思故我在"。这样，培根和笛卡尔都以自己的方式达到了思维和存在的某种同一。但培根是在否定思维主体以成全认识对象（自然界）的前提下，将思维统一于存在；笛卡尔则是在否定思维对象以确立认识主体本身的前提下，使存在统一于思维。因此，他们这两种不同类型的思维和存在的同一，一个局限于存在范围之内，一个局限于思维范围之内；而一旦他们越出自己各自的范围，他们就仍然不得不借助于那个无所不能的上帝来消除思维与存在的对立。正如培根的"双重真理"思想仍带有"神学的不彻底性"（马克思语）一样，笛卡尔如果不从"我思故我在"中运用"本体论证明"进一步推出一个上帝的客观存在,他便一步也不能超出思维自身之外。

从理论上说,与培根相比,笛卡尔更多地摆脱了文艺复兴时期的朴素性。特别是在与当时一大批神学家、哲学家的激烈论战中,笛卡尔更明确地感觉到了思维和存在的深刻对立。当然,他自己是相信思维和存在至少在思维主体中是可以调和的,他也作了许多努力,主要是运用自然科学知识来尽量调和这一矛盾,例如他提出人的思想是通过大脑中的"松果腺"向人的肌体发出命令,以显示思维本身确实有效地"存在"着。不过,他其实并未真正解决精神与物质、心灵和肉体之间的对立问题,反而处处都表达了一种"古典的"二元论,表达了思维和存在各行其是、势不两立。这一矛盾是与他头脑中机械论的形而上学的局限性分不开的。笛卡尔不仅是近代主体学说的创始人,也是近代机械唯物主义的创始人。这种特别体现在自然科学中的机械唯物论在他的时代,还是一种先进的、进步的和卓有成效的思维方式,它与宗教神学相对抗,产生了巨大的启蒙作用;但它反过来也限制了笛卡尔的主体学说,使他那本来是能动的否定性的主体(我思)成为了某个不变的心灵实体(我在)的功能或属性,而这个心灵实体便与其他一切实体(有形物体)处于外在机械的对立之中。

这就不难理解,为什么当霍布斯清除了培根的神学的不彻底性,斯宾诺莎抛开了对上帝的证明之后,思维和存在的对立就以更为确定的方式在这两位无神论者那里体现出来。霍布斯把主体完全变成了客体(物体),把人的感觉、意志、情感乃至一切思维活动都看作简单的加减乘除,导致了一种"敌视人"的唯物主义;斯宾诺莎则以"平行论"来解释思维和广延、心灵和身体的关系,它们都被看作那唯一实体(自然界或称为"上帝")的不同属性,但却互不相干,平行而进。在这两种情况下,思维与存在的对立不是被调和了,而是以坚持某一个片面的方式(如霍布斯),或是以确定二者界线的方式(如斯宾诺莎)被肯定下来了,主体(我思)的能动性在这两位机械论者那里也就完全消失不见了。形而上学的思维方式如果贯彻到底的话,从本质上说就是不给主体的能动性留下任何活动余地。

形而上学机械论的这种极端的、彻底的表现形式,以及主客体的这种不近人情的对立,在洛克的"健全理智"的学说和莱布尼茨的单子论那里得到了某种缓和。洛克作为唯物主义的经验论者，其基本倾向仍然和培限、霍布斯一样，要把主体同一于客体，把思维同一于存在。他的所谓"白板说"首先就承认客观存在是不以人的意识为转移的客观认识对象，它通过人的感觉经验而反映在心中。但他同时又吸收了笛卡尔的主体学说，认为人的思维和意志活动是人的某种"心灵实体"的属性，它可以"任意造成"一些"复杂观念"。因而人的知识有两个来源：一是通过感觉而来自物质实体，一是通过反省即抽象、分析、综合等思维活动而来自心灵实体。不过，他又立足于经验主义固有的唯名论立场，而主张我们的认识只涉及实体的"名义本质"，而不能触及"实在本质"，这就使洛克的认识论带上了二元论和不可知论的色彩。洛克试图用笛卡尔的主体学说来调和机械唯物主义认识论的极端被动的外在性，但由于这个主体学说在笛卡尔那里本来就处于实体和属性、我在和我思的外在对立之中，这就使洛克陷入了更为复杂和尖锐的矛盾：思维和存在的对立现在不光是简单的主客观的对立，而且是主观方面的"感觉的经验"和"反省的经验"、"简单观念"和"复杂观念"的对立，以及客观方面的"第一性的质"和"第二性的质"、"实在本质"和"名义本质"的对立，最后则是人的"观念"、知识与客观不可知的"实体"的对立。

莱布尼茨通过大力发挥笛卡尔的主体学说而克服了洛克许多理论上的矛盾，因而他已经表现出某种程度上的辩证思维的萌芽了。在他看来，实体不可能有广延，它本质上是一种力，这种力不是某个另外的、固定不变的实体的属性或偶性，而就是实体本身，它无非是一种能动性，一种知觉和欲望，一种不断的活动或灵魂（灵魂本质上是活动、力），他把它称之为"单子"。这样，莱布尼茨就超出了从笛卡尔直到洛克的机械论，而使思维和存在、主体与客体（实体）第一次达到了辩证水平上的同一。不过，莱布尼茨这种辩证思想不仅在相当程度上仍然是朴素的，而且也是很不彻底的，他基本上还没有能够摆脱机械论的思维方法。首先，他一开始就设定了能动的单子是个别的、多元的，它们通过外在的"组合"而构成了世界万物，这就使得众多单子的能动性大打折扣。如果不想使单子们在相互冲突中互相抵消的话，他就不能不再设定一个最高的"太上单子"即上帝来使整个单子世界处于某种"前定和谐"之中，而这样一来，一切单子的能动性就成了在背后早已被预先规定好了的必然性过程，单子就再次成了某种可以（由上帝）按照机械性原理加以规定的"东西"，而不是自由能动的活动本身了。其次，单子作为个别的单纯的力（或欲望、思想），它"没有可供事物出入的窗口"，是自身封闭的、不可入的，它与其他一切单子是连续的，但却互不介入。这样一来，单子的所谓"力"便不可能有任何外在的表现了，而没有力的表现或"外化"，力又如何能成为真正的"力"呢？主体必须在客体身上反映出来，能动性必须在被动性身上体现其作用，离开了被动性，能动性就只是抽象的空话。莱布尼茨并没有真正通过单子的能动作用克服思维与存在、主体与客体的对立，他只不过把一切客观存在称之为主观的欲望或思维而已；至于这些客观存在（或主观思维）的相互关系、相互作用，他仍然只好借助于机械论和形式逻辑的矛盾律来解释；他所提出的"充足理由律"只不过被看作一种权宜之计，是为人类有限的思维能力设想出来的代用品，而对上帝来说，一切充足理由原则上都是严格符合矛盾律的。

克服洛克的理论矛盾的另一种方法便是把经验论原则贯彻到底，使之成为纯粹的感觉论，这就是贝克莱和休谟的思路。贝克莱和休谟的哲学倒的确是反机械论的，但他们不是通过上升到辩证思维来反对机械论，而是通过下降到放弃一切思维的确定性和抽象力，来反对机械论的"形而上学"和"独断"。当休谟把人的一切认识都归结为知觉和印象以及由此形成的心理联想和习惯时，他实际上既放弃了存在的客体，也放弃了思维的主体。他对思维和存在的关系问题采取了漠不关心和有意回避的态度，剩下来的只是一种没有任何主见，一心固执于最低水平的知觉的被动状态，它超出一般动物之上的地方，似乎仅仅在于它是一种有意限制和消灭客观知识的学说，这种学说对各种"独断"的学说都表示审慎的"怀疑"。不过，休谟的这种怀疑论也恰好从反面突出了思维和存在的矛盾亟待解决的迫切性，因为如果对这一矛盾听之任之，那就无法避免像休谟那样堕入彻底否认整个认识论和一切人类知识的深渊。此外，休谟的大功劳还在于从根本上暴露了前此一切对思维和存在之关系的解决方案本身的不可能性，这就迫使人从头来检讨和思考解决这个问题的途径，以致最后唤醒了康德的"独断论的迷梦"，引发康德去思考"先天综合判断如何可能"这一根本问题。

然而，在休谟的时代，这种怀疑论除了使人感到尴尬之外，并没有立即引起理论界深刻的反思。休谟当时在理论上是不可战胜的，但在情感上他却预先输了，人们宁可把他的学说看作故作惊人之语的诡辩，并满足于指出他自己的行为与他学说的不一致。因此，反倒是洛克的"健全理智"，尽管已显露出自身的矛盾百出，却在法国进步思想界激起了巨大的反响。一大批法国哲学家把洛克的经验主义常识和大陆上的理性确定性传统，与体现在自然科学中的机械唯物论思想结合起来，形成了一股"战斗的唯物主义"思潮。他们不理会休谟从理论上提出的诘难，而忙于用一个已知的、"合情合理"的但却是机械的和独断的唯物论原则去建立一个无所不包的体系，去解释自然界、社会和人的一切活动。他们的哲学不是一种纯理论、纯思辨的哲学，而是一种志在力行的哲学，因此他们一方面克服了洛克经验论中的不可知论倾向，而建立起唯物主义可知论的经验论，另一方面也突破了旧机械论主要研究自然科学对象的局限，而把注意的重点转向了人类社会生活。然而，他们的这种志在力行并没有成为他们理论本身的一个环节，相反，恰恰由于他们的理论一开始就具有的那种直观的独断性，他们对思维和存在、主体和客体关系的看法就不但没有超出洛克经验论和自然科学机械论的狭隘范围，而且还导致了社会历史领域中的唯心主义。理论在他们那里只是一种外在于实践并为实践所利用的武器和工具，因而实践本身也就不是他们的唯物主义理论所能规范的，它只是一种偶然的现象、随意的意志行为，整个人类历史都是由意见和一时自发的欲望所决定的过程。这就是他们的矛盾：在认识论中，他们依靠简单地牺牲主体的能动性来保留客观存在的完整性，在社会生活的实践中，他们又看不到历史本身的客观规律而将一切归结为主观意见。可见，思维与存在、主体与客体的对立和矛盾并没有因为他们拒绝贝克莱、休谟的思维方向而获得解决，反而扩展到了更大的范围之中。

近代哲学的基本矛盾即思维和存在的矛盾，经过休谟不可知论和法国唯物主义可知论的发展，变得越来越明确了。在此之前，思维和存在常常是混淆在一起：存在总是包含思维的存在在内，或就是思维的存在（如笛卡尔的"我思故我在"，莱布尼茨"单子"实体的存在）；思维则总是沉没于存在中的机械被动的属性或"名称"（如斯宾诺莎的"实体属性"和霍布斯的唯名论）。在洛克那里，思维（观念）和存在（实体）的质的区别被注意到了，但仍被归于两种实体（即心灵和物质）的区别，即归于存在上的区别。休谟第一次使思维和存在的质的区别成了一种不可通约的区别，以"唯我论"的方式使思维成了一种纯粹主观性的东西、绝对非存在性的东西；法国唯物论则表明，存在从根本上说是一种纯粹客观物质性的东西，是不能由思维（不管是人的思维还是"上帝"的思维）来设定的东西。当然，后面这一步在某种程度上也曾由斯宾诺莎做到过，但他的"实体"由于远离感性的物质世界并被称之为"上帝"，而模糊了它的非思维性；霍布斯则由于把"广延"当作客观对象的唯一的基本属性，同样没有从自然科学（力学）的"物体"概念上升到哲学的"物质"概念或纯粹的"客观性"概念。因此我们可以说，只有在休谟和法国唯物论这里，思维和存在的对立才真正以主观性和客观性的矛盾这种纯粹的方式被意识到了。

上述对立和矛盾的解决手段其实已经隐藏在近代哲学本身之中了，只是没有被发挥出来，因而没有被有意识地用来解决这个矛盾而已。这就是关于实体本身具有主体的能动性这个思想的萌芽，而这主要是由大陆理性派所提出的。在这个问题上，经验派主要是从否定的一面进行诘难，暴露矛盾，理性派则表达了富有启发性的观点。笛卡尔的"我思"原则给近代哲学包括整个德国古典唯心主义奠定了主体能动性的最初根据，莱布尼茨的作为力或灵魂的"单子"则暗示了将"我思"的能动原则贯彻到客观存在全部领域中去的一个方向，但他们都还未能摆脱将能动的思维通过形而上学的机械论而固定起来、僵化起来的局限性。他们想使思维存在化，使主体客体化（实体化）；但由于他们对存在、客体和实体的理解预先已经是机械的、被动的，因而实际上导致了思维主体的非主体化。这一点在斯宾诺莎的实体观点上表现得最典型：实体是"自因"，但这个自因却并没有主体能动性的意思，它不是"自己运动"的原因，而只是自身存在的原因，所以就连它的那个思维"属性"也失去了能动性，只能服从于既存的机械必然性链条。大陆理性派并没有自觉到自身内部这一有可能导致近代哲学基本矛盾解决的主体能动性思想，更谈不上将它发展为社会实践的能动性学说了。直到康德创立德国古典哲学以前，近代哲学都不能不在思维和存在的矛盾中绝望地左冲右突，而没有自觉地运用思维主体的能动性原则来论证思维和存在的同一。尽管如此，理性派中这种可贵的能动性因素却成了德国古典哲学的伟大思想革命的最重要的契机，它导致了17世纪形而上学在 19 世纪德国思辨哲学中"胜利的和富有内容的复辟"①。

综上所述，我们可以看出，在德国古典哲学产生以前，思维和存在这一对基本哲学范畴在近代哲学中通过唯理论和经验论的反复较量，已从表面外在的差异性发展为主体与客体的对立，并最终体现出不可相容的矛盾性。近代哲学已经提出了这样一个根本性的问题：思维和存在、主体和客体如何可能是一致的？不解决这一问题，整个近代认识论就无法成立，作为思维和存在相符合的科学知识就会没有根据，资产阶级反封建最锐利、最有力的思想武器即理性、科学就会失去作用。然而，要解决这一问题，哲学思维就必须超越单纯认识论和理性、科学的范围，而涉及更广阔的人类社会生活，深入到人的实践活动领域。近代认识论向德国古典哲学提出了解决上述矛盾的任务：休谟怀疑论指明了传统形而上学在这个问题上所能达到的极限，它以毁灭人类整个科学和理性的信念相威胁而向哲学提出了解决这一问题的最后通牒；法国唯物论代表理性和科学虽以最纯粹的方式表达了对思维和存在相一致的终极信念，但又将思维和存在的矛盾进一步扩展为自然界和社会生活的不一致；17 世纪形而上学虽然提供了解决这一矛盾的契机即思维的主体能动性，但它自身尚未明确意识到这一点，而仍然被束缚于那个时代一般的形而上学的机械性、被动性之中——这些就是德国古典哲学从近代认识论中必然地、合乎逻辑地产生出来的思想前提。

四、发展的主要线索

总的来看，从康德到费尔巴哈的德国古典哲学，就是在解决上述思维和存在这一基本矛盾的努力中逐步发展出来的。在它的创始人康德那里，这一点特别以直接的、明显的方式体现出来，但这一矛盾也一直贯穿于整个德国古典哲学的进程之中。围绕着这一矛盾，哲学家们不断地解决旧问题，同时又产生出自己的新问题，这就构成了我们理解这一时期哲学思想发展的内在的逻辑线索。

---

① 《马克思恩格斯文集》第 1 卷，人民出版社 2009 年版，第 327 页。

前面已经说到，思维和存在的关系自近代以来就已经被提到哲学的中心问题上来讨论了，但它们的矛盾直到休谟和法国唯物论那里才以赤裸裸的方式暴露出来，体现为主观性和客观性这两大势不两立的原则。不过严格说来，主观性和客观性的这种矛盾仍然还只是外在的，因为在他们那里，主观性仍然被理解为某种被动的、被决定的和既存的东西，它和客观性一样不具有主动性或能动性。正是这一点，使休谟在陷入极端主观主义和唯我论时，还能自称是百分之百的"实在论"者，也使法国唯物论在社会历史观上违背自己的原则而走向唯心主义时丝毫也没有觉察到自己的矛盾。只有当康德将主体能动性原则首次明确地引入到认识论的主客体关系中来时，主客观的矛盾才真正体现为主观能动性和客观必然性之间的本质冲突，思维和存在的关系才不再是两种思维（我的思维和上帝的思维）或两种存在（我的存在和物质世界的存在）的外在关系，而是绝对能动的思维主体和绝对必然的思维客体的不可分割的关系了，思维的主观能动性第一次被有意识地提到主体和客体的关系上，作为达到主客体同一的一个先决条件来看待了。主观和客观的矛盾就此上升到了一个新的层次，即是说，人的主观必须符合客观才能获得必然性的知识，但人的主观又必须具有自发的能动性才成其为主观，也才能真正获得任何知识，那么，客观制约性（必然性）与主观能动性如何才能够达到一致呢？

这就是康德所面临的主要问题，更准确地说，是他所提出的哲学根本问题。这个问题，他从认识论的立场表述为：先天综合判断如何可能？在他看来这就是问：人的科学知识如何可能？因为他认为，一切真正的知识只能表达为"判断"的形式，亦即由认识主体能动地去规定一个对象（是什么）的形式；但这种能动的判断活动、思维活动如何能有客观必然性呢？也就是说，判断如何能够既有实在的经验内容（因而是综合的），又具有先天必然性，因而可以必然适用于客观对象呢？这个问题不解决，人类的科学认识就没有坚实的根据，人们就会要么陷入休谟式的怀疑论，要么陷入法国唯物论式的独断论。

康德解决这一问题的办法，就是通过对已有科学知识的分析，寻找它们之所以可能连结为科学知识的先天条件，也就是从人的经验知识中，把感性的材料和知性的形式分离开来，指出科学知识除了要有经验材料之外，还要有主观的知性能力去规范、整理和把握这些材料。任何知识都是自我意识的综合能力，即"我思"的原始自发的统觉能力运用范畴将感性材料统摄为一个井然有序的"对象"的结果，没有自我意识、我思的这种能动性，人类不仅不可能产生科学知识，甚至也不可能对经验材料有明确的意识。因此，人的知识之所以能有客观必然性，仅仅是由于先验的自我意识通过各种先天的范畴（如因果性、实体性等）去规范感性材料，经过了这种规定，人的经验就显得是固定的、确实的，不能任意取消和改变的，因而就成为客观必然的、有关"对象"的知识了。在这里，康德所谓"客观"，是由主观先天的"我思"运用范畴而建立起来的客观，正因为如此，人的认识和表象能够与这个"客观"相一致是没有疑问的，它实质上不过是思维与自身相一致。思维和存在、主体和客体的矛盾，在康德这里通过把存在、客体都归入思维能力（知性）的活动方式，而得到了某种解决。

然而，这样获得的解决还仅仅是主观的解决，它可以抵制休谟怀疑论的腐蚀，却还不足以抗拒唯物论的攻击。康德处在这样一个特定的历史时代，这时一切矛盾都已暴露出来而没有得到收拾，他的历史使命就是要调和各种矛盾。因此，除了化解休谟的怀疑论，使它转变为对科学知识有益无害的养料外，另一方面他也要吸收和消化法国唯物论，使它也化为自己体系中的一个方面。康德早年在其《自然通史和天体论》中即已表明，唯物主义是一切科学的必要前提的朴素信念。后来休谟的怀疑论使他意识到这种信念的独断性和不严密性，尽管如此，他仍然并不怀疑这一信念原则上是正确的，在人的思维之外，不以人的意识为转移的客观存在仍然为他所肯定，在他看来问题只在于应消除其独断的色彩。然而，他所采取的办法在这个问题上又仍然带有传统形而上学的片面性，他不是从人的有意识的实践活动中，从人类认识和实践的历史运动中为这种信念提供根据，而是机械地、孤立地对人的认识领域和知性能力的作用范围进行人为的限制，认为人的认识的经验材料虽然是由意识之外的客观存在（物自体）刺激人的感官而提供出来的，但这些材料及其在知性的统摄、整理下所形成的全部知识都并不反映这个客观存在的本来面貌，而只是向人呈现出来并被人加工过的一种"现象"，至于现象底下的"物自体"究竟本来是什么样子，这是永远不可知晓的。

康德还进一步认为，尽管物自体不可知，人们还是有必要相信这个物自体是客观存在的，这种必要性不仅在于必须使经验材料有客观的来源以及使现象有客观的基础，而且还在于必须使科学知识在理性的范导下向经验的领域作永无止境的不断追求，使之得到不断地丰富和发展。但不论如何发展，科学知识永远也只是有关经验、现象的知识，物自体与这个现象世界之间存在着原则上不可跨越的鸿沟；不注意这一点，而企图把人的认识能力扩展到那些超经验的事物（如灵魂、上帝、世界整体）上去，就必将导致"谬误推理"和"二律背反"。所以物自体只是一个理性所无法摆脱，而为了科学的不断发展又是十分必要的假设。当然，这种假设的必要性还不光是表现在科学知识方面，而且也表现在道德实践方面，即人们必须假定自由意志、灵魂和上帝这些物自体的存在，才能抵制一切诡辩和怀疑而真正成为一个有道德的人，即成为一个本来意义上的、真正的人。康德由此而进入了在超验世界中对实践理性原理的探讨。

由此可见，在康德那里，思维和存在、主体和客体的矛盾是在两个层次上来加以考虑的。一个层次是思维主体与它所认识到的，实际上是它所建立起来的思维客体的关系，在这里，康德通过诉之于思维本身的原始统觉的综合统一能力即"我思"的能动性，而使主体与客体达到了一致，使客体统一于主体；另一个层次则是思维（知性）所建立的整个有关现象的知识与在认识活动之外，不为认识活动所统摄和把握的物自体的关系，在这个更根本的层次中，康德表明他并未真正解决近代哲学的思维和存在的基本矛盾，而是集这一矛盾之大成，将休谟的不可知论与法国唯物主义的独断论直接纳入同一个体系之中，使它们展开面对面的冲突。但由于他把这一冲突最后归结为理论和实践的冲突，他也就暗示了一条通过实践的能动性来解决这一冲突的可行之路。

继康德之后，费希特正是沿着康德已暗示出来的这一思路，通过思维本身具有的实践的能动性（行动）来彻底克服思维和存在、主体和客体（物自体）的对立。首先，费希特像康德一样，一开始就假定了在人的知识中客体（非我）是由主体（自我）所建立起来的，而自我本身则不是由客体所建立的，而是自发的、能动的。自我预先建立自身，然后才建立起非我来限制自身。但与康德不同的是，费希特不再把这个自我及其所建立的非我看作仅仅是主观知性局限于现象之中的活动，而看作是唯一自我实体的自身运动；它预先并不受经验材料的限制，相反，一切经验材料都是由它的活动产生出来的。这样，康德作为经验材料的外在来源的自在之物就被排除了。自我是独立的实体性存在，而这个存在不是别的，正是"我思"的能动的建立活动本身。换言之，思维是唯一的存在，主体是真正的客体；主体不是某个另外的实体的"属性"，而就是实体本身；实体也不是一个静止不动的"东西"，而就是主体活动的过程。这个过程也不只是能动地建立了人的一切有关对象的科学知识（理论理性），而且还能动地建立了包括人类历史在内的整个客观世界（实践理性）。这样，康德未能真正解决的思维和存在的矛盾，在费希特这里通过进一步贯彻主体的（思维的和实践的）能动性，就在唯心主义基础上得到了较彻底的解决。

然而，与费希特成功地消除了康德的理论和实践的对立的同时，主体与客体的矛盾又以另一种方式产生出来了。这种矛盾表现在两方面。首先，费希特由自我主体所建立起来的非我客体其实并不是真正的客体。由于这个客体并未超出绝对自我之外，因此费希特实际上是通过在主体和客体的对立中去掉一方（客体）这种方式来克服二者的对立，在他那里只剩下主体在自身中设定自己和自己的对立面，并意识到这个对立面其实也还是自己这样一种内部过程，这就陷入了唯我论。费希特的这种唯我论自以为无所不能，事实上却激起了一切"客体"即别的人的强烈反对，它所遇到的客观现实的阻力使它成了一句空话，顶多成了一种受制于一切"非我"的盲目行动。其次，正因为如此，费希特的主体也并不是真正唯一的实体，它抽象地把一切"非我"看作它自身的产物，但实际上非我却以自己特有的，不为自我所理解的方式限制自我，决定自我，而且自我本身也要依赖于这种外在的限制和决定，否则它就不能意识到自己是自我；这样，自我的主体性就成了一种被决定的东西，而不成其为自发的、能动的主体性了。费希特试图通过将自我解释为一种绝对的普遍的活动，而不是他个人的经验自我的活动，来避免唯我论的结论，并以此把客体的决定作用也纳入这种普遍自我的自决自律的作用之中。然而，这种离开个人经验自我的绝对自我既然是不以个人意识为转移的力量，它就是一种无意识的东西，把它称之为"自我"与称之为"非我"也就没有什么区别了。费希特的这一做法只是掩盖了他体系中未能真正解决的主客体矛盾而已。但他也由此而为谢林的进一步的思想进程奠定了基础并指出了方向。

谢林哲学正是以这种主体和客体无区别的"绝对同一"为出发点的,他由此而从费希特的主观唯心主义走向了客观唯心主义。谢林认为,在主体与客体之间存在着双向的决定关系:一方面,客体决定主体,主观观念来源于客观对象,由此而产生出与对象相符合的科学知识;另一方面,主体又可以自由地、能动地决定客体,使客体与主体相符合,这就是人的实践活动、意志活动。这两个过程是相反的过程,也是缺一不可的过程,但关键是要找到这种双重转化、双重一致的共同根据。费希特曾把绝对自我当作这种一致的根据,但他所遇到的矛盾已说明,这种绝对自我同时也就是绝对非我,或更准确地说,它既不是自我也不是非我,而就是"绝对"本身,即自我和非我、主体和客体、思维和存在的"绝对同一"。这个绝对同一就其先于人的有限意识和精神而存在,并制约着人的主观性来说,它是无意识的、客观的,就其向人的意识能动地发展并体现为人类有意识的创造活动而言,又是精神性的、主观的;而就其本身来说,则是贯穿在自然界、人类思维和社会历史各个领域中的无限的内在本体,它由于具有能动性,因而本身是一种精神,但由于具有客观性,就不仅仅是限于主观精神,而是一种客观的宇宙精神:这就以同一个原则把理论和实践、自然界和历史、人的主体和非人的客体全都贯通起来、统一起来了,康德与费希特的思维和存在的矛盾在他这里也就得到了进一步的解决。

但谢林同样也面临着自己体系的内在矛盾。如果说,"绝对"在人类意识产生出来之前是一种无意识的冲动或"冥顽化的理智",它先于人的一切思维和意识而存在,那么,人又怎么能够知道并断言它的存在呢?如果不想陷入法国唯物论那样的"独断",又不想成为康德那样的不可知论者的话,人就总得为这种"绝对"提供某种证明;但"证明"作为一种有限的人类思维活动又如何能达到无限的"绝对"呢?费希特的绝对自我尽管有其一切矛盾,总还是被假定为与有限自我相通,可以为个别自我所理解;谢林的绝对同一则明确假定为非人的精神,它既不是主体也不是客体,这虽然避免了费希特的矛盾,但它本身就成了完全不可理解的了。谢林认为,尽管如此,这个绝对同一仍然有可能与人类有限的自我相通,但不是通过逻辑推理和证明这样一些有限的规定方式,而是凭借神秘的直观，即理智直观和艺术直观，在其中，人超出其有限的自身而体验到有限和无限的同一，包括主体和客体、自由和必然、现象和本质、瞬间和永恒的完全无区别的同一，从而静观到并且忘我地投身于自己的那个非人的本体。可是这样一来，凭这种直观体验而确认的那个绝对同一就是一种不可言传，只可意会的东西，它本身不可规定，不可表述，因而也不具备普遍的可传达性，只有靠个别人的天才和灵感才能领悟。但天才和灵感本身并没有普遍必然的客观标准，而是非理性的，人们既不可能由相互验证而对之加以确定，也不可能在每个人心中将它与纯粹的幻想、错觉和癫狂区别开来。于是，这种绝对的世界本体竟然要由个人内心毫无准则、毫无确定性的一时偶发的念头来验证，最客观的东西岂不成了最主观的东西！

谢林的这一尖锐矛盾给黑格尔在更高层次上解决思维和存在、主体与客体的对立提供了动力。黑格尔肯定了谢林所提出的"主体与客体绝对同一"的原则，也承认这个绝对同一有一个从无意识发展为越来越自觉的能动过程。但他指出，问题在于要对这个绝对同一及其发展过程进行概念的把握，真正将它描述为一个具有普遍必然性的有规律的过程，而不是一次如同"手枪发射"一样的偶然事件。只有这样，这个绝对同一才与每个人心中的普遍理性和思维活动真正达到一致，每个人也才能凭自己的普遍理性或思维主体认识到这种一致。黑格尔认为，这种思维和存在、主体与客体的普遍一致不可能是个别人的天才或灵感所感到的东西，而只能是具有普遍必然性的逻辑的东西。逻辑的东西凭自身的普遍必然性，既是人类思维的具有确定性和普遍可传达性的规律，又是客观世界的真理和本质，它才真正是贯穿在自然界、人类精神生活和社会历史中的可理解的本体；它不仅表明自己是万物的本体，而且表明自己是如何以逻辑的必然性发展出、创造出万物来的，它成了流通在天上地下一切自然和精神领域中，可用来衡量一切、兑换一切的"精神的货币"或"思想的价值"①，这就是"绝对理念"或"绝对精神"。

但黑格尔认为，"绝对精神"要具有这种创造一切、变化一切的主体能动性，光凭传统形式逻辑有限的、静止的和抽象的规定性是远远不够

---

① 《马克思恩格斯文集》第 1 卷，人民出版社 2009 年版，第 202 页。

的，它必须是一种具有无限的"自己运动"的辩证本性的逻辑。这种辩证逻辑在康德的"先验逻辑"那里已初步有了一种模糊的构想，在费希特那里已开始展示自己"推演"范畴的功能及其"正、反、合"的动态的逻辑节奏，在谢林那里则充实了客观世界的生动的内容。但所有这些预备阶段都还没有把它当作一种世界万物唯一真实的逻辑本体来加以精确的规定和描述，支配他们头脑并成为他们体系的基本方法论原则的仍然是形式逻辑的同一律。因此，如果说黑格尔以前的德国唯心主义最终只能通过主体的某种非逻辑的、自发的能动性来实现主观自由和客观必然性之间的同一的话，那么黑格尔则使这种自发的能动性本身成了一个客观必然过程，成了一种理性思维的逻辑过程；或者反过来说，他使客观必然的东西成了本身具有能动性（自己运动）和创造性的发展变化的过程，人类只是这一发展过程中的一个阶段，但人类对这个客观本体并不陌生，人的理性本身所具有的逻辑必然性和能动的创造性（自由）便是这个客观精神的最高体现。通过这种能动的逻辑，即辩证法，黑格尔使主体变成了客观实体，又使客观实体变成了能动的主体。

于是，在黑格尔这里，通过这种能动的辩证法，传统的逻辑、认识论和本体论的分裂和对立便消失了。主客体在绝对精神那里的绝对同一不是一种无差别的静止状态，而是一种包含内在差别、内在矛盾性，因而包含内在冲动和动力的发展过程。这一过程，既是一个逻辑上必然的过程，又是一个绝对精神自己认识自己的过程，同时也是一个客观本体自由地发展自己、展示自己的过程。

在黑格尔看来，客观精神的这种既是能动的，又是必然的（合规律的）本性首先是出于逻辑的本性。传统形式逻辑的"同一律"（A=A）试图把差别排除在自身之外，这是根本做不到的，"同一"本身，作为一种与差别"不同"的东西，就已经是一种差别了。因此真正的同一就是差别的同一，主客观的"绝对同一"本身也就是主客观的绝对差别；这种差别必然要一步步演变成对立和矛盾，显示出矛盾就是这种同一的更深刻、更本质的东西，矛盾就是这同一个事物内部自己运动的根据。这样，真正必然的东西就不是什么受外来限制的东西，而是那包含内在矛盾，内在不安和冲动而自己把自己发展出来的东西，是具有能动的主体性和自由本性的东西。这就是逻辑的本性。形式逻辑只不过割取了这个真正逻辑的外在形式方面，而把它的生动的有生命的内容抽象掉了，这就使过去一系列想要以形式逻辑为原则而使主体和客体达到同一的尝试一个个都归于失败。黑格尔则在唯心主义的理解之下恢复了逻辑的这种具体的生动活跃的内容，从而第一次达到了主体和客体、思维和存在的彻底的唯心主义同一性。

其次，必然和自由的这种同一也是认识的本性。黑格尔认为，真正的认识不仅是深入对象，同时也是回到自身，在对象上认出自身，或者说，是通过对象而更深地"回忆"起自身。因此，认识并不单纯是一种静观的、直观的观照，而是能动地把握、抓取，是从对象本身的规定性和确定性中达到"概念"并推演概念；而在概念的推演中所显出的概念的自由能动的本质，也就是主体自身（作为对概念的概念、对思维的思维）的能动本质。所以认识从根本上来说只能是自我认识（自我意识）。人的自我认识就是认识到自己具有上帝的本性，认识到自己的认识是上帝自我认识的最高阶段和最终体现；整个宇宙从自然到人和人的历史的发展，都是上帝（作为主体）创造客观对象，以便从中认识自身（作为客体、实体）的认识过程，它最后在黑格尔哲学这里达到了它的终点，达到了绝对理念、绝对真理。

再次，主观自由和客观必然的统一也体现为精神本体自身运动和发展的过程；这个内在本体或绝对精神从自然界中发展出来，脱除了自然的外壳之后，主要在人类历史和精神领域中展现了它的自由运动的必然规律。在黑格尔看来，人类精神本质上是一个自由的王国；但这种自由只有作为必然的规律才能真正实现出来，否则就只是抽象的自由（任意性），最终是不自由。所以尽管人们自由地创造着自己的历史，历史本身却仍然（并且正因此而）体现为一个有规律的必然过程；这种规律超越于每个人的个别目的和抽象自由之上，对个人体现为某种"理性的狡计"，但实际上它正是根植于每个人的真正的自由本质之中。当人们还没有意识到自己的真正自由本质的时候，这种历史必然性对他们便显得是一种异己的、陌生的力量；但一当人们意识到历史正是根据他们根本的自由本性在发展，他们就能够自由而自觉地服从历史的客观必然性。这种被作为普遍自由而意识到的客观必然性，在黑格尔看来即将在普鲁士的君主立宪制度身上得到最高体现。

显然，通过唯心主义的辩证法，黑格尔在唯心主义范围内最大限度地达到了思维和存在、主体和客体的统一。他不仅给这种统一提供了严密的逻辑论证，而且运用这种逻辑（辩证法）对这种统一的各个方面、各层意义及其相互关系进行了详尽的考察。他用同一个原则使自然界、人的思维和人类历史都作为思维和存在的统一体而逻辑地贯通起来，对近代以来直到谢林为止的思维和存在的矛盾作出了最彻底的扬弃。然而，尽管如此，由于黑格尔唯心主义立场的局限性，他的这一苦心经营的庞大体系仍然包含着自身最基本的内在矛盾，这就是他的能动的、革命的辩证法与其唯心主义的抽象僵死的体系之间的矛盾。而这一矛盾也就表明，他最终仍未能真正将思维和存在、主体和客体、自由和必然统一起来。

黑格尔的辩证法本身是能动的、革命的，它的本质就是不承认有任何僵死不变的规定性，而主张一切都处于无限生命的运动和发展之中，然而，黑格尔却把自己的体系看作是这一永恒的生命运动的终点。黑格尔辩证法包含着巨大的历史感，对一切事物都从其内在的历史发展和超越自身的倾向来考察，然而，普鲁士王国在他看来却成了这一历史发展的极限，他的整个历史学说是面向过去的、保守的。黑格尔辩证法使主体实体化了，他使能动的实践活动成为了思维产生存在、主体创造客体的中介，但由于他预先把客观存在当作"客观思维"，他就使这种能动的实践和创造限制在纯粹精神和思维本身的领域，而和感性的人类现实生活绝缘。黑格尔的主体并不是现实人类的感性活动，而是哲学家头脑中抽象的思维活动，是脱离感性、敌视感性的异化了的主体；这种主体凭着自己抽象的能动性使主体和客体所达到的同一，也就只能是纯思想中的同一，它与外部现实世界的客体就仍然处于异化性的对立关系之中。

黑格尔哲学的这种尖锐的内在矛盾在青年黑格尔派那里便以外部冲突的形式暴露出来了。大卫·施特劳斯和布鲁诺·鲍威尔在黑格尔体系的客体性和主体性中各自坚持着一个片面，而爆发了激烈的争论。这场争论主要是通过对基督教《圣经》的不同解释而在整个社会历史领域中进行的。他们争论的焦点是：决定世界历史进程的，究竟是凌驾于个人之上的实体性的客观精神，还是单个个体的自由的自我意识？承认前者，就势必抹杀个人的主观能动性，人就只能是世界历史发展中的消极被动的看客；主张后者，就否认了世界历史发展中有任何客观规律性，必然导致费希特式的否认他人、否认群众的"唯我论"，或如麦克斯·施蒂纳所明确表述的，只承认"唯一者及其所有物"的存在。显然，这两派都未能超出黑格尔体系的基本原则及其局限性，它们只不过更尖锐地表达了这一体系由于其唯心主义思辨的抽象性而产生的矛盾，即抽象的客观思想和抽象的主观能动性之间的矛盾。由于这两派都不是直接和感性的人类现实活动打交道，而只是和这个现实的异化了的、抽象的存在形式即宗教和思辨哲学打交道（在这点上它们与黑格尔完全一样），因此这两派就没有，也不可能解决黑格尔哲学中的这一内在矛盾；但由于它们明确地展示出了黑格尔哲学这一晦涩而封闭的体系中的矛盾，这就打破了体系的封闭性，为解决这一矛盾提供了必要的前提。青年黑格尔派中的优秀分子费尔巴哈正是在这一前提之下发现了思辨哲学的秘密，从而迈出了扬弃黑格尔唯心主义体系的第一步。

与其他青年黑格尔主义者一样，费尔巴哈也是从对基督教的批判开始他的哲学行程的。但不同的是，他不是用思辨的哲学去批判宗教，而是进一步用"清醒的哲学"去批判"醉醺醺的思辨"[1]，把思辨哲学本身当作"理性的神学"，即"神学的最后避难所和最后支柱"来批判。费尔巴哈认为，黑格尔哲学在思维的范围内使思维和存在达到了形式上的统一，但问题在于如何达到思维和现实的感性存在的统一。黑格尔恰好是把这种感性存在撇在一边了，他直接从抽象的概念开始，这种抽象概念正如基督教的上帝一样高高凌驾于每个感性的个人之上；虽然他后来又通过这种概念的外化而间接承认了个人和感性的存在，但这与基督教的上帝创造世界并没有什么两样。费尔巴哈则主张直接从感性的人出发，因而（在他看来）也就是从感性的自然界出发。他认为，人的感性才是人和自然、精神和肉体、主体和客体、思维和存在同一的真正根据；宗教也好，黑格尔的绝对精神也好，都只不过是人的这种感性存在或感性本质的异化。人的思想离不开大脑，人的生存离不开吃喝，这本身已证明人与自然在感性中的一致了。他还进一步认为，感性不仅是连结人和自然的媒介，而且也是连结人与人的媒介，真正的"人的"关系是感性的"我"和"你"的关系，即一个人与另一个人之间的直接的情感关系。因此在他看来，整个社会历史领域都可以归结为把一个个单个人自然地直接联系起来的"类"，归结为人

---

① 《马克思恩格斯文集》第 1 卷，人民出版社 2009 年版，第 327 页。

与人之间的情感关系即"爱"。他认为，这种"爱"既不会有纯粹思维那种超越个人、限制个人的抽象性，但又是人所共有的、普遍的，它完全可以作为人类社会永恒的宗教（"爱的宗教"），这种宗教将不再是人的感性本质的异化，不再是对个人的精神压抑，而是一切人的自然本性的完成，是个人与社会的真正合乎道德的协调关系，是一切人的最高幸福的实现、普遍人性的实现。

费尔巴哈通过直观的感性把作为人和自然、人和社会的主体和客体统一起来了，这对整个德国古典唯心主义来说是一个彻底的颠倒。在此之前，德国的思辨哲学家们都是通过撇开人的感性，由感性飞升到一个最高抽象的"自我意识"，并由这个自我意识的能动的综合、统摄、外化活动来产生客体、吞并客体，这样才达到思维和存在的同一的。在他们看来，主体思维的能动性是主客体统一的条件或根据，没有这种能动性，或不彻底贯彻这一能动性，主客体势必陷入分裂，其结果必然是不可知论。但现在费尔巴哈发现，只有在与这个抽象思维主体相对立的另外一极，即感性的直接性（我感觉，故我存在）中，才能找到真正包含着思维与存在同一的直接根据，这种同一必将排除思辨唯心主义所遇到的种种不可克服的矛盾，而以最亲切、最明了、最合乎人性和人的常识的方式，展示出人和自然、人和人的关系的本来面目。这的确是德国古典哲学中的一个根本的转折，思辨唯心主义的传统被打破了，产生了一种人本主义的唯物主义。这种唯物主义立足于人的感性，但与休谟的极端感觉论和怀疑论不同，它以人类的感性超越个人的感性，由此建立起理性和一切科学知识的可靠性根据；这种唯物主义立足于感性的自然，但与机械唯物论和庸俗唯物论不同，它以人本主义来调和自然主义，力图在自然主义中保留人性的全面丰富的精神特质，并由此与其所理解的"共产主义"认同。

尽管如此，费尔巴哈哲学中也由此而产生出了更加尖锐的矛盾。首先，当他抛开德国唯心主义的抽象的自我意识和"纯粹思维"，而诉诸人的感性和感性的自然时，他没有同时把这种感性理解为"感性活动"，而是简单地理解为直观的"感性存在"，也就是说，他把唯心主义连同其主体能动性，连同其辩证法一起抛弃了。这样，他的思维和存在同一的学说就退回到法国唯物论那种"直观唯物主义"的水平上，它离开人的感性实践活动，成了对人们与生俱来、直接存在而不需任何证明的感性事实的单纯确认。其次，当他把这种"感性存在"当作人的直接的本质并用来解释人的一切活动，特别是社会生活时，他又把存在和本质混为一谈了。他在用人的肉体存在、人的自然需要直接说明人的精神活动之后，又用人的这种精神活动直接说明人与人的精神关系乃至于人与人的一切社会关系，因而在社会历史领域他仍然停留于唯心史观的水平，人的社会意识和他的社会存在就成了外在的、偶然的对立关系。最后，当他把人类的"感性存在"（爱）作为人类的最高理想和真正的宗教教条来加以崇拜时，他就使自己的"人本主义"成了一种如同神学教义那样空洞的说教，他所讨论的人、自然、类（社会）就仍然只是哲学家头脑里的一些抽象名词，而与现实中发生的真正感性的人类活动没有任何关系，也不能对现实生活有丝毫实质性的触动。

马克思主义的诞生以及随之而来的 1848 年德国工人运动，把费尔巴哈和整个德国古典哲学都抛到后面去了。从理论上说，马克思主义是真正实践的、革命的理论，它吸取了黑格尔辩证法的"合理内核"和费尔巴哈唯物主义的"基本内核"，从人类现实的感性活动，首先是物质生产劳动中来理解人的主体能动性，把"自由自觉的生命活动"理解为人的感性本质，这就使人的能动的主观思维通过现实的物质性的能动活动而与客观存在达到了真正的同一。这种同一，既是人与自然界的同一，同时又是人与社会历史、社会存在的同一：人的现实的社会实践活动能动地改变着历史的进程，同时也改变着人自身，人的自由的主体性必将通过自觉地扬弃自身的异化物而得到真正的实现。这样，思维和存在、主体和客体、自由和必然、人和社会的统一，就被诉之于人类面向未来而进行的坚持不懈的社会实践活动，诉之于无产阶级争取自身解放和全人类解放的伟大革命运动了。

综上所述，我们现在可以把整个德国古典哲学思想发展的内在逻辑线索作一个总体的概括，从而将之划分为如下五个阶段：

第一，康德阶段。为了解决近代认识论中出现的思维和存在的巨大矛盾，康德首先将认识与实践割裂开来、对立起来，以便能在人的主观认识范围内通过赋予认识以主观能动性而达到思维和存在的同一。但这只是主观范围内的同一，真正的客观存在（物自体）被宣称为认识永远不能达到的彼岸，这个彼岸的到达只有在实践（道德）的范围内才可以设想。这可以说是主体和客体的根本对立批判地揭示出来的阶段。

第二，费希特阶段。费希特把认识和实践统一为个别思维主体即"自我"的能动的设定活动（行动），认为主体的这种行动就能建立起与之对立的客体并实现主客的同一。真正的客观存在（物自体或非我）被他公开地取消了，实际上却仍在幕后与主体（自我）尖锐地对立着。为了避免唯我论，他不得不用一个普遍的绝对自我来克服自我与非我的对立，然而这实际上只不过是将自我与非我的对立发展为个别自我与绝对自我的对立而已。这可以说是在行动的主观主义条件下主体和客体的对立达到极端的阶段。

第三，谢林阶段。谢林把自我与非我、主体与客体的"绝对同一"当作哲学的出发点，但这个出发点仍然面临着它与个别思维主体的关系问题。由于谢林把"绝对同一"看作是静止不动的、排斥任何差异的，它就与一切有差异之物，包括个别思维主体处于僵硬的对立之中，并只有通过将差异也发展为"绝对差异"，即非理性的、不可通约的个别天才、灵感，才能达到思维和存在的同一。这可以说是在静观的客观主义条件下主体和客体之间神秘的、虚幻的、形而上学的同一阶段。

第四，黑格尔阶段。"绝对同一"与"绝对差异"之间的绝对同一在黑格尔那里成为理性的辩证逻辑的基本观点，通过这种辩证法，黑格尔使思维和存在的矛盾在唯心主义范围内达到了最彻底的同一。但由于这种同一并未超出自康德、费希特以来局限于自我意识、抽象思维之中这条一贯的唯心主义思路，黑格尔的能动的辩证法就受到其唯心主义体系的限制，使得思维与存在的统一成了一种抽象的思维形式，而与现实具体的感性存在仍然处于外在的对立之中。这可以说是在主观能动性和客观制约性的唯心辩证法条件下主体和外部感性世界的对立原封不动、持续存在的阶段。

第五，费尔巴哈阶段。费尔巴哈看出了思维形式与现实的感性存在的真正统一只有立足于感性存在本身才有可能，而直接的感性存在就是人的感性存在。通过感性的人本主义，他使人和自然、人和人（社会）都直观地统一起来了，从而思维和存在或主体和客体就在感性直观的基础上统一起来了。但正因为如此，在他那里人和自然及其统一就都不是现实的，唯物的自然观和唯心的历史观相并立，主体和客体仍未能真正统一起来。

这可以说是在直观的唯物主义条件下主体和现实的感性世界之间抽象的统一，实际的分裂的阶段。

真正彻底解决了思维和存在或主体和客体的矛盾的是从德国古典哲学中逻辑地产生出来，并批判地继承和发展了康德、费希特、谢林、黑格尔和费尔巴哈的全部哲学成果的马克思的"实践的唯物主义"，即作为辩证的或历史的唯物主义体系的马克思主义哲学。

第一章　康　德

——主体和客体矛盾的"批判"的揭示

　　康德的哲学思想经过了复杂的、矛盾的、漫长的发展历程，它大体上可以分为这样三个阶段：

　　第一阶段，从 1746 年到 1760 年。在这个阶段，康德按其所受的哲学教育和对人类知识的深刻信念来说，是一个莱布尼茨—沃尔夫派的唯理论者，他把科学"独断地"看作是由必然的、普遍的和客观有效的理性知识构成的系统。但他已经不是一个完全正统的莱布尼茨—沃尔夫主义者，因为他还对牛顿的经验主义的物理学和自然科学唯物主义的自然观怀有深刻的信念。这时，康德的主要兴趣和主要著作都集中在自然科学的理论问题方面。他一方面以牛顿的学说来修正莱布尼茨的学说，另一方面又以莱布尼茨的思想来补充牛顿的学说。从总体上看，康德这个时期的主要著作表现出自发的唯物主义和自发的辩证法倾向，使他在解决哲学基本问题时更接近当时以自然神论形式表现出来的唯物主义立场，这特别体现在其《自然通史和天体理论》（1755 年）一书中。康德在此提出了自己的宇宙自然发生的理论，在形而上学自然观上打开了第一个缺口。但主、客体的关系问题在这一阶段尚未摆到哲学思考的中心位置上来。

　　第二阶段，从 1761 年到 1770 年。这是向批判时期过渡的阶段。康德沿着自然科学经验论的方向对莱布尼茨—沃尔夫唯理论进行批判的自发趋势在 18 世纪 60 年代初期就加强了，他的注意力开始更多地集中到逻辑学、认识论和方法论的问题上。在这一时期，卢梭对人和人的自由主体性的关注，以及休谟从极端经验论立场对客体信念的"独断主义迷梦"的打破，促使康德在自己的哲学探索中采取了新的方向，最后在深化大陆理性派传统的基础上形成了后来的批判哲学的基本要点，即把思维和存在、科学和信仰、认识和实践通过不可知论而绝对分离开来、对立起来，以相互隔绝的方式使双方避免摩擦和冲突，来达到调和双方矛盾的结果。

第三阶段，从 1770 年直到康德逝世。这就是所谓批判时期，是批判哲学的理论基础和体系的各个组成部分全面制定和发展的时期。从1770—1781 年的 11 年间，康德完全致力于解决由于调和彼此敌对的哲学派别而产生的不可解决的困难：在认识客体中调和唯心论与唯物论，在认识主体中调和经验论与唯理论（先验论），在整个认识论中通过二元论和不可知论调和科学与信仰（宗教）。1781 年康德出版了最重要的认识论著作《纯粹理性批判》。在整个 18 世纪 80 年代，康德除去为自己的认识论观点进行辩护和完善其认识论体系外，主要是把批判哲学的原则贯彻到伦理学、美学和自然目的论领域。1788 年他出版了《实践理性批判》，1790年又出版了《判断力批判》。90 年代，康德进一步深入到历史目的论，出版了有关政治、法和历史观的各种著作。但上述一切工作并没有能够解决思维和存在、主体和客体的矛盾，而是经过"批判"而上升到它们的根本的对立，并将这种尖锐的对立揭示在认识、实践和社会生活的一切领域之中。正是这些矛盾，在极为广阔的范围内为整个德国古典哲学提供了探讨的主题和进一步发展的契机。

第一节　批判哲学的形成

1755 年，康德匿名发表了一部德语著作，即《自然通史和天体理论》。之所以匿名，是因为他意识到这部著作所提出的问题以及他关于这个问题的基本思想，是同占统治地位的宗教观念相冲突的。

在这部著作中，康德发挥了他关于太阳系和整个宇宙的结构和起源的思想，提出了第一个关于宇宙自然发生的有科学理论根据的唯物主义学说，以及关于哲学基本问题的某些自然科学的唯物主义思想。

在宇宙的自然发生方面，康德完全同意牛顿关于自然界的数学—力学结构的观点；但是他抛弃了牛顿的"第一推动力"的思想，认为把太阳系的完善结构和诸天体的协调运动归之于上帝的亲手安排，这"对于一位哲学家来说……是一个很苦恼的决断"①，应当完全用物理的原因来说明这一切。康德认为，最初存在的只是原始的、弥漫的物质混乱状态，这些混乱的物质微粒由于物质本身的规律和排斥与吸引两种自然力的作用，经过漫长的时间，才形成我们现在看到的恒星、行星和卫星，很可能，"我们所在的已形成的自然范围，在达到现在这样的完美状况以前，或许千年万载、千秋万代已经流逝过去了"②。因此，在康德看来，在最简单的物质状态中就已包含有自然地发展成为更加完善的结构的趋向，用不着超自然力量的干预。

同时，康德还认为，宇宙的发展过程是在无限的空间和时间内实现的，时间空间无非是自然界存在的客观形式；而且宇宙中的发展并不是均衡的直线过程，太阳系不过是无限宇宙的恒星之一，在宇宙中总是有一些恒星在诞生，另一些在消亡，因为在无限宇宙中"一切有限的东西，一切有开始和起源的东西……一定要消灭，一定有一个终结"③。康德虽然认为我们的太阳系也会走向消灭，但他不同意牛顿关于自然界注定走向绝对静止和灭亡的观点，而认为自然界犹如"火凤凰"，它"之所以自焚，就是为了从它的灰烬中恢复青春得到重生"④，也就是说，宇宙的整个发展变化过程是无限的。他还具体提出地球自转速度减缓的原因在于潮汐摩擦的假说。所有这些都表明了康德用自然界本身的原因来说明自然界的自然科学唯物主义的倾向，和用产生与消灭、前进与后退之间的相互作用的观点说明自然现象的自发辩证法倾向。

康德关于太阳系形成的假说，在当时形而上学自然观占统治地位的情况下，看来不过是奇谈，在四十多年后，当法国伟大的数学家和天文学家拉卜拉斯不依赖康德而作出了类似假说并加以数学的说明之后，这个假说才受到重视，并以康德—拉卜拉斯星云说或天体演化说而载入史册。但是，如果说在法国，当拿破仑问拉卜拉斯为什么在其学说中不提到上帝时，拉卜拉斯回答"陛下，我不需要这种假设"，那么在德国，康德却极

---

①　康德：《宇宙发展史概论》（即《自然通史和天体理论》的另译名），上海人民出版社 1972 年版，第 185 页。
②　康德：《宇宙发展史概论》，上海人民出版社 1972 年版，第 144 页。
③　康德：《宇宙发展史概论》，上海人民出版社 1972 年版，第 150 页。
④　康德：《宇宙发展史概论》，上海人民出版社 1972 年版，第 156 页。

力把自己与无神论者区分开来，把自己的理论发现同宗教观念调和起来。他表示，他的学说与古希腊原子论者德谟克利特和伊壁鸠鲁的观点虽有许多类似之处，其实二者是有根本区别的，因为古代原子论者认为物质与运动是永恒的，不是被创造的，这是无神论的"谬论"，而他则认为是上帝创造了物质并赋予物质以趋于完善发展的能力。不过尽管如此，从学说的实质上看，康德是以自然神论的形式宣扬了唯物主义，因为上帝的作用在这里只是一种名义上的活动，他只能对原始物质有一次性的创造行为，在物质往后的发展变化和形成自然界的过程中，则完全无造物主插手的余地。这种说法事实上是对《圣经》中关于上帝六天之内创造世界的教义的否定。

康德在《自然通史和天体理论》中对于精神与物质的关系问题还作了自然科学唯物主义的解释。首先，他认为人的精神活动能力取决于有机体组织：人体结构中物质和组织的粗糙性，是精神能力虚弱无力的原因；肉体物质中的粗糙成分占上风导致智力的衰退；由于精神对物质的这种依存关系，精神能力将随着肉体生气的消失而消失。其次，他认为由于有机体的物质特性取决于它所在星球上的物质条件，即行星离太阳越远，上面的生物所由以构成的物质就越轻薄、越有弹性，有机体就越完善，所以，能思维的生物在精神上的完善性（表象的生动性、概念的明确性和灵活性，以及它们实际运用中的灵活性等等）也服从同一个定律：这些生物居住的地方离太阳越远，它们就越美好、越完善。最后，在同时期的另一著作中，康德发挥了我们的意识依赖于周围物质对象的思想，而否认莱布尼茨所谓的"前定的和谐"。他说，如果在我们的精神以外，没有与它相互联系、相互作用的实在物体，那么在我们的精神中就不可能发生变化，而我们的精神和表象状态的变化就证明了精神和肉体的相互作用。这些带有机械论性质的唯物主义观点，沉重打击了灵魂不灭的宗教学说。

《自然通史和天体理论》对于我们的思维能否认识现实世界的问题，基本上也给予了肯定的回答，但已表现出一定的怀疑论倾向。康德在序言中一开始就提出了"要在无穷无尽的范围内发现宇宙"的系统联系，"要发现宇宙形成以前自然界里高深莫测的东西以及所进行的事情"是否超出了"人类理性能力"的问题。他看到了这种研究将遇到的来自宗教和对象本身的种种困难，但他说："所有这些困难我都很清楚，但我并不胆怯；所有这些阻力之大我都感到，但我并不沮丧。"① 康德以科学家应有的实事求是的精神仔细地估计了现实的条件，认为：第一，研究这个对象的自然科学部门——宇宙结构、天体力学——已经进行了精确而充分透彻的考察；第二，研究的对象本身比较简单明了，因为在这一领域内"一切都可以归结为最简单的力学原因"。于是康德对上述问题作出了肯定的答复："我觉得，我们在这里可以在某种意义上毫不夸张地说，给我物质，我就用它造出一个宇宙来，这就是说，给我物质，我将给你们指出，宇宙是怎样由此形成的。"② 这充分表现了康德当时对人类理性和科学的力量的信心。

但是，康德同时又提出了另一个问题："难道人们敢说，在微小的植物或昆虫身上也能找出它们的发生、发展的原因吗？难道人们能够说，给我物质，我将向你们指出，幼虫是怎样产生的吗？"康德否定地回答了这个问题。他认为，第一，"由于不知道对象的真正内在性质，并由于对象的复杂多样性"，也就是缺乏具体的足够的科学材料；第二，由于无法"用力学的原因来完全清楚地说明一棵野草或一个幼虫的产生"③，也就是不那么容易像研究天体起源那样把一切"归结为最简单的力学原因"。可见，康德对认识有机生命起源的可能性持有一种怀疑论倾向，他把无机界与有机界的差别绝对化了，而没有觉察到他自己关于地球是在时间中形成的学说，已经逻辑地包含着生活在地球上的动植物也都有其时间中的形成史的结论了。不过这种怀疑论倾向也表明，康德已开始意识到当时以机械力学为代表的自然科学方法固有的局限性，但他此时还未将这种意识扩展为对一般自然科学认识领域的自觉的限制，似乎也没有在原则上否定认识整个有机生命起源的可能性，没有像后来那样把有机体问题归于主观的非科学性的"反思判断力"，而把人类认识仅仅局限于无机现象领域。

早期的康德，作为一个理论自然科学家，他所具有的这种自然科学唯物主义和自发辩证法的倾向，与他作为一个受莱布尼茨—沃尔夫派传统教育的哲学家所具有的唯理论和形而上学倾向，必然会产生出尖锐的矛

① 康德：《宇宙发展史概论》，上海人民出版社1972年版，第3页。
② 康德：《宇宙发展史概论》，上海人民出版社1972年版，第16—17页。
③ 康德：《宇宙发展史概论》，上海人民出版社1972年版，第17页。

盾。上面提到，早在康德写作《自然通史和天体理论》的同时，他就已开始批评莱布尼茨—沃尔夫派的基本原理，力图按自然科学的经验论原则来改造认识论了。60年代初，这种趋势就更明显了，到60年代中期，康德可以说已原则上摆脱了唯理论的基本立场，而提出：通过纯粹理性，即仅仅对概念的逻辑分析，无论对实在事物的存在还是因果联系都不可能作出证明来。

康德的这个结论来自于他的两个观点。首先，他根据科学的材料得出，事物存在的理由和对事物存在的认识的理由是不同的，例如天文学家根据木星的卫星蚀这一光学现象去测定光速，这些光学现象就是认识的理由，但光的运动和速度的存在理由则是以太的特性。康德由此指出，事物的存在不能从事物的概念推演出来，而只能通过经验被给予。因此，唯理论者关于上帝存在的本体论证明是不能成立的，它建立在把认识的理由和存在的理由混同起来这一错误前提之上。不过康德并没有因此而否定上帝的存在，而是提出：上帝存在的证明在于上帝不存在是不可想象的。其次，康德还根据科学材料说明，逻辑的对立和实在的对立是两回事，前者是对同一事物同时既肯定某种东西又否定那种东西，这种对立是互相排斥的，其结果是无；实在的对立虽然也彼此否定，但这种对立到处都是相互结合的，其结果是某种东西。例如说某一物体在同一时间、同一意义上既运动又不运动，这是不可能的；但同一物体同时受到两个对立方向的力的影响则是完全可能的。这种实在的对立在自然界、心理现象和道德关系等方面是极普遍的，例如不可入性和可分性、善和恶、美和丑等等。康德认为实在的对立是事物的实在理由，它本身不是逻辑的对立，因而不是逻辑理由。认识事物的本性必须依靠实在理由规律，而唯理论的形而上学只以逻辑规律（同一律、矛盾律）为准，因此并不能认识事物。

与这两个观点相联系，康德对沃尔夫唯理论的方法，即依据逻辑规律，构成逻辑判断，进行三段式推理以得到各种概念、判断、推理的组合形式的方法，作出了批判。他把这种方法所依据的旧形式逻辑称为"受人尊敬的古董的斑痕"，"昂首入云端，一双烂泥脚的巨人"，主张不是要抛弃它，而是要改造它和简化它。此外，他把莱布尼茨—沃尔夫派唯理论的方法形容为既不知道从哪里出发，也不知道到哪里去，逻辑思维过程在任何地方都碰不到经验，称用这种方法获得的知识是虚伪的形而上学，尤其是在所谓精神实体的学说方面。但康德并没有一般地否定形而上学，而只是否定莱布尼茨—沃尔夫式的旧形而上学；他仍然深信，一种具有普遍性和必然性的理性知识的哲学体系是可能的，并试图以经验所与的概念，如科学提供的概念来改革形而上学。

总之，康德是依据自然科学的经验论原则来批判莱布尼茨—沃尔夫的唯理论的，在这个过程中他的经验论倾向越来越鲜明。但是，康德虽然力图按经验论原则来改造认识论，却仍对经验论从经验开始，再由此上升到一般的和最高的概念这个认识原理感到不满足，因为经验只能确定事实的因果联系，却不能使我们理解"为什么"如此，不能告诉我们事物的本质和本性。康德特别指出，我们根本不能认识精神的本性，而只能认识精神的现象和支配现象的规律，人类的认识是有一定界限的。这与《自然通史和天体理论》中的怀疑论倾向不同，已经是一种不可知论倾向了。这种倾向的出现，一方面是由于他在反对莱布尼茨—沃尔夫的唯理论把思维与存在等同起来的原则时，走向了另一个极端，即把它们完全对立起来了，例如把实在理由和逻辑理由、存在的理由和认识的理由都对立起来，从而认为逻辑方法不可能认识实在的联系，而即使认识了现象，也还不知道什么是存在的本质；另一方面则是由于休谟经验论的影响，只是在这一时期，他还没有理会到休谟学说的破坏性本质。

直到 60 年代中期，康德虽然动摇于唯理论和经验论之间，但主要倾向是经验论的；虽然不可知论的倾向已很明显，但与他后期的自在之物或物自体不可知的学说还是有原则区别的，他还没有提出现象的观念性，即主观性的论点。从 60 年代后期，特别是从 60 年代末起，康德哲学思想发展的方向有了一个重大的变化，这就是：否认因果性观念来源于经验，而主张到纯粹理性中去探索其源泉，否认我们的表象和概念中包含有不依赖于主体、人、人类的客观内容，而极力论证自在之物不可知，可知者仅为主体的表象，仅为现象。康德哲学思想发展中这个质的变化和新的哲学观点的形成，是其哲学思想中一开始就包含着的深刻矛盾发展到一定阶段的产物，但它也是受到这一时期各种不同的思想影响的结果。

首先，休谟的怀疑论对康德哲学思想的转变方向起了关键性的影响作用。康德在 1783 年的《未来形而上学导论》一书中说："我坦率地承认，多年前我对于休谟理论的回忆，第一次打断了我的独断主义的迷梦，而且给我在思辨哲学领域中的钻研以一个完全不同的方向。"① 康德所指的是休谟的因果性理论。休谟从经验论立场出发对唯理论的基础给予了决定性的打击，他证明，因果性的原理既不是唯理论所谓的"自明的"，也不是能用唯理论的逻辑方法证明的，这一原理的提出在感觉经验中有其根源。休谟对唯理论的这一攻击，在康德早期批判莱布尼茨—沃尔夫唯理论的过程中，已促使康德中断了唯理论方面的独断主义迷梦，而不再认为理性知识（如因果性原理）不依赖于感性经验而独立存在于抽象的概念分析和逻辑的判断、推理之中。但另一方面，休谟还站在主观唯心主义立场上，通过怀疑论而对以往经验论的基础发起了攻击。他认为，因果性原理虽然在感性经验中有其根源，但这只是经验归纳的结果，而并不能证明因果性原理具有客观必然性，因而因果性原理不过是一种基于习惯和联想之上的主观或然性原理，理性则把这种主观或然性的习惯冒充为客观必然性，所以理性认识是靠不住的。休谟据此否定了任何形而上学（哲学）的可能性，而自然科学则被认为是一些主观经验的或然性规则的汇集。休谟对作为科学知识的经验主义认识论基础的攻击，动摇了康德按照自然科学经验论原则来改造认识论，以经验所与的概念来改造形而上学的企图，也就是打断了他在经验论方面的独断主义迷梦，使他抛弃了认为一切客观必然的知识都来自于感觉经验这种朴素唯物主义的信念。当然，康德仍然深信他当时的自然科学（数学、力学）是可靠的，这种理性知识具有绝对的必然性和普遍性，是不容怀疑的，因此他不同意休谟的怀疑论结论；但同时，由于不能解决来源于感性经验的知识怎样会上升到具有绝对必然性和普遍性的理性知识，他又同意休谟的前提，即经验归纳不能证明因果性原理的客观必然性。不过他认为，这一前提并不说明一切客观必然的知识都不可能存在，而是说明这种客观必然性原则另有来源，即来源于理性。总之，在康德看来，为了得到有关事物的实在的知识，必须反对认为理性知识可以不依赖于感性经验的看法，而为了保证理性知识的可靠性和反对怀疑论，又必须坚持理性知识的客观必然性有不依赖于感性经验的独立的来源。正是这一尖锐的矛盾，直接导致了康德批判哲学的产生。

---

① 康德：《哲学丛书》第40卷，汉堡1920年版，第7页；参见康德：《任何一种能够作为科学出现的未来形而上学导论》（简称《未来形而上学导论》），商务印书馆1978年版，第9页。

　　其次，这一时期处于高潮的法国启蒙运动的思想，特别是卢梭的思想，对康德的哲学转向起了很大的影响作用。康德在他 1764 年的一部著作《对于崇高感和美感的考察》的"附录"中讲道：我生性是一个探求者，我渴望知识，不断地要前进，有所发明才快乐。曾有过一个时期，我相信这就是使人的生命有其真正尊严的东西，我就轻视无知的群众。卢梭纠正了我。我臆想的优点消失了。我学会了尊重人，认为自己远不如寻常劳动者之有用，除非我相信我的哲学能替一切人恢复其为人的共同权利。① 康德这个自白表明，他在以前是以科学、知识上的进步为重，主要探讨的也是这方面的问题，当科学与信仰发生冲突时，如我们在《自然通史和天体理论》中看到的，他虽然调和二者，但仍把科学置于信仰之先。现在，在卢梭的启发下，康德认为哲学最重要的任务就是"替一切人恢复其为人的共同权利"，即恢复人的独立和自由，如卢梭所说的："放弃自己的自由，就是放弃做人的资格，就是放弃人类的权利，甚至就是放弃自己的责任……而且取消自己意志的一切自由，就是取消自己行为的一切道德性。"② 但是，卢梭那些关于自由的抽象议论是同按照社会契约建立民主共和国这一实践要求紧密相联的，康德则将自由同因果必然性绝对对立起来，使之成为处在自然界中的人摆脱或超越这个自然界的因果律而自由抉择行动的能力问题，仅仅是因为有这种自由才有道德，因而为了道德才必须假定自由。当然，康德作为一个自然科学家，承认人是自然界的一分子，人同自然界中一切事物一样也是受因果律支配的、绝无自由的；但是，如果作为自然界一分子的人同时又属于另一个不受因果律支配的世界，那么人的自由就是可设想的，道德也就是可能的了。康德认为，这样一个世界是不可能认识而只能信仰的。于是知识与信仰就有了冲突，而为了自由等是可想象的，知识就必须服从信仰，"因此我不得不扬弃知识，以便为信仰留下位置"③。康德为此而极力论证"自在之物"与现象之间有原则差别的学说：我们的认识只能局限在现象界，而现象背后的"自在之

---

　　① 参见诺·康·斯密：《康德〈纯粹理性批判〉解义》，华中师范大学出版社 2000 年版，第 39 页。
　　② 卢梭：《民约论》，法律出版社 1958 年版，第 13 页。
　　③ 康德：《纯粹理性批判》B XXX（根据《哲学丛书》第 37a 卷，汉堡 1976 年版），参见《康德三大批判精粹》，人民出版社 2001 年版，第 59 页。

物"，如自由、灵魂不灭和上帝，则是认识达不到而只能信仰的。唯理论的最大错误即在于力图从理论上证明这些只能信仰而不能认识的东西，实际上贬低和危害了信仰。因此，为了给信仰留出地盘，最重要的是首先批判人的理性认识能力，把认识限制在它本来的范围之内。康德把自由置于知识之上，却采取了把信仰置于知识之上的形式，充分表现了康德哲学的软弱性和空想性。

再次，康德自然哲学思想的发展也对他的哲学转向产生了推动作用。60 年代末，康德在根据牛顿的绝对时空观研究"自然哲学的形而上学原理"时发现，如果承认时间和空间的绝对实在性，我们的理性在解决作为整体的世界的问题时，就会碰到一些无法解决的困难，要想解决它们，就必然陷入自相矛盾。这些无法解决的矛盾，康德称为纯粹理性的"二律背反"，如世界是有开端的与世界是没有开端的之类的矛盾。康德不止一次指出，发现这些矛盾对于他解决当时的认识论的难题带来了光明，第一次惊醒了他的独断主义迷梦，促使他去批判理性自身，以消除理性的自相矛盾。①

最后，在 60 年代中期，初次出版了新发现的莱布尼茨重要的认识论著作手稿《人类理智新论》，它逐章逐节地反驳了洛克的《人类理智论》一书。莱布尼茨是站在唯理论立场上批判经验论的，同时又企图从唯理论立场上调和唯理论与经验论。所有这些都给予康德很大的启发，因为这正是他碰到的难题。莱布尼茨调和唯理论与经验论的重要思想之一，就是认为"永恒真理"早已作为一些非任意的关系形式存在于感性经验之中，理智通过对感性经验的反省，就可以清楚明白地意识到它们。也就是说，必然真理（必然性与普遍性）是理性的特性，而不是来自经验或外部世界；但是离开对感性经验的反省，也不能意识到它们。康德从莱布尼茨这里吸取了两个最重要的观点：人类理性的特性是普遍性与必然性的源泉，即理性知识的可靠性是由于它来源于理性；理性知识被分为先天的形式和经验的内容。

康德的批判哲学就是在这些复杂的、相互矛盾的思想影响之下形成起来的。1770 年，康德的《论感性世界和理智世界的形式和原则》一文

---

① 参见康德：《未来形而上学导论》，商务印书馆 1978 年版，第 119 页。

是批判哲学的出发点，经过 11 年的时间，康德才完成了批判哲学的理论基础——康德的认识论体系，即《纯粹理性批判》。

康德在《纯粹理性批判》中指出，以往的哲学是一个无止境地争论的战场，哲学之所以成为这样一个战场，是由于研究者追求那种超出经验范围之外，因而不受经验检验的原理，同时又采取只承认自己的学说是真理这种专制态度，这种哲学家就叫作独断论者，其必然后果是导致怀疑论。康德认为从来的各种哲学派别都可以归入这两派。独断论者所以陷入独断，就是因为不预先探讨人类理性的能力，任意超越理性所能及的范围，所以立论空泛，不能维系人类信仰；怀疑论者同样也不预先研究人的理性能力和知识的性质，立即断定知识的不完全，对科学和信仰都有害。因此康德认为，必须先对人类理性能力进行批判研究，才能建立起既非独断又非怀疑论的新哲学，即作为科学的未来形而上学，这种批判研究作为新哲学的"导论"，本身也可以叫批判哲学。

"批判"在康德那里不是一般所谓的否定或指责，其对象也不是某种已有的学说或体系，批判的对象是对事物本性进行判断或认识的"一般理性能力"或认识能力，任务是"判定"在理性能力中什么是先天的，即在任何经验之前的、普遍和必然的、不依任何人和特殊情况为转移的因素，以及这些先天因素起作用的条件、范围、运用的界限，从而也就是"判定"人类认识，特别是哲学的可能性条件、来源、范围和界限。这种批判工作应当"出自原理"，以"理性的永恒不变的法则"[①]为依据。康德把自己这种批判的方法叫作先验的方法，这种方法在认识论中导致了康德对哲学基本问题，即思维和存在、主体和客体的关系问题的一种特殊的处理方式。即是说，一方面，康德承认在我们意识之外存在着"自在之物"或"物自体"，它是和我们关于物的表象相对应的，他把否认、怀疑自在之物存在以及与我们关于物的表象相应的外在对象存在的哲学，都称之为唯心主义的而加以驳斥；但另一方面，他又认为自在之物是不可认识的，我们所认识的只是它的"现象"，即它刺激我们的感官时在我们心中引起的"表象"，他把认为自在之物可以认识，否认自在之物与现象之间有不可逾

---

① 康德：《纯粹理性批判》A XII，参见《康德三大批判精粹》，人民出版社 2001 年版，第 40—41 页。

越的鸿沟的哲学，都称之为"超越的"实在论而予以驳斥。康德一方面承认我们的一切认识都从感觉、经验开始，否认超感性、超经验的知识的可能性，认为"只有在经验中才有真实性"[1]；另一方面又认为只有来源于纯粹理性的先天认识形式（时空直观形式和因果性等范畴）才使经验知识、客观知识本身成为可能。他反对一切承认时空观念、因果观念来源于经验的学说，认为它们抽掉了客观知识可能性的基础，导致怀疑论。他认为理性是人类认识的最高领域，但这种理性如想超越感性经验的范围而获得知识，必将使自身陷入不可解决的矛盾，这证明"自在之物"永远不可能认识而只能设想。

但是，康德的"批判"并不仅仅限于认识的领域。康德认为，批判哲学的目标是要系统地揭示人类心灵的全部能力（知、情、意）的先天原理。因此，批判哲学的建立除了通过对理论理性的批判以发现认识的先天原理作为基础外，还有赖于通过对实践理性的批判以发现意志的先天原理和通过对判断力的批判以发现愉快和不快的情感的先天原理。因此，在康德那里就有了"三部批判"的著作，理论理性的批判为实践理性的批判提供了基础，这两者又为判断力的批判准备了前提。下面，我们将依照这一顺序来依次考察康德批判哲学的内在逻辑关系。

第二节　批判哲学的认识论

康德批判哲学的认识论体系，主要是在《纯粹理性批判》一书中得到系统的表述的（后来的《未来形而上学导论》则是它的缩写本）。以认识论的批判考察作为其哲学体系的首要任务，正反映了康德哲学自近代哲学研究的核心即认识论问题中发展而来这一不可割断的联系。这种联系尤其在康德认识论为自己首先提出的根本问题和根本任务上体现出来。当然，同时体现出来的不只是联系，而且还有深刻的创见。

---

[1]　康德：《未来形而上学导论》，商务印书馆 1978 年版，第 173 页。

一、认识论的根本问题和根本任务

康德的认识论是从"先天综合判断"的存在出发，进而提出"先天综合判断是怎样可能的"这个根本问题；康德认识论的根本任务是要研究"先天综合判断"究竟是依靠什么根据而存在的。

康德承认"我们的一切知识都从经验开始"，而经验则从外物作用于我们的感官引起感觉开始。但尽管如此，康德又并不承认"一切知识都是从经验中发生"，即一切知识来源于经验。这种看起来的前后不一贯，是由于他对认识的性质有一种独特的理解。

康德首先认为，认识就是判断。单个的没有连结的观念、概念并不是认识。例如"桌子"和"四方的"各自并不是什么知识，只有当我们通过判断的形式把这两个观念联结起来："桌子是四方的"，从而使"桌子"成为一个有经验对象与之相一致的概念时，才能说有了知识。所以，任何认识都是判断。

但是，康德进一步认为，虽说任何认识都是判断，但绝不能由此得出结论说，一切判断都是认识。康德根据主词和宾词在判断中的关系，把一切判断分为两种：一种是谓词的意义完全包含在主词中，这就是"分析判断"；另一种是谓词完全表示新的意义，这就是"综合判断"。"因而分析的（肯定性的）判断是这样的判断，在其中谓词和主词的连结是通过同一性来思考的，而在其中这一连结不借同一性而被思考的那些判断，则应叫作综合的判断。"① 康德又把"分析判断"称为"说明判断"，因为这种判断中的谓词对于主词没有增加什么东西，只是把主词本来已经包含有的东西分解出来，予以清楚地说明而已。例如"一切物体都有广延性"这一判断就是"分析判断"，因为广延性这个概念本来就是包含在物体这个概念中的，只消把物体概念分解（分析）即可得到广延性概念。而"一切物体都有重量"这个判断就具有另外的性质了，它是一个"综合判断"，因

---

① 康德：《纯粹理性批判》B11，参见《康德三大批判精粹》，人民出版社2001年版，第74页。

为重量概念并未包含在物体概念之中，在想到物体概念时，不能从它引申出重量概念，因此是我们用综合方法把宾词"重量"加到主词"物体"上去的。

康德认为，一切分析判断都是先天的判断。康德所谓"先天的"，就是"不依赖于经验的"、"在经验之前的"；先天的判断不超出主词概念本来就包含有的那些概念的范围，只消不违背形式逻辑的同一律和矛盾律，予以分析就可以进行判断；它的正确性也不需要经验的证明，而是在任何经验之前就可以确定它是正确的，因此它永远是必然的。但是，正因为分析判断并没有扩大我们的知识范围，只在已有的概念中兜圈子，因此这种判断本身就不包含认识，其作用主要在于说明固有的知识，而不是获得新的知识。

康德认为，真实的认识在于扩大了我们的概念，把不同的观念或概念结合为新的概念的那些知识，因此，真实的认识只能借助于综合判断，只有这种判断才使主词得到了新的意义，扩充了知识范围；然而，并不是一切综合判断都是真正的知识。经验的判断虽然也是综合判断，但它的主词和谓词的联结是通过经验，以经验为根据建立起来的。例如上述"一切物体都有重量"这个综合判断，谓词"重量"被综合于"物体"概念之中的可能性，是依赖于经验的，即依赖于我们对物体相互关系的比较，而不具有严格的普遍性和绝对的必然性。经验的判断是从经验得来的，而经验只知道个别的东西、偶然的东西和暂时的、转瞬即逝的东西，它不能提供严格的普遍性和必然性。而真实的知识则是具有严格的普遍性和绝对必然性的知识，只有先天的知识才能具有这种普遍性与必然性。康德把来自经验的知识称为后天的知识，把离开经验而独立的知识称为先天的知识，它是在经验之前，与经验无关而先天发生的，也就是说，是理性（知性）本身独立于经验而提供出来的。这两种知识区别的标志是什么呢？康德指出了两点：首先，经验只告诉我们一个东西是如何如何，而不是说它非如此不可，因此如果有一个判断，我们一想到它就想到它是必然的，那它就是先天判断，而不是经验的判断；其次，"经验永远也不给自己的判断以真正的或严格的普遍性，而只是（通过归纳）给它们以假定的、相比较的普遍性……如果在严格的普遍性上，亦即不能容许有任何例外地来设想一个判断，那么它就不是由经验中引出来的，而是完全先天有效的……于是，必然性和严格普遍性就是一种先天知识的可靠标志……"①。

康德既然认为只有先天知识具有必然性和严格的普遍性，因此也就肯定一切真正的认识，即具有普遍必然意义的认识只能是由"先天综合判断"构成的。因此在康德看来，一切认识的判断，第一，是综合的；第二，是先天的。这就是康德所理解的认识的性质，或者说，对什么是认识这个问题的解决。

那么，这样的认识是否可能呢？也就是说，是否存在着"先天综合判断"呢？是否有一种判断，它既是综合的又是先天的呢？先天综合判断的存在与否是康德批判哲学的先决问题。为了证明其存在，康德把像数学、自然科学和形而上学（哲学）这样的理性科学提出来加以审查。

康德认为，首先，数学就是先天的科学，它丝毫也不掺杂经验的要素在内，但同时又是综合的科学，它的判断都是先天综合判断。例如在算术中，"7+5=12"是先天正确的，然而从"7 和 5 相加"这个概念中，绝对分析不出"12"这个新概念，而必须依靠与数目相应的直观，如 5 个点逐一地加到（综合到）7 个点上面去，才能得出"12"这个概念。又如几何学中"两点之间直线最短"也是一条先天正确的公理，但"直"的概念并不包含量，而只表示质，因而"最短"的概念绝不能从分析"直线"的概念中得到，也须求助于直观，将这条直线与两点间其他线比较，才知道它最短。因此康德得出结论：第一，"数学的判断全部都是综合的"②；第二，数学的命题具有不能从经验得来的必然性和普遍性，因此是先天的，而不是经验的。

其次，康德认为自然科学的原理也具有先天综合判断的性质。例如："在物质世界的一切变化中，物质的量保持不变"，"在运动的一切传递中，作用和反作用必然永远相等"，"任何一个变化都有它的原因"，这些物理学的基本原理都是先天综合判断。因为一方面，它们具有必然性和普遍性，这种普遍必然性不可能来自经验，只能来自先天；另一方面，它们都是综合的，因为所有这些判断的主词概念都没有包含宾词概念于自身，而

---

① 康德：《纯粹理性批判》B3—4，参见《康德三大批判精粹》，人民出版社 2001 年版，第 69—70 页。

② 康德：《纯粹理性批判》B14，参见《康德三大批判精粹》，人民出版社 2001 年版，第 76 页。

是把一些异类的概念如变化和保持、作用与反作用、原因与结果结合在一个判断里，亦即在主词概念之外先天地加入了新的概念。

至于形而上学（哲学），康德认为它还没有像数学和自然科学那样成为科学，尽管如此，它也应该包含先天综合知识。他认为形而上学的任务并不仅仅是像它以前那样局限于分析我们的先天概念，而且在于扩大我们的先天知识，亦即要用不包含于该概念中的新东西加于其上以扩充知识范围。所以形而上学的命题也是先天综合判断，如"世界必然有一个最初的开端"之类，一方面，这类判断超出经验范围，不是经验所能提供的，因而来源于先天；另一方面，例如在"世界"概念中想不到"开端"概念，后者是综合地加到主词上去的。

总之，在康德看来，无论数学还是自然科学都包含有先天综合判断，哲学也应当包含先天综合判断，这是不容怀疑的事实。而数学与自然科学，特别是自伽利略和牛顿以来物理学取得的巨大成就，不断提供具有必然性的（"先天的"）和能扩大知识范围的（"综合的"）判断，是由于在数学家和自然科学家那里曾经发生了一次突然的思维方式上的革命。这场革命的实质在于：几何学家意识到他既不是研究经验中的感性的几何图形，也不是对几何图形的概念进行分析，而是依据理性事先规定好了的概念，不依赖于经验而在直观中"构造"出几何图形，然后从这种图形引申出种种几何学的先天综合判断；自然科学家则意识到，他依赖的不仅是经验的观察，也不只是对概念的分析，而是以理性确定的原理为依据，提出问题，然后根据原理设计实验，强迫自然回答这些原理提出的问题，从而得出自然科学的判断。康德认为，由于这种思维方式上的革命，数学和自然科学才成为科学，即先天综合判断的体系。而哲学还没成为科学，原因就在于还没有提出思维方式革命的任务，没有真正理解认识、知识的本性，因而也就无从走上成为科学的道路。

康德在用事实说明了先天综合判断的存在之后，就提出"先天综合判断是怎样可能的？"作为他的认识论的根本问题。他认为这个根本问题的解决涉及以下四个问题的解决：（1）纯粹数学是怎样可能的？（2）纯粹自然科学是怎样可能的？（3）形而上学（哲学）作为一种自然倾向，是怎样可能的？（4）形而上学作为科学，是怎样可能的？同时，康德赋予这个根本问题的解决以极大的意义，第一，它应为作为科学的数学、自然科学的必然性和有效性提供理论基础；第二，它可以从理论上阐明哲学的过去和决定哲学的未来。而这就是他的认识论的根本任务。

既然康德现在的问题不是先天综合判断"有没有可能"（是否可能），而是"怎样可能"的，也就是说，这种综合判断的先天普遍必然性的根源是什么，这就涉及认识论的根本问题了。康德从经验论和唯理论两种立场来解决这一问题：他首先通过休谟的观点，否认普遍必然性的经验来源，认为感觉、知觉、单纯的经验本身并不告诉我们任何必然性和普遍性；其次，正因为如此，这种普遍必然联系是先于经验而由理性得来的，理性有一种在经验之前的纯粹运用，它先天地产生出普遍必然性。认为理性的主体性活动（自我意识）是普遍必然性的源泉，是先天综合判断所以可能的根据，这是康德认识论的最主要之点。

但是，康德又承认一切认识开始于经验，只有在经验中才能扩展知识，而且真正的知识都是经验的知识，这种立场又如何与上面的主张相容呢？为了调和这种矛盾，康德把知识的内容与形式、实在性与可靠性割裂开来：来源于先天的只是知识的形式，本身是空的，因此没有实在性；来源于经验的只是知识的内容，本身是没有形式的材料，因此没有可靠性。康德认为，一方面，经验是先天综合判断成为可能的条件，它以实在的内容充实先天综合判断；另一方面，先天的综合形式又使经验知识，即经验的综合判断成为可能，因为它把经验内容连结为一个整体并赋予它普遍必然的意义。解决这个先天的理性形式与后天的感觉内容综合的可能性问题，是康德完成其认识论基本任务的关键之一。

但是，康德还承认经验开始于自在之物对感性的作用，那么，主体的先天知识形式与感性经验的内容结合所产生的知识，又怎样保证与自在之物相符合呢？如果不能保证，又如何谈得上知识的客观性、可靠性和普遍必然性呢？为了解决这个最困难的问题，康德主张我们的认识对象、经验对象并不是客观的自在之物，而是现象；现象为了成为我们认识的对象，则必须通过认识而被纳入认识主体的先天综合形式，正是这一点保证了认识与认识对象的一致符合，保证了认识的"客观性"，即普遍性和必然性；相反，超越主观经验和现象的范围，一切有关自在之物的知识都既不可能有经验的实在性，更不可能有先天的普遍必然性。因此，如何从原则上把自在之物与现象分开，就是康德论证先天综合判断怎样可能的基础。

所以在康德看来，我们所能真正认识的无非就是我们的理性、主体加到经验对象上去的东西，即知识的形式、经验的形式，此外就不再能得到什么具有普遍必然性的知识了。康德提出先天综合判断本来是为了反对怀疑论和独断论的，结果却成了二者的结合，即不可知论和先验论的结合。尽管如此，他却提出了认识论上一个极为重要的观点：认识的能动性观点。康德首次把对象不仅看成直接的对象，而且是有思维能力的主体活动的对象，这种主体的能动性表现在：认识及其对象是主体能动地综合经验材料的结果，而不是消极地连结感觉印象或离开感觉印象的纯粹思维的产物，这就提出了认识从感性能动地上升为理性的问题，克服了经验论和唯理论的片面性。

二、感性直观·时空观

康德认识论对经验论和唯理论、唯物论与唯心论的调和，在他对认识的第一阶段即感性直观的分析、划分之中已表现出来了。

康德认为，认识是通过感性直观而与对象相关的，人类的一切认识直接间接地最后都要关系到直观，思维必须通过直观才能得到认识的材料，因为人除了感性直观外没有别的方法获得认识的对象。感性直观的产生则是由于自在之物作用于人的感官的结果，从认识的主观方面看，感性是一种通过我们被对象（自在之物）所刺激的方式来接受表象的能力，是一种被动的、受动的机能。

但是，康德并没有把这种唯物论的前提坚持下去，他主要是想论证先天知识的可能性和找出先天的认识形式。康德对感性认识的唯心主义观点首先表现在他对感性直观的"对象"的解释和分析上。他认为，感性的直观，如果是通过感觉和对象发生关系，就叫作经验的直观，其对象泛称未规定的现象。现象由两方面构成：现象中跟感觉相对应的就是现象的质料，即内容；把现象的质料以某种关系予以安排整理的就是现象的形式。现象的质料是"后天"给予我们的，现象的形式是"先天"存在于人心中以备用来整理感觉的，称之为感性直观的纯形式，即先天存在于心中，尚无现实的感性对象的赤裸裸的感性形式。现象的质料就是在这种形式中被直观为具有一定的关系和秩序，因而成为一个感性直观对象的。

由此可以看出，第一，康德把感性对象二重化了，它由两个不同来源的东西构成，从内容说，它是经验的，从形式说，它又是先天的。例如色、声、香、味只能从经验中知道，而它们的形式（大小、久暂、体积等）则是由先天的方面得到规定的：这正是康德企图调和经验论和唯理论的表现。第二，在感性对象的内容与形式的这种二重化的割裂之中，内容即感性质料的方面虽由自在之物引起，但并不反映自在之物，而是纯粹主观的，因人而异的，再经主观形式的安排，就更不能说与自在之物有任何相似之处了，这就转向了贝克莱、休谟式的主观唯心主义，表现出康德企图调和唯物论与唯心论的倾向。第三，在上述二重化的割裂中，为了把双方在主观中重新连结为统一的认识活动，康德又强调主观先天形式对内容的决定作用，使感性对象依赖于能动主体，这表现出康德企图通过认识的主观能动性调和经验的唯心论与先验的唯心论的倾向。

康德所说的感性直观形式，具体说来就是空间和时间。他认为，当外物作用于感性而产生感觉时，必须依照空间这种直观形式，才能得到秩序与排列（大小、形体、位置关系等），形成存在于空间中的感性对象；而感性对象出现于意识之中，又必须有其先后顺序，这就要遵守时间这种直观形式，因为时间本身是内心知觉（内感觉）的直观形式，外部知觉也是在内心中进行的。总之，空间无非是外感觉的直观形式，时间无非是内感觉的直观形式，而外感觉除去空间形式外，还要有时间形式。康德提出的问题是很鲜明的：时间和空间究竟是什么？是客观实在、自在之物的属性，还是仅仅主观的直观形式？康德反驳的是前者，拥护的是后者。他论证说：

（1）空间和时间不是从外面经验中得来的经验的概念，正好相反，我们要能够把感觉表象为相互并列、前后相继的等等，就要以空间和时间观念为前提。因此空间和时间观念都不是依赖经验才可能，相反，经验自身只有通过它们才可能的，所以它们是先天的。

（2）空间和时间是存在于全部直观基础中的必然的先天的观念，因为我们可以想象一个完全没有任何现象的空间和时间，可是不能想象一个没有时间和空间的现象，所以空间和时间是使现象可能的条件，而不是依存于现象的。

（3）空间和时间作为纯粹直观，不可能由经验中的个别空间和时间总合而来，而是先天地使各部分空间和时间的杂多经验成为可能的，换言之，空间和时间是整体先于部分、单一先于杂多的纯直观，它既不同于事物之间的关系，也不同于由经验事物概括而来的一般概念。

（4）空间和时间的无限性与概念的无限性不同。后者是由于其中所包摄的经验事物的无限多而具有无限性的，至于概念本身则仍是有限的；前者则是由于空间和时间本身就是无限的表象，一切经验事物的空间和时间都由于对这唯一的无限空间和时间加以限制才有可能，由此足见空间和时间是先天的（先于经验的）纯粹直观形式。

康德由以上证明得出结论说，空间和时间既不是自在之物的规定，也不是它们的关系规定，而是我们感性的主观条件，只有从人类的立场出发才能谈到空间和时间；空间是外感觉的形式，时间是内感觉的形式，它们只能认识到自在之物在我们感官面前呈现出的现象，而不能认识自在之物本身；空间是一切外部现象的先天形式条件，时间是一切内部现象的先天形式条件，并间接地也是一切外部现象的先天形式条件，但自在之物则存在于现象及其空间和时间之外，除了它的存在之外我们对它一无所知。

康德对空间和时间的主观先天性质的论证完全是站不住脚的。把空间和时间与在时空中运动的经验事物完全割裂开来，并设想为某种离开事物、先于事物的空洞的形式框架，这是那个时代流行的机械论自然观的特殊产物。康德把空间和时间作为先天形式条件而纳入人的主观之中，只不过表明他想借此避开在自然科学中已显示出来的经验方法（观察、实验）与数学方法的矛盾，以便为调和经验论与唯理论提供一个起点。所以，康德在其感性论中，主要是以其时空的观念性、先天性学说来解决"数学怎样可能"的问题，感性的经验材料则被简单地承认为来源于物自身对感官的刺激。康德认为，数学之成为科学，就是由于数学以主观先天的感性直观形式作为它可能性的条件，如几何学以空间形式为条件，算术以时间形式为条件；只有当时空是先于经验的纯直观形式，因而不管我们的感觉具有什么性质都具有先天的必然性和严格普遍性时，关于时空关系的先天综合命题才是可能的。由此可见，康德的时空学说是他的自在之物和现象有原则区别，自在之物不可知，人们所知乃主观先天综合而来这一学说的最低层次的阐明，从中已可看出康德认识论的一般特点，即把主体与客体

（自在之物）绝对割裂开来之后，再依靠主体的先天能动作用在主观中建立起另一种"客体"（感性对象）来，在此范围内达到认识论的主客体的一致。不过在康德看来，感性直观本身还不能说是真正的认识，必须上升到知性思维阶段才能产生出知识。

三、知性思维·范畴论

在对知性思维阶段的考察中，康德一开始就提出了认识论与逻辑学的相互关系问题，并提出了创立新的逻辑学的任务。

康德认为，认识就是要认识真理，而真理则是认识与对象的一致，因此，逻辑学作为思维规律的科学，其基本意义应当指出：认识如何达到真理，逻辑思维如何保证认识与对象的一致，这样，它才能成为一个普遍可靠的认识标准。从这种要求出发，康德批判地审查了传统逻辑的内容。他指出，形式逻辑只研究思维的纯形式和形式的规律，这些形式规律都是离开内容的，其局限性在于，形式逻辑的矛盾律和同一律只是思维形式是否正确的标准，而对真理来说只能是消极的标准。康德则提出了一种更高类型的逻辑，这种逻辑应当从认识的发生、客观性、来源、内容这些方面来研究认识，是规定纯知识的起源、范围和客观意义的科学。由于这种逻辑只研究先天的认识，康德称之为"先验逻辑"，它又分为：肯定的、"真理的逻辑"——研究知性认识的要素及其与对象的关系；否定的、"幻象的逻辑"——批判理性在超出经验范围时陷入的谬误。在这里，康德实际上已提出了后来由黑格尔完成的建立新的辩证逻辑的任务，并设想由这种能动的主体性的逻辑来解决思维和存在、主体和客体的对立的问题；但由于他一开始就以不可知论和二元论作为一切认识论问题的基础，他也就只能为完成这一任务提供一个最初的出发点，并以否定的方式暗示出某种可能的思考方向。

1.感性与知性的差别与统一

康德认为，知性思维或知性概念是认识的第二阶段。在这个阶段里，知性把感性提供的材料加以改造和整理，把它们连结和统一起来，以形成有确定性和一定秩序的科学知识。因此，感性和知性是知识的两个基本的源泉，感性提供对象，知性联系到直观来思维对象。感性在康德看来是心的接受性，即心在受到刺激时接受表象的能力，它是认识中被动的因素；知性则是知识的自发性，是心自己产生表象的能力，它是认识中的能动的因素。所以他认为，没有感性就没有对象提供给我们，没有知性就没有什么来把所提供的材料加以思维（或使这些材料成为思维的对象）。感性不思维，知性不直观，因此必须把二者结合起来才能产生知识。"思维无内容是空的，直观无概念是盲的"①，认识的任务则在于，一方面要使概念感性化，把直观中的对象加之于概念；另一方面要使直观知性化，即把直观置于概念之下。总之，康德认为感性与知性的综合才能产生知识。然而，以往的经验派与唯理派却各执一端，例如洛克的片面性就是把概念全部感性化，把知性概念也当作经验的或从经验中引申出来的反省概念，实际上经验的概念与知性概念不是程度上的不同，而是质的差异；莱布尼茨的片面性则是将现象知性化，把感性经验仅仅看作知性思维的模糊阶段。他们都没有把知性和感性看作两个不同的知识来源，而是片面地强调其一，否认其他。康德认为，感性和知性并没有优劣之分，而是职能各异、不可或缺，必须联合，但又不容混淆。

康德关于感性和知性的差别与综合的思想是 17 世纪以来认识论发展中的一大进步，他把经验知识看作是感性直观与知性概念在同一个认识活动中的综合，而不单纯是知觉的综合，包含有感性认识与理性认识在质的差别中能动地统一的思想。但他把这两种能力形而上学地对立起来，认为一个是纯粹被动的，一个是纯粹能动的，一个只能直观，一个只能思维，从而导致外在地、表面地去综合、连结它们。既然感性只提供知识的内容，知性只提供知识的形式，则知性的活动就被归结为纯粹主观形式的活动了。这种唯心主义和形而上学的观点，阻碍了康德对感性认识与理性认识相互关系问题的真正解决。

2. 范畴：知性思维的先天形式

康德认为，知性为了连结感性的材料使之成为对象，就需要有一些联系的形式和方法，他把这些形式和方法称之为范畴。范畴是一种将纷杂

① 康德：《纯粹理性批判》A51 即 B75，参见《康德三大批判精粹》，人民出版社 2001 年版，第 107 页。

的感性材料加以规定，按一定秩序和逻辑关系整理为相互一致的科学知识的"纯粹知性概念"，没有它，直观中的复杂事物（哪怕经过了空间、时间的整理）就不能被思考为客观确定的对象，形不成真正的知识。

范畴来源于纯粹知性的自发活动，康德把这种自发活动称之为"我思"，它不是经验的，而是一种先天的纯粹形式的活动，是综合、统一一切经验材料的作用，这种作用就是"统觉"。康德为了把它与普通经验的（心理学上的）统觉区别开来，称之为"纯粹统觉"、"本源的统觉"。普通统觉只能使杂多经验材料得到经验的统一（即个人内感的经验自我），而不能得到本源的、先验的思维统一；先验"我思"的作用则是把杂多经验材料连结为一个客观的具有普遍必然性的对象，因而能形成客观上不相矛盾、合乎逻辑的统一知识。这种"我思"连结经验材料使之得到统一的各种方式就是范畴。因此范畴是先天的，它不以直观和感性（包括内感觉）为基础，是完全离开一切感性条件而独立的。范畴的这种先天的独立性，最终来自于"我思"的先验性，先验的"我思"先验地伴随着我的一切表象、观念和概念，而不管在经验自我（内感）中是否意识到这一点，因此这种本源的统觉所达到的统一性就是"自我意识的先验的统一性"。不过，这种统一性固然由于"我的一切观念都是我的观念"这一分析命题而具有先天必然性和普遍性，但它实际上却是通过运用诸范畴对我的一切观念加以综合而体现出来的，所以又称为"统觉的本源的综合统一性"，这种能动的综合能力，在康德看来就是知性的一切运用的最高原理。

因此，康德认为只有通过范畴对感性直观的杂多进行综合，先验自我意识的统一性才能体现出来，人的知识也才有客观的必然性和普遍性。范畴的这种综合作用是以"判断"的逻辑形式进行的。康德发现，一切由系词"是"（sein）字连结起来的判断，无不表达出某种客观必然的统一关系，因而都来源于统觉的先验统一。如"我有某物体很重的感觉"只是一种主观想法，而"这物体是重的"则是一种客观判断，它必定从属于某个范畴，因而表现出统觉的先验统一活动。那么，这一判断究竟从属于哪个范畴呢？或广而言之，在自我意识的先验统一之下所作出的一切客观知识的判断总共有哪些范畴呢？

康德认为，在这个问题上，自亚里士多德以来的形式逻辑已提供了初步的线索，即已对逻辑判断形式进行了大体上的分类。康德指出，正是在对判断形式的分类中，能够找到并确定相应的知性范畴的种类。不过，传统逻辑的分类仍有不完善之处，康德则根据其先天综合判断的原则对形式逻辑的判断分类进行了改造，即由过去的二分法改为三分法。他提出的判断分类表如下：

（Ⅰ）判断的量（Quantität）

全称的（Allgemeine）

特称的（Besondere）

单称的（Einzelne）

（Ⅱ）判断的质（Qualität）

肯定的（Bejahende）

否定的（Verneinende）

无限的（Unendliche）

（Ⅲ）判断的关系（Relation）

定言的（Kategorische）

假言的（Hypothctischc）

选言的（Disjunktive）

（Ⅳ）判断的模态（Modalität）

或然的（Problematische）

实然的（Assertorische）

必然的（Apodiktische）

康德认为，上述每一种判断形式之所以可能，是由于有范畴作它的基础，因而每一判断形式也就相应地有一范畴；既然他所提出的判断表是最完备的，因此相应的范畴表也是最完备的：

（Ⅰ）量的范畴

单一性（Einheit）

多数性（Vielheit）

全体性（Allheit）

（Ⅱ）质的范畴

实在性（Realität）

否定性（Negation）

限制性（Limitation）

（Ⅲ）关系的范畴

依存性和自存性（Inhärenz u.Subsistenz）

（实体和偶性〈Substantia et Accidens〉）

原因性和从属性（Kausalität und Dependenz）

（原因和结果〈Ursache und Wirkung〉）

协同性（Gemeinschaft）

（主动和受动之间的交互作用〈Wechselwirkung zwischen
dem Handelnden und Leidenden〉）

（Ⅳ）模态范畴

可能性（Möglichkeit）——不可能性（Unmöglichkeit）

存有（Dasein）——非有（nichtsein）

必然性（Notwendigkeit）——偶然性（Zufälligkeit）

康德的这个范畴表决不是随意提出来的。除了洞见到具有客观必然
性的范畴与通常认为是主观思维规律的逻辑判断形式的内在联系外，康德
还试图通过范畴的排列展示出在把握客观认识对象时，先天综合判断从感
性到知性的不同阶段，以及用知性来综合感性的必然步骤。他把四组范畴
对分为二：质与量的范畴称为数学的范畴，与直观对象相关；关系与样态
的范畴称为力学的范畴，与对象的客观存在方式、彼此关系及与主体的关
系相关。这就使自然科学中（当时主要是以数学和力学为基础的机械论自
然观）相互冲突或同时并用的各种方法都得到了一个系统的安排，被归结
到一个共同的根源即先验自我的综合统一活动上来了。另外，在每一组范
畴中，康德都有意识地使前两个互相对立的范畴（前者构成唯理论的基
础，后者构成经验论的基础）在第三个范畴中达到综合。这种做法尽管是
康德出于用先天综合判断调和唯理论和经验论的需要，客观上却首次揭示
出了概念、范畴的辩证本性及其正、反、合的逻辑关系。黑格尔非常重视
康德这一三分法的思想，认为康德对概念的运动表现了一种本能的敏感，
只不过康德自己并没有意识到这一点，他仍把这三个步骤视为知性的先天
形式在把握、综合感性直观材料时的某种僵硬的程序。

3. 客观知识的形成

康德认为，他所提出的范畴表，就是知性思维的先天形式，知性只
有利用它们才能认知直观中的复杂事物，才能思维直观中的对象；但范畴

本身是空洞的，它们只有跟感性材料结合才能构成认识的对象，因此，当范畴综合了感性材料时，就产生了"客观的"知识，即与认识对象一致符合的知识。为什么主观的范畴会产生"客观的"知识呢？康德认为，这是因为感性直观阶段的现象虽然经过空间时间的先天直观形式的整理，但它们仍然还是以偶然的方式并列或相继着，而没有以普遍的和必然的方式连结和统一起来，因而还不成其为知性的认识对象。范畴的作用就是把这些空间性和时间性的感性材料综合统一起来；而范畴本身又是"纯粹统觉"的工具，纯粹统觉则是一种先验的、具有普遍必然性的自我意识，于是感觉经验就被统一在一个共同的、普遍的意识形式中，成为人人共同认识的普遍对象，从而也就产生了对任何人无论什么时候都有效的知识。我们用康德自己的例子来说明一下他的思想。

例如，"太阳把石头晒热了"这个判断表达了一种客观有效的知识，而不只是一种主观想法。这个判断是怎样产生的呢？起初有一些光和热的感觉，我们直观到某些不确定的东西，这是有空间性、时间性的；然后知性按一定形式，例如"实体"范畴把这些不确定的东西连结起来，把一些称之为"太阳"，把另一些称之为"石头"。由于太阳的热在一定时间之后跟着有了石头的热，知性再用因果范畴作出"太阳把石头晒热了"这个判断，使主观感性材料处于客观必然、不可更改的关系之中，这就构成了一个普遍必然、客观有效的判断了（当然，这一判断是否正确，最终还要看它与其他一切判断处于统一的还是矛盾的关系中；但一切判断要成为客观有效的，都必须运用范畴，这是无疑的）。康德把这种客观有效的（或至少是表达出客观有效性的）判断称为"经验判断"。他认为，如果我们只限于说"太阳照在石头上，石头变热了"，这就只是一个"知觉判断"，它只有主观意义，包含心理上的联想作用，但还没有用因果范畴去连结这些感性材料，也就没有形成从属于"纯粹统觉"的统一之下的客观知识。

康德在这里十分清楚地暴露了他所谓"认识与对象一致"的"对象"乃是意识中的对象，而不是真正客观存在的对象（自在之物）；他所谓的"客观性"不是指认识反映了客观世界，而是指认识同"纯粹统觉"、"自我意识的先验统一"的关系说的，因此这种"客观性"仍然是主观的，主体与这种客体一致实际上不过是主体自己与自己相一致。康德把客观性与普遍性和必然性等同起来，而这普遍性与必然性是范畴先验地赋予的，范畴创造了经验的对象，也创造了具有普遍性与必然性的（客观的）经验知识。因此，在康德看来，范畴是一切客观知识的先验的来源，范畴一方面综合感性材料，一方面使之从属于先验统觉而获得普遍必然性，这就形成了先天综合判断，引申出了自然科学的基本原理。既然科学所认识的自然界无非是经验对象（包括可能的经验对象）的总和，而任何经验对象作为认识对象又都依赖于知性范畴的先验规定或综合的统一，所以最终是知性、先验自我在向自然界"颁布"规律。康德把自然现象的最普遍的秩序和规律看作是由我们自身即主体的活动所输入的，认为我们如果不自己在自然界中创立这样的秩序和规律，我们就决不能在现象中看到它们，也不能认识到它们；我们能够"先天地"不依赖经验而肯定每一事件都有原因，正说明我们是由自己的知性这样来（按因果关系）安排自然事物的秩序的，说明"人为自然界立法"。康德这种从思维的能动性中推演出自然规律的思想，后来成了德国古典唯心主义哲学的基本思路。

4. 范畴的有效范围："本体"与"现象"

尽管康德认为知性范畴是形成客观知识的必不可少的条件，但并不认为它是充分的条件。范畴本身只是空无内容的先天形式，它只有在经验的范围内才有效，而感性提供的只是现象。因此，主观的知性凭借范畴也只能认识到主观感性中所呈现出来的现象，至于现象底下的自在之物，那真正的客体，则始终不能成为认识的对象。康德承认，人的知性的确总是想要去认识那刺激人心，让人产生感觉材料的外界事物的，但它始终无法超出感觉经验的界限，超出主观意识现象的界限而获得有关自在之物的知识，这是由人的认识能力的本性所决定的。不过他因此也就认为，人的感性的范围毕竟小于知性活动的范围。知性既然具有先天的思维形式（范畴），那么即使没有感性直观，它也能够凭借这些先天思维形式来思维"一般对象"，尽管由于缺乏感性直观内容，这只是空洞的思维，而不是认识。康德把知性离开感性而思维的那个对象称为"本体"。本体就是知性思维所形成的"自在之物"的概念，意思是指与现象对比的，决不能成为认识对象，而只能成为"思维对象"的自身存在的东西。"本体"与"自在之物"在康德那里并没有多大区别，不过自在之物更多用于指刺激感官产生感觉的客观存在，而本体更多指知性思维的对象，例如我们可以根据因果律设想我们的感觉是以自在之物为原因的，设想现象之后一定有自在之物，否则有现象而无显现者是悖理的等等。"本体"既然只可思维而不能认识，康德又称之为"界限概念"，表示认识到此止步。

由于康德把人通过认识而得到的有关客观事物的一切属性、关系、本质等的规定，都全部转移为意识的东西，这就把"自在之物"变成了一个没有任何规定性的空洞的抽象，这种"自在之物"除了"不可知"这一否定的特性外就什么也没有了。这样一来，康德就可以任意赋予这不可知的自在之物以不同的含义。一方面，自在之物在他那里有唯物主义的意义，即承认它是存在于人之外并作用于人的感官引起感觉的客体；另一方面，康德把自由意志、灵魂不朽、上帝也认作自在之物，因而自在之物又属于人的非认识的、实践的主体。但不论哪种情况，都说明康德把认识的主体与客体隔离开来，是为了通过不可知论来调和唯物论与唯心论，并最终倒向宗教信仰，如他所说的，为了给信仰留出余地，必须扬弃知识。

四、理性理念·辩证法和对旧形而上学的批判

前面说过，康德的知性范畴只在经验范围内才有效力，但知性却总是想要认识那没有经验根据的自在之物。康德认为，这是由更高一级的认识能力即理性的本性所决定的。理性的本性是不满足于就事论事的"判断"，而要通过"推论"无止境地扩大人类认识的范围，乃至把知性的范畴推广应用到经验范围之外，超越了人类认识的界限，这就产生了没有实在经验对象的先验的幻象；过去的形而上学就是以这类幻象为研究对象的，结果只能产生一些没有根据的、不可靠的空洞思辨，不能称为科学。他认为，这类幻象既然同理性的自然倾向必然地联系在一起，所以是根除不了的；但是，对这些幻象加以分析和解释，使人们知道这些幻象是什么，怎样发生，指向哪里，从而善于应付它们，不为它们所迷惑，则是必要的和可能的。康德关于理性认识的学说，就是对这种先验幻象的批判。他把这部分学说称为"先验辩证论"，这也就是他的"先验逻辑"的另一组成部分——"幻象的逻辑"。

1. 理性和知性的区别

康德认为，思维的综合统一活动到知性尚未完结，尚未达到最高阶

段，思维还必须从知性再上升到理性。"我们的一切知识都开始于感官，由此前进到知性，而终止于理性，在理性之上我们再没有更高的能力来加工直观材料并将之纳入思维的最高统一性之下了。"①

康德认为，理性和知性都是"我思"的纯粹形式的活动，都是抽去了知识的一切内容的逻辑形式，它们除去在形式逻辑上的功能（判断、推论）之外，都包含有先天的能力，即产生原理与概念的能力。但是，这两种能力也有根本的区别。

具体言之，知性活动的逻辑形式是判断，知性通过先天的范畴把感性直观材料综合为经验的判断（关于对象的知识）。知性为了产生综合的知识，必须依赖直观，所产生的都是有关感性的知识。感性是受条件限制的、有限的，知性由于受到感性直观的条件限制，也只能产生相对的、有限的原理，即只适合于经验对象的原理，康德称之为规则。知性不能达到关于全体、总体、一切方面的知识，所以知性虽然使现象获得了局部的统一，但这种统一本身还是不完全、不完善的，不同现象领域的知识之间也没有必然的、普遍的联系，未达到整体的统一性。

相反，理性活动的逻辑形式是间接推论，即由两个以上的前提推出结论；理性在推论中不直接与直观、经验对象相关，而只与知性的概念和判断相关，它力图把知性的大量的杂多知识归结为数目最少的原理，从而达到知性知识的最高度的统一。康德认为，理性作为一种先天综合的能力，是产生概念和原理的源泉，这些原理和概念都不是从感官或知性假借来的，因此是知性所达不到的，它们完全是理性的主观必然的东西。理性的特殊原理就是：在知性的有条件的知识那里寻找无条件的东西，这样来完成知性知识的统一。所谓无条件的东西就是指决定有条件的东西的全部条件系列（有条件的东西有限制它的条件，而此条件又有限制它的条件，如此类推），即条件之绝对的全体，这个全体就是受条件限制的有条件的东西的最终根据。康德认为，经验的对象都是受条件限制的，所谓无条件的东西只是指自在之物。理性的概念因此就是关于自在之物的概念，康德仿照柏拉图称之为"理念"，它包含着受条件限制的东西之综合的最终根

① 康德：《纯粹理性批判》A298—299 即 B355，参见《康德三大批判精粹》，人民出版社 2001 年版，第 199 页。

据，却是一般经验所达不到的。所以，无论是理性的原理或概念（理念），都是知性所达不到的，因为知性只与可能的经验对象打交道，它对于此种对象的认识与综合永远是受条件限制的。

因此，理性的综合活动与知性的综合活动是不同的：第一，知性的综合活动是直接与感性直观、可能经验的对象相关，理性的综合活动则是间接的，只与知性的活动相关；第二，知性的综合需要直观，是受条件限制的，局限于经验范围，理性的综合无需直观，纯由概念即可产生先天综合的知识，是无条件限制的，它推广到经验范围以外，到达不受条件限制者；第三，知性的综合以范畴为工具，通过范畴使现象从属于知性规则（如因果律），以保持现象的统一，理性的综合则是通过理性概念即理念进行的，这种理念使知性从属于理性的原理，使知性的种种综合活动保持统一。康德认为，理性正是通过它关于无条件的东西、条件全体和绝对的东西的概念（理念），而执行着思维综合最高阶段的功能，它凭借这样的概念"赋予杂多的知性知识以先天的统一性，这种统一性可以叫作理性的统一性，它具有与知性所能达到的那种统一性完全不同的种类"①。康德所谓"理性的统一"有两方面的意义：一方面，为知性的各种领域的综合活动指出一个统一的目标，使思维的综合统一力图去达到那完全不受条件限制者，这就既推动了各现象领域的知性综合活动不断扩大，又使这种扩大在同一目标下保持最大可能的统一，即把有条件的、相对的知性认识引向对无条件的、绝对的东西的认识；另一方面，理性以其关于无条件的、绝对的东西的原理和概念加之于有条件的、相对的知性认识上，使知性的各门知识并非是偶然的集合，而成为以单一的原理、必然的规律连结起来的绝对完整的体系。

总之，按康德的想法，理性的思维是一种以无条件的、绝对的东西为对象的思维，知性的思维是一种以有条件的、相对的东西为对象的思维，前者产生具有绝对意义的原理，后者只能提供具有相对意义的原理（规则），两者必须结合起来，才能产生完整的知识、完整的经验科学，否则在康德看来，经验知识（作为科学）将成为不可能。

---

① 康德：《纯粹理性批判》A302 即 B359，参见《康德二大批判精粹》，人民出版社 2001 年版，第 201 页。

　　但是，康德又认为，理性及其理念虽然在推动知性认识和赋予知性知识以系统的统一这方面是有积极意义的，但它也是产生不可克服的真理的幻象的源泉。因为在他看来，理念仅仅是理性这种纯粹主观的认识能力按其主观推论的基本原理所构成的一种主观概念，它本身并没有任何客观对象的内容，也不可能获得与它相一致的现实对象，它"只不过是理念"。但这种概念又貌似客观的、对象的概念，这就在理性那里产生了不可避免的幻象，这种幻象之不可避免，正如连天文学家也不可避免地看见初升的月亮大于平时的月亮一样。

　　因此康德认为，理性虽必然要形成无条件的东西的概念，按其本性也要求认识无条件的东西，但理性做不到这一点。第一，无条件的绝对的东西并不能在经验中给予，感性不能给理性提供出相应的对象；第二，理性为了认识无条件的东西，也只有借用知性的思维形式即范畴，但范畴只能用来结合感性材料，当理性迫使知性范畴运用于经验范围之外去规定无条件的东西时，理性由于得不到经验的验证，必然在两种互相矛盾的论断中莫衷一是，陷入惑乱它自己的"辩证法"之中。康德把这种辩证法称为"伪辩"，认为它并不是偶然发生的，而是与人类理性不可分离并从理性之本质中所发生的，并不是某某人等的伪辩，而是纯粹理性自身的"伪辩"。这是消极意义上的辩证法，是指理性所做的"超越（超验）"的判断而言，这类判断声称自己具有客观实在性的意义，其实它们"超越"了经验的范围，既不能为经验所证实，也不能为经验所驳倒。因此康德认为，矛盾的出现应成为对理性的一种警告，提醒它回到经验的范围内来。

　　康德关于理性与知性的差别和以理性补充知性认识能力的思想，特别是关于理性认识自在之物必然陷于自相矛盾的思想，包含有形而上学思维与辩证思维的差别和辩证思维的基本特征的重要猜测，但他只是从消极的意义上理解辩证法，不把它看作理性思维深入自在之物的本质的内在动力，而视为知性思维限制于现象界的警戒线，这就使他已经触及的理性的辩证本性又被掩盖起来，人为地使之降低到知性的水平，思维和存在、主体与客体达到真正统一的最后一次机会也就随之而消失了。

2. 先验理念和辩证推论

　　康德所谓"先验"理念，实即"超验"理念，意即超越了经验的一切界限，没有实在对象的概念；所谓辩证推论，是指看起来似乎是真实的，事实上是虚假的那种推论。

康德认为，我们表象的一切关系有三类：与主体的关系；与作为对象的现象的关系；与作为自在之物的对象的关系。理念既是有关无条件的东西的必然概念，因而也是有关表象之间关系的概念，它就也分为相应的三类：第一类包含思维主体的绝对（不受条件限制）的统一，相应于直言推论；第二类包含现象的条件系列的绝对统一，相应于假言推论；第三类包含一般思维的全部对象的条件系列的绝对统一，相应于选言推论。

思维的主体是心理学的对象，一切现象的总和（世界）是宇宙论的对象，包含一切我们所能思维的对象所以可能存在的条件的东西（一切存在之本源的存在）则是神学的对象。所以纯粹理性提供出三种先验学说的理念：先验心灵论、先验宇宙论和先验神学。康德认为，它们都是知性所不能有，而纯为纯粹理性的产物，所以又称之为理性心理学、理性宇宙论和理性神学。康德进一步指出，这三类理念之间存在着联系，纯粹理性由于这种联系而把它的形而上学思辨知识组成一个完整的统一体系。这种联系就是：从个人自身（心灵）或主体的知识进到一切对象的总合（现象）或世界的知识，再从世界的知识进到存在的本源、神的知识，这似乎很符合从前提到结论的逻辑推论进程。康德这里指的是当时沃尔夫派把神学作为一切学问的总汇，以之结合研究心灵现象的心理学和研究外部世界的宇宙论这样一种观点。

但康德认为，所有这三类理念在经验中都并无与之相一致的对象，它们也与任何对象的认识无关。它们的产生是由于理性之不可避免的幻象，诱使理性力图赋予它们以虚幻的对象实在性，这就引起了辩证的推论。康德指出，这些辩证的推论构成了那三门思辨学问的内容，这些学问的基本困难，不在于逻辑推论不健全，也不在于思维过程有什么缺点，而在于推论的前提没有经验的根据，而推出结论来的时候，又认为这些结论有可靠的客观性，因而造成了迷惑人的幻象。这种推理就是"伪辩"。

康德指出，有三种理念（心灵、世界、神），因此就有三种理性的辩证推论。第一种称为谬误推论，理性从不包含任何杂多的主体的先验概念，推论到理性对之绝无概念的那个主体自身的绝对单一性；第二种为纯粹理性的二律背反，理性在任何所予现象之条件系列的绝对总体这一先验概念的基础上，仅仅由于在某一方面的无条件综合统一系列中总是遇到自相矛盾，于是就推断那另一方面的与之对立的综合统一系列必定是正确的，尽管对此同样毫无概念；第三种为纯粹理性的理想，理性从只是通过先验概念而不能认识的东西，推论到一个一切存在的存在，而关于这个一切存在的存在，则知道得更少，因为它的先验概念并不说明它的存在和它的无条件的必然性。

康德提出的任务就是要揭穿这种推论的虚假的幻象和虚构的客观性，以警告人们不要受这类"不可克服的幻象"的欺骗，他由此展开了对旧形而上学独断论的一系列批判。

3. 谬误推论和先验理想：康德对先验心灵论和先验神学的批判

自笛卡尔以来的理性心理学，都是以"我思"这个概念为根据，来确定"我"的本质。它的推论是这样的：思维的我是一个实体，是一个单纯的实体，是一个单一的实体，是和空间的一切可能的对象有关系的，从而就得出：心灵是非物质的、不可毁灭的，是一个人格，是不死的。康德认为，所有这些思辨的推论，都以心灵是一个实体为基础。实体的定义是：一个只能作为主体而不能作为属性的东西。心灵学者们利用此定义形成一个推理：

凡是只能作为主体而被思维的东西，必然是作为主体而存在因而就是实体。
思维的东西从它的本性来说，是只能作为主体而被思维的。
所以，思维的东西只能作为主体而存在，就是作为实体而存在。

康德指出，这就是一个"谬误推论"。其错误在于，大、小前提中的同一中项是指不同的对象，犯了"四概念"的错误，大前提中"只能作为主体被思维的东西"是指可在一切关系中，因而可在直观中被思维的对象，小前提中"思维的东西"则只是指意识本身的统一性，即是说，前者是指判断中的主词—实在的主体，后者是指进行判断的主体—逻辑的主体。康德以同样的手法揭露了其他三个推论（关于思维的我是一个单纯的实体，单一的实体，和空间的一切可能对象有关系）的同样性质的错误。

康德认为，理性心理学的错误不是偶然的。当人类理性企图认识心灵的本质和主张心灵作为自在之物是可认识的时候，就必然会陷入那种错误。要消除这一幻象，只有拒绝认识人类心灵的本质。康德论证说："我思"的"我"只是伴随一切思维的意识，是思维的一般形式，毫无实体意义。"我"要成为认识的对象，只是意识到我在思维是不够的，必须在直观中、在感性认识上意识到它和思维活动确实有联系。黑格尔曾俏皮地说，康德的意思是，我们不能把"我"放在手上，也不能看见它、嗅着它、摸着它……所以它不能成为我直观的对象，我也就不能认识它。不过，康德也并不是完全反对灵魂的非物质性、灵魂不灭等等，他只是反对用逻辑来证明，而认为应该从信仰上来肯定。

康德对理性心理学的批判是毁灭性的，他由此使思维的主体从一切被思维的、静止的和机械被动的客体（实体）之中解脱出来，赋予了它唯一的能动的综合统一的含义。从此以后，人们再也不可能把主体看作是一个由思维加以静态的考察和规定的"东西"，而只能看作是一种活动，看作是规定行动本身了。康德主张作为这种活动的"我"是不可认识的，这只不过表明他在思维方式上还停留在他所批判的理性心理学的同一水平上，即由于无法以机械的方式来规定那能动的活动，而将这一活动的本质推到不可认识的彼岸。但康德代表着一种过渡，他实际上已将这不可知的能动主体用来建立起（尽管只是在主观中）主客体的一致了。

除了理性心理学外，康德对传统的理性神学也进行了批判，针对其基本原理，彻底地粉碎和推翻了自中世纪安瑟伦开始直到他当时还很有影响的关于上帝存在的证明，即本体论的、宇宙论的和自然神论的证明。

所谓本体论的证明，就是从上帝作为"最高存在"的概念中引申出上帝的存在。康德认为这种证明完全经受不住理论的批判，因为它是建立在把概念和存在混同起来的基础上的。"存在"显然不是一个实在的宾词，它不能作为任何主词概念的宾词，它既不能现实地给一个主词概念增加一种属性，又不能自任何主词概念（如上帝）中分析地引申出来，在逻辑上它只能作为"系词"设定主词及其与宾词的关系，而这一设定的根据并不在概念本身中，而在概念之外即感性经验（或可能的经验）中。从概念来说，"一百个塔勒"和"现实的一百元"是完全同一的，唯一的差别是在我口袋里"现实"的一百个塔勒有直观的表现，而仅仅"一百个塔勒"这个概念就没有这种表现。"在我的财产状况中，现实的一百塔勒比一百塔勒的单纯概念（即一百塔勒之可能性）有更多的东西。"① 康德的结论是："所以，在对一个最高存在者的存有从概念来进行的这个如此有名的（笛卡尔派的）本体论证明那里，一切力气和劳动都白费了，而一个人想要从单纯理念中丰富自己的见解，这正如一个商人为了改善他的境况而想给他的库存现金加上几个零以增加他的财产一样不可能。"②

所谓宇宙论的证明，就是从不断的因果链条来说明有一绝对开始的原因，这个开始的原因就是上帝。"这个证明是这样说的：如果有某物实存，那么也必定有一个绝对必然的存在者实存。现在至少我自己实存着，所以一个绝对必然的实存者实存。"③ 这一证明立足于"一切事物皆有原因"（从而作为原因系列总体的世界亦必有一绝对原因）这一经验原理，因而带给人一种"经验科学"的假象。康德指出，这是完全经不起批判的，因为它想从一个在经验中给予的有限之物的存在中，引申出没有在经验中给予的无条件的无限总体，它最终要以本体论证明为真正的根据。

自然神学的证明建立在自然界的有序、合目的性及美之上。康德说，这种证明虽然常常提到就引起人的敬意，但仍然是经不起批评的。康德断言，这一伪辩绝不能证明一最高存在者存在，它所能证明的，最多是一个经常为其工作的质料所限制的"世界建筑工程师"，而不是使一切事物都从属其理念的"世界创造者"。

康德对理性神学的上述批判，把上帝从经验世界、现象世界和人类知识的领域中彻底驱逐出去，为科学理性在宗教神学面前的权利和独立性进行了辩护。不过，在对神学本身的批判方面，康德仍然是不彻底的，他认为"人类理性在主张一个这样的存在者的存有方面的无能为力得以展现出来的同样一些理由，对于证明任何一个相反主张的不适合性必然也是充分的"④。甚至在他的批判之末，就已经计划好用"该存在者的知识有可能

---

① 康德：《纯粹理性批判》A599 即 B627，参见《康德三大批判精粹》，人民出版社2001 年版，第 243 页。
② 康德：《纯粹理性批判》A602 即 B630，参见《康德三大批判精粹》，人民出版社2001 年版，第 245 页。
③ 康德：《纯粹理性批判》A604 即 B632，人民出版社 2004 年版，第 480 页。
④ 康德：《纯粹理性批判》A640—641 即 B663—669，人民出版社 2004 年版，第 504 页。

从别的什么地方得来"① 来成就另一种证明上帝存在的论据了，他认为意志自由、灵魂不灭及上帝的存在虽非知识所需，但理性仍然顽强地推崇它们，那就是因为它们在实践方面有其重要性。

4. 理性的二律背反：康德对先验宇宙论的批判

康德的上述"谬误推论"和"先验理想"虽为辩证的推论，但其"辩证性"还不在于二律背反，而仅在于把自己虚假的知识非分地主张为客观的知识；它们的证明并不直接驳斥相反的主张，而只是正面推出自己的主张，所以它们本身并不揭示二律背反。相反，在先验宇宙论的推论中，理性应用于现象的客观的综合，不管理性如何建立起不受条件限制的统一原理，即使有伟大的表面成就，都会使理性马上陷入必然的矛盾中。康德十分强调理性陷入自相矛盾的情况，认为这是呈现在人们面前的"人类理性的一种新的现象"②，是"人类理性"在其别的使用中所不曾有过的"最奇特的现象"，他把这种现象说成是"理性本身一分为二了"③，这就是二律背反。这种情况就像康德所说的：

> 如果各种独断学说的任何一个整体都是正论（Thetik）的话，那么我们把背反论（Antithetik）不是理解为反面的独断主张，而是理解为那些依据幻象的独断知识之间的 (thesin cum antithesi——正题与反题）冲突，我们并不把要求赞同的优先权利赋予一方面不赋予另一方……。如果我们不把我们的理性仅仅为了知性原理的运用而用在经验和对象上，而是冒险把它扩张到超出经验对象的边界之外，那么就产生出一些玄想的定理，它们可以既不指望经验中的实证，也不害怕经验中的反驳，它们中的每一个就自己的本身而言不仅仅是没有矛盾的，而且甚至在理性的本性中找得到它的必然性的各种条件，只不过反面命题不幸同样在自己方面也有其主张的有效的和必然的根据。④

康德认为，当理性力图连结所有的现象以达到综合统一的最后完成

---

① 康德：《纯粹理性批判》A640 即 B668，人民出版社 2000 年版，第 504 页。
② 康德：《纯粹理性批判》A407 即 B433，人民出版社 2004 年版，第 348 页。
③ 康德：《未来形而上学导论》，商务印书馆 1978 年版，第 122—123 页。
④ 康德：《纯粹理性批判》A420—421 即 B448—449，人民出版社 2004 年版，第 357 页。

时，就会使知性的活动超越经验范围的限制而扩大到经验界限之外；理性想要求得限制事物的一切条件的绝对全体，以使经验的综合得到绝对的完整，就必然把范畴转变为先验的理念，即关于条件之全体这一本身无条件的东西的理性概念。"先验理念真正说来将只不过是些一直扩展到无条件者的范畴"。①

所以，康德按照逻辑范畴表上的四类范畴提出了四个相应的宇宙论理念：（1）世界集合体的绝对完成——量；（2）全体划分的绝对完成——质；（3）事物因果系列之追溯的绝对完成——关系；（4）推究偶然事物之必然条件的绝对完成——模态。这四个宇宙论的理念也可以用问题的方式表现为：（1）世界在空间和时间上是有限还是无限？（2）世界是不是由单一不可分的东西构成的？（3）世界上除自然的因果律外，有无自由的原因？（4）有无绝对必然的存在？

康德指出，理性在回答这些问题时，就陷入了自相矛盾。这种矛盾在于，理性此时将提出完全相对立的主张，并以同样的逻辑力量对正题和反题都加以证明。这些主张是：

第一个二律背反

正题：世界有时间上的开端，就空间说也有界限。

反题：世界没有开端，也没有空间的界限，就时、空两方面说世界是无限的。

第二个二律背反

正题：世界中一切复合的实体是由单纯的部分所构成，所以除单纯的事物所构成的以外，任何地方都没有事物的存在。

反题：世界中复合的事物并非由单纯的部分构成，所以世界中没有任何单纯的事物存在。

第三个二律背反

正题：依据自然规律的因果作用并不是一切世界现象都从它而来的唯一因果作用，要说明这些现象必须假定还有一种因果作用，即自由的因果作用。

反题：并没有自由；世界中的一切事物只依据自然规律发生。

---

① 康德：《纯粹理性批判》A409 即 B436，人民出版社 2004 年版，第 350 页。

第四个二律背反

正题：有一个属于世界的绝对必然的存在，它成为世界的部分或世界的原因。

反题：不论是在世界之中还是世界之外，任何地方都没有作为世界原因的绝对必然的存在。

康德把第一、第二两个二律背反称为数学的二律背反，因为它们把世界作为同类东西的数学整体，讨论它在量上的大小和内部结构的复杂程度问题；第三、第四两个二律背反则被称为力学的二律背反，世界被作为不同类东西的力学的全体而讨论其现象的原因和存在的条件问题。

康德认为，无论正题和反题都是同样可以证明的。他尽量避免偏袒哪一方的嫌疑，对四个二律背反中的双方都作了详细的论证。这种证明是采取疑难法和驳论的方式进行的，即首先承认对立一方的正确，然后从对方自身的逻辑推出其自相矛盾，从而间接证明自己一方的正确。这种方法比直接批驳对方的观点更能显示出从理性推论中产生矛盾的内在必然性、不可避免性。但正如黑格尔已经指出的，在康德的每个证明中，他都预先把所要证明的东西当作无可置疑的前提而肯定下来了，因此真正讲来什么都没有证明。例如，关于第一个二律背反中正题的证明：

因为，让我们假定世界在时间上没有开端，那么直到每个时间点为止都有一个永恒流逝了。因而有一个在世界中诸事物前后相继状态的无限序列流失了。但既然一个序列的无限性正好在于它永远不能通过相继的综合来完成，所以一个无限流失的世界系列是不可能的，因而世界的一个开端是它的存有的一个必要条件。这是首先要证明的一点。①

这个证明是说，如果世界在时间里没有开始，那也就不可能将任何一个时间点作为终点，设定终点也就是设定了开端；但世界正是以前此系列的综合的完成这种方式存在于每个时间点中，它作为综合的终点也必然有它的开端，否则它就不只是没有开端，而且也不能在每个时间点上存在了。

---

① 康德：《纯粹理性批判》A427 即 B455，参见《康德三大批判精粹》，人民出版社2001年版，第222—223页。

康德先是把开端和终点割裂开来，以为用世界有终点（每一给予的时间点都可看作前此的终点）这一事实可以外推出世界有开端，其实（从辩证的眼光看来）他把任何时间点看作"终点"，这本身就已经暗含着对"开端"的承认了，所以说他正好把他要证明的东西当作了论据。其他一些论证也都以不同的方式体现了这一点。不过，康德虽然未能真正了解开端和终点、有限和无限等等的辩证关系，他毕竟对此作了深入的探讨；他把正题和反题设想成孤立的、互不依赖的论证过程，但却指出双方都是同一个理性本性中的矛盾；他正是在形而上学、独断论否认一切矛盾的地方，突出阐明了矛盾的不可避免性和合乎逻辑的必然性。这是他的巨大的历史功绩。

当然，康德承认理性矛盾，最终是为了证明先验宇宙论不能成为科学，因此尽管他认为矛盾不可避免，但他还是主张要排除这些不合法的"幻象"。他所提出的解决理性的二律背反的方法，也正是要以此论证自在之物不可知和现象的观念性学说的。

首先，康德在解决二律背反之前，专门考察了"理性在此等矛盾中的利害关系"。他意识到，正题代表理性主义立场，他称为柏拉图路线，反题代表经验主义立场，他称为伊壁鸠鲁路线。康德首先同情正题的主张，认为它有一定的实践利益，可作为道德与宗教的支柱；但他又认为，反题的主张在科学理性认识上的利益大大超过正题，它主张确定的知识在经验的自然界方面的无穷扩张，而扫除了一切随意性的幻想。康德坚持调和的立场，他认为反题的主张只消加上一个条件——自在之物不可知，那么就可以一举而有两条路线的好处，而无两者的短处。

此外，康德指出，解决二律背反的关键，在于找到产生二律背反的根源。他认为，矛盾并不在对象中，因为理性所追求的那个绝对完整的东西、条件的全体或作为整体的宇宙，是不能在经验对象中显现的；矛盾仅仅属于理念本身，是理性的幻象，它之产生是由于理性奢望认识自在之物的世界。康德认为，如果能把自在之物与现象严格分清楚，让理性只停留在现象范围之内，就不会有矛盾，或者说，矛盾的幻象性就可以清楚地表现出来了。理性宇宙论者的错误在于他们推论的前提错了，他们假定一切现象的条件总和或整个感性世界是现成给予的东西，把现象当作了自在之物，互相矛盾的正题与反题都是建立在这一错误的假定之上的。所以，把宇宙看作是自己客观存在的整体，就必然产生二律背反的矛盾，而矛盾就证明理性找错了对象。康德认为，我们并没有现成的宇宙。宇宙是什么？是现象的连续，而现象就是我们的表象，是不超出经验范围的。我们运用时间、空间的先天形式和范畴去综合一个一个的观念、表象，使之成为必然的观念或观念联系，这种有必然联系的观念或现象就叫作宇宙；宇宙是认识主体所决定、所形成的，这样的宇宙永远不能作为一个整体给予我们，而是我们从一个现象到另一个现象逐步联系、逐渐扩张的产物。康德认为，只有这种现象的观念性学说才能解决理性的二律背反。

由这一立场出发康德便认定，在第一、第二两个二律背反中，正题与反题都是错误的，世界既不是有限的整体，也不是无限的整体，既不是由有限的单纯实体构成，也不是无限复杂的。这两个二律背反都涉及时间和空间，而时间和空间是我们感性的特性，而非自在之物的特性。由于正题和反题都把时空当作自在之物（世界整体）的形式，所以二者都同样是虚假的，正如"方的圆是圆的"和"方的圆不是圆的"这两个相反命题都是假的一样，因为它们都假定了有"方的圆"。不过康德认为，宇宙论上的有限和无限只要不把它们推及自在之物，而用它们来"调节"经验知识的发展，它们就可以督促知性不局限于现有的范围，而致力于使经验的综合不断扩大："无限"可以打破现有知识的局限，"有限"可以吸引知性充满信心地追求完整，因而现象世界既不是无限的，也不是有限的，而是可以不定远地扩张的。

至于第三、第四两个二律背反，康德认为，它们可以同时是真的，因为正题与反题属于不同的领域。例如，第三个二律背反中的自然因果性属于现象世界，而自由因果性则属于自在之物的世界。就人来说，作为属于自在之物世界的人，他有自由；作为属于自然界现象的人，则又受因果自然律支配，"这样，自由与自然，每一方在自己完全的意义中，就会在同一些行动上，按照我们把它们与自己的理知的原因还是感性的原因相比较，而没有任何冲突地同时被找到"①。康德用分别划归于自在之物世界和现象世界的同一种方法也解决了第四个二律背反。他认为，这两个二律背反中的正题与反题都只有当我们将它们思维为同属于现象世界，或者同属于自在之物世界时，才会发生矛盾。康德这种隔离矛盾双方的办法，显然

---

① 康德：《纯粹理性批判》A541 即 B569，人民出版社 2004 年版，第 439 页。

并没有真正把自由与自然、偶然与必然调和起来。例如，为什么一个自由的原因会开始现象界的一个自然的因果系列呢？康德认为这类问题的解决是超越人类理性范围的。他以这种悬而不决的方式，为自由意志、灵魂不灭和上帝的存在留出了地盘。

可见，由于康德把矛盾看作是主观的，因而他并没有解决他所提出的一系列矛盾。他尽可以宣称，矛盾说明了思维的错误，错就错在有了矛盾，但矛盾并不因此就在那个主观的宇宙中得到解决。康德从承认矛盾始，到否认矛盾终，他说："令人有些担忧和沮丧的是，纯粹理性竟然会有某种背反论，并且这个毕竟扮演着一切争执的至上法庭的纯粹理性本身会陷入到自相冲突中去．虽然我们在前面曾面临了它的这样一种表面上的背反论；但事实表明它是基于误解之上的，因为人们按照通常的偏见把现象认作了自在的事物本身，于是就以这种或那种方式要求现象之综合的绝对完备性（但这在两种方式上都同样是不可能的），而这种要求却是根本不可能指望于这些现象的．所以那时并不曾有任何真实的理性的自相矛盾存在于下列命题中：被自在地给予的诸现象的序列有一个绝对的第一开端，以及：这个序列是绝对、本身自在地没有任何开端；因为这两个命题完全可以并肩而立，因为诸现象按其存有（即作为诸现象）来说，本身自在地什么也不是，亦即是某种矛盾之物，所以这些命题的前提自然就不能不引来矛盾的结论了．真正说来，以这种方式就根本没有纯粹理性的任何背反论。"①。总之，理性的矛盾本来是认识主体对客体的深入的表现，康德却认为是理性无能的标志，从而要求理性局限在经验范围之内；理性的概念本来使我们与客体更接近，康德却借理性概念的矛盾性而在主体与客观世界中划出了不可跨越的鸿沟。康德二律背反学说的结论是：二律背反直接证明了自在之物不可知，间接证明了现象的观念性。

5. 哲学是怎样可能的

康德"先验辩证论"的任务，是要解决形而上学，即哲学的可能性的问题。他指出，理性力图认识自在之物的本质，即作为认识主体的人的本质，作为认识对象的客观世界的本质，以及人与客观世界的共同根据的

---

① 康德：《纯粹理性批判》A740 即 B768、A743 即 B771，人民出版社 2004 年版，第570—571、573 页。

本质。这一要求是根源于理性的本性的，是自然的和不可避免的，而这也就是哲学（作为一种自然倾向）是怎样可能的根据，以及哲学本身存在与不可消灭的根据。

康德认为，过去的哲学，尤其是企图证明自在之物可知的哲学，如旧的传统形而上学，是不能取得成就的，它们的学说都是"辩证的"，即具有不可靠的和骗人的性质，是一些彼此攻打、相互推翻了的哲学体系死尸的堆积。它们唯一的意义就是通过对它们的批判可以证明，企图认识自在之物的本质的哲学绝不能成为真正的科学，而只能是虚伪的哲学，这样就有助于理性不沉溺于"真理的幻象"，而去从事建立真正科学的哲学。康德把那些证明自在之物可知的哲学都称为"独断的形而上学"或"超越的形而上学"，认为它们跟真正科学的形而上学的关系，正如炼金术之于化学，占星术之于天文学的关系。

康德指出，作为科学的形而上学还不存在，还是"未来的形而上学"；但是，对纯粹理性的批判为建立这种形而上学提供了计划与武器，他的《纯粹理性批判》中已包含有这种形而上学的胚胎。因此他把阐明自己《纯粹理性批判》精义的著作题名为《任何一种能够作为科学出现的未来形而上学导论》（简称《未来形而上学导论》）。

照康德的看法，与"超越的形而上学"不同，真正的形而上学乃是"内在的形而上学"，其对象是理性自身的纯粹的原理、理性的永恒不变的规律。发现这类规律是真正形而上学的任务。康德认为，一旦发现了这些规律，形而上学也就达到了最终的完善状态，因为，"在一切可能的科学中间只有形而上学才有把握指望得到这样的好处，那就是：形而上学能够达到不可能再有什么改变、不可能再有什么新的发现增加进来的这样一种完满、稳定的状态；因为在这里，理性知识的源泉不是在对象和对象的直观里（通过对象和对象的直观不会增加更多的东西），而是在理性本身里，并且当理性全面地，以不容有丝毫误解的确定程度把自己能力的基本规律陈述出来之后，就再没有什么余下的东西是纯粹理性可以先天地认识，甚至可以认真地探问的了"①。

① 《哲学丛书》第 40 卷，第 141 页，参见康德：《未来形而上学导论》，商务印书馆 1978 年版，第 161—162 页。

　　所以，在康德看来，哲学的对象就是意识本身，首先是《纯粹理性批判》中所提出来的那些先天原则，如空间、时间、范畴等先天形式及其运用的原理，它们是不来自经验而又只对经验有效，只能"内在于经验范围"的；其次是由《纯粹理性批判》为之扫清了地盘的"自由意志、灵魂不灭、上帝"等理念，它们是在人心中的，不过《纯粹理性批判》证明了："要把经验的对象本身、甚至其中我们自己的主体都看作现象，但又要把自在之物本身作为这些现象的基础，因而并不把一切超感性的东西都看作虚构，也不把它们的概念（即上帝、自由、不朽——引者）看作空无内容的……"① 总之，这一切都是在人的意识内的。因此，把哲学跟客观世界割裂开来，使自在之物不属于，而且不能属于哲学认识的范围，这就是康德对哲学的对象、任务及其作为科学的理解的根本特点。

＊　　　　　＊　　　　　＊

　　康德认识论的轴心是自在之物不可知和现象的观念性的学说。康德从感性认识开始，一步一步地通过人们的直观、范畴和理性概念来割裂自在之物和现象。其中，感性论直接论证了现象的观念性，从而间接地论证了自在之物不可知；知性论正面论证了认识的对象是现象而不是自在之物；理性论直接论证了自在之物不可知，从而间接论证了现象的观念性。康德认识论的结论是：人不能认识自在之物，即是说，不能认识客观真理，只能认识主观现象；自在之物在认识的彼岸，永远不能显现为现象，它们是纯粹的本体，纯思维的、智性的本质，是不能被认识，却可以被思维的。对思维和存在、主体和客体的根本对立的这种深刻的意识，是康德的先辈们从未以如此纯粹和尖锐的方式达到过的。康德并未试图解决这种对立的矛盾，相反，他认为自己的历史使命正在于提出这一对立并加以明确地界定，认为只有这样，才能用一个最大的对立来取消哲学史上形形色色纠缠不休的对立，一举清除唯理论和经验论、独断论和怀疑论所已经表现出来的各自的矛盾。不过，在人所能够认识的范围即主观现象的范围内，康德却力图通过认识活动的主观能动性来达到某种意义上的主客体一致。他把认识看作是主体能动地"综合统一"感性材料的过程，并将这

---

　　① 康德：《实践理性批判》，参见《康德三大批判精粹》，人民出版社 2001 年版，第276页。

一过程划分为三个阶段，即（1）感性阶段只能达到主观意义的综合统一；（2）知性阶段达到了现象的客观的综合统一；（3）理性阶段达到对世界整体的知识的调节性的综合统一。这就构成了一个无限的能动过程。在这个方面，康德实际上已经提出了认识论、逻辑学和辩证法三者的统一关系问题，并作出了初步的可贵的尝试。但由于他从其中抽掉了本体论的基础，把认识论、逻辑学和辩证法都看作是将主体和客观本体隔离开来的手段，这就使他的主体能动性思想大大失去了应有的光彩，只有留待他的后继者们来将这一可贵思想发扬光大了。

第三节　批判哲学的道德学说

前面说过，康德限制人的理性认识的能力，取消认识主体对客观自在之物的能动把握的能力，最终是为了给道德和宗教留下地盘。然而，道德和宗教在康德看来也仍然是属于人的主体范围之内的事务，不过不是属于认识的事务，而是属于人的另一种先天能力即欲求或实践能力的事务。这样一来，康德的主观能动性思想以及通过主观能动性来达到主体与客体一致的思想，除了在主观认识领域里有所表现之外，在道德实践活动领域中也有了另一种形式的表现。不过这两种主观能动作用是完全分离的，各自对于对方来说都体现为被动的：实践活动对于认识来说是个不能过问的领域，认识只能将其效果看作被动给予的经验材料；反之，认识活动对于实践来说则是一个不相干的领域，实践对于认识的对象也无能为力。但实践活动也决不是盲目的，而是由同一个理性所支配的，理性在认识领域中（在思辨的运用中）告诉人一个对象"是"什么，在实践领域中则告诉人一个行为"应当"怎样。在康德看来，思辨理性的研究是为实践理性的研究作准备的外围工作，尽管在前者中他尽力把自在之物作为本体排除于人的认识之外，他的目的仍然是为了更好地考察这个本体界自身的规律。在这种意义上，康德认为实践理性"优于"理论理性。

在康德看来，纯粹理性在实践方面的运用就在于为人类的欲求能力颁布一条先天规律，这就是所谓"实践规律"即道德律（或道德法则）。

首先，他认为，人们的善与恶、义务与职责、合法性与道德性等等观念，乃至全部道德观念和道德规范，都是从先天的道德律派生的；其次，他认为理性在实践运用上的目的就是要产生一个"善良意志"，即与道德律相吻合的意志，而绝不是为了达到行为的任何实际效果；最后，他认为理性在实践运用上的全部对象或最终目标是"至善"，即道德与幸福的统一，也就是善良意志与满足尘世生活需要这两者的协调。这些就是康德伦理学说的基本内容。

康德认为，道德律是自由的表现，它的存在要以自由意志为条件；善良意志的实现由于是一个无限过程而必须以灵魂不朽为条件；道德与幸福的统一则更要以永恒上帝的存在为条件。自由意志、灵魂不朽和上帝，是理性的实践运用，即主体实践活动的出发点，但它们的存在是理论所根本不能证明的。但是在实践上，它们则是理性的具有客观实在意义的信仰对象。而由于康德否认它们是先于人的欲求能力和自由行动的现实存在物，认为它们只是人为了自己主体的实践活动不得不作出的一些"悬设"，所以它们的客观实在意义正如认识的客观性一样，也是由能动的主体"建立"起来的。现在我们来看看，康德是如何从实践的主体中建立起它们自身的普遍必然的客观意义，并在实践的这个层次上达到主客体的一致的。

一、实践理性的基本规律：道德律

康德伦理学的基本任务，是要发现与制定道德律及其原理："道德哲学……把他（人——引者）当作有理性的东西，先天地赋予以规律。"[①] 康德认为，解决这一任务从两方面来看是必要的，即理论上要把实践原理的理性来源弄清楚，实践上则是为了正确地作出道德判断。

1. 道德律的特征

道德律具有什么特征呢？康德认为，这要从分析人们的道德意识入手来决定，他以此为线索去追寻道德律的最高原理。

首先，康德认为，道德律应当像自然律之于自然事物一样，对一切

---

① 康德：《道德形而上学原理》，上海人民出版社 1986 年版，第 38 页。

有理性者（包括人与非人的有理性者）都是适用的，具有客观的普遍性。康德要求区别开行为的主观原则（他称为行动的准则）和行为的客观原则（他称为实践的规律），前者是行为者认为对他个人有效的原则，后者则是他认为对一切有理性者有效的原则。如果行为者把他主观的行动准则当作客观的实践规律，那就会陷入自相矛盾和自我取消。例如"借钱不还"，这是个行动的准则，只对行为者个人的某一次或某几次行动有效，如果他把这个准则设想为对一切有理性者有效的实践规律，他立刻会发现：如果一切人都以此作为行为的准则，那将没有人再愿意借钱给他人了，没有借，也就不存在还不还的问题，"借钱不还"这一准则就自己把自己取消了。反之，例如"不要说谎"就不只适用于一个人，也可以作为一切有理性者的行动准则，因为如果大家都以诚相待，这条原理只会使自身得到巩固，而不会自我取消，它就是一条具有客观普遍性的实践规律。所以，道德律"不仅对于人，而且一般地，对于一切有理性的东西都具有普遍的意义；不但在一定条件下，有例外地发生效力，而且是完全必然地发生效力"①。

其次，康德认为，道德律与自然律是应当有区别的。自然界的事物都是按照规律必然地、实际如此地发生的，例如水往低处流，这是必然地实现的。但人或有理性者就不同了，他有意志，即欲求的能力。康德把意志这种欲求能力又分为低级的与高级的。低级的欲求能力是指人作为自然界的一种动物所必然具有的生理和心理的冲动、爱恶的倾向，它归根结底是受外部的欲望对象所决定，从属于自然规律的。高级的欲求能力指依据理性的原则、规律的概念作出行动的能力，康德称为实践理性，或者说意志本身，是一切有理性的存在者（包括上帝）所共有的。但是，人这种有理性的存在者的意志由于受到冲动、好恶倾向、感情欲望等等的影响以及周围自然力量的作用，它同时也就有不遵从理性原则去行动的意向。康德由此认为，理性所规定的指示人们行为的原则都具有"应当"的特征，只表示这种行为是有客观必要性的，行为是"应当"如此发生的，至于事实上是否就如此发生，那是不能断定的。所以，道德律作为对一切有理性者都适用的行为原则必然是一种"应当"的规律，即一道"命令"，这命令是否得到执行，则不在它的管辖范围之内。

---

① 康德：《道德形而上学原理》，上海人民出版社1986年版，第58页。

　　但是，康德又认为，虽然一切道德律都具有"应当"的特征，却决不能说一切具有"应当"特征的命令或戒律都是道德律。康德把命令分为两类；有条件的命令和无条件的（绝对的）命令。有条件的命令是指关系到行为的实际后果和达到后果的实际手段的命令，例如"少时应当勤劳，免得老年穷苦"。康德认为，这类命令对意志来说是正确的、重要的，但是它不能充分地必然地决定意志，因为它依赖于许多属于经验的偶然条件，例如，如果某个人没有体力进行劳动，如果他并不想老来享福等等，他就不会接受这样的命令。这类命令只能说是"技巧的规矩"，有实用的价值，但不是道德律。反之，无条件的命令则是不指示任何行为的后果，不假定任何条件的命令，它直接地、绝对地决定了意志本身，即意志作用的方向，而不等行为者问到是否有力量足以达到行为的后果，是否有产生后果的手段等等。即是说，这类命令与行为者的意志不是可有可无的联系，而是必然地决定其意志；行为者先天地意识到它是必须遵守的，即使它反乎行为者的爱好，甚至事实上未被遵守时，也是应当遵守的。例如，"不许作欺骗性的诺言"就是这类命令，一个作欺骗性诺言的人在根据理性作判断时也总是必然地意识到，这是"不对"的。所以，"意志无条件的戒律……是没有任意选择的自由的，它自身就具备我们要求于规律的那种必然性"①。

　　康德的结论是：(1) 适用于一切有理性者的道德律是存在的，它是有理性者的意志所承认，并必然可作为一切有理性者的行为的客观原则（实践规律）的，它的存在，可以由行为者把个人行动的准则当作对一切人都适用的客观原则（实践规律）时是否会自我取消，而得到证明和确定；(2) 道德律是指示人应当怎样行为的原则，即是说，是一个命令；(3) 道德律是意志本身对自己宣布的一道命令，它不管行为的后果怎样而在经验之前就决定了意志的方向，即是说，它是一条无条件的、绝对的命令。由此可见，在康德看来，道德律的特征是能动自由的主体与普遍必然的客体相一致的规律，是基于先验的自由意志之上而又在对一切人的关系中能保持自身逻辑一贯性的客观实践原理。

2. 道德律及其原理

　　康德认为，符合他所规定的道德律的特征的道德律只有一条，这就

---

　　①　康德：《道德形而上学原理》，上海人民出版社 1986 年版，第 71 页。

是:"要这样行动,使得你的意志的准则任何时候都能同时被看作一个普遍立法的原则。"① 康德从以下四个方面对此作了说明。

(1)道德律与道德观念。康德认为,这条道德律决不是以关于现实的人的经验知识为基础而来的一条经验的规律,相反,现实的人之所以有道德观念,是以这条超经验的道德律先天地存乎其心为前提的。"纯粹理性单就自身而言就是实践的,它提供(给人)一条我们称之为道德律的普遍法则。"② 康德认为,纯粹理性这条规律先天地决定了我们的意志,因此,我们的意志同这条规律之间就存在着一种强制性的从属关系,这种关系就是"义务"。由于这种义务是不掺杂丝毫经验因素的、先天的,所以具有普遍性与必然性;而建立在这种义务关系上的行为就是"职责"。现实的人的一切道德观念、义务观念、职责观念乃至一切道德准则和规范均是由此派生的。康德认为,人们由于有了这条普遍的道德律,在任何时候、任何情况下,都很容易发现什么是道德的义务,这要比找出什么是追求个人幸福的"技巧规矩"容易得多。

例如,在康德看来,现实的人的行为原理只能是个人幸福或"自爱"(自私),因而其行为准则就是"要用一切万全之策,以期发家致富",哪怕彼此欺骗、说假话等等也在所不惜。并且,我们的阅历越是丰富,观察越是入微,那就可以发现并确信,是否有人真正诚实地对待过别人,有没有真诚的朋友,是件完全可疑的事。虽然如此,我们却仍然在理性上认为"对朋友诚实"、"尊重财产"是必然的义务。为什么? 正是因为每个人心里有这先天的道德法则,由于它,"准则中的何种形式适合于普遍立法,何种形式不适合于普遍立法,这一点最普通的知性没有指导也能分辨"③。例如,别人托我管的一笔财产,委托人已经死了,又未立下遗嘱。怎么办呢? 我就可以把自己那个"自爱"的准则设想为普遍规律,看看是否自相矛盾,那就很容易解决了。如果"人人都应当否认一笔托付的财产,只要

① 康德:《实践理性批判》,参见《康德三大批判精粹》,人民出版社2001年版,第303页。

② 康德:《实践理性批判》,参见《康德三大批判精粹》,人民出版社2001年版,第304页。

③ 康德:《实践理性批判》,参见《康德三大批判精粹》,人民出版社2001年版,第298页。

没有人证明"作为普遍规律而有效，那么它必将导致世人再也不托付财产，因而也再不会有"否认托付的财产"这种事，所以这显然是一条自相矛盾的准则。又如，有个人不肯帮助穷人，是否和道德义务矛盾？他就可以想一想，他是否愿意这种行为成为普遍规律，他将看到，任何人都不会愿意这种行为成为普遍规律，因为每个人都可能处于需要帮助的境地，这样，"互不相帮"这一原则虽然有可能作为一条自然规律而持续有效，但却不能作为一条实践规律，即意志所自愿遵循的规律而普遍有效，否则它就导致意志的自相矛盾。相反地，"尊重财产"、"帮助穷人"，乃至《圣经》上的"爱邻人"、"爱你的仇人"都是道德的义务，因为谁都可以认识到，这些原则的反面作为普遍的实践规律都是要发生自相矛盾的。

可以看出，康德完全是从形式逻辑的同一律和不矛盾律来建立其实践理性的道德原理的，这使他对道德律的理解具有极端抽象的形式主义特点；另一方面，他为说明这种抽象道德律而提出的那些例证，又恰好说明在这种形式主义底下所暗含的具体理解，正是建立在极为狭隘的功利主义原则之上的，是以人性自私、自爱为前提的。康德的这种尖锐的自相矛盾后来受到黑格尔的批判。不过，康德在西方哲学史上首次在一件道德行为中把道德形式从功利主义质料中区分出来，就这种形式作为自由意志本身的普遍形式来对之作细致入微的考察，这毕竟是一个重大的理论贡献，它为道德领域中对主体能动性及由之建立的主客体一致性的探讨提供了一个虽是抽象的，但却必不可少的理论前提。

（2）道德律与意志自由。康德把他所制定的道德律称之为"自由律"或"意志的自律"，而跟"决定论"和"意志的他律"绝对对立起来。他认为，只有根据他这种纯形式性质的道德律，才能说明人们的道德行为的可能性："德性的唯一原则就在于对法则的一切质料（也就是对一个欲求的客体）有独立性，同时却又通过一个准则必须能胜任的单纯普遍立法形式来规定任意。但那种独立性是消极理解的自由，而纯粹的且本身实践的理性的这种自己立法则是积极理解的自由。所以道德法则仅仅表达了纯粹实践理性的自律，亦即自由的自律……"① 而"意志自律性，是意志由之

① 康德：《实践理性批判》，参见《康德三大批判精粹》，人民出版社 2001 年版，第306页。

成为自身规律的属性，而不管意志对象的属性是什么"①。可见，康德所谓意志自律有这样不可分割的两方面：首先，意志完全独立于经验世界的规律，完全不受其支配和影响；其次，意志按照另一种规律活动，这就是自律的规律，亦即道德律。意志的他律是指意志为外界欲望对象所决定，服从感性世界的规律。因此，自律与他律是两类根本不同的规律，体现了非决定论和决定论的根本对立。康德认为，不依据意志的自律，就不可能有道德，"意志自律是一切道德法则和与之相符合的义务的唯一原则；反之，任意的一切他律不仅根本不建立任何责任而且反倒是与责任的原则和意志的德性相对立"。②

康德举例说，一个好色之徒，如果以绞刑相威胁的话，他必然由于贪生而放弃淫欲的机会；可是，如果同样用死刑威胁他，要他作假证人陷害忠良，他尽管不敢肯定他能克服怕死的念头而维护正义，但至少他会毫不迟疑地承认，这种可能性对他来说是完全有的。康德认为，"所以他断定，他能够做某事是因为他意识到他应当做某事，他在自身中认识到了平时没有道德法则就会始终不为他所知的自由"。③

这就是康德的"自由"概念。他把它理解为一种意志自律，即意志自己按照自己的规律对自己加以规范。这种规范是普遍必然的，不被任何偶然冲动和外界条件所限制的，因而具有一种内在的强制性和不可抗拒的客观性；但由于这种强制的力量不是来自外界，而正是来自意志本身，所以在意志的这种"自律"之上，康德看到了主观能动性和客观强制性的内在的同一。"如果理性完全无遗地规定了意志，那么，有理性东西的那些被认作是客观必然的行为，同时也就是主观必然的。"④ 只有从意志的自由出发才能建立真正的道德律，也只有体现为道德律的意志才是真正自由的意志，自由与道德律作为意志的自律，无非是一个东西。

（3）道德律与道德评价。康德的道德律在把"自律"与"他律"绝

---

① 康德:《道德形而上学原理》，上海人民出版社1986年版，第94页。
② 康德:《实践理性批判》，参见《康德三大批判精粹》，人民出版社2001年版，第306页。
③ 康德:《实践理性批判》，参见《康德三大批判精粹》，人民出版社2001年版，第302页。
④ 康德:《道德形而上学原理》，上海人民出版社1986年版，第63页。

对对立起来时，便产生了对行为的"合法性"与"道德性"的两种不同的评价。康德认为，真正道德的行为不仅在客观上要符合于道德律，而且主观上应是纯粹出于对道德律本身的敬重；如果一种行为仅仅在客观效果上符合道德律的要求，却掺入了某种好恶、欲望的动机，那就只能说，这种行为有"合法性"，而没有"道德性"，只有纯粹因为敬重道德律而排斥了任何欲念的行为才有道德价值。"合法性""哪怕是只有爱好成了意志的规定根据时也是可能的"；但是"道德性"，"即道德价值，则必然只是建立在行动出自于义务而发生，也就是仅仅为了法则而发生这一点上"①。总之，如果不是出于对道德律的"敬重"，而是出于"爱好"，在康德看来，那就会引起他律而毁灭了道德的原理；因此，道德是根本不问行为的后果或客观效果的，这就叫"为义务而义务"。例如，"爱国"是个义务，但如果是为了自己的乡土、亲人和民族的具体利益而做了爱国的行为，在康德看来都不能算道德的行为，只是"合法"的行为，只有任何具体动机都没有的"为爱国而爱国"的行为，才有道德价值。

康德如此强调把道德的自律与自然的他律分离开来，以致把动机和效果完全割裂开并对立起来，是与他将自在之物与现象界相割裂的一贯思想一致的。在他看来，不光是认识活动不能进入到自在之物的领域，人的自由本体的道德活动也不能过问现象界的事务，它有一种超经验的抽象形式的自足性。当然，这种抽象形式的活动也并不是完全主观主义的任意性，它也有自己的"客观性"和"客观规律"，但正如现象界的"客观性"其实还不是自在之物的客观性一样，自由意志的"客观规律"其实也不是真正现实的客观规律，而只是内在于每个人心中的无声的"命令"，这就使康德的道德律具有了极其软弱、怯懦和逃避现实的性质。正如席勒在一首诗中所讽刺的：

良心的疑惑

我愿意为人效力，可是——唉！——我对他们有所爱。
这时就有一个问题折磨着我：我是否真有道德？

---

① 康德：《实践理性批判》，参见《康德三大批判精粹》，人民出版社 2001 年版，第346 页。

解　决

这里没有其他办法，只有尽力对他们蔑视，

而心怀憎恶，去做义务要我做的事。

康德这种超越和脱离一切现实的"为义务而义务"的道德观，其矛头主要是针对当时经验派和唯物论者的功利主义和"合理利己主义"道德观的，他反对现实人类的任何现实利益的考虑能够形成道德规律，也反对任何道德律能够体现为具体的人类现实活动。但这样一来，他对现实世界的看法就和极端经验论的道德怀疑论者一致起来了，这就是认为人类现实生活中根本不可能有什么道德的行为，道德律也根本不可能在尘世生活中得到实现，人类生活在一个罪恶的、本身没有希望的世界，从这个世界中他除了取得动物式的生存外，不可能想往其他更好的生存方式。与怀疑论者不同的是，康德除了承认现象世界的缺德之外，又还建立起了一个与之绝缘的内心本体世界。"义务的尊严与生活的享受没有任何相干"①，正直的人"仅仅只是出于义务还活着，而不是由于他对生活感到丝毫的趣味"②。这个道德的内心世界既然本身具有自在的超验性，它所追求的也就不是此岸世界的任何具体目标，而是高悬于彼岸世界，可望而不可即的"理想王国"，即所谓的"目的王国"了。

（4）道德律与"目的王国"。康德认为，个人的行动准则是以"主观目的"为依据的，相反，道德律或绝对命令则必须以"客观目的"为依据，但这个客观目的并不是什么外在的权威或非人的力量，而就是作为"有理性者"的人本身："在全部造物中，人们所想要的和能够支配的一切也都只能作为手段来运用；只有人及连同人在内所有的有理性的造物才是自在的目的本身"③；"人，一般说来，每个有理性的东西，都自在地作为目的而实存着，他不单纯是这个或那个意志所随意使用的工具"④。把人同

---

① 康德：《实践理性批判》，参见《康德三大批判精粹》，人民出版社2001年版，第354页。

② 康德：《实践理性批判》，参见《康德三大批判精粹》，人民出版社2001年版，第353页。

③ 康德：《实践理性批判》，参见《康德三大批判精粹》，人民出版社2001年版，第352页。

④ 康德：《道德形而上学原理》，上海人民出版社1986年版，第80页。

物区别开来的是什么？其实就是物只能是"他律"的，人则可以"自律"，也就是说，人一方面可以立于道德律来摆脱自然机械律而自由独立；另一方面这道德律就是他自己所立的规律，他服从这规律就是服从他自己，所以康德又把这种道德律称之为"人格"，即作为主体的道德律或道德律的主体。因此，使人区别于物的就是人格，就是摆脱自然律而独立自由同时又服从自己的规律的那种能力。

康德认为，既然每个人都是自在的目的，都有个人格，那么道德律也可以表述为："你的行动，要把你自己人身中的人性，和其他人身中的人性，在任何时候都同样看作是目的，永远不能只看做是手段。"① 康德将这一点当作限制个人行为主观任意目的的条件。"就这个世界中的有理性的存在者作为上帝意志的造物而言，这个条件我们甚至有理由赋予上帝的意志，因为该条件是基于这些造物的人格之上的，只有凭借人格这些造物才是自在的目的本身。"② 这样，人或"人格"（Person）是目的就成了一个不仅适用于地球上的人类，也适用于一切可能的理性生物，甚至适用于上帝本身的普遍原则了。康德从这一原则中引申出了他的"目的王国"的概念："每个有理性的东西都须服从这样的规律，不论是谁在任何时候都不应把自己和他人仅仅当作工具，而应该永远看作自身就是目的。这样就产生了一个由普遍客观规律约束起来的有理性东西的体系，产生了一个王国。无疑这仅仅是一个理想的目的王国，因为这些规律同样着眼于这些东西相互之间的目的和工具的关系。"③

康德认为，目的王国之所以可能，是由于自由意志，即每个人都参与制定普遍规律（普遍立法），而又只由于自己是立法者这个理由而服从规律。目的王国中的一切，或者是有价值，或者是有尊严；一个有价值的东西能被其他等价的东西所代替，它只能当作手段，反之，尊严则超越一切价值之上，没有与之等价的东西，它才是绝对目的的特性；每个人，自律者，在手段与目的的这种相互联系中诚然都要充当某种手段，但任何时候都不能不同时被看作是目的，而不单纯只是手段而已。很明显，康德

---

① 康德：《道德形而上学原理》，上海人民出版社 1986 年版，第 81 页。

② 康穗：《实践理性批判》，参见《康德三大批判精粹》，人民出版社 2001 年版，第 353 页。

③ 康德：《道德形而上学原理》，上海人民出版社 1986 年版，第 86 页。

所称为"理想"的这个"目的王国",其实不过是当时软弱无力的德国资产阶级一心向往的资产阶级共和国,它在 18 世纪法国唯物主义那里已经以"合理利己主义"的"互利原则"的形式,为自己作为一种现实的社会政治制度而准备着理论基础,而在康德这里却被作为一种超越此岸的抽象"应当"的原则而归于道德上的意愿和假定。正如马克思和恩格斯所指出的:"在康德那里,我们又发现了以现实的阶级利益为基础的法国自由主义在德国所采取的特有形式。……康德……把法国资产阶级意志的有物质动机的规定变为'自由意志'、自在和自为的意志、人类意志的纯粹自我规定,从而就把这种意志变成纯粹思想上的概念规定和道德假设。"①

总而言之,由上述四个方面我们可以看出,康德的道德律直接涉及了道德观念与实践活动、自由与必然(自律与他律)、动机与效果、理想与现实的关系,但康德完全形而上学地割裂了它们之间的辩证联系,作出了极端形式主义和唯心主义的解释;他表达了德国市民要求个性解放、自由、人格独立等反封建的倾向,但采取了极端软弱、妥协和耽于幻想的抽象形式,这种耽于幻想在康德有关"实践理性的假定"的学说中得到了最为鲜明的表现。

二、实践理性的二律背反及其"悬设"

道德律,按康德的观点,是纯粹理性的实践规律,但是,既然谈到实践、行动,即使是纯粹道德上的,也总有一定的目的与对象,否则就不能在理论上讲得通。康德也必须回答这个问题。但康德并没有由此回到现实生活的领域中来,反而借此问题而引出了他关于彼岸世界的信仰主义的宗教观点,而这原是他整个"批判哲学"的最终意图。

康德认为,理性"树立以善良意志为自己最高的实践使命"②。为什么要以此为使命?因为康德认为"在世界之中,一般地,甚至在世界之外,除了善良意志,不可能设想一个无条件善的东西"③。什么是善良意志?这

① 《马克思恩格斯全集》第 3 卷,人民出版社 1960 年版,第 213 页。
② 康德:《道德形而上学原理》,上海人民出版社 1986 年版,第 46 页。
③ 康德:《道德形而上学原理》,上海人民出版社 1986 年版,第 42 页。

就是行动的准则总是与道德律相契合的意志："这条法则（道德律——引者）就直接地规定着意志，按照这种意志的行动就是本身自在地善的，一个意志的准则永远按照这条法则，这意志就是绝对地、在一切方面都善的，并且是一切善的东西的至上条件。"① 康德又把这种善良意志称为纯粹意志，因为与道德律相一致，就是什么欲望都没有而专依道德律的抽象规则办事的意志。康德认为，只要产生出这么个善良意志，即使别的什么目的都没有达到或根本没有能力达到，理性都是满意的，因为即便如此，这个善良意志"仍然如一颗宝石一样，自身就发射着耀目的光芒，自身之内就具有价值"②。这就正如马克思所指出的："……康德只谈'善良意志'，哪怕这个善良意志毫无效果他也心安理得，他把这个善良意志的实现以及它与个人的需要和欲望之间的协调都推到彼岸世界。"③

所以在康德看来，任何行动之所以善，只能是由于进行这行动的意志是善的，所以只有善良意志是最高的善，而最高的善就是纯粹实践理性的整个对象。但是，康德也不能不看到，这样的善良意志绝不是人类理性所能满意的，理性不顾"绝对命令"的指示，仍然要求幸福的尘世生活："幸福是现世中一个有理性的存在者的这种状态，对他来说在他的一生中一切都按照愿望和意志在发生。"④ 康德承认，人如果需要幸福，也配享幸福，而却无福可享，这不仅不符合人的意愿，也是不符合上帝的意愿的。因此康德断定，实践理性也如理论理性一样，是要求无条件的对象的，这就是"至善"，即德性与幸福的最终统一。"既然德性和幸福一起构成一个人对至善的占有，但与此同时，幸福在完全精确地按照与德性的比例（作为个人的价值及其配享幸福的资格）来分配时，也构成一个可能世界的至善。"⑤ 总之，德性与幸福的统一，这才是实践理性的全部无限制的对象。

但康德又认为，正是由于实践理性追求这个"至善"，所以陷入了

---

① 康德:《实践理性批判》，参见《康德三大批判精粹》，人民出版社 2001 年版，第330 页。

② 康德:《道德形而上学原理》，上海人民出版社 1986 年版，第 43 页。

③ 《马克思恩格斯全集》第 3 卷，人民出版社 1960 年版，第 211—212 页。

④ 康德:《实践理性批判》，参见《康德三大批判精粹》，人民出版社 2001 年版，第373 页。

⑤ 康德:《实践理性批判》，参见《康德三大批判精粹》，人民出版社 2001 年版，第359 页。

"二律背反"，也就是一方面实践理性主张，追求幸福这一动机是道德行为准则的原因；另一方面又主张，道德行为的准则是幸福发生的原因。前一种主张属于伊壁鸠鲁派（以及近代功利主义伦理学），后一种主张属于斯多亚派（以及近代莱布尼茨派的伦理学）。康德认为，前一种主张是绝对不可能的，因为追求幸福的动机所产生的行动准则完全不是道德的；第二种情况也是不可能的，因为道德律的严格遵行正在于摆脱自然界因果规律的束缚（他律）而独立，幸福的发生则唯有依靠对自然规律的认识和利用才有可能，由德性而获取人世的幸福，无异于缘木求鱼。所以，上述基于经验主义和理性主义之上的两个对立的伦理学派别的矛盾是不可解决的。不过，康德又认为，如果用"批判唯心主义"的观点来看，那么矛盾是根本不存在的，它只是实践理性的"表面上的自相冲突"。不过，与在"思辨理性"的二律背反的解决中，康德更倾向于经验主义一方不同，在"实践理性"的上述二律背反的解决中，他则更倾向于理性主义的一方。他指出，第一个命题（德性是追求幸福的结果）是绝对错误的；第二个命题（幸福是德性的结果）则只是在某种条件下才是错误的，这个条件就是把德性与幸福之间的因果关系直接理解为"现象的关系"，即理解为人的此生即可在现象世界中实现出来的关系。可是，只要去掉这个条件，把二者的关系正当地理解为自在之物与现象的关系，把道德意向归于自在之物世界，把幸福归于现象世界，那么就有可能并且有必要设想道德必定是幸福的原因，即是说，道德纵然不直接导致现世的幸福，可是间接地，通过一个媒介（即上帝），可以想象为在无限的追求道德的过程中达到最完满的幸福的报偿，但这种必然联系并不能被认识，只能被思维。所以，从"批判哲学"的观点看，（1）道德与幸福的必然联系是可想象、可思维，亦即可信仰的；（2）追求幸福的原则不能产生道德，所以，道德是至善的第一条件，是配享幸福的条件，幸福则是至善的第二要素，为道德所制约并必将成为道德的结果；（3）在这种情况下至善就成为实践理性的全部对象，它是可能实现的，因此只有尽心竭力去促进道德，才配享受幸福，才能趋近于至善。这些当然都不是什么有事实根据的结论，而只是一种良好愿望或信仰。

然而，康德仍然努力要给这种信仰提供某种理论上的积极的支持，他专门论证了"在纯粹实践理性与思辨理性的结合中实践理性所占的优越地位"。他认为，理性的思辨运用的兴趣（Interesse，利益，要务，关切）是认识对象，直至追溯到最高的先天原则；理性的实践运用的兴趣是：按照最后的、全部的目标来决定意志。这两种理性乃是同一理性的不同运用，当它们在实践原理的基础上（即是说从"兴趣"来加以考虑）必然地结合在一个认识中时，实践理性就占优先地位，思辨理性就要服从或隶属于实践理性的利益："但我们根本不能指望纯粹实践理性从属于思辨理性，因而把这个秩序颠倒过来，因为一切兴趣最后都是实践的，而且甚至思辨理性的兴趣也只是有条件的，唯有在实践的运用中才是完整的。"① 康德确立实践理性与理论理性应当统一为一种在实践原理基础上的认识活动，并肯定理性的实践运用的优越性，这在某种程度上表现了康德的一种尝试，企图克服他把理论认识与实践活动绝对对立起来的极端形而上学性，并暗示了一条通过实践活动的主体能动性真正解决主客观矛盾，达到思维和存在一致的正确道路。但康德本身完全不了解这一论点的认识论意义。康德所谓的"实践理性"并非指人的有物质动机的意志，而是空洞形式的"纯粹意志"，他所谓的"实践"也不是指人的现实的感性活动，而是意志使其行动准则与道德律相契合的活动，即意志本身内部的抽象活动。康德确立这个论点是为了把他的形式主义伦理学同宗教结合起来，调和道德与幸福的矛盾。

康德认为，既然实践理性优越于理论理性，那么，绝不能认为实践理性的一切假定都要以理论理性所得到的东西为根据，否则就是理论理性占上风了；理论理性也无权拒绝接受它所不能认识的，但与纯粹理性的实践利益必然联系在一起的假定，不能以经验不能证实为由而排斥之，而是要采纳它们，将它们跟理论原理和概念比较、联系并结合起来；但理论理性又不能因此就误以为自己的认识范围扩大了，它只不过是参照"实践的观点"而扩充了它的运用而已，意即"不可知论"的界限仍然存在。总之，在康德看来，科学、知识不仅要容忍宗教信仰，而且要积极地设法把它和自己的原理调和起来，同时又必须承认信仰的东西是它所不能认识的。正是基于这一点，康德提出了所谓"实践理性的悬设"，即一种理论

---

① 康德：《实践理性批判》，参见《康德三大批判精粹》，人民出版社 2001 年版，第370 页。

上不能证明，但又是跟道德律不可分割的命题，他认为如果没有这些命题，就连道德律本身也会成为虚妄不实的幻想。

第一个悬设，就是人类具有"自由意志"，即绝对不受感性世界的规律所支配，不要任何外来原因就能产生一种因果系列的意志作用的存在。没有它，就没有道德律的存在，因为道德律的最高的唯一原理就是"意志自律"，自由意志是道德律的存在理由。康德认为，自由只是一个"理念"，是不能从理论上证明其存在的；但是，既然《纯粹理性批判》中为自由意志留下了地盘，而人的道德实践活动又以人的意志自由为前提，所以自由就从实践上被证实了。不过，意志怎样会有自由这个问题，在康德看来不仅是理论哲学，而且也是实践哲学的界限，因而自由终归是人在实践中必须预先作出的一个"假定"。现实的人的感性意志是不自由的，所以人只能在此岸世界受苦受难；本体的人的超感性的意志是绝对自由的，所以人能够用彼岸的尺度来对此岸的行为作道德判断，负道德责任，并有理由希望自己的自由在"目的王国"中得到完全的实现。可见，自由意志的假定是康德全部伦理学的基石。

第二个悬设，就是灵魂不朽。实践理性的目的是产生善良意志，这是配享幸福并达到至善的先决条件。可是善良意志能否实现？康德认为，要使自己的意志与道德律完全符合，从而具有纯粹的善良意志，这是人在此生中做不到的："确保道德律的准则之进向无限的进程及这些准则在不断前进中的始终不渝，也就是确保德行，这是有限的实践理性所能做到的极限，这种德行本身至少作为自然获得的能力又是永远不能完成的。"① 他还说："意志与道德法则的完全适合就是神圣性，是任何在感官世界中的有理性的存在者在其存有的任何时刻都不能做到的某种完善性……它只是在一个朝着那种完全的适合而进向无限的进程中才能找到……但这个无限的进程只有在同一个有理性的存在者的某种无限持续下去的生存和人格（我们将它称之为灵魂不朽）的前提之下才有可能。"② 可见，善良意志是个在此岸无法实现的实践理性"目的"，但它既然必须当作实践理性的目

① 康德:《实践理性批判》，参见《康德三大批判精粹》，人民出版社2001年版，第306页。

② 康德:《实践理性批判》，参见《康德三大批判精粹》，人民出版社2001年版，第370—371页。

的，也就必须被认为至少是在无限延续的来世可以实现的，而这就要以假定人的灵魂不朽为前提。

第三个悬设，就是上帝的存在。幸福要受自然律支配，而人只是自然的一部分，并不是自然的原因，因此他无法使自然与道德原理一致，而道德律本身也没有丝毫根据来建立幸福与道德之间的合理比例与必然联系。那么，幸福与道德相统一的"至善"又如何能实现呢？康德认为，这就必须假定一个能使自然与自由、幸福与道德达到和谐统一的最高原因即上帝的存在，也就是相信人世的不公平最终要到彼岸世界去由上帝来判决。康德就这样把"善良意志的实现以及它与个人的需要和欲望之间的协调都推到彼岸世界"① 去了，同时还重新树立起了宗教的权威。诚然，康德并不因此认为这些宗教教条已被理论证明为真实了，但他却认为，借助于道德律，从"实践"观点上看，它们就成了内在于意志中的不可否认的东西，因而具有了实践的客观实在性。因此，康德断言，关于这些理念（上帝、自由、不朽），"它们的可能性是没有任何人类知性在任何时候会去探索的，但是它们是非真实的概念这一点，也是任何诡辩在任何时候都不会从哪怕最普通的人的确信中夺走的"②。

康德的三个悬设，都是从他的道德原理（即"绝对命令"）而来。他认为这个原理本身并非假定，而是理性借以直接决定意志的一条规律，是每个人在实践中凭理性判断即可发现的一个事实。正是这一事实，使实践理性的那三个悬设也具有了某种实在性，成为了实践上绝对必要的对象（客体）。不过，康德又说过："……自由固然是道德法则的 ratio essendi（存在理由），但道德律却是自由的 ratio cognoscendi（认识理由）。因为如果不是道德律在我们的理性中早就清楚地想到了，则我们是决不会认为自己有理由去假定有像自由这样一种东西的（尽管它也并不自相矛盾）。但假如没有自由，则道德律也就根本不会在我们心中被找到了。"③ 可见，归根结底，他认为实践理性对象的这种客观实在性是由主体的自由建立起来

---

① 《马克思恩格斯全集》第3卷，人民出版社1960年版，第212页。
② 康德：《实践理性批判》，参见《康德三大批判精粹》，人民出版社2001年版，第382—383页。
③ 康德：《实践理性批判》，参见《康德三大批判精粹》，人民出版社2001年版，第274页注①。

的，它反过来也给主体、人提供了一个可靠的根据（认识的理由），证明人自在的便是自由的。这样，康德在认识领域中为信仰留地盘，在实践领域中重新树立起宗教和上帝的权威，就超出了单纯的宗教意识复辟的含义，而隐含着以宗教的名义高扬人的自由和主体性的意思。在他看来，宗教教义只有建立在人的实践能动性和行动原则（自律）之上才是有根据的，道德上的客观权威只有立足于人自身的主体权威才值得敬重。

在康德看来，科学和道德体现了人作为人的真正价值。科学认识无限的外部世界——无数个世界和天体体系，道德律把人提升到独立于外界世界的自由的精神世界。所以，思维的人所最为赞叹的和敬畏的就是"我头上的星空和我心中的道德律"；但是这两者在价值上不是平起平坐的，后者无限地高于前者，它是人的所有一切价值的根本。因为，如果说，人在认识中虽是从主体出发能动地把握经验材料，从而建立起自然界的对象及科学知识的客观性，但最终仍使自己局限于自然因果律之中，使自己的能动性服从动物的生命需要的话，那么他在实践中则把自己提高为一种更为纯粹的能动性，即超越自然因果律而自律、而自由。"前面那个无数世界堆积的景象仿佛取消了我作为一个动物性被造物的重要性……反之，后面这一景象则把我作为一个理智者的价值通过我的人格无限地提升了，在这种人格中道德律向我展示了一种不依赖于动物性、甚至不依赖整个感性世界的生活，这些至少都可以从我凭借这个法则而存有的合目的性使命中得到核准的，这种使命不受此生的条件和界限的局限，而是进向无限的。"①

综上所述，我们可以看出，康德在思辨理性（认识论）中所强调的主体能动性是有局限的，从实践上看它是隶属于人的实用性的"技巧规矩"的；反之，在实践理性（道德学）中所强调的主体能动性则是无限的，它才是真正绝对的主体能动性，它不仅为自己确立了最终的要务或关切，而且也为思辨理性确立了最终的要务或关切，使后者也不得不从实践上接纳它的导引。因此，康德在认识论中所提出的通过主体能动性来统一主体和客体这一思想是不彻底的、未完成的，它只有在康德的伦理学或道德实践学说中，才似乎具有了自己完成的形式。然而，即使是在康德的道

---

① 康德：《实践理性批判》，人民出版社 2003 年版，第 220—221 页。

德学说中，主体与客体的这种最高的、无限的统一仍然面临着一个严重的问题，这个问题不解决，那个无限的统一便仍然要受到根本性的局限，主客体的分裂便不能得到最后的调和，而主体的能动性也就仍然只是一种主观幻想中的东西。这个问题就是：理论（思辨）理性与实践理性固然是同一个理性，因而是同一个主体，但由这同一个主体能动地建立起来的客体（或客观世界）却是截然不同、互不相谋的两个领域；其中，认识领域固然本身是有限的，不能深入到实践本体的领域，但同样，实践领域就算高居于认识之上，它本身却缺乏认识的意义，也永远不能从任何地方得到这种意义。认识与实践的这种外在的绝对对立，显然不能看作是实践理性的"优点"，而只能使它显得像是有了某种缺陷，这种缺陷不能不危及到实践理性原理本身的崇高地位。康德自称要为普通平民百姓提供有助于道德的实践规律，但这一规律在其纯粹形式下毕竟太抽象，太难以实践了，要叫一般民众完全抛弃自己的常识和情感去"为义务而义务"，这种可能性之渺茫无望，就连康德自己似乎也察觉到了。于是，康德在其一生的最后十余年里，主要就是致力于对认识和实践（道德）的这一矛盾的调和，找出从认识向道德过渡的桥梁。这种努力体现在他的第三个批判《判断力批判》以及有关历史目的论的研究之中。

第四节 批判哲学的目的论思想

康德在《纯粹理性批判》中研究了人的认识能力，为了保证科学知识的普遍性与必然性，他形而上学地把"自在之物"与现象割裂，肯定我们的知识只限于现象界，现象界则是为知性所建立的机械规律所统治的"必然王国"。康德在《实践理性批判》中研究了人的欲求能力（意志），为了保证意志自由的普遍绝对有效性，他进一步把"自在之物"与现象对立起来，把自在之物的世界规定为由理性颁布的"自由律"（道德律）所支配的"自由王国"即目的王国。这样一来，就有了两个绝对不同的，为两组根本有别的规律所统治的世界，而人则同时属于这两重世界，集绝对相反的两种性格于一身，既具有意志的绝对能动性，作为认识对象又具有为自然所决定的绝对被动性。这就是康德认识论研究与道德学研究的结果。康德有关实践理性的优先地位及其假定的学说只是从外部把统一性加于两个相反的世界，而其统一实现的问题则被推至彼岸世界，而且也只是一个主观"应当"（应当实现）的问题。那么，这种主观想当然的"应当"是否也能在现实的此岸世界中显露出蛛丝马迹呢？如果不能，又凭什么断言人类在其无限延续中（哪怕借助于灵魂不朽）正在逐渐接近这一最终目的呢？

康德的不彻底性在于，一方面他通过理论理性与实践理性的批判，把自然界与自由绝对对立起来，认为它们之间的转化和统一是理论上无法认识的；另一方面他却又主张二者应当联合起来，声称那种认为二者之间有不可克服的矛盾的责难是完全可以驳倒的，它们的统一与转化是有根据来设想的。康德认为，既然人本身是自然的存在同时又是超感性的存在，是现象同时又是自在之物，这里就有了一个把两个世界结合起来的立足点。自然的人不能决定超感性的人格，但超感性的人格却可以是人的感性活动的根据，它使感性活动可以被看成一种不仅是机械因果性的，而且是（至少在形式方面）合目的性的活动，其产物则可以看作是（至少在形式方面）某种合目的性的东西，看作是自由与必然相结合、相统一的东西。所以康德认为，合目的性问题可能是解决自然界与自由统一的关键。

康德的《判断力批判》（1790年）就是专门探讨合目的性问题的。康德根据其"批判唯心主义"的基本立场，并不把合目的性这个观念看作是客观事物的某种关系在主体头脑中的反映，相反，他认为客观事物对主体显现出某种合目的性的性质，是由于合目的性是主体观察事物的一个先天反思原则，这个原则既不同于知性，也不同于理性的先天原则，而是介于二者之间的判断力的先天反思原则。康德试图通过对这种反思判断力的批判，来消除他自己在理论理性与实践理性之间划下的鸿沟。康德把合目的性分为两种：形式的合目的性与实质的合目的性，前者表现在审美判断中，后者表现在关于有机体及整个自然界有机系统的目的论判断中。因此，对反思判断力的批判就区分为对审美判断力和目的论判断力的批判。所有这些都服从于一个任务：证明从"反思"的立场看，自然必然性与自由之间并没有不可逾越的鸿沟。

在《判断力批判》之后，康德还进一步发挥其中的自然目的论和历史目的论思想，写出了一系列论述其社会政治思想和历史观的论文。

一、反思判断力和自然的合目的性

康德批判哲学的一个最重要的特点在于，任何哲学问题或论断，如果不归结到对于人的先天能力的考察上来，在康德眼里就没有讨论的起码基础和必然可靠的根据。《纯粹理性批判》考察了人的认识能力的先天根据；《实践理性批判》讨论了人的欲求、意志能力的先天根据；《判断力批判》研究的是前两个批判的过渡，那么它本身是否也应当立足于人的某种过渡性的先天能力呢？回答是肯定的。在《判断力批判》中，康德把人心的活动分为三种：认识、情感（愉快与不愉快感）和欲求。认识的先天规律就是使作为现象的对象成为可能的知性的先天原理（范畴），欲求的先天规律就是理性的道德律所体现的最后目的。至于情感（愉快与不愉快），它一方面与认识活动相联系，是对外界刺激的感受；另一方面又与欲求的活动相联系，是一种内心的激动。那么，有没有支配情感的普遍而必然有效的，即先天的规律呢？康德认为，从逻辑上说，在知性（产生概念）和理性（进行推理）之间，有一种起判断作用的能力，即判断力；从先天规律上说，正如知性和认识相关，理性和意志活动相关一样，判断力则应当和愉快与不愉快的情感相关。因此，对判断力进行批判，即"判定"判断力的先天原理是什么，就可以得到愉快和不愉快情感的普遍必然规律。

康德认为，判断力，一般说来就是把特殊包括于普遍之下的能力。这种包括可以有两种不同的方式：一种是"规定的判断力"，即是说，普遍（概念、规律等）已经先有了，这时判断力的活动只是用这普遍去包摄那当前特殊的东西，以规定这个特殊东西的性质，例如，"人"这个一般概念已确定了，当前有某甲在此，我们判定他是人，作出"某甲是人"这一判断；另一种是"反思的判断力"，如果先有特殊而还没有普遍，判断力这时则要去找到、发现那可以包括这特殊东西的普遍，以使特殊东西得到它的普遍意义和价值，得到一个统一的概括和把握。

根据康德对规定的判断力和反思的判断力所作的区分来看，它们的活动显然是很不相同的，这是因为它们的活动所遵循的原理不同。规定的判断力所遵循的原理就是知性的原理，它由此而把自然界规定为一个机械的因果系统。但是，反思的判断力是从那些未被知性规律所规定的特殊出发，去寻找这特殊本身的一般规律，即是说，经验自然中的特殊事实和事件是无限多样的，绝不是知性所提供的规律（主要是机械因果关系）所能概括得了的，特殊事实与事件服从于无限多样的统一性的规律，它作为规律，应当是必然的，而不是偶然的，也就是说，不是偶然事物的堆积和凑合，而是多样性的统一，这种无限多样的质的统一性，就不是知性原理所规定的机械因果的（量的）统一性，而是一种有机的整体了。因此，反思判断力的原理不能是知性的原理，它不能从经验中借来，而必须使一切经验的原理按照其质的多样性而被安排在一个从低级到高级的统一系统之中，而这种安排并不是要规定自然界，它只是为判断力自身的活动提供一种先天的规律。这种规律或原理，就是"自然的合目的性"。

所谓"自然的合目的性"，就是把自然当作一个有目的的东西来看待，从而自然界的各种特殊事实就可以看作是以目的为依据而彼此关联着的，自然的无限多样的特殊性和特殊规律也就以目的为依据而统一为有机的整体了。康德认为，这就是反思判断力为自己颁布的一条活动规律：当判断力要去揭示特殊事物中的普遍规律时，它必须预先假定自然界的一切都不是偶然的、杂乱无章的，而是每一事物都服从一种有机的统一，或多样的统一。但这种统一性在我们人类的知性（它建立的是自然因果律）中既然不可能找到根据，它就只有假定，好像有一个跟自然同一的"直观知性"，在自然中不通过概念和范畴而将各种特殊事物结合得适合于我们的认识能力，从而自然界无限多样的特殊规律（如物理、化学的各种规律）就可以看作好像是一个有目的地活动着的知性的表现似的。但康德认为，事实上是否确有这样的知性是不能肯定的，这不过是出于判断力对自身的"反思作用"。所以，"自然的合目的性"是来源于反思判断力的一个先天概念。"……对服从可能的（还必须去发现的）经验性规律的那些事物而言只是反思性的判断力就必须考虑到这些规律，而按照我们认识能力方面的某种合目的性原则去思维自然界……自然合目的性这一先验概念既不是一个自然概念，也不是一个自由概念，因为它完全没有加给客体（自然）任何东西，而只是表现了我们在着眼于某种彻底关联着的经验而对自然对象进行反思时所必须采取的唯一方式，因而表现了判断力的一个主观的原则（准则）。"①

由此可见，在康德那里，自然合目的性仅仅是主体观察特殊自然事物时的一种主观态度或方式，它不是以认识为目的，而是以认识能力本身为目的；因而它不是一个自然的概念，不是知性的概念，丝毫不涉及事物、对象的性质，不能把主观中的目的关系加到自然和自然产物的客观关系上去；但它也不是一个自由的概念，不是要达到某种实践上的目的（无论是实用目的还是道德目的）。自然的合目的性既与实际的认识无关，也与实际的实践活动无关，而只与内心的愉快和不愉快的情感有关，这种情感是由于在一个对象上反思到人的诸认识能力（感性、知性、理性）的协调活动而引起的。当人们在一个对象上看到某种对人的认识能力的适合，似乎是有意地要使人的诸认识能力和谐一致，因而使人的整个认识活动有机地统一起来时，虽然明知这种适合和一致在对象方面是偶然的，但却仍然可以在主体方面引起一种合目的性的快感，为自己自由地、畅通无阻地运用了自己的各种认识能力而感到高兴。

康德认为，上述自然的合目的性可以分为两种。首先是主观的或形式的合目的性，这是属于反思判断力的本质或核心的部分，对其先天原理的考察称之为"审美判断力的批判"或"鉴赏力的批判"。反思判断力本质上是主观形式的，它与任何概念、任何对象的实际内容无关，而只从主观愉快的情感来判定一个对象的形式是"美"的（或不美的）；因而这种判定所表达的并非是该对象的客观知识，而是一种主观状态，即诸认识能力在对象形式上所发生的自由协调活动。当直观想象力与知性能力自由协调活动时，主体便对客体有了"美"的表象或判断；而当直观想象力越过知性而与理性能力自由协调活动时，主体便产生出"崇高"的表象或评价。

不过，反思判断力虽然本质上是主观形式的合目的性判断，但在此基础之上，反思判断力却可以把在主观形式的，即审美的判断中业已提供先天根据的自然合目的性概念，扩展地运用到自然本身的质料上，以用来协助知性去把握那些无法单用知性把握的对象（如有机体和宇宙整体）。这就形成了第二种自然合目的性概念，即客观的或实质的合目的性概念。

① 康德：《判断力批判》，人民出版社2002年版，第18、19页，参见《康德三大批判精粹》，人民出版社2001年版，第407—408页。

这种合目的性既然被用于人的实际认识并协助来产生客观知识，它就不只是主观形式上的，而必须是通过"事物按其本性就是合目的的"这个客观的逻辑概念而发生的，可称为"逻辑的合目的性"，它所导致的判断则是"目的论判断"。然而，从本质上看，目的论判断虽然被用于自然对象的客观质料上，它本身却仍然只是主观反思的判断力，即是说，它既不关心，也不可能断定自然界是否真有那么一个客观目的，而只关心用自然合目的性这一概念把主体的知性和理性这两种认识能力协调起来，以便能自然而然地、不须很大跳跃地从认识向超验的道德世界过渡。

因此，按康德的观点，反思的判断力有两种对象：审美判断力以自然界的美为对象，目的论判断力以自然界的有机统一性为对象。这两种对象都以某种方式体现出主观与客观、自由与必然、特殊与普遍的统一，在人的此岸经验（对自然对象的愉快和不愉快感、惊异和惊奇感、崇高感）中提供了此岸与彼岸、认识与道德相互一致的暗示或象征。

康德关于反思判断力和自然合目的性的探讨，在康德哲学思想发展中有极其重要的意义。在这里，康德一反他惯常把特殊（感性）与普遍（知性、理性）形而上学地割裂开来的做法，而提出了特殊与普遍的一种新关系，即把二者看作是直接统一的。反思判断力实质上代表着一种新的思维方式，其特点就是从特殊中去发现普遍，或把普遍本身看作是特殊的，这就超越了他一贯强调的直观与知性的对立，使反思的判断力成了一种"直观的知性"或"知性的直观"。康德的这种新见解对德国古典哲学的发展起了巨大的影响作用，但他本人并没有自觉到这一观点的认识论意义，反而以此来进一步论证其不可知论，把自然界多样性统一的根据局限在主体内在的反思活动之中。他对主体与客体、思维与存在、现象与本体、认识与实践等等矛盾的调和，由于其不可知论和主观唯心论的根本立场，最终并没有达到成功。

二、美学思想

首先必须指出的是，在康德那里，审美判断力的所谓"对象"，即"美"，虽然也是一个感性对象（例如，它也具有时空形式），但却决不是

第一章　康　德 **99**

认识论意义上的"客观对象"。在认识中，当我们判断"这朵花是红的"，或"这朵花是植物"时，是用一个已知的一般概念（红或植物）去规定那个出现在眼前的个别事物（这朵花）；反之，审美判断"这朵花是美的"，则是撇开一切既定的抽象概念，单从眼前个别事物（这朵花，或"这"）出发，去寻找和发现其中所包含的普遍性；因而，这种普遍性就不是客观对象的普遍必然性（如同知性范畴所构成的那样），而只是一种"主观普遍性"，亦即"人人都应当从内心同意"的普遍性，这就是普遍的审美愉快、美感。所以，看起来，我们在判断一个事物是否美时，好像是在寻找客观对象上是否具有"美"这种"属性"，但其实我们是在按照"一切事物都具有合目的性"这一主观先验的假定，去寻求这种不是单个人所独有，而应当是人们所共有的普遍美感。这并不是对一个对象的认识性规定，而只是主体诸认识能力本身的自由协调活动。由于审美是诸认识能力的活动，所以它虽不是认识，却也与认识紧密联系，即"好像"是一种认识；又因为它是一种"自由协调"的活动，所以它虽不是道德实践，却也与人的自由本体和道德意识密切相关，它"象征"着道德。这种诸认识能力的协调活动，康德称之为"鉴赏"。认识和道德在审美中是通过鉴赏的愉快情感（美感）而结合到一起来的：人在审美愉快中感到和不无根据地猜测到了自己超越尘世一切利害关系的自由本质，同时又以纯感性的方式象征性地实践着这一本质，这样就构成了从认识到实践、从必然到自由、从现象到本体的某种过渡。

因此，康德的审美判断力批判，就不是探讨"美"（作为一个客观对象）的问题，而是探讨"鉴赏力"的主观先天原理的问题。在他看来，"没有对于美的科学，而只有对于美的批判"①，或者说，只有关于美的评判的科学。为了建立这样一种评判的（鉴赏的）科学，康德按照逻辑的判断分类即质、量、关系、样态四个层次，对鉴赏力这种主观先天的情感能力进行了批判的考察，确定了它所包含的四个"契机（Moment）"。这里把"质"的契机放在"量"的契机之前，与康德在其他地方把质置于量之后的次序不同，这显然是由审美判断力的"反思"性质所导致的。与科学的机械定量规定的认识方式不同，审美的多样统一性和合目的性必须以特

---

① 康德：《判断力批判》，人民出版社 2002 年版，第 148 页。

殊事物的质的确定性为前提。

鉴赏力的第一个契机。鉴赏活动引起愉快感，并且只是为了引起愉快感；但这是一种无利害关系的自由的愉快感，它摆脱了欲望、利益、善和道德的考虑，而处在一种不受拘束、自由发挥的状况之中。或者说，鉴赏力从性质上说就是一种纯粹的（无利害关系的）情感活动能力。正是从这种先验的情感能力中，康德才总结出来一条"对美的说明"："鉴赏是通过不带任何利害的愉悦或不愉悦而对一个对象或一个表象方式作评判的能力。一个这样的愉悦的对象就叫作美。"① 这就是说，"美"作为一个对象或对象的某种表象，其根据和先天原理完全在于主观上无利害的、先验的情感（愉快或不愉快）能力，它的貌似客观性纯粹是由主观自由的心情建立起来的。

鉴赏力的第二个契机。然而，美虽然并不具有认识意义上的概念的客观性，但作为一种主观情感能力的表现，在此基础上却可以有某种类似于概念客观性的客观普遍性，即它可以要求每个人都达到普遍一致的同意，就好像它是客观事物的固有属性那样。但康德认为，这其实只是一种主观的普遍性，它不是来自于事物的人所共见的客观属性，而是根植于鉴赏力的主观先验性质在量上的自然扩展：鉴赏力的愉快情感既然不带任何个人偶然的利害和偏爱，而是一种自由的情感，那就完全有理由设想它是人人所共有的愉快感。不过康德又认为，尽管美感的普遍有效性是来自于鉴赏力本身的主观先验性质，即来自于个人快感的自由活动的纯粹性，但个人在实际进行鉴赏判断或审美活动时，却是首先（不是通过概念，而是通过想象力）判定一个表象将引起普遍快感，然后才由此产生个人的快感的，这是一般感官刺激的愉快和审美愉快的根本不同之点，也是"鉴赏判断的钥匙"② 。所以，对于美来说，"某种客观的关系虽然只能被设想，但只要它在它的诸条件上是主观的，它毕竟可以在对内心的效果上被感觉到"③ ，这也

---

① 康德：《判断力批判》，人民出版社 2002 年版，第 45 页，参见《康德三大批判精粹》，人民出版社 2001 年版，第 431 页。

② 康德：《判断力批判》，人民出版社 2002 年版，第 52 页，参见《康德三大批判精粹》，人民出版社 2001 年版，第 438 页。

③ 康德：《判断力批判》，人民出版社 2002 年版，第 54 页，参见《康德三大批判精粹》，人民出版社 2001 年版，第 440 页。

就是说首先必须在心里把美当作一个客观的、人所共见的对象表象来评判，以保证自己由此引起的快感具有人类的普遍可传达性，尽管这种普遍性实际上并非客观的，而是每个人主观条件上的普遍共同性。由此康德对美作出了第二个说明："凡是那没有概念而普遍令人喜欢的东西就是美的。"①

鉴赏力的第三个契机。正如一切愉快都来自目的的达到一样，审美愉快也来自于审美活动的"合目的性"的完成。不同的是，审美的合目的性并没有一个具体的功利目的，它只是一种主观"形式的合目的性"，也就是人的诸认识能力"好像"趋向于一个目的那样，处在相互协调的关系之中，从而引起超功利的自由的愉快感。作为关系，这种形式的合目的性不是主体和一个外在客体的目的关系，而是主体自身的内在合目的性关系，人在经验的审美活动中做了他本来应当在超经验的领域中做的事，即把人本身当作目的。不过人在审美中意识到这一点，并不是通过道德律或抽象的意志自律，而是通过对诸认识能力自由协调活动所感到的愉快，并且这种愉快也只有首先对一个对象的合目的性形式作出判定之后才能获得，因而它必须把自己设想为对一个客观对象的关系。由此康德提出了第三个对于美的说明："美是一个对象的合目的性形式，如果这形式是没有一个目的的表象而在对象身上被知觉到的话。"②

鉴赏力的第四个契机。审美愉快的人类共同性和普遍性（普遍可传达性）是必然的，但这种必然的情态（样态）不是建立在概念和抽象规则的强制之上，而是人类认识能力自由活动时所具有的必然性，它是建立在人类情感本身的社会共同性，即"共通感"之上的，这种共通感正是人的情感先验地具有普遍必然的自由本性的表现。正是由于共通感这个先验的前提，人的主观审美判断所假定的普遍赞同的必然性才以"客观的"美的形式被表象出来，所以康德第四个对美的说明是："美是那没有概念而被认作一个必然愉悦的对象的东西。"③

---

① 康德：《判断力批判》，人民出版社 2002 年版，第 54 页，参见《康德三大批判精粹》，人民出版社 2001 年版，第 440 页。

② 康德：《判断力批判》，人民出版社 2002 年版，第 72 页，参见《康德三大批判精粹》，人民出版社 2001 年版，第 455 页。

③ 康德：《判断力批判》，人民出版社 2002 年版，第 77 页，参见《康德三大批判精粹》，人民出版社 2001 年版，第 460 页。

　　由此可见，康德对于鉴赏力的四个契机的考察所围绕的中心问题是这样一个问题：即"美"作为一种看起来是客观对象性的东西是如何可能的？它的主观先天根据和实质是什么？康德力图证明，"美"是人的主观认识能力为了能够协调活动而必须从形式上假定的一个对象，但它决不是认识对象，而只与人的主观情感及其社会共同性有关；"美"又是人的自由的"共通感"得以确证、得以传达的一个对象表象，但它也决不是超验的道德实践的对象，而是通过感觉和情感而表现出来的表象。这样，康德在主客体关系中，一方面就保持住了由主体能动性先验地建立起客体和主客体的一致这一基本模式；另一方面也使客体方面的两种尖锐对立的解释（认识对象和实践对象）有了一个缓冲的中介（审美对象）。

　　康德的上述四个契机主要是就鉴赏和美的"纯粹概念"来进行规定的。但他并不否认掺杂某些具体目的和概念的考虑（如实用、道德、艺术和科学的考虑）也可以成为一种美，即"附庸美"。他甚至把杂有道德观念的美称为"美的理想"，把这种不纯粹的美看作高于"纯粹美"（自由美）。但在他看来，首先应把美的纯粹概念弄清楚，然后再去进一步研究美的各种变形（包括向道德领域的升华）。因此，康德对审美活动，即对诸认识能力的自由协调活动的分析分为两步。第一步是对美的分析。这是直观能力（即想象力）与知性能力的协调：人们好像在把握一个对象的"美"的客观属性，好像在对对象作知性（逻辑）判断，但其实只不过使对象的形式为"主观合目的性"服务，就是说，使之适合于人的主观情感的要求，在这里，知性能力是从属于想象力之下的。第二步是对崇高这种不纯粹的审美判断的分析。当人们面对极端不和谐、不合目的性的大自然景象，如巨大高耸的山峰和奔腾无涯的大海时，人的有限的、日常的知性能力对此已无法加以整体形象的把握，因而感到屈辱和恐惧的不快。于是，在这种痛苦的压迫之下，人从自己内心唤起另一种更高的认识能力——"理性"，也就是对无限、道德、上帝以及人自身神圣使命的意识，来对这种"无形式"的对象加以把握。这就跳过了知性能力，而使想象力和理性能力自由地协调，从而激发起人们的道德情感。崇高虽然不如美那样"纯粹"，但它把人提到一个更高的精神境界，与道德发生了更切近的关系。由于审美判断的以上两个步骤顺次把人引向了自身的自由感和道德感，因此康德说"美是德性—善的象征"①。

康德认为，审美活动不论是在美中，还是在崇高中，都是通过诉诸人类的"共通感"，通过在人与人之间普遍交流情感而达到全人类的统一，使个别人意识到自己的特殊心灵先验地具有人类普遍性或"主观普遍性"，从而把感性的个人提高到普遍的道德性上来。他因而把鉴赏定义为"对于那样一种东西的评判能力，它使我们对一个给予的表象的情感不借助于概念而能够普遍传达"②。不过感情的普遍传达虽然表明人的感性、情感本身具有先天的普遍原则，即鉴赏力的原则，但它的实现毕竟不是通过普遍性的概念，而必须通过感性经验的手段。在现实的社会生活中，这种感情普遍传达的经验手段就是艺术。

康德认为，艺术的先验基础是鉴赏力，人们必须先有鉴赏力才能欣赏和创造艺术，鉴赏力关乎人的超经验的道德本体，它可以没有艺术而存在于个人对自然美的欣赏之中；艺术的经验条件则是大自然给人类偶然产生出来的个别"天才"，这些天才出于自然天赋，给艺术立下了既是特殊的，但又具有典范式的普遍性（而非概念的普遍性）的艺术法规，以便不同的人们能从同一件独创的艺术品上获得共同的审美感受，产生共同的情感倾向。然而，艺术美由于杂有经验技巧、实用目的和感官刺激的因素，它在级别上就低于自然美；同样，在艺术本身中，经验的天才也远不如先验的鉴赏力那么重要。在他看来，个人心灵的精神素质与他生活于其中的社会影响是完全割裂的，天才的产生则是一种纯粹的"自然现象"，也与社会和时代精神的要求毫不相干。

个人与社会的这种脱节，导致了审美标准问题上的"二律背反"。不过，从康德对这种二律背反的解决中，也可以看出他试图以某种抽象的、超验的方式来调和这一矛盾。审美中是否有一个普遍适用的美的标准呢？经验派美学认为，鉴赏不基于任何概念，只根据人的审美快感，是一种个人主观的趣味，所以不存在一个普遍适用的美的标准，否则人们就可以通过论证和推论来判断一个对象的美了。理性派美学则认为，鉴赏一定基于一个美的概念，有一个普遍的客观标准，否则那种纯粹主观个人的爱

---

① 康德：《判断力批判》，人民出版社 2002 年版，第 200 页。
② 康德：《判断力批判》，人民出版社 2002 年版，第 137 页。

好（如口味）就不能要求别人也同意，而一切文艺批评和艺术评论就都毫无价值了。康德认为这两派都对，也都不对。因为，美固然不能用简单的"知性概念"来加以规定，但也不是纯粹个人主观的爱好或趣味，审美的个人愉快指向全人类普遍性的道德基础，它是个人心灵具有社会普遍性的表征；因此个人的审美感受虽然无法通过逻辑论证来强加于人，却可以并应当用一种超验的"理性概念"（理念）作为标准，这个美的理念并不规定什么是美，只是作为一种引导，要求一切人都"应该"不断趋向于共同的审美感受。所以，一个鉴赏判断是否适合于这种"审美理念"，这是可以永远争辩下去的，因为这个审美理念本身被看作是一种永远无法实现、可望而不可即的假设；但这个假设对于审美来说又是绝对必要的，它使审美超出一般感官快感之上，而关涉到人的不可知的自由本体。

康德由此就提出了后来被席勒所大力发挥的"审美教育"的思想。他认为，要发展人的鉴赏力和艺术，就必须一方面学习和积累大量的"人文知识"，陶冶心灵的力量，使之具有普遍传达情感的能力，另一方面要"发展道德理念和培养道德情感"①，使人具有普遍感受情感的能力；反过来，鉴赏本身也成为培养人的智力机能和道德情感的手段。于是，人性的真（人文知识）和善（道德情感）就通过美（鉴赏和艺术）而达到了统一，而美学就把认识和道德结合起来了。

不过，康德关于真、善、美在这种方式下统一的思想仍是十分牵强的。认识通过审美而过渡到道德，在他看来完全是一件不能确定的事，这只是一种"类比"、"象征"或"暗示"，认识和实践、现象和本体、必然和自由之间的巨大鸿沟并未被真正填平，只是蒙上了一层障目的感性之雾。康德自己似乎对此也有所觉察，因此他才感到审美判断力批判的不足，而要加上一个"目的论判断力批判"作为补充。因为，审美判断力固然使人在情感活动中发现自身的自由，或在崇高中感到自身的无限的道德扩张，但终究整个活动都还只是局限于人的主观心理之内；然而人们在自然界和自然科学中却明明见到"人是自然的一部分"，所以如果人通过自己自由的快感所感受到的人类道德的合目的性不能推广于整个自然界之上，那么人的这种自由的情感仍然不能得到客观的确立和支持，其中所隐

① 康德：《判断力批判》，人民出版社2002年版，第204页。

藏的道德性基础仍然不能被完全揭示，这样，判断力要从整个现象界（包括心理经验和物理经验）过渡到超验的本体界也就不可能了。所以，正是目的论判断力，把理论和实践两种主观机能在审美判断力中的心理学的统一，扩展为自然界中客观的物理学上的统一，而补充了审美判断力。

三、自然目的论思想

康德认为，自然的目的论本身是不可能有任何先验根据的，但对自然事物的"目的论判断力"，由于它以审美判断力为基础，因而也就具有了先验的原则；但也正因为如此，它就只有在审美判断力的先验的原理"已经使知性对于把这目的概念（至少是按照其形式）应用于自然之上有了准备以后"，才能"为理性起见来使用目的概念"①，即是说，只有当审美判断力把经验对象看作与主观认识能力在形式上具有合目的性和谐以后，人们才有可能从这种观点把经验对象当作客观质料上是合乎目的的来看待。但这并不是对客观对象的真正认识，而仅仅是一种拟人化活动，是主观合目的性的客观化"比拟（Analogie）"，即把人自身由审美和艺术活动所发现的无目的的合目的性形式制约性地运用、推广到自然事物（质料）上去，把自然物或自然界也看作是某种超人类的艺术品。

因此，对自然的目的论观点在审美判断力中有它的来源，这就是对人类艺术活动和艺术美的反思的观点。艺术和艺术美，作为一种掺入了经验技巧和实际目的，因而是不纯粹的鉴赏力活动和美，已经给我们提供了"客观合目的性产品"（艺术品）的概念。这就使人对那些无法用机械原理完全把握的自然产品（首先是生命有机体）有可能用目的论原理来把握。如康德所说的："在对艺术美的评判中同时也必须把事物的完善性考虑在内，而这是对自然美（作为它自身）的评判所完全不予问津的——虽然在这种评判中，尤其是在对有生命的自然对象如这个人或一匹马的评判中，通常也一起考虑到了客观的合目的性，以便对它们的美加以判断；但这样

① 康德：《判断力批判》，人民出版社2002年版，第29页，参见《康德三大批判精粹》，人民出版社2001年版，第418页。

一来，就连这判断也不再是纯粹审美的，即单纯的鉴赏判断了。自然不再是如同它显得是艺术那样被评判，而是就它现实地是艺术（虽然是超人类的艺术）而言被评判了；而目的论判断就充当了审美判断所不得不加以考虑的自身的基础和条件。"① 既然如此，在欣赏有机体的自然美时，通过一种类比于艺术，即设想一种"超人类艺术"的方式，可以从审美判断过渡到自然的客观目的论观点。

康德认为，自然的客观目的性有外在的和内在的两种。外在目的性把一个自然物看作是另一个自然物的目的，这样只是"相对的"目的性，永远追溯不到一个最终目的；反之，内在的目的性观点把自然物看作是以自身为目的，把它的各部分及其周围的自然物都看作是它自身（作为一个整体）的手段，这才是"绝对的"自然目的论判断。康德指出，从事实上来说，人类的艺术作品虽然也体现出"多样的统一"、"各部分服务于全体"的原则，但它的各个部分还不是为了全体而"互相产生"出来的，产生它的各部分及其全体关系的是一个外在于它的目的，即艺术家的目的，所以艺术品实际上是一种外在目的性，而真正的自然目的，如有机体的内在目的"与人类艺术的一种严格适合的类比"② 是不可能的。不过康德又认为，艺术品虽然实际上是由一个外来理智把合目的性原理加到自然物中去的，但看起来它却必须同自然本身自行组织的合目的性产品相似，必须不露出一点人工的痕迹来，所以艺术品中已经启示了一种自然的"内在"合目的性原理，只是在此人们理智地意识到这实际上仅仅是在主观形式上"外在地"运用着这一原理，意识到艺术品只是人工产品而已。可是当人们把自然物（如有机体）"看作一种艺术作品"时，这并不是在实际上，而只是在"反思"的意义上，把艺术品中启示的客观内在合目的性原理从形式推广运用到自然物的质料上去，这就必然要把自然物的各部分看作是为了整体而"互相产生"的。不能像理性神学（如莱布尼茨派）那样把自然目的与艺术品在外在目的性上直接加以简单的类比，而必须把艺术品所启示的内在目的性原理反思地引申到自然客观质料上去。所以，自然的客观内在合目的性只是一条反思原理，而决不是自然界的"构成性"原

---

① 康德：《判断力批判》，人民出版社 2002 年版，第 155—156 页。
② 康德：《判断力批判》，人民出版社 2002 年版，第 225 页，参见《康德三大批判精粹》，人民出版社 2001 年版，第 496 页。

理；它不能形成有关自然对象的确定的知识，而只是人的理性用来帮助知性对自然界的统一性认识，"按照与我们在理性的技术运用中的原因性的类比来描绘一种自然的原因性"① 的规则；它不妨碍知性所规定的自然界机械因果性的原理，而是与之不相冲突地并存并与之协调，在必要时辅助知性把自然界连结成一个统一的整体，所以它是理性能力与知性能力相协调的原理。

康德认为，过去的唯理论的自然目的论都把自然目的看成在自然物之外，以至于在整个自然目的系统之外，一直追溯到一个超经验、超自然的上帝，这是站不住脚的。不过，自然界中有一类事物确实是不能单纯用机械因果律来加以透彻的解释的，这就是有机体。有机体的各个部分并不只是相互外在的机械关系，而是互为目的与手段，互相产生出来，因而是"有组织的并且是自组织的"；它并不以外在的东西为目的，只把那些东西当作维持自己生存和延续的手段。这样一来，整个无机自然界从有机体的内在目的性观点来看，都可以作为产生有机体的手段而被连结在一个以自然物（有机体）本身为目的的大系统中，而自然界的机械作用就被从属于自然目的系统观念之下了。不过，康德又认为，有机体的自然目的原理固然说明了每个有机体都以自身为目的而利用周围环境作为手段，但如果仅仅是这样，那么整个自然仍然是一大堆有机体杂乱无章、相互冲突地活动的世界，其中偶然性、机械作用原理仍然占统治地位，人们仍然不能用自然目的论原理来把握和统一自然界整体，这与人的知性要把自然界统一于一条原理之下的要求仍然不相符合。然而尽管如此，康德也指明，这里仍然用不着假定一个外在上帝的安排，人们一旦承认了有机体的内在目的的原理，就必然会导致把整个自然界也看作是一个"自组织的有机体"，看作是一个合乎目的地按等级次序组织起来的巨大系统。因为如果自然界本身不是合目的地为有机体提供存在的环境和条件，单是有机体自身是无法生存下来的，也就不会有有机体存在了；但有机体确实已经存在着，这反过来就"使我们有理由提出自然的一个巨大目的系统的理念"②，所以，内在

---

① 康德：《判断力批判》，人民出版社 2002 年版，第 234 页，参见《康德三大批判精粹》，人民出版社 2001 年版，第 506 页。

② 康德：《判断力批判》，人民出版社 2002 年版，第 230 页，参见《康德三大批判精粹》，人民出版社 2001 年版，第 502 页。

目的性"这种超感性原则的统一性必须被看作不仅适用于自然物的某些物种，而且以同一种方式适用于作为一个系统的自然整体"①。自然目的系统是有机体内在目的之所以可能设想的先决条件。

可以看出，康德在这里利用"外在目的论"的原理，不是单独用来推论自然目的和上帝，而是在内在目的论基础上以外在目的论为杠杆来建立自然目的体系。用这种方式，他使无机界从属于有机界，在有机界中使植物从属于动物，最后使一切从属于人："人就是这个地球上的创造的最后目的。"② 有了这种"最后目的"，整个自然界就都可以看作是以人为目的的目的系统了。

康德认为，机械因果律不能完全解释自然界一切事物（如有机体和自然整体），同样，单纯凭自然目的论也不能解释任何一个自然对象，因为没有机械因果性，目的性决不能现实地发生因果作用，也就不能表现在自然界中。所以必须把自然的机械作用和目的性结合起来，机械作用既少不了目的性的帮助，目的论原理也必须假定机械原理是它自身得以实现的方法。而在实际运用中，对有机物，乃至对自然目的的系统都可以同时从两种原理来看：一方面对其作机械性的测量和规定；另一方面又把它们看作是以自身的个体和整体为自己的目的。康德认为，自然统一性问题上的这种机械论和目的论的"二律背反"，可以通过把前者归于"规定的判断力"，把后者归于"反思的判断力"来解决。在对自然的认识中，我们有权利和职责尽量把机械原理推广到一切自然物之上，要求尽可能精确地说明其中的自然因果关系，但在涉及有机体和自然整体时，又必须最终辅之以目的论原理，以完成对自然界最高度统一性的表象。这种表象决不表明我们对自然总体有了一个知识性的概念规定，而只是用来使我们的知性与理性达到主观协调活动的一种反思判断，它表明的毋宁说是主体的人的道德性质。

因此在康德看来，"人是自然的最终目的"这一自然目的论的最高观点，本身已经是向道德目的论的过渡了。因为真正说来，并非自然的人，

---

① 康德：《判断力批判》，人民出版社 2002 年版，第 231 页，参见《康德三大批判精粹》，人民出版社 2001 年版，第 502 页。

② 康德：《判断力批判》，人民出版社 2002 年版，第 282 页，参见《康德三大批判精粹》，人民出版社 2001 年版，第 527 页。

而是道德的人才是自然的最终目的。如果仅仅把人类看作"自然界的一部分",即一种动物,这个"最终的"自然目的仍然是缺少根据的。大自然对于作为动物的人并不特别优待,反而总是违反人的生存目的,设置了无数不幸和偶然事故,呈现为一大堆杂乱无章的机械作用,于是我们只有到人的超感性、超自然的"理性原理"中去寻找最终目的之根据。康德认为,这种理性原理是人的"幸福"的总和,人把它当作一个可望而不可即的最终目的,但它的质料都属于人之外的自然界对象,决不能作为人的内在目的之根据。"所以,人在自然中的一切目的里面就只剩下形式上的主观条件,即这种适应性的主观条件:一般来说能为自己建立目的并(在他规定目的时不依赖于自然)适合着他的一般自由目的的准则而把自然用作手段",而"一个有理性的存在者一般地(因而以其自由)对随便什么目的的这种适应性的产生过程,就是文化。所以只有文化才可以是我们有理由考虑到人类而归之于自然的最后目的"。① 康德由此从自然转入了对人类社会领域的研究。

但康德又认为,并不是一切文化都可以看作最终目的。其中,劳动只不过是"熟练技巧",它"当然是对促进一般目的的适应性的最重要的主观条件;但却还不足以促进在规定和选择其目的时的意志"②,它无法把意志从欲望的专制和兽性的冲动中解放出来,反而要以人类不平等为自身发展的前提。而另一种文化,即"训练的文化",则能使人的意向得到锻炼,使人的意志从欲望的专制中解放出来,这就是艺术和科学。艺术和科学虽然也有导致虚荣和奢侈的倾向,但对于人的更为低级的兽性部分却起着一种抑制作用,使人变得文明,这就为我们感到自身隐藏着一种更高目的即道德目的——成为一个有道德的人——做了准备。

这样,在康德那里,对自然最终目的的追寻就引导我们到达了"作为本体看的人",即"作为道德律所适用的个体存在者"的人。一切自然物通过"自然史"的演变趋向于人的文化和文明,而人的文化又在一个漫长的社会历史过程中趋向于道德的或理性的人,这样就完成了由经验自然

---

① 康德:《判断力批判》,人民出版社2002年版,第287页,参见《康德三大批判精粹》,人民出版社2001年版,第532页。

② 康德:《判断力批判》,人民出版社2002年版,第287页,参见《康德三大批判精粹》,人民出版社2001年版,第533页。

界向超验道德界、由必然向自由（目的王国）的过渡。当然，在康德看来，这种过渡仍然只是自然目的论的反思原理的某种"暗示"，而并非从必然向自由的现实能动的飞跃即真正的人类社会实践活动。康德只是通过这种主观唯心主义的解释而从自然目的论引向道德目的论，进而引向神学目的论，因此他在人类社会历史领域中，虽然涉及人类物质需要（"幸福"）、生产劳动、分工和文化进步，涉及阶级、国家、法律和政治等一系列现实问题，但只是急匆匆地一晃而过，马上便转入他所念念不忘的空洞抽象的道德形而上学和宗教领域去了。在他看来，"只把作为道德存在者的人承认为创造的目的"①，由于这一点，我们就必须把一个有理性的世界原因，即上帝，看作使整个自然界与人的道德世界统一在一个总的目的系统中的最高存在，于是"道德的目的论就补充了自然的目的论的不足并首次建立了一种神学"②，康德称之为道德神学或伦理神学。

这就是康德的整个自然目的论思想。在康德看来，审美判断力通过人的审美快感使人意识到自己的自由并激发起人的道德情感，目的论判断力则通过自然目的的追溯使人意识到自身肩负着世界的道德目的，"以便给纯粹实践理性所取得的那些理念［上帝等］在自然目的上提供附带的证实"③。总之，为了连结认识和道德，他设置了一个不是用来认识的认识活动（审美）和一个用于认识的非认识活动（目的论）；前者运用了认识能力却只与情感有关，后者属于理论认识（自然科学）却并不增添理论知识；这两者都以自然界作为自己的对象（自然的美、自然的目的系统），但这些对象都是由主体反思地建立起来的，其作用是引导人类反思到自身的超验的自由本体和自己在整个自然界中的道德使命。因此，作为一种暗示、类比和象征，这些对象就使认识的对象和道德实践的对象在某种程度上一致起来了。康德对认识和道德的这种调和显然是十分勉强的，他并没有放弃现象和物自体的区别，而且归根结底，认识用不着审美判断，道德也用不着自然目的论而各自都能自成体系，审美与目的论只不过给面对认识与道德的巨大分裂感到绝望的人以一种心理上的安慰而已。不过，康德毕竟为人们指出了解决这一矛盾，从而把主体和客体真正统一起来的方

---

① 康德：《判断力判断》，人民出版社 2002 年版，第 303 页。
② 康德：《判断力批判》，人民出版社 2002 年版，第 301 页。
③ 康德：《判断力批判》，人民出版社 2002 华版，第 301 页。

向，这就是从人类文化发展和社会历史进程中，去追溯人类从必然进向自由的踪迹。

在《判断力批判》中只是一笔带过的这一思想倾向，康德在其他一些有关社会历史问题的文章和著作中，作了更进一步的探讨。

四、历史目的论思想

康德的历史观是同他的道德学密不可分，并以他的"自然目的论"和"道德目的论"为理论基础的，主要在《关于一般历史的思想》（1784年）、《人类历史的臆测的起源》（1786年）、《论永久和平》（1795年）、《法学说的形而上学原理》（1797年）和《实用人类学》（1798年）中作了论述。这是一种唯心主义目的论的社会历史观，但其中包含有辩证法的因素，对德国古典哲学，特别是黑格尔哲学的辩证的唯心史观产生了很大的影响。

首先，康德把自然史与人类史作了区分。但他并没有因此否定人类历史发展的规律性，而是认为人类历史发展有其不同于一般自然史的特殊的规律性。他指出，尽管历史上的人物和民族的行动看起来是偶然的，动机和事件是错综复杂的，但是历史并不是完全由偶然性和专横所统治的王国。正如无数涓涓细流汇成滚滚大江奔向大海一样，历史上的事件也形成一个统一的历史进步的运动，它奔向一个总的方向和总的目的，这就是人类的自由王国和道德世界。这个目的并不是某个人的主观目的，也不是上帝为人类规定的目的，而是人类自身的客观的理性目的，是经由自然目的来趋向于实现的，它导致人类固有的一切理性能力日益全面的合目的的发展。康德认为，人类理性能力的发展，是由于自然只让人享用他用自己的双手和智慧所创造的东西，跟动物靠本能生活是不一样的，因此，正是人的双手创造了人的一切生活，他的文化和文明，使他从野蛮状态摆脱出来而日益趋向于道德教化。

然而，康德的辩证思想因素恰好体现在，他并不认为人类历史的这种进步是由每个人对道德和善的自觉追求造成的，相反，在人类世代的延续中，每个人迫于动物性的本能需要，都在尽量施展自己的恶劣本性，这就造成了人性中两种对立倾向的对抗：人的本性中有倾向于社会生活的一面，因为只有在社会中他才能过人的生活；但人又有反社会的、孤立的倾向，即一切为己的自私或利己主义倾向，康德称之为"人性的根本恶"。康德认为，人由于这种天性，随时等待别人加于他的斗争，同时又随时力图对别人进行斗争，这就使人生来就置身于一个尔虞我诈、弱肉强食和虚荣伪善的世界；然而，正是这种剧烈的矛盾冲突唤醒了人的力量，驱使人克服自己的惰性，发展自己的潜能。康德力图从丑恶的人类现实中建立起对人的理性、自由、善和道德本体的信念。他指出，尽管随着人类文明的增长，人的虚荣心、奢侈以及相互把对方作为手段来利用的机巧和暴力也增加了，但这并不像卢梭所说的那样是人类的败坏和堕落，相反，文明总要比野蛮好一些，更接近于最终目的，虽然这目的永远停留在远景中不可达到，但也永远不会完全倒退回去。因此，人类社会的对抗恰好是社会的合法秩序的最后原因。这种情况，正像森林中的每一棵树都彼此争夺阳光与空气，结果逼得每一棵树都尽量向上发展，都长成了挺拔、秀丽、高大的树木一样。在这里，康德提出了他的"自然的狡计"的思想，这一思想后来由黑格尔发展为"理性的狡计"和历史理性的学说。在康德看来，"大自然也是为了拯救道德，或者说正是为了引向道德，才明智地培养起人喜欢被哄骗的倾向"[1]，它十分明智和慈悲地把那些人们想象的对象（荣誉、权力和财富）作为真实目的来哄骗生性懒惰的人类，"所以大自然其实是在戏弄人类，鞭策他（作为主体）去追求他自己的目的，因为它使他（作为客体）相信，他是为自己设立了一个自己的目的"[2]。

因此，康德认为历史的进步就体现在，人类社会通过痛苦、牺牲和磨难，逐渐趋向于要求建立一个由普遍的法来统治的公民社会。在他看来，"法"是道德、自由的外部保障，是各个自由意志按普遍规律协调自己行为的外部条件，所以自由是法的先天基础。公民自由就是个人只服从他自己同意的那些法律，因而言论自由和立法自由都是公民不可剥夺的权利，立法机关无权立人民所未决定的法律。康德还把自由与所有权联系起来，认为任何人都有占有任何对象的权利，只要不破坏别人的自由和占

---

① 康德：《实用人类学》，重庆出版社 1987 年版，第 31 页。

② 康德：《实用人类学》，重庆出版社 1987 年版，第 179 页。

有，占有的合法性不仅在于在他人之先占有，而且在于承认他人在先占有的权利。他认为，上述关系所形成的法的团体就是国家，它是由契约产生，以法制为基础，目的是为了大家的自由而限制个人的自由。国家的权利就在于保障自由。

显然，康德作为历史的最终目的而这样设想的国家，不是别的，正是资产阶级的共和国。但正是在这里，暴露出康德历史观中的非历史主义和抽象道德说教的特点。他看到，在法和自由之间有一个不可避免的中介，这就是"暴力"。没有暴力，法和自由将陷入无政府状态；只有法和暴力而没有自由，就是专制主义；有暴力而没有自由和法则是野蛮状态；真正的共和国则是"带有自由和法的暴力"，但这只是一种可以追求而不可实现的国家"理念"，在那里，自由、法和暴力是处于无矛盾的和谐之中，而在现实社会历史中，这三者只能是相互冲突或残缺不全的，要实现理想的公民社会是不可能的，因为人性本恶，追求私利、违背普遍立法是人的不可根除的劣根性。在英、法等国已经实现或正在着手实现的，由立法（自由）、行政（暴力）和司法（法）三权构成的资产阶级共和国，在康德眼里却是不可达到的人类理想，这充分表现了德国市民的软弱无力。

除了理想的公民社会即"共和国"之外，康德还立足于全人类的高度，提出了全世界"永久和平"的理想。他看到，一个国家内部的和平与国家之间的和平是互为条件的，因而对理想国家的追求必将导致对理想的国际关系的追求。然而在现实的国际关系中，充满着扩军备战、干涉他国内政、颠覆、阴谋和暗杀，导致了不断的战争。战争是罪恶的，其根源在于人性本恶，即利己主义。但康德又认为，战争又是促进人类进步的手段，"永久和平"只有在人类达到最高进步条件下才有可能，因此战争正是为永久和平准备条件的。不过，永久和平本身仍然是一个无法最终实现的理想，属于彼岸世界。

凡此种种，不难看出，康德关于社会历史不断进步的整个思想都是建立在主观道德意志的良好愿望之上，而把实现进步理想的一切现实的可能性都排除在外的。这与其说是一种社会历史的分析，不如说是一种信仰。康德试图从现实的社会历史经验中找到人类超经验的道德本体的暗示，从人的恶劣本性和利己活动中看出人类向善和自我完善的倾向，这一切努力都由于他把现象和自在之物强行分离开来而功亏一篑。然而，康德承认人类历史是一个不断从必然王国向自由王国的"进步"的过程，并把人的恶劣的情欲（"恶"）看作是这个进步的杠杆，这毕竟提示了一条值得肯定的思路：思维和存在、主体和客体、自由和必然的对立的克服，只有在人类现实的历史进程中，在人类追求自由的能动的社会实践活动中，才能够得到真正的实现。

这条思路开启了后来的德国古典哲学从费希特到黑格尔的发展道路。

第二章　费希特和谢林

——从行动的主观主义到静观的客观主义

康德哲学的基础是在法国革命前形成的，它一方面反映了当时德国市民的软弱无力状况；另一方面又反映了法国启蒙主义革命思潮的重大影响。从理论上说，康德哲学对唯物论与唯心论、经验论与唯理论的调和，给其体系带来了不可克服的重重矛盾。自 1789 年法国资产阶级革命开始至 1806 年拿破仑战胜普鲁士为止的这段时期内，时代要求德国新兴资产阶级的代言人提供一种更为激进、更能满足先进知识分子口味的哲学；而哲学理论内部的一贯性和彻底性也要求克服康德二元论体系中的矛盾。康德哲学本身包含着解决其内部矛盾的两种可能性，或者是把唯物主义原则坚持到底，达到唯物主义一元论哲学，或者把唯心主义原则贯彻到底，达到唯心主义一元论哲学。他的后继者们选择的是第二条道路。这除了表明这一时期的资产阶级尚无力发动一场现实的革命来为自己谋求实际利益，而只能靠思想革命影响少数先进分子进行自上而下的改良之外，也表现出思维本身的逻辑规律：一种新的、有生命力的思想因素，当其尚未发展出它全部积极意义并走向自我否定之前，是不会让位于对立的思想因素的。康德哲学中以唯心主义形式初步表达出来的辩证思维的萌芽，便是这种还有待于发展的思想因素，而唯心辩证法在德国古典哲学中的淋漓尽致的发挥，才给唯物主义在更高程度上，即在辩证唯物主义程度上的重新获胜，提供了不可缺少的前提。

唯心辩证法的萌芽和产生，给了当时德国唯心主义哲学家一个重新看待以往唯心主义哲学的机会。费希特通过反对康德的二元论和怀疑主义而回复到贝克莱主义，但他在主观唯心论中灌注了唯心辩证法，发展出主观能动的意识辩证法；谢林通过反对费希特的主观唯心论，而回复到被他视

为唯心主义同道的斯宾诺莎，转向直觉静观的客观唯心主义，发展出唯心
的自然辩证法并给以神秘主义和浪漫主义的理解；黑格尔则继续着费希特
和谢林的进步时期的改造哲学的路线，通过反对二元论、怀疑论、主观唯心
主义、直觉主义和浪漫主义，而恢复了 17 至 18 世纪唯理论的形而上学，创
立了概念的辩证法的辩证唯心主义体系，完成了德国古典唯心主义的发展。

第一节　费希特的主观唯心主义哲学

费希特是一个积极的活动家，而不是一个单纯的学者。正如他自己所
说，他对做一个职业的学者不感兴趣，他不能只思维，而要行动。费希特
把"自由、独立、行动"作为自己哲学的主题，他的口号是："行动！行
动！——这就是我们的生存目的。"[①] 他要求读者不要按字母去读他的书，而
要领会其精神，这和康德要求人们逐字逐句地读他的《纯粹理性批判》恰
成鲜明的对比。费希特是法国革命影响下德国市民激进分子的思想代表。

费希特的主要哲学著作有：《全部知识学的基础》（1794 年）、《知识学
引论》（1794 年）、《论学者的使命》（1794 年）、《略论知识学特征》（1795
年）、《知识学原理下的自然法基础》（1796 年）、《知识学原理下的道德学
体系》（1798 年）、《人的使命》（1800 年）、《关闭的商业国家》（1800 年）、
《学者的本质》（1806 年）、《至乐生活指南》（1806 年）、《对德意志国民的
讲演》（1807—1808 年）等。

一、知识学的基本问题和出发点

费希特认为，哲学应当成为"知识学"（Wissenschaftslehre），即关
于知识的科学，或"关于一般科学的科学"[②]。它以整个人类知识体系为对

---

① 费希特：《论学者的使命》，商务印书馆 1980 年版，第 52 页。
② 费希特：《论知识学的概念》，《费希特著作六卷本选集》第 1 卷，莱比锡费力克
斯·迈纳出版社 1912 年版，第 174 页。

象，"阐明一切知识的可能性和有效性，按照知识的形式和内容指示根本原则的可能性，根本原则本身，并从而指出人的一切知识的内在联系"①。知识学的任务就是要建立一切知识的基本原理，成为一切经验的科学（自然科学和社会科学）以及人们实践活动的理论基础。为此，知识学"必须找出人类一切知识的绝对第一的、无条件的原理"②。

在费希特看来，人类的一切知识都是经验的知识，也就是"有必然性感觉伴随的那些表象的体系"③，因此，哲学的基本问题就是一切经验的根据是什么，或伴随着我们观念的那种必然性感觉的根据是什么。费希特认为，经验和经验的根据是互相依存的，但又是互相对立的，即是说，经验的根据不应当是经验本身，而是在一切经验之外的某种东西。哲学既然要说明一切经验的根据，它的对象就必然在一切经验之外。

他认为，经验的根据虽然在经验之外，但是，从经验的根据来说明经验，必然是存在于人类理性中的一个根本任务，这个任务是完全可以解决的。在这一点上费希特反驳了休谟的怀疑主义："没有一个有理性的人会认为理性中可以存在着一个根本不能解决的任务。"④ 他坚决主张，解决这个问题的道路只可能有两条，因为"在经验中，物和理智是不可分割地结合在一起的。物是不依赖于我们的自由而被规定的，我们的认识应当向它看齐；理智则应当认识物"⑤。所以经验只能够或者是从物引申出来，或者是从理智，即意识引申出来。前一种说明经验的方式就是"独断论"的道路，后一种则是"唯心论"的道路。"独断论"把意识看作是物的产物，认为"表象是假定为它们的前提的物自身的产物"⑥。这种主张把理智的活动归结为机械的因果必然性，所以这种说明的方式最后要归结为"唯物论"或"宿命论"。"唯心论"把物看作是意识的产物，看作是自由的、自

---

①　转引自黑格尔：《哲学史讲演录》第 4 卷，商务印书馆 1978 年版，第 312 页。

②　费希特：《全部知识学的基础》，商务印书馆 1986 年版，第 6 页。

③　费希特：《知识学引论第一篇》，《十八世纪末——十九世纪初德国哲学》，商务印书馆 1975 年版，第 184 页。

④　费希特：《知识学引论第一篇》，《十八世纪末——十九世纪初德国哲学》，商务印书馆 1975 年版，第 205 页。

⑤　费希特：《知识学引论第一篇》，《十八世纪末——十九世纪初德国哲学》，商务印书馆 1975 午版，第 186 页。

⑥　费希特：《知识学引论第一篇》，《十八世纪末——十九世纪初德国哲学》，商务印书馆 1975 年版，第 186 页。

己规定自己的意识活动的产物，认为"有必然性伴随的表象是理智的产物，在解释这些表象时，必须假定理智是表象的前提"①，费希特从而把唯心论看作是"自由与行动的哲学"。在他看来，无论唯物论还是唯心论，都是具有一贯性的体系，也是仅有的两种可能的哲学体系，但这两种体系是彻底对立、不可调和的，"因为它们的争论是关于那个无从再作推论的第一位的原则的争论；只要双方中任何一方的第一位原则得到了承认，那么它就推翻了对方的第一位原则，每一方都否定对方的一切，而且它们绝对没有这样一个共同点，从这一点出发，它们可以互相了解和彼此结合起来"②。由此出发，费希特强烈反对康德的二元论，认为企图从自在之物和理性这两个原则出发来说明经验，乃是一种缺乏一贯性的表现，这种调和主义的体系是把仅有的两种可能的敌对体系的碎片结合为一个"混合体"，"这个混合体的各个部分都是不会互相协调的，就会在不知道什么地方产生一条可怕的裂缝"。③ 他指出，人们如果不愿陷入怀疑主义，那就只能在唯物论与唯心论之间选择一个。

费希特认为，人们选择唯物论还是选择唯心论，其最后的根据并不是"理性"，而是人的气质："人们将选择哪一种哲学，这要看他是哪一种人。"④ 他把人分为两种：一种人还没有或者还不能提高到意识他们的自由与绝对独立性的程度，因此他的自我离不开物的支撑，所以就选择"唯物论"；另一种人则意识到了自己的自由和独立性，即不依赖一切外物，因此他无须外物来支撑他的自我，所以就选择"唯心论"。但费希特又认为，他之所以选择了唯心论，也还有理论上的理由。首先他认为，唯物论既以物自身为解释经验的第一位原则，所以它的对象就是物自身；但物自身本身就是理智抽象的产物，在意识中是不能指示出来的，因此我们没有权利肯定它的存在。因而物自身是"完全没有实在性"的，是"纯粹的虚构"、

① 费希特：《知识学引论第一篇》，《十八世纪末——十九世纪初德国哲学》，商务印书馆1975年版，第186页。
② 费希特：《知识学引论第一篇》，《十八世纪末——十九世纪初德国哲学》，商务印书馆1975年版，第189页。
③ 费希特：《知识学引论第一篇》，《十八世纪末——十九世纪初德国哲学》，商务印书馆1975年版，第191页。
④ 费希特：《知识学引论第一篇》，《十八世纪末——十九世纪初德国哲学》，商务印书馆1975年版，第193页。

"无"。费希特继续着贝克莱的传统，认为只要"物自身成了彻头彻尾的虚构物；人们显然绝对再也不能找出任何理由来假定一个物自身，独断论的全部大厦就和物自身一起崩溃了"①。其次，他认为，以物自身为根据不能解释经验，因为经验是存在的（实在的）系列与意识的（观念的）系列的相互关系，以物自身为根据不能说明这个双重的系列，因为物"只具有一个单纯的系列，即实在的系列……所以理智与物正是对立的：它们是在两个世界里，在这两个世界之间是没有桥梁的"②。费希特极力把唯物论与机械论等同起来，借攻击机械论而攻击一般的唯物论："独断论者应当指出从存在到表象的过渡；他们不这样做，也不能做到；因为包含在他们的原则里的只是一种'存在'的根据，而不是那与存在完全对立的表象作用的根据。他们做了一个可怕的跳跃，跳到一个和他们的原则完全不相干的世界里去了。"③"在独断论看来，物与表象之间留下了一个可怕的裂缝，独断论对于这个裂缝不是解释，而是讲一些空话……凡是了解机械论这个字的字义的人，都不能否认一切作用都是机械性的，表象是不能通过机械作用产生的。"④ 很明显，费希特本人由于不能想象"从物质到精神"和"从精神到物质"的双重过渡，而对唯物主义发起了猛烈的攻击；而这种攻击的主要根据，便是机械唯物论由于没有看到意识主体的能动作用，因而无法把主体和客体、思维和存在统一起来。

费希特认为，唯心论则与此不同。唯心论以自我意识、理智作用为解释经验的根据，因此唯心论哲学的对象就是自我本身。于是唯心论就有这样的理论上的优点：首先，它的"对象实际上是作为一个实在的东西出现在意识里的，但不是作为一个物自身，而是作为自我自身"⑤，因而只承认唯有出现在意识中的东西才是"实在的"东西；其次，唯心论认为"当

① 费希特：《知识学引论第一篇》，《十八世纪末——十九世纪初德国哲学》，商务印书馆1975年版，第190页。
② 费希特：《知识学引论第一篇》，《十八世纪末——十九世纪初德国哲学》，商务印书馆1975年版，第195页。
③ 费希特：《知识学引论第一篇》，《十八世纪末——十九世纪初德国哲学》，商务印书馆1975年版，第196页。
④ 费希特：《知识学引论第一篇》，《十八世纪末——十九世纪初德国哲学》，商务印书馆1975年版，第197—198页。
⑤ 费希特：《知识学引论第一篇》，《十八世纪末——十九世纪初德国哲学》，商务印书馆1975年版，第188页。

理智的存在作为理智被肯定的时候，知觉理智的那个东西也就已经一起被肯定了。因此在理智里面——我形象地来表达我的意思——有着双重系列，存在的系列和注视的系列，即实在的系列和观念的系列；而理智的本质（理智是综合的）就在于双重系列的不可分割性"①。意思是说，当意识存在的时候，它也就意识到它的存在，存在的意识和意识到它存在的那个意识是同时被肯定的、不可分割的，这两者实际上就是同一个意识，即自我意识。思维和存在只有在自我意识中才能真正是一致的（即"我思故我在"），唯物论者不从自我意识出发，而从物自身的存在出发，因而他们只有一个单纯的系列，无法从物的存在过渡到思维。因此，按费希特的意见，自我意识是解释经验的唯一根据，既不需要唯物主义的自在之物，也无须像贝克莱那样由一个上帝作为外部世界观念的原因，同时也不必像笛卡尔那样，在"我思故我在"之外还设定别的天赋观念。正因为如此，也就只有自我或自我意识才是知识学的真正的出发点或绝对第一原理。

实际上，费希特知识学由以出发的绝对第一的、完全无条件的原理即自我或自我意识，也就是康德在《纯粹理性批判》中提出的"自我意识的先验统一"。费希特认为，康德的"批判唯心主义"或"先验唯心主义"的功绩，在于提出"自我意识的先验统一"来作为现象世界的规律和人类知识的源泉，但是，康德还没有明确地把"实在论"（唯物论）和唯心论区别开来，他还承认不依赖于自我的物自身的存在作为现象世界的基础和人类知识质料的源泉，正是这一"康德实在论的基石"②使他陷入了和他的批判唯心主义相矛盾的境地。费希特把康德的物自身称为"无价值的东西"，把康德的体系称为"最粗陋的独断论（它容许物自身引起我们之内的印象）和最坚决的唯心论（它仅仅容许一切存在经由理智的思维产生而绝不知道什么别的存在）的离奇荒诞的结合"③。他谴责康德和康德主义者说："物自身这个思想是通过感觉来论证的，而又想使感觉通过物自身的

---

① 费希特：《知识学引论第一篇》，《十八世纪末——十九世纪初德国哲学》，商务印书馆 1975 年版，第 195 页。

② 费希特：《知识学引论第二篇》，《费希特著作六卷本选集》第 3 卷，莱比锡费力克斯·迈纳出版社 1912 年版，第 67 页。

③ 费希特：《知识学引论第二篇》，《费希特著作六卷本选集》第 3 卷，莱比锡费力克斯·迈纳出版社 1912 年版，第 67 页。

思想得到论证。在你们看来，地在象上，象在地上。你们的物自身是单纯的思想，但却作用于自我。"① 由此出发，费希特把康德哲学称为"半批判论"，而他的唯一从"自我意识的先验统一"出发的知识学则是"更高级的完成了的批判论"。② 他始终坚持他的"知识学是和康德的学说完全一致符合的，它不是别的，只是彻底理解了的康德学说"③*。

费希特提出的任务，是从主观唯心主义方面来完成康德的唯心主义，克服其二元论。因此，他认为首先就要把康德的"自我意识的先验统一"加以改造。费希特认为，康德关于"自我意识"的学说的最大缺点就是没有真正揭示出"自我"或"理智"（即知性）的本质，因此也就没有从一个统一的原则推演出人类知识的体系来，这就为唯物主义留下了"最后的避难所"④。这表现在：（1）康德并没有从理智（知性）的本质中引申出范畴，而只是按照这些范畴用于对象上的情形来把握它们，或是从形式逻辑里取得它们。费希特认为，无论哪一种办法都表明这些范畴来自经验，而不是来自自我意识本身，因为就是形式逻辑在康德眼里也只不过是通过抽象作用从对象中产生出来的。这样，尽管康德竭力主张并担保因果律等等是知性的先天规律，但他仍然无力反对唯物论的对立观点：即因果性等等规律是在物的本质里有其根据的物的普遍属性。费希特则认为，因果性等范畴或规律是从理智（知性）的本质或基本规律中推演出来的。（2）康德把认识形式与认识内容（质料）割裂开来，从而使得他的认识论只能"解

———————

①　费希特：《知识学引论第二篇》，《费希特著作六卷本选集》第 3 卷，莱比锡费力克斯·迈纳出版社 1912 年版，第 67—68 页。

②　费希特：《知识学引论第一篇》，《十八世纪末——十九世纪初德国哲学》，商务印书馆 1975 年版，第 202 页。

③　费希特：《知识学引论第二篇》，《费希特著作六卷本选集》第 3 卷，莱比锡费力克斯·迈纳出版社 1912 年版，第 52 页。

*　值得一提的是，康德本人坚决反对费希特及其友人把他的批判哲学和费希特的知识学相等同的观点。他在 1799 年 8 月发表的《关于费希特所著知识学的声明》中郑重地宣称，费希特的知识学"是完全没有根据的体系"，是永远不能从中找出"现实客体"的"纯粹逻辑"、"幽灵"，而他的批判哲学的完整性也就是它的真理性。费希特虽然没有公开答复康德，但在致友人信中称康德为"头脑不健全的人"["ein Dreiviertelskopf"（"四分之三的头脑的人"）]，说这位哥尼斯堡老人"现在完全不认识也不理解他自己的哲学"（参见阿尔森·古留加：《康德传》，商务印书馆 1981 年版，第 267—268 页）。

④　费希特：《知识学引论第一篇》，《十八世纪末——十九世纪初德国哲学》，商务印书馆 1975 年版，第 202 页。

释"物的性质和关系，而没有回答更根本的问题：那具有这些关系和性质的东西是从哪里来的？被纳入到这些形式里的质料是从哪里来的？因此，唯物论就可以逃避到"质料"这个最后的避难所里去了。而在费希特看来，"形式与质料并不是两块异质的东西，全部的形式性就是质料，在分析里我们才获得单个的形式"①。因此费希特认为，必须从知性的本质中引申出完整的物（而不光是物的形式）来。（3）康德的认识论所建立的规律只对外界经验对象或"现象"（自然界）有规定作用。费希特认为，关于外界对象的知识仅仅是"理性体系的最小的一部分"，认识论或哲学则应以"全部理性体系"为对象，所建立的规律应是对理性的全部领域有效的"全部知识学的基础"，它们不仅适用于经验对象的认识，而且也适用于实践、道德和历史。康德由于没有见到知性的真正本质，因此在实践理性和反思判断力的领域陷入混乱，不能自拔，给唯物论留下了可乘之机。

那么，作为"知识学"的绝对第一原理的理智（知性）或自我的本质是什么？费希特认为，自我或理智只能是能动的和绝对的，而不是被动的，它是第一性的和最高的东西。不能把自我或理智了解为具有实存的东西，即了解为经验中的自我或心理学的理智活动。自我是纯粹的活动本身："在唯心论看来，理智是一行动，绝对不再是什么。我们甚至不应称理智为一个能动者，因为人们用这个名称已经指示着某种有活动寄居在里面的实存的东西。"②这样理解的自我的活动就是永恒的运动源泉。此外，自我或理智的活动是不受理智之外的某种东西所规定的，因为它是绝对第一性的东西，但是它的活动并不因此就是无规定的。自我的活动是一种必然性的活动，即一种通过它自身，通过它的本质所规定的自由的活动，它的活动有它自己的基本规律。费希特认为，从自我活动的基本规律，一方面可以引申出一个世界的表象来，"引申出一个没有我们的助力而存在着的、物质的、占据空间的世界等等的那些表象"③；另一方面可以引申出关

① 费希特：《知识学引论第一篇》，《十八世纪末——十九世纪初德国哲学》，商务印书馆1975年版，第202页。
② 费希特：《知识学引论第一篇》，《十八世纪末——十九世纪初德国哲学》，商务印书馆1975年版，第199页。
③ 费希特：《知识学引论第一篇》，《十八世纪末——十九世纪初德国哲学》，商务印书馆1975年版，第199页。

于我们自身（作为在规律下自由的和实践的主体）的表象来。就是说，它既派生认识的客体，又派生认识的与实践的主体。所以，费希特的自我乃是理论理性与实践理性、认识与意志、感性与知性、规定的判断力与反思的判断力的统一。费希特正是这样企图克服康德二元论的一系列分裂和对立，在绝对自我这一主体的基础上建立起主体与客体、思维与存在一致的一元论唯心主义体系的。

二、知识学的基本原理

费希特的自我或理智活动的基本规律，就是他所谓知识学的基本原理，这样的原理有三条。

第一条原理："自我设定自己。"这是一条绝对无条件的原理，既不能证明，也不能定义，也无须任何证明和定义，它本身已经就是确定的。它表明：自我的本质在于它是自己确立自己、自己产生自己的活动或行动。费希特把这种活动称为"事实行动"（Thathandlung）。他说：自我"同时既是行动者，又是行动的产物；既是活动着的东西，又是由活动制造出来的东西；行动（Handlung）与事实［或事迹 That］，两者是一个东西，而且完全是同一个东西"①；"设定着自我的自我，与存在着的自我，这两者是完全等同的、统一的、同一个东西"②。又说：自我"既然设定自己，所以它是［或，存在］；既然它是，所以它设定自己；因此对自我来说，自我直截了当地必然地是。对自己本身而言不是、不存在的那种东西，就不是自我"③。由此可见，自我是唯一的实在，是不依赖于任何东西的，自己决定自己的，一句话，自我是自因的。这一原理是费希特主观唯心主义的核心，它否定了任何自我之外的客观实在性。

第二条原理："自我设定非我与自己对立。"这条原理在形式方面和第一原理一样是无条件的，既不能证明也不能推论，因为从第一原理只能得出被设定的是自我，而不能是非我，即是说不能推演出自我的行动是一种

---

① 费希特：《全部知识学的基础》，商务印书馆 1986 年版，第 11 页。
② 费希特：《全部知识学的基础》，商务印书馆 1986 年版，第 13 页。
③ 费希特：《全部知识学的基础》，商务印书馆 1986 年版，第 12 页。

反设定（Cegensetzen）或对设（Entgegensetzen）的行动（或树立对立面的活动），因此这种反设定或对设的行动只能是无条件地设定起来的。但是，这条原理从实质或内容方面说则是有条件的，即可以确切证明直截了当地对设起来的是一个非我，因为"同自我相反或对立的东西，就是＝非我"①。费希特的这条原理把不依赖于自我意识，存在于自我意识之外的客观实在描述为由自我（自我意识）所设定起来的对立面、非我，并认为它的存在以自我的存在为前提，离开自我就谈不上非我，这显然是对康德关于先验自我意识以其综合统一建立起认识对象这一学说的发挥，只是费希特的"非我"也包含那些在康德看来不是由自我产生，而是由物自身提供的感性杂多而已。不过，另一方面，这条原理又表明，原始的、直接的自我，只有当它跟一个非我区别开来时，才能"设定"起来，离开了"非我"就不能设定自我："纯粹的自我只能从反面加以设想，只能被想象为非我的对立面。"② 这就是说，费希特又把"自我"描述为"非我"的对立面，没有这个跟它作对、限制它、存在于它之外的"非我"，"自我"的规定也是不可能的。这样，费希特就在自我意识的能动设定活动这一前提下，建立了自我与非我这两个对立面相互联系、相互依赖的唯心主义辩证法。他认为，这种矛盾是必然的，所得出的互相对立的结论都是正确的，但这些矛盾也是可以而且应当解决的。

第三条原理："自我在自我之中对设一个可分割的非我以与可分割的自我相对立。"③ 费希特认为这条原理就形式而言是有条件的，它是前两个原理"正题"和"反题"的"合题"，即由前两个命题所规定了的需要解决的自我和非我的矛盾；但就内容而言却是无条件的，就是说，解决矛盾的行动不能由前两个命题推演出来，而只能"无条件地和直截了当地由理性的命令来完成"④，即只能直接地设定起来。就此而言，第三条原理就代表着"绝对自我"的一种特殊的活（行）动的法则，即自我使它所设定的自我和非我互相限制。什么是"限制"呢？"限制某个东西，意思就是说，不由否定性把它的实在性整个地扬弃掉，而只部分地扬弃掉。因此，

————————
① 费希特：《全部知识学的基础》，商务印书馆 1986 年版，第 20 页。
② 费希特：《论学者的使命》，商务印书馆 1980 年版，第 8 页。
③ 费希特：《全部知识学的基础》，商务印书馆 1986 年版，第 27 页。
④ 费希特：《全部知识学的基础》，商务印书馆 1986 年版，第 22 页。

在限制的概念里，除实在性和否定性的概念之外，还含有可分割性的概念（即，一般的可有量性的概念，而不是某一特定的量的概念）。"① 费希特认为，自我的这种限制行动，并不是跟随在对设行动之后，也不是先于对设行动之前，而是"直接就在对设或反设行动之中并且是与它一起发生的；两者是同一回事，只在反思中才被分别开来。一个非我既然已相对于自我而对设起来，那么与之相对立的那个自我，和对设起来的那个非我，就因而都被设定为可分割的"②。费希特所谓"可分割的"自我与非我，就是指有限的、成为"某种东西"了的自我和非我，即具体某个人的经验自我和某个事物的经验的非我。自我和非我"两者都是某种东西；非我就是不是自我的那种东西，反之，自我就是不是非我的那种东西"③，在现实经验中，它们是外在对立的。但费希特认为，正是由于这种经验的主体与客体的对立是在绝对自我的范围内，因而是绝对自我的内部区别与对立，所以它们都统一于绝对自我。

　　费希特试图用一个超越于经验自我和具体对象之上的"绝对自我"来统一主体和客体，这种做法在当时招来了许多误解。"大多数人误以为费希特主义的自我就是约翰·哥特利勃·费希特的自我，这个主体的自我则又否定一切其他存在。'多么无耻！'善良的人们喊着说，'这个人不相信我们存在着。我们，我们要比他肥胖得多，而且作为市长和官厅秘书，我们还是他的上司呢！'那些贵妇人问道：'难道他连他太太的存在也不相信吗？怎么？难道费希特太太竟会允许这种事吗？'"④ 这些嘲笑虽然愚蠢，却毕竟不是毫无根据的。费希特的"绝对自我"至少在形式上是以"我＝我"这个第一原理为根据的，而这个第一原理作为"绝对无条件的原理"，又是直接从"一切人"的经验意识中抽象出来的；"我们提出经验意识的随便一个什么事实，然后从中把一个一个的经验规定分离出去，继续分离直到最后再没有什么可以从它身上分离出去时，剩下来的这个自己本身绝对不能被思维掉的东西就是纯粹的。"⑤ 这实际上就是笛卡尔通过"怀疑"

---

① 费希特：《全部知识学的基础》，商务印书馆1986年版，第25—26页。
② 费希特：《全部知识学的基础》，商务印书馆1986年版，第26页。
③ 费希特：《全部知识学的基础》，商务印书馆1986年版，第27页。
④ 海涅：《论德国宗教和哲学的历史》，商务印书馆1974年版，第117页。
⑤ 费希特：《全部知识学的基础》，商务印书馆1986年版，第7页。

而最后剩下"我思"（我怀疑）这一"纯粹"规定的思路。但笛卡尔立即陷入了"我思"（作为主体）与"我在"（作为客体）、心灵与身体的矛盾；费希特则认为，借助于康德的作为一种能动活动（事实行动）的自我意识概念，这一矛盾根本不是什么矛盾。矛盾来自于"在作为主体的自我与作为绝对主体的反思的客体的自我之间有了混淆"①，因为即使是作为客体的"我在"，实际上也不是自在的，而是由绝对的、无所不在的"我思"设定、建立起来的，"人们不把他那对自己有所意识的自我一起思维进去，是根本不能思维什么的；人们决不能抽掉他自己的自我意识"②。

　　其实，费希特根本无权把他的"自我"的意识冒充为"一切人"的意识，无权用"我们"来代替"我"。当他拒绝跟随斯宾诺莎在"经验的意识"之外预先设定一个上帝、实体（他称之为"纯粹意识"），并斥之为"无根据的"时，当他宣称"如果谁越过了'我是'，谁就必然要走到斯宾诺莎那里去"③时，他的唯我论就不可能由于他强调这个"我"的绝对性、普遍性（一切人、一切意识、一切个别经验自我中的"我"）而得到缓和，反而会由此达到更为畸形的膨胀。

　　但尽管如此，费希特自己却认为，第三条原理从内容上说却是无条件的，它作为第一、第二两条彼此对立的原理的综合，在绝对自我、绝对主体的基础上实现了自我与非我、主体与客体的辩证的统一，它自身包含着人类理论知识和实践活动两方面的基本原理。在第三条原理中，自我与非我的统一可以按两种不同的方式发生：（1）自我设定非我为限制者，而自己本身则为被限制者，这时非我是主动的，而自我是被动的，非我作为对象出现在自我面前，并决定自我。这就是理论理性，即认识的定理，它表明自我把自己设定为需要一个对象。（2）自我设定自己为限制者，对立的非我为被限制者，这时自我是主动的，而非我是被动的，自我作为取消异己东西的力量出现在非我面前，自我应当克服非我。这就是实践理性，即意志的定理，它表明自我设定自己为需要对一个对象采取能动的活动。因此，按照费希特的观点，自我就是这样把自己区别为主体（自我）与客体（非我），并在自我与非我的相互限制中辩证地发展，日益完善自己和

① 费希特：《全部知识学的基础》，商务印书馆1986年版，第12—13页。
② 费希特：《全部知识学的基础》，商务印书馆1986年版，第13页。
③ 费希特：《全部知识学的基础》，商务印书馆1986年版，第17页。

丰富自己。

费希特把第一条原理称为"同一性原理"，表明自我作为不可分割的意识的统一，是应当与自身同一或等同的，这条原理是其余两条原理的根据，它为形式逻辑的思维律"同一律"（A=A）奠定了基础；第二条原理被称为"反设原理"，表明与绝对自我对立的非我是绝对的虚无，这条原理为形式逻辑的思维律"矛盾律"（$-A \neq A$）奠定了基础；第三条原理被称为"根据原理"，表明与受限制的自我对立的非我是一个"负量"，作为与非我对立的自我，即受限制的自我本身是与绝对自我对立的，这条原理为形式逻辑的"充足理由律"奠定了基础。这样，第一条原理就是"实在性"（自我是唯一的实在性），第二条原理是"否定性"（非我是自我的否定），第三条原理是"实在性"与"否定性"的统一，即"限制性"。这些就是康德范畴表中属于第二类的质的诸范畴。费希特不是从形式逻辑那里直接拿来了它们，而是把它们和形式逻辑的规律本身都从"自我"的能动结构中推演了出来。此外他还认为，自我活动的三条原理或基本规律，就是思维与存在的最高基础，"知识学"除去这三条原理外，完全不需要别的，而一切别的有关人类认识和实践的范畴、规律、原理、材料都能够而且应当从作为前两条原理的综合的"根据原理"中必然地推演出来。"在第一个综合活动中，即在（我与非我的）基本综合中，建立了一个容纳一切可能的未来的综合的内容……凡是属于知识学领域内的东西，一定都可以从上述综合中引申出来。"[①] 这就是说，有了这三条原理，经验就可以完全得到说明。

可见，费希特的三条原理的使命就在于论证主观唯心主义的一元论，这种主观唯心主义的本质，"就在于它建立了一个绝对无条件的和不能由任何更高的东西规定的绝对自我"[②]，而为了能做到这一点，这需要论证主观唯心主义的"主体和客体的同一性"的原理，这就是费希特三条原理的落脚点。不过，费希特的三条原理中也包含着重要的"合理内核"，它在唯心主义范围内发展了关于矛盾、关于对立统一规律的唯心辩证法，是德国古典哲学发展中的一个重要的环节。他虽然还未能真正辩证地解决同一

---

① 费希特：《全部知识学的基础》，商务印书馆1986年版，第41页。
② 费希特：《全部知识学的基础》，商务印书馆1986年版，第37页。

与对立的关系，但是他开始摆脱了长时期占统治的形而上学思维方法和观点，认为对立面并不是僵死的，对立与同一绝不是固定的对立范畴，思维活动的本质正在于两种活动（树立对立面的活动和综合对立面的活动）的统一，这也就是肯定与否定、分析与综合的统一。其次，费希特虽然还把"同一性"放在第一位，但他认为对立、矛盾是认识活动中有头等意义的东西，强调"处理每一个命题时，我们都必须从指出那应该被统一起来的对立面出发"①。费希特在其关于自我活动的基本规律的唯心主义理论中，真正是"抽象地"发展了人的能动方面，包含有人与自然界的辩证关系的重要猜测。

费希特虽然"猜测"到了人与自然界的某种辩证关系，但他却把主观方面片面地、绝对化地吹胀了，这是同他在考察自我与非我、人与自然界的关系时，完全抛开经验的现实关系，而只是纯思辨地考察其中的逻辑关系有关的，所以马克思指出："费希特的自我意识……是形而上学地改了装的、同自然分离的精神。"②此外，费希特还离开人与人之间的关系来考察人与自然、人与他自身的抽象关系，因而他也不理解现实的、社会的人，所以马克思又指出：现实的人"来到世间，既没有带着镜子，也不像费希特派的哲学家那样，说什么我就是我"③。这些就是费希特唯心辩证法的致命缺陷，它最终导致费希特将主体与客体统一起来的努力归于失败。

三、理论知识的基础

费希特统一主体与客体的努力，表现在他在第三原理中运用自我意识的能动性而建立起两方面的绝对内容，这就是理论知识的内容和实践知识的内容。其中，理论知识的基础就是第三原理中所包含的关于理论理性的定理："自我设定非我限制它自己。"这条定理是包含矛盾的：一方面，自我，作为绝对自我的活动，设定非我，是能动的；另一方面，所设定的非我是限制它的，自我又是被动的。费希特通过分析这一命题中自我与非

---

① 费希特：《全部知识学的基础》，商务印书馆 1986 年版，第 32 页。
② 《马克思恩格斯文集》第 1 卷，人民出版社 2009 年版，第 342 页。
③ 《马克思恩格斯文集》第 5 卷，人民出版社 2009 年版，第 67 页注释（18）。

我的对立与综合，一方面引申出理论知识的形式，即范畴；另一方面又引申出了知识的内容，即质料。

第一，费希特从自我与非我的相互限制中推演出了量的、关系的、样态的等等范畴。例如，他首先从"限制性"范畴（作为"实在性"范畴和"否定性"范畴的综合统一）引申出"相互作用（相互规定）"范畴："通过自我的实在性或否定性的规定，非我的否定性或实在性就同时得到规定，反过来说也一样。"① 然后是"因果性（效用性）"范畴："被赋予活动的一方，而且只在它没有被赋予受动的情况下，叫作原因"，"被赋予受动的一方，而且只在它没有被赋予活动的情况下，叫作结果"，"两者结合起来加以思考就叫作一个作用、效用"②，即因果性。最后是"实体与偶性（偶体）"范畴：在自我与非我交互作用、互为因果的限度内，"自我，当它被看作绝对地被规定起来的、包括一切实在性的整个领域时，它就是实体。当它被设定于这领域的一个并非无条件地规定的范围……里的时候，它是偶然的，或者说，它是实体中的一个偶体"③。费希特在列举范畴时力图使之处于内在联系和相互从属关系之中，克服了康德范畴表直接来自形式逻辑判断分类的外在排列的缺点，但费希特的范畴仍然不过是绝对自我的活动形式。尽管它们作为自我与非我相互限制的多种多样的方式，也被看作是客体的规定，但实际上都只不过是主观意识形式，并没有客观内容，因此并未越出康德主观主义的圈子。

第二，费希特从自我与非我的相互限制中引申出知识的内容和对象的表象。在他看来，自我的活动有两条路线：作为绝对的自我的活动是无限的，或者说，是活动的无限的意图，但是作为受非我限制的自我的活动是有限的，或者说，有活动的限制。自我的无限的活动受到非我的阻碍折射回来就成为有限的活动，自我与非我的这种互相限制因素的作用就产生了感觉。感觉的产生是无意识的，它好像是给予的，其实是自我的活动的产物。自我通过无意识的创造的想象力把感觉加以想象，就成了有空间性、时间性的直观，空间与时间并不是康德说的主体先天直观形式，而是由于想象力的作用而同客体一起产生的。费希特认为，想象力产生的表象

① 费希特：《全部知识学的基础》，商务印书馆1986年版，第49页。
② 费希特：《全部知识学的基础》，商务印书馆1986年版，第55页。
③ 费希特：《全部知识学的基础》，商务印书馆1986年版，第61页。

还是流动的、朦胧的，只有知性才能把这些流动的表象凝聚起来，通过范畴和一般概念，把它们固定化，成为有规定性的对象观念，也就是说，产生了对象。所以他说："只有在知性里才有实在性［当然首先要通过想象力的作用］。知性乃是现实化的能力。"① 费希特认为，到此为止，事物看起来似乎是不依赖于我们而存在的，因为我们还没有意识到它是自我活动的产物，是自我的无限活动受到阻碍而由创造的想象力引起的东西，没有意识到对象实际上无非是自我的活动遇到抵抗后的折射而已。

总之，自我的活动是无意识的，只是依靠想象力通过"非我"才成为有意识的，才成为有限的自我、认识的实际的主体；另一方面，又正由于无意识的想象力的活动，我们才感知对象，而且由于这种无意识性，我们才觉得对象是不依赖于主体而存在的。所以在费希特看来，我们在认识中似乎是在与对象打交道，实际上是在跟自我的活动打交道。可是，自我的活动如果不受到对立力量的阻碍而成为有限的活动，那么自我首先就不能成为有意识的自我，对象观念也就无从产生。而这个对立的力量，即绝对的自我与之打交道的这个对立力量又是什么呢？费希特称为"推动力"，但这推动力由何而来？费希特一直没有解决这个问题。因为这在他那里是一个不能解决的问题，如果他承认在自我之外有这样的力，自我就不成其为"绝对"自我了，就必须承认"非我"的自在的客观实在性了。费希特因此宣称，这是理论科学所不能解决的问题，是理论知识的界限，我们的理论知识只能是关于现象的知识。可见费希特的"推动力"是跟康德的"物自体"一样的东西。难怪黑格尔抓住了费希特哲学的这一弱点，把费希特的这个"推动力"直截了当地称之为"物自体"的残余，并谴责他"仍然没有动摇这种二元论的错误基础"②。

费希特为了逃避在理论上解决这个问题，就向实践的自我概念去寻求答案，企图从实践的自我中引申出"推动力"，认为推动力是来自意志，是出于"自我"的绝对的道德命令。于是，费希特沿着康德的思路而一直推进到了具有唯意志论色彩的实践哲学。

① 费希特：《全部知识学的基础》，商务印书馆 1986 年版，第 152 页。
② 黑格尔：《哲学史讲演录》第 4 卷，商务印书馆 1978 年版，第 324 页。

四、实践知识的基础

费希特"知识学"的实践知识的基本原理，就是"根据原理"中所包含的关于实践理性的定理："自我设定它自己为非我的限制者。"这个定理也包含一个矛盾：一方面，自我作为绝对的自我，设定自己是非我的限制者，自我是能动的；另一方面，自我在设定自己为非我的限制者时，就受到非我的限制，又是被动的。费希特认为，这个矛盾就是绝对自我的本质的矛盾，并且构成实践的自我的基本原理。自我是无限的能动性，但它本身只是抽象的同一性（我＝我），因此就无从表现其能动性，所以必须设定非我；而有限的自我，即与非我相对立的自我，本质上又是无限的，它就力图超出限制它的范围，以追求无限。他认为，绝对的自我是自由、独立的，但为了表现出自由和独立性，没有一个对立物又是不行的，所以它必定设立非我的存在；有限的自我是不自由的，但它本质上又是自由的，它力图克服限制它的非我以追求独立和自由。对此，费希特进行了各式各样的说明。例如，在实践的范围内，自我的终极性质被他归结为一种无限的或永恒的努力，这种努力表现出来就是冲动，而这种被感觉到的、不知其为何物的冲动就是渴望（Sehnen）。他认为，自我为了意识到自我是自我，就要有努力、冲动和渴望，而努力、冲动和渴望又必须以人所努力追求、渴望的，不同于自我的某种东西为前提才有可能；但是，努力、冲动和渴望中的这种异己的东西又必须根除掉，因为有限的自我本质上是绝对的自我，它力图克服这异己的东西而追求自己纯粹的存在。他不厌其烦、反反复复地说，这样的矛盾是一个不可摆脱的圆圈或循环，它是意识中的事实，不可进一步说明，也不容许理论上的证明，只需每个人"在他自己的经验里去证实"[1]，只需"相信"，甚至"信仰"[2] 有这个事实并"决心"去行动就行了。在他看来，自由、独立因此成了绝对自我的道德义务，他由此而得出了绝对自我的道德命令："按

---

① 费希特：《全部知识学的基础》，商务印书馆1986年版，第186页。
② 费希特：《全部知识学的基础》，商务印书馆1986年版，第227页。

照你的良心行动!"① 良心是不会错的，良心应当起最后的决断作用。谁依
照权威行动，谁就是做没有良心的行为；谁要成为有德性的人，谁就必须
培养独立性。如果康德的绝对命令是说：为义务而义务的行动才是自由的
行动，那么，费希特的绝对命令就是说：自由的行动才是尽义务的行动。

　　正是在这样的实践定理上，费希特建立起了他的历史哲学。他认为，
世界历史的本质就在于克服"经验自我"同"绝对自我"的区别，把个人
提高到人类的自我意识，由此构成从必然向自由的逐步转化。在这一过程
中，经验的自我一开始只意识到，自然规律不仅排除他的自由，而且也排
除他本人的自我、他的个性和独立性，这就引起了他对自然、对外界权威
的抗议和斗争，力图去改造、克服自然事物。随着历史的发展，人逐渐意
识到，他只有作为"经验的"自我才是自然的产物，而作为"纯粹的"自
我，则是自然界及其规律的创造者。因此，在历史的进程中就显示出，只
有经验的人才是不自由的，自由是"纯粹的自我"的本质；正是"绝对自
我"才"从无中创造出某物"，而在人把世界理解为"自己的创造物"而
且提高到自我意识时，同时就既创造了世界，也改造了自己本身。

　　费希特把活动理解为自我意识的活动，把自由理解为一种"决心"；
而且，由于自由表现在克服障碍上，没有障碍也就没有自由，所以，自由
就是无止境地一次又一次地决心克服障碍。这些都表明，康德自由意志的
抽象性和形式主义倾向在费希特这里得到了一定程度的克服。在费希特那
里，人的实践目的，从而历史的最终目的虽然也是一种实践理性的"应
当"，但它是有可能通过不断克服障碍而在现实世界得到逐步实现的，因
此他热情地号召人们行动起来，意识到自己的权利和使命，为建立合乎理
性的国家制度而斗争。为此，他建立了自己的法哲学和国家理论。

　　费希特的法哲学也是以上述实践理性的定理为基本原理的。绝对的、
纯粹的自我的自由的实现以非我为前提，非我包含不同的经验的自我。每
个经验的自我本质上又都是绝对的自我，都要求自由与个性独立。他们是
自由的，但其自由不能在个人中实现，只能在人类社会中实现。绝对的自
我把自己区别为多数的我，并在人们中间建立起道德的关系以实现自由，

____

　　① 费希特:《伦理学体系》，《费希特著作六卷本选集》第 2 卷，莱比锡费力克斯·迈
纳出版社 1912 年版，第 550 页。

这些关系就是法和政治观念的源泉。人身自由权和所有权是人的基本权利，自由的个体通过自由契约相互保证自己的这些权利，这就建立起了国家法，由自由的个体组成的理性的国家是费希特国家学说的目的。因此在他看来，如果国家所依据的契约没有得到遵守，那么这个国家就应当被废除，旧国家就应当为新国家所取代。费希特认为，国家与社会不能混为一谈，国家只是"在一定条件下产生的、用以创立完善社会的手段"，作为这样的手段"其目的在于毁灭自身"，在人类前进路程上因此总有那么一站，"到那时所有的国家组织都将成为多余的"①。不过，那是谁也不知道要经过多少万年或万万年才会达到的境地。当前是要建立起理性的国家，为此费希特坚决要求废除国家中的特权等级和它们的继承权，主张人们有权索回教会夺去的私有财产；他赞成消灭农奴的人身依附，他比卢梭更激烈地声称："任何把自己看作是别人的主人的人，他自己就是奴隶。即使他并非总是果真如此，他也毕竟确实具有奴隶的灵魂，并且在首次遇到奴役他的强者面前，他会卑躬屈膝。"②费希特要求用消灭封建诸侯的独立性的办法统一德国，要求商品流通的自由和竞争的自由。所有这些都反映了费希特在法国革命的影响下，见到了资产阶级国家关系在现实历史条件下实现的可能性，因而提出了比康德更为激进的革命要求。康德推到不可知的彼岸世界的道德理想，在费希特看来正是人在此岸现实生活中可以认识、可以把握并且必须承担的历史使命。当然，费希特的这些思想同样也打上了德国理论的特殊印记。在他看来，法国资产阶级革命的那些有物质动机的阶级意志和实践要求，归根结底不过是"纯粹自我"的道德要求，是一场每个人追求自己精神上的自我完善、自身独立的思想斗争，似乎只要有了自由思想，一切不合理的制度就都不存在了，这就使他的那些听起来十分革命和激烈的言论具有本质上的软弱性和空洞性。

*   *   *

费希特早期的这些哲学思想是有进步意义的。他从主观唯心主义立场出发，批判康德的二元论和不可知论，要求彻底一元论地解决思维和存在、主体和客体的关系问题。为此，他首先大力推进了唯心辩证法，发展

---

① 费希特：《论学者的使命》，商务印书馆1980年版，第17页。

② 费希特：《论学者的使命》，商务印书馆1980年版，第19页。

了主体思维的能动方面，猜测到实践在认识中的重要意义，从而使理论与实践达到了唯心主义的辩证的统一；其次，他发展了矛盾在认识论中的意义的学说，矛盾已不再是康德所谓的理性的可悲的命定的"迷误"，而是发展的源泉和动力，因此费希特在辩证法规律的制定和逻辑学的改造上作出了贡献；最后，费希特把发展过程带入到"自我"之中，从而克服了康德把人类认识看作是一成不变的、抽象同一的形式框架的观点。正如康德的认识论和伦理学最终引向对社会历史的反思一样，费希特的上述理论进步也在其社会历史观中有集中的体现，他把思维与存在、主体与客体、自我与非我的统一描述为一个自由的历史行动过程，而不是一种单纯静观的反思，这应当说是摆脱康德的思维与存在二元对立的唯一可能的出路。然而，正是在费希特作出上述理论上的推进的同时，他自身所固有的唯心主义局限性和唯我论的矛盾也暴露出来了。这种矛盾不仅在当时就已经激起了来自各方面的尖锐批评，而且从理论上说，也正是造成费希特哲学在其后期开始转向客观唯心主义的内在根源。从 1801 年起，费希特的思想起了显著的变化。前一时期的费希特是一位争取民主、自由和进步的斗士，后一时期他则变成了宣扬信仰、爱和克制的宣教者；在前一时期，其哲学思想的特征是主观唯心论和主观辩证法，在后一时期，则是以前一时期的某些基本思想为基础的僧侣主义和神秘主义。他现在宣扬的是："全部哲学的基础并不是有限的自我，而是神圣的理念。凡是由人自己做出来的东西都是虚幻的。一切存在都是活生生的，在自身内活动的；除了存在之外没有别的生命，除了神之外没有别的存在，因此神是绝对的存在和生命。神圣的本质也从自身表现出来，启示自身，表现自身——这就是世界。"①这正如诗人海涅所描绘的："但不料在一天的清晨，我们发现费希特哲学发生了巨大的变化。它开始舞文弄墨、哼哼唧唧，变得温和而拘谨起来了。他从一个唯心主义的巨人，一个借着思想的天梯攀登到天界，用大胆的手在天界的空旷的屋宇中东触西摸的巨人，竟变成了一个弯腰曲背、类似基督徒那样，不断地为了爱而长吁短叹的人。"②

显然，费希特哲学即使没有它的继承者兼掘墓人谢林，它本身也已

---

① 转引自黑格尔：《哲学史讲演录》第 4 卷，商务印书馆 1978 年版，第 334 页。

② 海涅：《论德国宗教和哲学的历史》，商务印书馆 1972 年版，第 135 页。

经显露出从主观唯心论到客观唯心论转化的逻辑必然性了，至少在费希特本人看来，他自己的全部哲学前后是完全一贯的。但是，甚至在费希特自己的这一哲学转向到来之前，谢林就以一个全新的思想家的面貌占据了德国唯心论哲学的第一把交椅，并以其青春思想的灿烂光辉使费希特的"自我哲学"黯然失色了。谢林于 1797—1800 年发表的《导向自然哲学的诸理念》、《自然哲学初稿》、《先验唯心主义体系》和《我的哲学体系的阐述》等著作标志着德国古典哲学中一个新的逻辑阶段的开始。

第二节　谢林的客观唯心主义哲学

从体系上说，谢林的哲学是从斯宾诺莎主义出发的。在某种意义上，费希特哲学也是这样，因为它主张最高原则应是直接的"自因"，整个体系不应包含任何从外面接收进来的经验材料，而是将一切都归之于一个唯一的实体。然而，费希特的唯我论与斯宾诺莎的自然实体是正相反对的，他明确表示一旦超出自我，就必然走到斯宾诺莎那里去[①]，这倒是给谢林哲学的必然产生提供了一个注脚。因此，谢林才是真正向斯宾诺莎的某种回转，这一点尤其突出地体现在谢林的自然哲学和泛神论倾向上。当然，经过了康德和费希特的洗礼，向斯宾诺莎的这种回复决不是单纯的倒退，而是在斯宾诺莎的僵死不动的"实体"中灌注了能动的生命活力，使之具有了丰富多彩的生动内容。斯宾诺莎的实体的绝对统一性在德国古典哲学发展的谢林阶段，成了用来解决本身自由能动的主体与和主体对立的客体之间的冲突的中介。单凭主体能动性，单凭主体将客体能动地建立起来，创造出来，达到主客观同一（如康德、费希特）这一做法，现在让位于或求助于预先承认一个原始的、绝对的主客同一，然后再用来解释主体能动性的来源及其建立主客同一的能动过程这一做法了。

---

① 参见费希特：《全部知识学的基础》，商务印书馆 1986 年版，第 16—17 页。

一、同一哲学的基本问题和绝对同一原理

在 1796 年以前，谢林一度是一个费希特主义者，但很快他就发现主观唯心主义是没有根据的，并开始了对主观唯心主义的批判，逐渐形成了自己的"同一哲学"体系。

谢林承认："一切知识都以客观东西和主观东西的一致为基础。因为人们认识的只是真实的东西，而真理普遍认定是在于表象同其对象一致。"① 谢林把知识中一切纯客观的总和称为自然，一切主观的总和称为自我或理智。我们认为客观自然是离开我们独立存在的，因而在认识中，我们的表象必须与客观的对象一致符合。谢林由此认为哲学的第一任务就在于解释"表象何以能绝对地同完全独立于它们而存在的对象一致"②。

但是，谢林又认为，在主体与客体之间，除去上述的符合关系之外，还有另一种符合关系，即在实践活动中，我们抱有这种信念："在我们心里不是必然地而是自由地产生的那些表象，能够从思想世界过渡到现实世界，并能得到客观实在性。"③ 根据这种信念，对象都是可以变更的，而它之所以可以变更，纯粹是由于我们自己的表象的因果作用。因此，谢林认为哲学还有一个任务，即解释"某一客观的东西如何会因一种单纯思想的东西而改变，以致与之完全一致起来"④。

照谢林看来，在认识、理论的活动中，为了得到真理和理论的确定性，表象必须与客体一致，主观必须依照客观的东西变化；在意志、实践的活动中，为了得到实在性和实践的确定性，客体必须与我们之内的表象一致，客观的东西必须依照主观的表象变化。在认识中，客观世界支配主观世界，表象就其来源说是客观东西的奴隶，为客观东西所决定，这里发生的是从现实世界到表象世界的过渡或转化；在实践中，主观的、观念的东西应当支配感性世界，客观的东西被我们内心自由作出的表象所决定，

---

① 谢林:《先验唯心主义体系》，商务印书馆 1977 年版，第 6 页。
② 谢林:《先验唯心主义体系》，商务印书馆 1977 年版，第 13 页。
③ 谢林:《先验唯心主义体系》，商务印书馆 1977 年版，第 13 页。
④ 谢林:《先验唯心主义体系》，商务印书馆 1977 年版，第 13 页。

这里发生的是从表象世界到现实世界的过渡或转化。谢林认为，这两种情况是矛盾的：要得到理论的确定性，就得丧失实践的确定性，反之，要得到实践的确定性，又要丧失理论的确定性，似乎是，"在我们的认识中存在着真理性而同时又在我们的意志中存在着实在性，这是不可能的"①。谢林由此提出哲学的最高任务就在于回答"如何能把表象认做是以对象为准的同时又把对象认做是以表象为准的问题"②，也就是回答主观东西（有意识的东西、观念的东西）与客观东西（无意识的东西、实在的东西）彼此一致符合的根据是什么的问题。这就是谢林所提出来的哲学的基本问题。他认为，如果还有所谓哲学的话，如果哲学还有存在的权利的话，就必须解决这个问题。

　　能否像费希特那样以自我为根据呢？谢林认为，自我的存在固然是无可置疑的，但以自我为哲学的最高原则是不可能的。按照费希特的观点，自我是无意识地创造非我，也就是说一个无意识的自我在创造非我，谢林指出，无意识的自我就不成其为自我了；按照费希特的观点，自我要成为有意识的自我，须以非我为前提，没有非我的限制，自我的无限制活动受不到阻碍，自我就没有反思活动，因而不能意识到自身，谢林指出，这样一来费希特的自我就不成其为"绝对的"、"无条件的"自我了；费希特认为他的哲学完满地解释了科学的经验，说明了有必然性感觉伴随的表象体系的根据，谢林则认为事情完全不是这样。科学、经验是以事物世界离开我们而独立存在为前提的，事物是不可变更地被规定了的，正由于事物的这种规定性，我们的表象才间接地被规定了，谢林认为这才是客观表象的必然性的根据，费希特认为非我为自我所创造，依赖于我们的自我，这就抽去了科学知识的根据或前提；此外，科学、经验的前提在于，我们的表象和独立不依的事物绝对地一致符合，以致事物自身不是别的，就是我们对之所表象的那个样子，所以我们才知道事物自身的样子。没有这一前提，科学，例如物理学就会完全迷失方向。但在费希特那里，非我是同自我对立的、敌对的，对自我来说，它是一种完全异己的力量，只起自我的"踏脚石"的作用，根本谈不上它们的汇合、同一的问题。所以，按照

① 谢林：《先验唯心主义体系》，商务印书馆 1977 年版，第 14 页。
② 谢林：《先验唯心主义体系》，商务印书馆 1977 年版，第 14 页。

费希特的自我原则的主观主义，就势必会牺牲"知识上的真理性"、"理性的确定性"。

那么，能不能以一切知识中的另外一项，以客观东西的总和即不依赖于主体的自然界的概念为根据呢？能否以"自在之物"为解释一切知识的绝对第一的原则呢？谢林认为这也是不行的。谢林认为，科学、经验虽然以一个不依赖于我们的事物世界的存在为前提，但"我外有物"这一唯物主义观点在他看来却是人的一种天生的原始偏见。它之所以是偏见，是因为"我们之外有物存在"这一定理是没有证明的，不是以推论为基础的，也不可能有任何有效的证明；它之所以是天生的原始偏见，是因为它也不能为任何相反的证明所根除，而认为事实就是如此，不用什么解释，所以它认为它具有直接的确定性。唯心主义者谢林认为，像费希特那样去反驳这个全人类的信念是不必要的，也是徒劳无功的，问题只在于去探求这偏见的原因，用更高的唯心主义原则去解释它。他认为，如果以"自在之物"为出发点，便不能说明：对象为什么能够跟表象一致符合？为什么对象能依照主体内心自由作出的表象而变化？为什么客观世界会适合于我们的表象？为什么有从表象世界到客观世界的过渡？总之，以"自在之物"为原则，就不能不牺牲"意志上的实在性"、"实践的确定性"。

那么，能不能像康德哲学那样，既以自我、主体，又以"自在之物"、客体作为出发点？谢林认为这也是不可能的。按照这种二元论的办法，既不能说明从对象到表象的转化，也不能说明从表象向对象的转化，因此既要牺牲"知识上的真理性"、"理性的确定性"，同时又要牺牲"意志上的实在性"、"实践的确定性"。

谢林由此断言，作为哲学的出发点和最高原则的，应当是存在和思维、物质和精神、客体和主体、无意识的东西和有意识的东西、观念的东西和实在的东西的绝对同一："这种更高的东西本身既不能是主体，也不能是客体，更不能同时是这两者，而只能是绝对的同一性。"① 所谓"绝对同一性"并不是某种物质与精神之间的中性的东西，而是指某种绝对的理性或精神。谢林认为，无论主体还是客体，它们都没有自在的存在，它们的存在都是在它们自身之外，即在它们的同一性之中，而这个同一性就是

---

① 谢林：《先验唯心主义体系》，商务印书馆 1977 年版，第 250 页。

绝对理性，主体与客体是不可分地结合在、封闭在绝对理性之中的。这个绝对理性则不是别的，它就是"主观的东西和客观的东西的完全无差别"、"主体与客体的绝对无差别"。因此，理性既不是主体，也不是客体，而是这两者的"绝对无差别"，是根本排斥其对立与差别的，而主体与客体只有在这种理性里才能有其真实的存在和真实的规定。所以在他看来，无物存在于理性之外，万物都在理性之中，理性是派生一切主体与客体的唯一本原："哲学的观点就是理性的观点，哲学的知识就是一种关于事物自在地是怎样的知识，也就是事物在理性中是怎样的知识。"①

谢林认为，绝对理性的最高规律就是同一律：A=A；绝对理性是最高的存在，一切存在都包含在它之中，所以同一律也就是存在的最高规律；同时，同一律本身也是那唯一无条件的、绝对的知识的表现。总之，A=A是"绝对同一"的存在形式，也是"绝对同一"的知识的表现，"绝对同一"的知识和"绝对同一"的存在是不可分的。

那么，根据这种"主体和客体的绝对无差别"或"绝对同一"，如何说明主体与客体的对立呢？谢林认为，在绝对中出现的对立只能规定为相对的和非本质的："主体和客体之间［根本］不可能存在什么量的差别以外的差别，因为……两者之间任何质的差别都是不可设想的。"②所谓"量的差别"，是指数量上、程度上的差别。换言之，谢林认为它们的差别只是在于：如果主观方面占优势、多一点，那么客观方面就占劣势、少一点；反之，如果主观方面占劣势、少一点，那么客观方面就占优势、多一点，每一个别的存在物都不能是单纯主观的或单纯客观的，一切存在依照同一律都具有"主体—客体"的形式。所以，有限事物只是绝对同一的变形或样态，每一样态只是绝对同一的某种存在形式。因为这些存在形式都是绝对同一中的量的差别，所以谢林把它们称为绝对同一的"因次"（Potenz）。我们所谓的客观世界或主观世界无非就是这些"因次"的系列，而每一有限的或现实的存在都是在"因次"系列中被规定了的。因此，绝对同一的这种量的差别（因次）就是一切有限事物的基础，而这种"因次"的形式也就是绝对同一的自我表现的形式。谢林说："主观东

---

① 谢林：《我的哲学体系的阐述》，《谢林著作集》第2卷，慕尼黑纪念版，第11页。
② 谢林：《我的哲学体系的阐述》，《谢林著作集》第2卷，慕尼黑纪念版，第19页。

西和客观东西的量的差别是一切有限性的根据"①，"每一特定的因次标志着一种特定的主观性与客观性的量的差别"②。每一个体作为主观性和客观性的一种特定的量的差别，都以一种特定的存在形式表现着绝对同一。谢林据此认为，物质是最低的因次，在那里客观性（或实在性）占最强的优势；认识的真理和艺术品的美是最高的因次，在那里主观性（或理想性）占最强的优势；在这两极之间就是一切有限存在的等级序列。所谓物质世界或自然，就是以客观性或实在性占优势的系列；所谓主体、自我、表象世界则是以主观性或理想性占优势的系列。但是，每一事物，从而不论是作为其总和的客观世界还是作为其总和的主观世界，都表现绝对同一并保持为绝对同一，所以每一世界都是一个"相对的全体"。因此，A（主观世界）=B（客观世界），两个世界是同一的。

谢林还进一步认为，主体和客体的量的差别是有限的或现实的存在的形式，在设定了这种差别的情况下，"绝对同一性就其存在而言必须设想为主观性和客观性的量的无差别"③。"就绝对同一性而言，任何量的差别都是不可设想的。量的差别只有在绝对同　性之外才是可能的"，因而也就是"只有在绝对全体性之外才是可能的"，因为"绝对同一性就是绝对全体性"④。"没有什么东西自在地在全体性之外，如果个别被发现在全体性之外，这种情况只是由于把个别从全体中任意分离出来才会发生。"⑤ "绝对同一性只在主观东西和客观东西的量的无差别的形式下存在。"⑥ 在谢林看来，绝对同一或绝对全体"不是宇宙的原因，而就是宇宙本身"⑦，它只是在主观世界（A）和客观世界（B）这两个相对的全体性的形式下，并且同时在这两个形式下存在，而在这两个形式下它都是一样的，即都是主体与客体的同一。这两方面保持平衡，没有主体与客体的量的差别，我们只是从普通意识的观点去看事物，才有所谓量的差异，其实从思辨的即哲学的观点看，事物自身就是绝对同一，因而只有从主观的东

① 谢林：《我的哲学体系的阐述》，《谢林著作集》第2卷，慕尼黑纪念版，第27页。
② 谢林：《我的哲学体系的阐述》，《谢林著作集》第2卷，慕尼黑纪念版，第30页。
③ 谢林：《我的哲学体系的阐述》，《谢林著作集》第2卷，慕尼黑纪念版，第22页。
④ 谢林：《我的哲学体系的阐述》，《谢林著作集》第2卷，慕尼黑纪念版，第21页。
⑤ 谢林：《我的哲学体系的阐述》，《谢林著作集》第2卷，慕尼黑纪念版，第22页。
⑥ 谢林：《我的哲学体系的阐述》，《谢林著作集》第2卷，慕尼黑纪念版，第24—25页。
⑦ 谢林：《我的哲学体系的阐述》，《谢林著作集》第2卷，慕尼黑纪念版，第24—25页。

西与客观的东西的量的无差别的观点出发，才能理解事物。主观世界和客观世界任何时候都不能孤立地自存，否则作为整体的宇宙的平衡就要被取消了，而只有这种平衡才是唯一自身存在的，它是"绝对无差别"在其发展和表现中的形式。因而，观念的因次系列和实在的因次系列必定是通过主观方面对客观方面，或客观方面对主观方面占优势的方式相互补充，以便"绝对无差别"的全体不遭破坏。同一性就是以这种方式在有差别的世界整体中保持自己的无差别性。所以，绝对同一性在某一点上是不明显的，但在全体中是显然可见的。谢林认为，上述的相互平衡是不间断地进行的，一环扣着一环，它通过两个系列（观念的与实在的），并在每一级上把二者结合起来，或使它们汇合在一起。这种从头到尾的汇合或结合，恰好是这样准确地发生在各个单个的东西里，以致原始的同一性在一切差别中永远保持下来。谢林由此得出结论：解决哲学的最高任务，即解决从客观到主观和从主观到客观的双重过渡的矛盾，或解释主观为什么能与客观一致符合，客观为什么能与主观一致符合的根据，就在于这种"绝对的量的无差别"。

谢林把这一宇宙结构的构想用图式表示如下：

$$\frac{\overset{+}{A} = B \qquad\qquad A = \overset{+}{B}}{A = A}$$

整个宇宙被设想为一条直线，"绝对无差别"（A=A）在这直线的中点隐蔽地统治着全直线，从中点往直线的两极延伸，主观的东西（A）和客观的东西（B）各自的优势便逐渐增强。谢林以"+"号表示优势，中点的左边是观念的因次系列（$\overset{+}{A}$=B），右边是实在的因次系列（A=$\overset{+}{B}$），不管哪一个系列，相应的互相平衡化或无差别化都随时在进行。谢林认为，在把自然的产物或精神的产物认作独自存在的，即把它们看作是处于整体之外的情况下，就会在因次系列的两极性中产生唯心论与实在论（唯物论）的对立，可是，如果采取无差别点作为哲学的基本立场，这两个系列就被观而为一了，唯心论与实在论（唯物论）的对立就消失了。

从这种"绝对同一"的原则出发，谢林认为哲学包含有两门基本的科学，这就是自然哲学和先验唯心主义。自然哲学的任务就是以客体、自然界为第一位的东西，从而引申出主体，即是说，要使自然成为理智的东西，表明自然与我们身内认作理智的东西原来是一个东西，这就是"把自然规律精神化为理智规律……从实在论中得出了唯心论"①。先验唯心论的任务，则是把主体、自我"作为第一位的和绝对的东西，从主观的东西出发，使客观的东西从主观的东西里面产生出来"②，即是说，要从自我中产生出自然界的表象，这就是"把理智规律物质化为自然规律……从唯心论得出了实在论"③。谢林认为，这两种对立的体系能够结合在一个体系里，就是因为它们有共同的原则和共同的基础，这就是作为"绝对同一"的绝对理性。

谢林的"绝对同一"虽然是唯心主义的，浸透了神秘主义，但是其中包含着一个合理的思想，这就是主张思维与存在都服从同一的规律，或都有同一的规律。这是我们一切理论思维的绝对的前提，但从康德至费希特都否认它，这就导致了不可知论和主观唯心的现象论。谢林提出了这个问题并试图解决，这对哲学的发展是一个重大的推进。但是，谢林在对费希特的批判中又陷入了片面性，这就是把思维与存在、主体与客体的同一绝对化了，根本否认它们有任何差别与对立。这种极端片面化产生了两方面的后果：（1）无论在本体论还是在认识论上，谢林都陷入了神秘主义和非理性主义的倾向，他用"绝对同一"来解释和说明一切，但这个"绝对同一"本身是神秘的、不能解释的；（2）因此，谢林体系中的思维和存在、主体和客体、自我和自然、唯心论和实在论之间，仍然隔着一道非理性的鸿沟，并未达到真正的同一，具有二元论色彩，即是说，在他的客观唯心主义一元论体系中，他的先验唯心主义与他的自然哲学仍是相互矛盾的两套观点。

谢林"绝对同一"学说表现了德国古典唯心主义开始向 17 世纪的形而上学，主要是向斯宾诺莎的回复。谢林对斯宾诺莎的实体进行了唯心主义的解释，同时又开始把运动、发展的观念带入了对实体的理解。但由于谢林把形而上学的同一性作为最高原则，他就不能解决运动与发展的问题。他始终拒绝从原则上解决从绝对无差别的东西如何向相对的和有差别的东西转化的问题，因为这正是他不能解决的问题，"绝对无差别的同一"

---

① 谢林：《先验唯心主义体系》，商务印书馆 1977 年版，第 18 页。
② 谢林：《先验唯心主义体系》，商务印书馆 1977 年版，第 8—9 页。
③ 谢林：《先验唯心主义体系》，商务印书馆 1977 年版，第 18 页。

从原则上就不可能包含任何运动的契机和源泉。此外，谢林的发展公式是
"同一——差别和对立——同一"，而所谓差别和对立都只是纯粹量上的，
而不是质的差别，因此也就不是真正的差别，所以他所说的发展与运动具
有极端形式主义的性质，仅仅是主观性（理想性、无限性）和客观性（实
在性、有限性）的不同等级、程度、色彩浓淡的"二元性同一"（对立同
一）的形式。由于否认质的差异，所以在他那里没有质变、飞跃的观念，
连续律在他的发展观中占统治的地位。这些就是谢林在超出费希特的"自
我"而走向斯宾诺莎的"实体"时的所得和所失。

二、自然哲学

　　谢林的"自然哲学"的任务，是要根据其"绝对同一"原则来解释
历史地产生的现实世界的全部多样性。如上所述，谢林的"绝对同一"既
然是"绝对无差别"，本身不包含任何运动、变化的源泉，那么，从这种
"绝对同一"的本原中，又如何能产生出自然界的全部多样性呢？恩格斯
在批判杜林时说："如果世界曾经处于一种绝对不发生任何变化的状态，
那么，它怎么能从这一状态转到变化呢？绝对没有变化的、而且从来就处
于这种状态的东西，不能靠它自己走出这种状态而转入运动和变化的状
态。"① 这一批评同样适用于谢林。
　　为了从"绝对同一"的静止状态过渡到运动，从"绝对无差别"中
引申出差别，谢林断定说，"绝对同一"本身虽然没有差别，但作为一种
精神的本原，它具有无意识的欲望活动，这种无意识的欲望就是要认识自
己的意志或意向，是一种没有其他基质的纯粹活动。由于这种无意识的愿
望和活动，绝对的同一就把自己同自己本身区别开来，自然界也就产生和
发展起来了。因此，在谢林看来，自然界是某种存在于人之外的精神无意
识地创造的，自然界从一个阶段到另一个更高阶段、从低级到高级的发展
序列，无非是这个精神从无意识状态向有意识状态的逐渐转化，自然界全
部多样性的现象，无非是这个精神在力图达到自我意识的途程中所采取的

---

① 《马克思恩格斯文集》第9卷，人民出版社2009年版，第57页。

无限多样的形式，它们表现了精神从无意识走向自我意识的道路的曲折
性、反复性和复杂性。因为在世界中除去个人的自我以外就谈不上任何意
识，所以无意识的精神只有在人里面才能达到自我意识。这样，自然界的
发展随着人及其意识或自我意识的出现，也就达到了它的最高点。"自然
的僵死的和没有意识的产物只是自然反映自己的没有成效的尝试，不过所
谓僵死的自然总的来说还是一种不成熟的理智，因而在它的现象中仍然无
意识地透露出理智特性的光芒。自然只有通过最高和最后的反映，才达到
完全变其自身为客体的最高目标，这种反映不是别的，而就是人，或者说
得更概括一点，就是我们称之为理性的东西，通过理性自然才破天荒第一
次完全回复到自身，从而表明自然同我们之内认做是理智与意识的东西本
来就是同一的。"①谢林由此就把自然界所固有的一切的质，描述为从无意
识状态过渡到自我意识的宇宙精神的感觉，自然界的一切物体都成了宇宙
精神的自我直观，整个自然界都是"不成熟的理智"，而作为自然界最高
产物的人的理性，则成了创造自然界的宇宙精神的"自我意识"。这样一
来，自然界的历史就是精神的历史，这个精神无非是费希特所谓的绝对自
我，不同的只是，在谢林看来，这个绝对自我不是宇宙精神发展的起点，
而是它的终点。由此可见，谢林把自然界本身及其发展的思想完全神秘化
了。不过，与康德和费希特比起来，他毕竟还是前进了一步，因为在康
德、费希特那里被当作人的"自我"意识活动的产物的一切东西，在谢林
这里成了自然界发展的结果，尽管这个自然界被作了唯心主义的理解。

那么，谢林关于自然界的发展思想的具体内容是什么呢？在谈这一
点之前，首先必须指出，谢林的自然哲学是在18世纪末至19世纪初自然
科学领域内一些重大发现的影响之下形成的。在其同时代人中，他第一
个注意到了这些伟大的发现，并试图以之为根据，制定出一种凌驾于一
切经验自然科学之上的关于自然的思辨学说，或"科学的科学"，建立一
种跟18世纪法国唯物论者所建立的机械唯物主义的"自然体系"相对抗
的"自然体系"。影响谢林最大，也是谢林最为重视的自然科学的伟大发
现，首先是电学和磁学方面的，其次是化学方面的，最后是有机生命方面
的理论研究。谢林力图把所有这些特殊领域中的发现容纳到他的"绝对同

① 谢林：《先验唯心主义体系》，商务印书馆1977年版，第7—8页。

一"的基本哲学思想中去，将之归结为一个原始的，作为一切自然过程之
观念本质或基础的普遍原则。谢林把"绝对同一"的无意识的纯粹活动称
为产生一切自然现象和自然产物的统一的"原始的力"，这种脱离物质的、
起统一作用的力，就是自然现象的统一的基础。他把"绝对同一"由于无
意识活动所派生的自我区别，即主体与客体的区别称为"两极性"或"二
元性"（二重性），它们是两种对立的力。主体与客体的二元对立或两极对
立贯穿在整个自然界一切自然现象里，它们的对立是产生自然界千差万别
的现象的原则。因此谢林特别强调，在整个自然中发现两极性和二元性，
乃是哲学的自然学说的第一原理。他把自然界中出现的不同的对立力量或
"两极性"都看作是主体与客体对立的不同发展阶段。

谢林所谓的两极性也就是费希特所谓的"正题"与"反题"的对立。
但是，谢林认为，它们的"合题"不像费希特所断言的要在意识中去找，
而是要在"无意识的理智"中去找。在谢林看来，自然界中较高级、较复
杂、较多差别性的创造物是较低级创造物的综合或合题，而这较高级的创
造物又以新的两极性形式产生新的差别，形成新的更高的合题。这就是自
然界的发展过程，这个过程（其开端是"绝对无差别"）一方面遵循不断
产生出差别的原则，另一方面又遵循不断产生更高综合的同一性原则。这
一发展也就是前述"绝对同一"的"因次"。

谢林把构成自然界的基础和本质的力分为三种，它们是大至整个自
然，小至每一个别物体的存在和发展的原则。

第一种力：重力。谢林把重力称为"物质"，它是引力和斥力这两种
对立力量的统一。对立力量处于均衡状态，就是某种几何学上的点，谢林
称为动力学的原子，以区别于原子论的原子。谢林从这个点思辨地构造出
线、面、体等等。他认为，斥力是"自然界的第一种力"，引力是限制它
的力，由于这种限制就产生出在空间上有限的自然物体。把物质看作是斥
力和引力的统一体的动力学观点，是来自康德的。

第二种力：光（包括磁、电和化学过程）。谢林把这种光称为形式。
磁、电、化学过程也都是纯粹的非物质的力，这些力决定了物质的特殊性
质，谢林赋予它们以很大的意义，认为它们是"原始的二重性或两极性"：
磁是南极与北极的统一，电是阳电与阴电的统一，化学过程是酸与盐基的
统一。谢林认为磁力、电力、化学过程之间存在着相互联系，并认为磁力

可转化为电力，电力又可回复为磁力，预言了后来科学对电、磁关系的发现。他还认为化学过程是向生命的过渡或生成。与此同时，谢林还反驳了当时有关燃素、光素以及电的、磁性的和其他"没有重量的物质"的各种陈腐观点，但他自己也提出了一些唯心主义的和武断的谬论，如认为磁力是"主体侵入客体"，认为任何化学变化的最后结果都应当是水，认为一切物体都不过是铁的变形等等。

第三种力：生命。谢林反对当时用特殊的"生命力"来解释生命的观点，因为他是把生命力看作一切事物（包括无机物）发展的普遍原则。谢林认为，生命是对立力量的斗争，力量达到平衡就是死亡。这些对立的力量就是：再生性与应激性、应激性与感受性。其中，再生性就是有机体的化学过程，应激性就是电，感受性就是磁。因此，为了说明生命、有机体，用不着上帝的智慧、神学的完善性和旧的"预成论"观念，也不需要唯物论者的适应环境的观念。有机生命是从无机物来的，从无机自然界首先产生吐氧的植物界（去氧作用），然后产生吸氧的动物界（氧化作用）。谢林虽然力图说明无机界和有机界并没有康德所看到的不可逾越的鸿沟，但由于谢林把整个自然都归结为无意识的精神本原，他也只能神秘主义地来说明这个问题。他认为，自然界力求达到它所不能达到的理想，由于这个缘故，它就从无机界中产生出有机物，在有机界中产生出层出不穷的新生物种，由此而形成了自然界物种的丰富多样性；而在有机体的内在的感受性中，宇宙精神就突破了它的障碍，在作为宇宙结构最高点的人脑思维里，它终于得到了自我意识，这时自然的发展就停止了。

谢林上述三种力的关系，就是"正题"、"反题"与"合题"的关系，是"绝对同一"的"因次"的基本规律，是自然界万事万物所具有的同一性。自然界是一个有生命的有机整体：（1）它是一个相互联系的整体，无机界是植物界的萌芽，动物界是植物界之上升到更高阶段，人脑是自然界的最高点，自然界通过它得到完善的反映；（2）自然界通过对立力量的斗争和同一（物质中的吸引与排斥，物理学中的阳电与阴电，化学中的酸与盐基，有机体中的感受性与应激性，意识中的主观性与客观性）而发展，这是普遍的自然规律；（3）自然中的一切没有什么是死的、绝对静止的，每一事物都是生命、运动、变化，是两极中的无止境的震荡。

尽管谢林神秘化了自然界及其发展，尽管他的发展观是从同一开始又以同一告终，但他终究是第一个把自然的辩证统一性和自然界对立力量的斗争的思想带入到哲学和科学中的第一人，这就打破了以往（康德和费希特）仅仅从主体能动性来说明主体与客体统一的片面性，而是首先从客体、自然界内在的能动性来说明主体能动性及其与客体的辩证统一关系。谢林的这些思想由于受到当时许多自然科学家的拥护而更加显得真实和合理，它反过来也有力地推动了自然科学，特别是生物学的发展。恩格斯在批判庸俗唯物主义者对以谢林为创始人的 19 世纪自然哲学的粗暴态度时说："同卡尔·福格特之流的愚蠢的庸人一起去攻击旧的自然哲学，比评价它的历史意义要容易得多。旧的自然哲学包含许多谬见和空想，可是并不比当时经验自然科学家的非哲学理论包含得多，至于它还包含许多有见识的和合理的东西，那么自从进化论传播之后这已开始为人们所了解。"①随着自然科学本身日益成为辩证的科学，自然哲学也就失去了它存在的意义；但近代哲学不仅将主体，而且也将客体理解为能动的、辩证的，谢林自然哲学的这种开风气之先的转折却是功不可没的。

三、先验唯心主义

谢林的"自然哲学"是以唯心主义理解的自然作为出发点，从无意识的自然引申出一个有意识的理智，即"绝对的自我"，证明自然与自我原是同一的东西。谢林的"先验唯心主义"则是他的"同一哲学"的另一组成部分，它是以费希特的"绝对自我"为出发点，从理智的条件中引申出无意识的自然物来，从而证明主体与客体的同一。"自然哲学"展示宇宙精神从无意识到自我意识的历史，"先验唯心主义"则展示自我意识的历史，它区分为理论哲学、实践哲学、自然目的论哲学和美学几个阶段，按谢林的意图，就是要"把哲学的各个部分陈述为一个连续的系列"，"把全部哲学陈述为自我意识不断进展的历史"。②

谢林把人的精神的活动分成三种，它们同时也就是自我意识发展的

---

① 《马克思恩格斯文集》第 9 卷，人民出版社 2009 年版，第 14 页注①。
② 谢林：《先验唯心主义体系》，商务印书馆 1977 年版，第 2 页。

三个特殊的阶段。根据我们在前面指出的谢林对认识和实践的看法，他认为表象或者是和客体一致（那时它就是认识的活动），或者是使客体服从自己（那时它就是实践的活动）。从事认识的理智也就是理论的自我，它是一种必然的、非任意的活动；从事实践活动的理智也就是实践的自我，它是一种自由的、任意的、有目的的活动。这两种理智既然属于同一的意识或自我，它们在根本上就应当是同一个理智，那么，这同一个理智为什么能够同时和客体一致，又使客体服从自己呢？何以它同时是必然的，又是自由的呢？谢林认为，为了解决这个困难，就必须假定，作为这两种理智的基础的乃是同一的活动，这是一种创造的活动，它既创造认识的主体，又创造欲望的客体，它同产生自然界的那种无意识的，但又合目的的精神活动原则上是一种活动。可是，在意识内跟自然界中无意识的创造的精神相应的，既不是认识，也不是欲望，而只能是第三种，即艺术的创造活动。自然的创造力量和主体的创造力量根本上是同一的创造活动，自然界产生一个客观事物的实在世界，艺术产生一个理想的世界，自然与艺术都是纯粹创造性的。客观世界、大宇宙不仅是有生命的有机体，而且也是一件精雕细镂的艺术品，它"是精神的原始的，还没有意识的诗"；而艺术品则是同样的具体而微的宇宙，是同一个精神的同一的启示，只是它是有意识地创作出来的诗而已。谢林根据这种神秘的唯心主义观点，认为在人类的这三种精神活动能力（认识、欲望和艺术）中，艺术是最高的，是以必然感觉为特征的认识活动和以自由感觉为特征的意志活动的统一。因此，只有在艺术的意识、审美的直观中，那包括一切的同一性，即"绝对同一"，才能直接地被把握到，而艺术哲学就应当凌驾于理论哲学与实践哲学之上，提供哲学的普遍方法或"哲学的官能"。

谢林的"理论哲学"以"理论自我"为对象，目的是要引申出自然界来。他认为，理论的自我意识发展有三个基本阶段：（1）感觉；（2）创造的直观；（3）反思。感觉是自我意识的被动状态，在这里还没有"我觉"，感觉仿佛是外来的、给予的刺激，外部的东西仿佛是自在之物，其实它是"创造的直观"（现在还是内直观）产生的，在这里还不可能划定主体和客体之间的区别。在创造的直观阶段上，一方面产生了"我觉"，即自我意识；另一方面，由于创造的直观成了外部的直观，便形成了知觉的客体，即自然界的物体。创造的直观借以形成客体的主要范畴是空间、时间和因果性，至于相互作用和实体范畴则被认为是因果关系的环节，而质、量的范畴则是实体的偶性的环节。谢林把他的自然哲学安排到这一部分中来，因为，自然界的"自乘"的主要点应同时呈现为自我意识历史中的诸环节，或者说，对象意识的形式的系列必须与自然界"自乘"的主要点相吻合。在谢林看来，意识的对象是自然界，而自然界的本质是理智，这个理智也就是自我。主观的理智在认识中有意识地再产生客观的意识以必然性所产生的那些东西，所以物的秩序与观念的秩序、对象的形成和主体的形成应当是一致的、同一的，因为自然与理智原则上是同一个东西。由于创造的直观是无意识的活动，因此，主体与客体、自我与非我是对立的。自我意识的进一步发展是反思，就是说，对直观本身进行反思。反思主要是一种抽象活动，即凭借概念和判断进行活动。概念和判断活动看起来是经验的，实际上是先天的，是意识的纯粹自发的活动。谢林认为，通过反思，理智就"从客体解放出来"，摆脱了对象性，不再认为客体是独立于意识而存在的，就意识到意识和对象、主体和客体的实在的同一性，即客体是自我产生的，这样，理智意识到它的自由，它就从理论的自我转变成为实践的自我，即意志了。谢林的这些论点，实质上不过是康德，特别是费希特的主观唯心主义原理的重复和略加修改而已，只是谢林在这里更加全面地复活了柏拉图认识论的基本观念，他把认识归结为自我直观，也就是归结为理智无意识地进行的原始的、必然的创造活动的经历的回忆：思维的精神意识到自己的宗谱，从而认识的历史就变成了精神自己沉入自己、深入到自己的无意识的前史中去的一种神秘过程了。

谢林的"实践哲学"以实践的自我为对象，目的是要引申出一个道德世界来，即是说，引申出人类历史来。他认为，反思从客体绝对抽象出来，就意味着超出了一般认识的范围，而这种绝对抽象（即绝对不依赖于对象）只有欲望才可能，对欲望的意识来说，表象（作为目的）先于对象并使对象服从自己。谢林认为，自然的对象世界是发生于彻底无意识的创造，而现在有意识的创造参加进来了，实践的自我所创造的是第一个世界（自然界）中的第二个世界（历史），它具有第一个世界同样的实在性，但在内容上则是对立的，这个世界是有意识、有目的地去实现和产生的。

那么，实践的自我有没有自由呢？或者说，意志能不能做到自决呢？谢林认为，只有当意志本身具有它自己的原则时才可能有自由，这个原则首先以"应当"的道德命令的形式出现，但是这个"应当"也应以一种欲望为根据，而这不可能是个人的欲望，而是普遍性的欲望。正是在这一点上，谢林就开始同康德和费希特分手了。在谢林看来，这个"应当"是一种在自我之外的力量，个别的意志为它所决定并通过它来自决。自我的实践意识一开始就同别的自我的欲望和活动发生了关系，而在这样的关系之中道德世界及其理想的要求早已作为现实的东西（尽管在道德方面并不是完满的）而实存着，因此，一切现实的欲望、追求的开端不应在个别人的孤立的人格中去寻找，而应在人类的现实的历史潮流中和人们的有目的的活动的相互作用中去寻找。因此，现实的人在欲望方面有着既成的出发点，他只能把自己的目标作为"理想"、自由的纲领，放到比那个出发点更远的地方去，所以，个人在道德上追求的，完全不能是纯粹的全新的创造，而只能是改造现存的东西。同时，另一方面，个人行动很少能如愿以偿，而是往往不依行动者个人的意志为转移而产生出行动者本人根本不想得到的结果，或者说，行动者个人通过自由，竭尽全力想要做成的事往往遭到失败而归于毁灭。这就是为什么即使道德义务也不能使人对他的行动的结果放心的原因所在。总之，在谢林看来，像康德和费希特那样离开必然来思考自由是根本行不通的，因为"在自由中又应该包含必然"①；同时，自由与必然之间也不存在康德和费希特划定的鸿沟，而是"自由应该是必然，必然应该是自由"②。

但是，谢林在必然与自由问题上走得还更远。他认为，人的意志活动是彻底为外界所决定的，即使人事实上有自由的意识伴随着，那也不是真实的自由，而只是似是而非的自由。因为，既然道德律被认为是意志的绝对的和唯一的决定者（如康德所说的），那么道德律就决定着意志，意志也就不能在服从还是不服从之间有所选择了。谢林并不否认人们有可能决定自己去赞成还是反对道德上的"应当"，但这种自由在他看来只是"任意"，而不是真正的自由。那么，真正的自由、积极的自由是什么？谢林承认，这是无从说明的，它是人类本质中最深刻的谜。这样，由于不能解决必然与自由之间的真正内在联系问题，谢林就趋向于神秘主义了。

---

① 谢林：《先验唯心主义体系》，商务印书馆 1977 年版，第 244 页。
② 谢林：《先验唯心主义体系》，商务印书馆 1977 年版，第 244 页。

不过，谢林又认为，自由与必然的问题单纯从人类学观点看应当说是已经解决了，困难在于运用它来解释历史。他断定"历史的主要特点在于它表现了自由与必然的统一，并且只有这种统一才使历史成为可能"①。谢林的历史哲学的主要使命正在于阐明这一点，而对于历史的进步和发展的规律的说明也正是其实践哲学的主要内容。

谢林认为，人类历史首先呈现给我们的是一切个体的无规律的、有意识的自由表演过程，但是完全没有规律的事物还不配称为历史，只有个体的这种自由表演过程同时又是整个"族类逐渐实现从未丧失的理想的过程，才构成历史的特点"②。因为历史的概念里包含着无限进步的概念，所谓进步就是指：（1）历史中不允许有把人的自由活动限制在一种确定的、总是周而复始的连续行动系列上。（2）历史完全不同于理论，不是按照一定机制产生的："人之所以有历史，仅仅是因为他要做的事情无法按照任何理论预先估计出来。就此而言，任性是历史的女神。"③（3）抱有理想的生物才有历史，这种理想是决不能由个体实现的，而只能由族类加以实现；这样就必须由绵延不绝的个体构成一个连续的、相继实现理想的行动过程，即构成一个朝着实现理想的最终目标前进的过程，而逐渐接近这个目标的程度就是权衡人类进步的历史尺度。当然，人类理想逐渐实现的过程不可以设想为人类所有个体一致自觉地使自己的一切行动指向最终目标的过程，因为大多数人连这样的目标想都没有想到过，而是按照他们各自的目的和意图在那里任意地自由行动。因此，人类历史的一贯进步的发展只能这样来理解：个体照例进行着目中无人、突出自己的毫无规律的自由表演，而在最后却产生了合乎理性的、协调一致的东西。决定这个最后结局的，显然不是一切行动中的主观东西（如自觉的目的、意图、动机等等），而是隐藏在一切行动之中的客观东西，它不依赖于主观东西或自由而根据自己固有的规律产生出自己要产生的东西。谢林认为，只有在人的任意行动又受无意识的客观规律支配的情况下，才能设想一切行动是为一个共同的目标而最后统一起来的。他说："在一切行动中的客观东西都是某种共同的东西，它把人们的一切行动都引导到唯一的共同的目标上。因

---

① 谢林：《先验唯心主义体系》，商务印书馆1977年版，第243页。
② 谢林：《先验唯心主义体系》，商务印书馆1977年版，第241页。
③ 谢林：《先验唯心主义体系》，商务印书馆1977年版，第240页。

此，人们不管怎么做，不管怎么任意放肆，都会不顾他们的意志，甚至于违背着他们的意志，而为他们看不到的必然性所控制，这种必然性预先决定了人们必然会恰好通过无规律的行动，引起他们预想不到的表演过程，达到他们不打算达到的境地，而且这种行动越无规律，便越确实会有这样的结果。而这种必然性本身只有通过一切行动的绝对综合，才能加以设想。"① 这就是说，只有全部历史是作为"一切行动的绝对综合"发展了出来，而一切事物不管如何发生和互相矛盾，由于是在"绝对综合"中被预先审察和估计过，因而毕竟有着统一的方向和最终结局——只有在这样的条件下，上述必然性才可以想象。不过，谢林认为，即使这样，"绝对综合"中的这种统一也只说明了历史概念中的一个规定，即规律性或客观事物（规律性就是从客观事物发生）及其对历史的预先决定，而没有说明历史概念中的另一规定，即规律性和无规律性（自由）、客观事物和自由决定者、无意识的必然的东西和有意识的自由的东西之间的和谐是怎样建立起来的。例如，我们根据什么确信客观的预先决定和自由所能造成的事物的无限性会相互穷尽，以致客观事物实际上是对整个自由行动的绝对综合？是什么东西保证互不相干、互不依赖、彼此绝对的客观事物和自由之间会不断一致？是什么东西决定了客观事物会把自由本身所不能有的合乎规律的东西，客观地附加给完全表现为任性的自由呢？谢林认为，绝对的客观事物和绝对的主观事物、有意识的东西和无意识的东西之间的预定和谐只有通过"某种更高的东西"才可以思议，这种更高的东西就是凌驾于两者之上的主体和客体的绝对同一性，即绝对。绝对为了达到意识，也就是仅仅为了表现出来，才在意识活动、自由行动中把自己分离为主观事物和客观事物、有意识的东西和无意识的东西，但绝对本身则是它们之间的和谐的永恒同一性和永恒根据。由于绝对本身不包含任何的二重性，所以它永远不是意识或知识的对象，但却是人们行动中永远假定的，即信仰的对象。谢林把绝对也称为"历史中的上帝"，它通过人们的自由表演本身不断地把自己启示和表露出来，以致它的生存也与这种自由表演不可分离。正因为如此，人们便会最先在历史的规律性中觉察到"天意"，即永恒不变的绝对同一性的痕迹，"这种规律性作为一只未知的手编织出来的

---

① 谢林：《先验唯心主义体系》，商务印书馆 1977 年版，第 248 页。

东西，通过任性的自由表演，贯穿在全部历史过程中"①。谢林由此认为，人通过自己的历史在不断地作出上帝存在的证明，而且这种证明也只能由全部历史来完成；而由于人的自由表演必定是无穷的，所以绝对综合的完整发展，即历史也是一个无穷的发展过程，它本身只是上帝的一种决不会完全发生的启示，因此它对于上帝存在的证明也永远不会完成。而且，既然"历史中的上帝"的生存是与人的自由表演不可分离，那么个人和人类就不只是上帝用以演出自己创作的戏剧的工具（演员），而且是参与整个戏剧创作的诗人，是他们所演的特定角色的亲自编造人，换句话说，他们都参与了历史的创造，是历史的创造者。正因为如此，谢林说："对于人而言，他的历史不是预先规定了的，人能够而且应当自己创造自己的历史。"② 根据历史概念中的不同规定，谢林断言人们可以得到三种不同的历史观体系：只反思到一切行动中的无意识的或客观的东西，因而把全部历史都看作是仿佛由命运完全盲目预先决定的宿命论体系；只反思到主观的或任意起作用的东西，因而认为一切作为与行动都没有规律和必然性的无规律性的体系，即反宗教的、无神论的体系；如果反思上升到了作为客观的必然的东西和主观的自由的东西之间的和谐的根据的绝对，那就会产生出唯一真实的天意体系，即宗教体系。我们看到，谢林提出和力图说明历史观中以自由和必然的对立统一为核心的主体和客体、主观动机和客观后果、个体和族类、历史规律和自由创造、偶然和必然等等的相互关系问题，但他由于唯心主义的出发点和形而上学的思维方式，最后却赋予历史以一种神秘主义的和僧侣主义的意义。

谢林进一步把绝对启示自己的过程，因而也就是把历史的发展过程划分为三个时期：

（1）原始时期。在这里占支配地位的东西作为命运，作为一种盲目的力量，冷酷地、无意识地毁灭宏伟壮丽、充满奇迹的古代世界。

（2）从罗马帝国的兴起直到当时还在继续的时期。上一时期表现为命运、盲目力量的东西这时呈现为自然界，而过去起支配作用的隐蔽的规律则成了明显的自然规律，它强迫人们服从一种自然计划，因而逐渐引起

---

① 谢林：《先验唯心主义体系》，商务印书馆 1977 年版，第 250 页。

② 谢林：《对近期哲学作品的一般看法》，《谢林著作集》第 1 卷，慕尼黑纪念版，第 394 页。

了历史中的一种机械的规律性。在这一时期里，由于环境的强制，造成了一些纯粹暂时性的带有自己灭亡的萌芽的制度，这就是不同形式的统治者的个人意志和任性放肆占支配地位的专制制度。他们对外征服和奴役各民族，而这一切却无意识地在服务于一种使各民族的联盟和包括广大地区的国家形成起来的自然计划。他们对内的专制统治，一旦时过境迁，人民起来索回在环境逼迫下所放弃了的某些不可转让的权利时，就会按照自然规律无意识地必然发生的那样归于覆灭。谢林在抨击封建专制主义时写道："在一种制度中不是法律制度占支配地位，而是法官的意志和专制主义占支配地位……这种制度的景象就是深信法律神圣性的感情所能遇到的最可鄙和最令人愤慨的景象。"①

（3）未来时代。以前表现为命运和自然界的东西，这时将作为天意而得到发展和显示。这就是必然与自由的和谐统一，即普遍的法治状态这一人类理想或最终目标实现的时期。谢林把法看作是人内部起初就固有的精神自由的必然的社会表现，认为法治是自由实现于外部世界的必要条件，而法治的实现又必须通过自由。谢林把这个未来的时期美化为理想愈来愈成为现实，现实愈来愈成为理想的时期。这样，在谢林那里，整个历史就成了普遍的法治状态的萌芽、准备、发展和实现出来的历史。这种历史观无疑表达了德国资产阶级对资产阶级理想国家的向往和必然要实现的信念。不过他又认为，历史是无限的进展过程，人类的最终理想因此也是不能完全实现的，普遍的法治状态是一个永远不能完全达到的最终目标。这就为资产阶级向封建主义妥协的不同形式（直到贵族的政治领导权）和改良留下了很大的余地。尽管如此，谢林的历史哲学在费希特的基础上仍然向前跨出了一大步，特别是把辩证发展的观点带进了历史领域，试图寻找历史本身的必然规律性，阐明主观能动的自由创造活动和客观规律的制约作用的矛盾统一，这在德国古典唯心主义的发展中是有重要意义的。

谢林通过他的"理论哲学"和"实践哲学"得出结论，如果自我仅仅是理论的自我或实践的自我，那么自我就不能实现"绝对的同一"，因为反思和活动都是以主体与客体、理想的（观念的）东西与现实的（实在

---

① 谢林：《先验唯心主义体系》，商务印书馆 1977 年版，第 236 页。

的）东西的对立和差别为前提的，是必然要从属于它们的"两极性"、"二重性"或"二元性"规律的。谢林认为，只有把"理论哲学"和"实践哲学"结合起来的"自然目的论哲学"，才能凭借其"理智的直观"，而超出反思与活动、理想与实在的二元论，达到它们的同一。所谓理智的直观跟感性的直观有相通之处，即它们都是直接的知识，而不是通过证明、结论和概念的媒介获得的间接知识。但它又是跟感性直观相对立的：感性直观并不表现为它的对象的产生，因此直观活动在这里与被直观对象是不同的，存在着主体与客体的对立；而理智的直观则不然，它完全自由地进行产生的活动，它的活动同时产生它自己的对象，直观者与被直观者是同一的。谢林认为这种直观是一种精神的艺术感，并不是任何意识可以得到的，只有哲学上的天才之士才有。既然不是每个人都能有理智的直观，所以也就不是每个人都能作哲学思维；天生的哲学家就是高度发展的（最高"因次"中的）意识，他无非就是一个天生的艺术家。谢林认为通过这种理智的直观，就否定了观念与实在的二元论，肯定了自我与非我都来源于一更高的，一切对立都消溶于其中的同一。在这里，自我把自己跟产生自然界、客观世界的无意识的精神合而为一，而此无意识的宇宙精神则客观化于世界之中并人格化于自我之中。这样，按谢林的神秘主义观点看来，我们就部分地回到我们由之而来的"绝对"去了，就会看到，"自然，无论是作为整体来看，还是就它的各个产物来看，都必将显现为一种被有意识地创造出来的作品，但同时也必将显现为最盲目的机械过程的产物。自然是合目的的，却又不能用合目的性加以解释"①。

但谢林又认为，即使理智的直观也还不能完全摆脱主体与客体的两极性，因为一方面，这里还是有直观者，另一方面还有被直观者（尽管是由直观者自己产生的），这就是说，仍然有主体与客体的差别，没有达到"绝对同一"。只有在审美的直观中，即通过想象力的审美活动，才有可能达到"绝对同一"。因此，谢林把艺术看作是自我意识发展的最高阶段，认为艺术脱离自然决不是它的缺点，而是它的优点，天才在产生艺术作品时，就是把自由的活动与必然的活动、有意识的活动与无意识的活动结合起来，使自由与必然、精神与自然、理想与实在、主体与客体无限和

---

① 谢林：《先验唯心主义体系》，商务印书馆 1977 年版，第 15 页。

谐地结合在艺术品之中，就仿佛是宇宙精神创造自然界一样。活生生的艺术品总是不断重新确证哲学永远追求不到或无法从外部表示的东西，即行动和创造中的无意识事物及其与有意识事物的原始同一性。谢林因此认为"艺术是哲学的唯一真实而永恒的工具和证书"；艺术对于哲学家来说是最崇高的东西，"因为艺术好像给哲学家打开了至圣所，在这里，在永恒的、原始的统一中，已经在自然和历史里分离的东西和必须永远在生命、行动与思维里躲避的东西仿佛都燃烧成了一道火焰"①。正因为如此，艺术哲学就成了哲学的"整个大厦的拱顶石"②。这样，谢林就把艺术抬高为一种凌驾于一切人类意识形式之上的神秘的力量了。

谢林是当时兴起的德国浪漫主义的思想鼓舞者之一。他号召把哲学与科学融合在浪漫主义的诗中，要求以非理性的东西代替理性的东西，以非逻辑的东西代替逻辑的东西，这种倾向从认识论上来说决非偶然。当谢林把真理了解为主观与客观的绝对的、无差别的同一时，他就已经打开了通向神秘主义和非理性主义的道路了，因为，没有主观与客观的一致符合，固然谈不上认识的真理性，然而这种一致符合只有在一种间接的、无限接近的、具体的发展过程中才是可理解的，取消这一过程，把符合当作绝对静止的无差别的等同，也就失去了认识和理解的手段和可能性，而不得不依赖某种神秘的直接体验和静观了悟，依赖于那只有主观心知，而无外在确证的个人天才和灵感了。谢林哲学的这一落脚点，从实质上看，与费希特的自我意识的"唯我论"并没有根本的区别。不过也应当看到，谢林从理性主义转向非理性主义和神秘主义，这本身也包含着对传统知性思维方式和形式逻辑的局限性的某种不满和超越，包含着对辩证思维的飞跃性、无限性和直接深入本质的特点的猜测。但由于谢林并未认真地研究和改造逻辑学，并未建立起一种超越于传统形式逻辑之上的辩证逻辑，他仍然受到旧的形而上学思维方式的局限，以致最终走向了否定一切逻辑思维的非理性主义和神秘主义。沿着这条道路，谢林在他的后期合乎逻辑地形成了他的"启示与神话的哲学"，把信仰和宗教抬到理性和科学之上，使自己的哲学与神学完全合流了。

---

① 谢林：《先验唯心主义体系》，商务印书馆 1977 年版，第 276 页。
② 谢林：《先验唯心主义体系》，商务印书馆 1977 年版，第 15 页。

*   *   *

在本章里，我们考察了自康德以后，从费希特开始而由谢林继续下来的对上一世纪形而上学的改造工作。这种工作的进行具有鲜明的二重性和矛盾性：它一方面是在反对唯物主义的倾向下进行的，是一步一步地彻底贯彻着康德所提出的唯心主义原则——从思维中引申出整个世界来；另一方面，它又是沿着批判形而上学的世界观和方法论的路线进行的，是一步一步地将唯心辩证法渗透到各个领域，以解决康德由于形而上学方法所造成的各种矛盾和提出的各种问题。这两方面都指向着克服不可知论，辩证地解决思维和存在、主体与客体的同一性这一总问题。

费希特在主观唯心主义基础上克服了康德的二元论。他主要是抽象地发展了主观能动性方面和思维形式的唯心辩证法。费希特仍旧停留在现象论立场上，否认我们认识中有不依主体为转移的客观内容。

谢林企图在客观唯心主义的基础上克服二元论、主观唯心主义和怀疑论，力图证明主体与客体服从于同一的规律，肯定了我们的认识应当是认识客观真理。他主要发展了关于认识内容方面的唯心辩证法，把唯心辩证法推广于自然界和历史，开始了对斯宾诺莎实体观的辩证改造工作。但由于其非理性的直觉主义倾向的局限，他却降低了人类逻辑思维、理性认识的意义，否认了思维形式、概念把握在认识论中的重要作用。

费希特和谢林由于各自的片面性，就还不能建立起新的辩证法哲学。但是，他们各自的成就，为继他们而起的黑格尔哲学准备了直接的思想前提。没有费希特哲学和谢林哲学这两个重要的环节，就不可能有从康德哲学到黑格尔哲学的过渡。这是一个具有逻辑的内在必然性的过程。

第三章　黑格尔

——主观能动性和客观制约性的唯心辩证法

　　黑格尔哲学是 18 世纪后半期至 19 世纪初德国古典唯心主义哲学发展的最高阶段，是从康德开始的德国哲学革命第一时期的完成阶段。以 1807 年写成并出版的《精神现象学》为标志，黑格尔开始摆脱了他早年的谢林哲学的立场，而走上了独立发展自己的体系和方法的道路。在 1812—1816 年间，他分三卷出版了其最重要的著作《逻辑学》，1817 年又出版了标志其整个哲学体系的建立的巨著《哲学全书》，由《逻辑学》（《小逻辑》）、《自然哲学》和《精神哲学》三大部分构成。1821 年出版了《法哲学原理》。黑格尔逝世后，他的学生们根据他遗留下来的提纲、讲演记录以及学生们的听课笔记，出版了《历史哲学讲演录》、《美学讲演录》、《宗教哲学讲演录》、《哲学史讲演录》以及《书信集》等等。从 1832 年起开始出版《黑格尔著作全集》共 20 卷，新修订版的《黑格尔全集》共为 30 卷。

　　关于黑格尔留下的思想遗产，恩格斯在总结马克思和他对黑格尔哲学的态度，说明他们"怎样从这一哲学出发又怎样同它脱离"时评价说："黑格尔的体系包括了以前任何体系所不可比拟的广大领域，而且没有妨碍它在这一领域中阐发了现在还令人惊奇的丰富思想。精神现象学……、逻辑学、自然哲学、精神哲学，而精神哲学又分成各个历史部门来研究，如历史哲学、法哲学、宗教哲学、哲学史、美学等等——在所有这些不同的历史领域中，黑格尔都力求找出并指明贯穿这些领域的发展线索；同时，因为他不仅是一个富于创造性的天才，而且是一个百科全书式的学识渊博的人物，所以他在各个领域中都起了划时代的作用。当然，由于'体系'的需要，他在这里常常不得不求救于强制性的结构，对这些结构，直到现在他的渺小的敌人还发出如此可怕的喊叫。但是这些结构仅仅是他的建筑物的骨架和脚手架；人们只要不是无谓地停留在它们面前，而是深入到大厦里面去，那就会发现无数的珍宝，这些珍宝就是在今天也还保持充分的价值。"①

当然，黑格尔哲学的出现决不是偶然的，它之所以能够成为当时哲学的顶峰，是有此前一切哲学发展的进步作为基础的。对黑格尔哲学的理解，首先就必须从其理论来源及黑格尔对此前的哲学发展，尤其是德国古典唯心主义的发展的态度入手，才能把握和揭示出其本质性的特征。

第一节　黑格尔辩证唯心主义哲学的理论来源和基本特征

一、黑格尔哲学的理论来源

黑格尔哲学是从康德开始的德国古典唯心主义哲学运动的结束阶段，因此，它的直接的先驱就是康德、费希特和谢林的哲学。作为德国古典哲学创始人的康德在他的二元论体系里提出了一条唯心主义原则，这就是把人类理性看作是不依赖于客观世界的独立的本原，企图从理性中引申出客观世界的规律性。康德的直接的后继者们就是沿着这条唯心主义路线来克服康德哲学中的唯物主义因素和二元论的不彻底性的，黑格尔则是这一唯心主义路线的完成者。此外，由康德开始的哲学革命，其矛头是指向莱布尼茨—沃尔夫和17世纪的形而上学的，这一革命的任务，经过费希特和谢林，由黑格尔在唯心主义范围内完成了，即是说，黑格尔哲学也是近代唯心主义辩证法对17世纪形而上学的胜利。这就决定了黑格尔对他的直接的先驱者们的态度：一方面是忠实地、无批判地继承与发扬他们的唯心主义基本原则，力图消除、克服他们唯心论体系中的矛盾，使唯心主义贯

① 《马克思恩格斯文集》第4卷，人民出版社2009年版，第272页。

彻到底；另一方面是无情地批判他们哲学中由传统带来的形而上学的局限性，揭露和发扬他们体系中的辩证法因素，使唯心主义辩证法上升到完整的系统的形态。

黑格尔认为，康德提出对思维范畴的批判和研究，是一很重要的进展，因为一切形而上学思维方式的根本缺点就是对自己运用的范畴采取无批判的态度，陷入了"非此即彼"、"是—是，否—否"的独断主义。但是黑格尔反对康德在认识之前先研究认识能力的"先验方法"，他说："对于别的工作的工具，我们诚然能够在别种方式下加以考察，加以批判，不必一定限于那个工具所适用的特殊工作内。但要想执行考察认识的工作，却只有在认识的活动过程中才可进行。考察所谓认识的工具，与对认识加以认识，乃是一回事。但是想要认识于人们进行认识之前，其可笑实无异于某学究的聪明办法，在没有学会游泳以前，切勿冒险下水。"①黑格尔则认为："必须把思维形式的活动和对于思维形式的批判在认识的过程中结合起来……思维形式既是对象，又是对象自身的活动，——思维形式自己考察自己，必须由它自身去规定自己的限度，并揭示自己的缺点。这种思想活动就叫做'辩证法'……辩证法并不是从外面加给思维规定的，它就内在于思维规定之中。"②

黑格尔认为，康德是近代哲学史中第一个使现象与自在之物、现象与本质的区别再次有效（之所以说是"再次"，是因为古希腊哲学家早已作过这种区分）的人，黑格尔把这看作是康德哲学的一个重大功绩。但是，黑格尔坚决批判了康德关于现象与自在之物、现象与本质之间有原则区别及现象的主观性的结论："康德只走到半路就停住了，因为他只理解到现象的主观意义，于现象之外去坚持着一个抽象的本质、认识所达不到的物自身。"③黑格尔要求从彻底的客观唯心主义的立场出发，把自在之物与现象、把本质与现象辩证地统一起来。他特别反对康德关于人类认识有不可逾越的界限的不可知论思想。黑格尔的出发点是："当一个人只消意识到或感觉到他的限制或缺陷时，同时他便已经超出他的限制或缺陷

---

① 黑格尔:《小逻辑》，商务印书馆 1980 年版，第 50 页。
② 黑格尔:《小逻辑》，商务印书馆 1980 年版，第 118 页。
③ 黑格尔:《小逻辑》，商务印书馆 1980 年版，第 276 页。

了。"① 康德把思维、理性、概念，总之一切主观的东西认作此岸的，而把自在之物或客观的东西认作彼岸的，它们彼此之间有绝对的差别、生硬的对立。黑格尔尖锐地批评说，这种二元论的观点是完全不真实的："动物并不是老停留在这个观点上面，它通过实践达到两者的统一"②，"连动物也不会像这种形而上学家那样愚蠢，因为动物会扑向事物，捕捉它们，抓住它们，把它们吞食掉"③。黑格尔坚决捍卫人类理性的权利，主张可知论："那隐蔽着的宇宙本质自身并没有力量足以抗拒求知的勇气。对于勇毅的求知者，它只能揭开它的秘密，将它的财富和奥妙公开给他，让他享受。"④

黑格尔认为，康德第一次确定了知性（以有限的和有条件的事物为对象）和理性（以无限的和无条件的事物为对象）的区别，并指出理性在认识无限时必然陷入矛盾，这乃是康德在近代哲学认识上作出的一个最重要和最深刻的推进，康德因此而恢复了辩证法的权威。但黑格尔同时指出，康德的这个见解是如此深刻，而他的解答却又是如此肤浅。这种肤浅表现在：（1）康德区分知性和理性是对的，但是他把有限和无限割裂开了，从而停留在无限不可认识这一消极结果里。黑格尔指出，按照康德的理解方式，"如果只认理性为知性中有限的或有条件的事物的超越，则这种无限事实上将会降低其自身为一种有限或有条件的事物，因为真正的无限并不仅仅是超越有限，而且包括有限并扬弃有限于自身内"⑤。所以在黑格尔看来，我们并不是在有限之外去直接认识无限，而是通过有限、扬弃有限去认识无限。（2）康德指出理性在认识无限、本质时必然陷入矛盾，这是对的，但他对这种矛盾的解决，"只出于对世界事物的一种温情主义。他似乎认为世界的本质是不应具有矛盾的污点的，只好把矛盾归于思维着的理性，或心灵的本质"⑥，黑格尔则认为矛盾才是世界万物的真正内容和本质。（3）康德对二律背反缺乏更深刻的研究，所以他只列举了四个二律

① 黑格尔:《小逻辑》，商务印书馆 1980 年版，第 148 页。
② 黑格尔:《哲学史讲演录》第 4 卷，商务印书馆 1978 年版，第 286 页。
③ 黑格尔:《自然哲学》，商务印书馆 1986 年版，第 13 页。
④ 黑格尔:《小逻辑》，商务印书馆 1980 年版，第 36 页。
⑤ 黑格尔:《小逻辑》，商务印书馆 1980 年版，第 126 页。
⑥ 黑格尔:《小逻辑》，商务印书馆 1980 年版，第 131 页。

背反，而黑格尔则强调："不仅可以在那四个特别从宇宙论中提出来的对象里发现矛盾，而且可以在一切种类的对象中，在一切的表象、概念和理念中发现矛盾，认识矛盾并且认识对象的这种矛盾特性就是哲学思考的本质。"① (4) 康德发现了理性的矛盾，却"仅停滞在物自身不可知的消极结果里，而没有更进一步达到对于理性矛盾的真正积极的意义的知识。理性矛盾的真正积极的意义，在于认识一切现实之物都包含有相反的规定于自身。因此认识甚或把握一个对象，正在于意识到这个对象作为相反的规定之具体的统一"②。可见，矛盾本来是康德论证他的不可知论的王牌，黑格尔却把它改造和发展为事物的以及对事物认识的根本原则了。

黑格尔也肯定康德《实践理性批判》中所提出的"意志自律"的主观能动原则是一个进步，因为理论理性在康德那里只有认识无限的消极能力，没有积极的内容，实践理性则是一积极的无限的能力，它有能力依据理性的自身一贯性决定它自己，提供行动的规律。但是，黑格尔认为，康德虽然承认人有此种能力，但关于意志或实践理性的内容，关于这些内容的规定性是什么的问题并没有解答，只是提出了一个空洞的，永远不能实现的"应当"或"绝对命令"。黑格尔对康德关于实践哲学是关于事物应当怎样的学问这一公式予以尖锐的批判，认为把"实际怎样"（现实）和"应当怎样"（理想）对立起来是知性的抽象思维。"惯于运用理智的人特别喜欢把理念与实在分离开，他们把理智的抽象作用所产生的梦想当成真实可靠，以命令式的'应当'自夸，并且尤其喜欢在政治领域中去规定'应当'。这个世界好像是在静候他们的睿智，以便向他们学习什么是应当的，但又是这个世界所未曾达到的。因为，如果这个世界已经达到了'应当如此'的程度，哪里还有他们表现其老成深虑的余地呢？"③ 黑格尔则要求在彻底的唯心主义基础上把现实与理想辩证地统一起来："哲学是探究理性东西的，正因为如此，它是了解现在的东西和现实的东西的，而不是提供某种彼岸的东西，神才知道彼岸的东西在哪里，或者也可以说……这种彼岸的东西就是在片面的空虚的推论那种错误里面。"他由此提出了现实与理性的理想之间的辩证关系："凡是合乎理性的东西都是现实的；凡是

① 黑格尔：《小逻辑》，商务印书馆 1980 年版，第 132 页。
② 黑格尔：《小逻辑》，商务印书馆 1980 年版，第 133 页。
③ 黑格尔：《小逻辑》，商务印书馆 1980 年版，第 44—45 页。

现实的东西都是合乎理性的。"① 这就是对康德的一种纠正。

黑格尔认为,康德的《判断力批判》包含有真正辩证的("思辨的")因素,这就是康德所提出的自身包含着特殊的普遍以及内在目的论的思想。按照黑格尔的理解,康德哲学的这一思想提示了比《纯粹理性批判》和《实践理性批判》以之为根据的更高的一种思维方式,提示了一条在唯心主义范围内克服主观与客观、普遍与特殊之对立的出路,"最适宜于引导人的意识去把握并思考那具体的理念"②。但是,黑格尔责备康德由于"所谓思想的懒惰",而没有在《纯粹理性批判》和《判断力批判》所发挥的两种有原则区别的思维方式之间作出认真的选择,并彻底发挥《判断力批判》提出的原则,而只是在"应当"中去寻找一条轻松的出路,并把它宣称为"仅仅是我们的观念"了事。黑格尔要求摒弃康德的二元论、主观唯心论和形而上学,他提出:"内在目的这一原则,如果坚持加以科学的应用和发挥,对于观察自然,将可以导致一种较高的而且完全不同的方式。"③

黑格尔认为费希特哲学的巨大功绩在于指出,必须揭示思维范畴的必然性,即范畴产生的必然性和系统性。费希特从思维(我思)自身辩证地推演出逻辑范畴的系统,这在黑格尔看来就是提出了能动性和否定性的原则。但是黑格尔又认为,费希特从我们的自我推演范畴是有局限的,因为这会使我们始终停留在主观意识的范围,这是"素朴意识"有权加以抗议的。黑格尔认为主观唯心论并不能把唯心主义贯彻到底,他指出,"康德叫做物自体的,费希特便叫做外来刺激",没有外来刺激,也就随之没有了费希特的自我,所以"费希特所谓自我,似乎并不是真正地自由的、自发的活动"④。马克思和恩格斯指出,费希特的自我意识作为形而上学地改了装的、脱离自然的精神,是黑格尔体系中的三个因素之一⑤。

谢林的哲学是黑格尔哲学最直接的先驱。黑格尔认为,提出真实的东西是主观的东西和客观的东西、思维和存在的绝对同一,这是谢林的功

---

① 黑格尔:《法哲学原理》,商务印书馆1961年版,"序言"第10—11页。
② 黑格尔:《小逻辑》,商务印书馆1980年版,第145页。
③ 黑格尔:《小逻辑》,商务印书馆1980年版,第146页。
④ 黑格尔:《小逻辑》,商务印书馆1980年版,第151页。
⑤ 参见《马克思恩格斯文集》第1卷,人民出版社2009年版,第342页。

绩，这个原则是哲学的唯一出发点。但是，黑格尔反对谢林把思维与存在的同一理解为"绝对无差别"的形而上学的同一，严厉地批判了谢林的非理性主义倾向。黑格尔认为，作为自然与精神的共同基础的不是非理性的宇宙精神，而应当是"理性的"、"逻辑的"宇宙精神。黑格尔还把运用辩证法的形式于自然视为谢林的另一功绩，但他责备谢林没有真正批判地理解和发挥康德和费希特所提出的"正、反、合"的思维运动规律和节奏，而是把它变成了"无生命的图式"，把这些图式中的规定（无论叫作主观性还是客观性、磁还是电都可以）从外面加到对象上去，这种"对感性事物行使暴力"的办法夺去了辩证法的生命，勾去了它的灵魂，使之丧失了应有的威信。"形式的知性并不深入于事物的内在内容，而永远站立在它所谈论的个别实际存在之上综观全体，这就是说，它根本看不见个别的实际存在。但科学的认识所要求的，毋宁是把自己完全交付给认识对象的生命，或者换句话说，毋宁是去观察和陈述对象的内在必然性。"①

综上所述，黑格尔是在批判地总结从康德到谢林的德国古典哲学的发展中，制定自己的哲学体系的。他一方面继承和发展了德国唯心主义的基本路线，一方面特别发挥和建立起了概念的辩证法，这两方面结合起来，使得他第一次唯心主义地和辩证地解决了近代哲学特别突出的中心问题，即思维和存在、主体和客体的统一问题。黑格尔看出，从康德到谢林的德国唯心主义特有的局限性鲜明地表现在不能辩证地解决思维和存在的同一性问题，不能彻底克服不可知论：康德、费希特都局限于主观唯心主义的现象论，谢林的非理性主义实际上否认了理性可以认识客观真理。正是这种情况使黑格尔继承了17世纪理性主义者笛卡尔、斯宾诺莎和莱布尼茨的思辨哲学传统。黑格尔主要继承了他们关于理性能够认识存在的本质和存在的本质只有通过思维才能被认识的可知论，关于把一定的思想看作是只有哲学家才能揭示的物质世界的秘密的思辨唯心主义观点，以及他们哲学中的辩证法因素。但是，黑格尔同时也对他们的哲学进行了深刻的批判，把他们的哲学称为"知性的形而上学"，指出他们的缺点在于：（1）以抽象的有限的知性范畴去认识无限的理性对象（心灵、宇宙、上帝）；（2）以抽象的片面的判断或定义来表达具体的真理；（3）以抽象的同

---

① 黑格尔：《精神现象学》上卷，商务印书馆1979年版，第36页。

一性作为真理的原则，坚持严格的"非此即彼"。黑格尔提出的任务则是要在辩证法的基础上改造和恢复这种有关存在与认识的最高基础的思辨哲学，即唯理论的形而上学。马克思和恩格斯指出，黑格尔天才地把17世纪的形而上学同后来的一切形而上学及德国唯心主义结合起来，建立了一个包罗万象的形而上学王国，因此，已经被击败了的17世纪形而上学"在19世纪的德国思辨哲学中，曾经历过胜利的和富有内容的复辟"①；并且指出，斯宾诺莎的学说是黑格尔哲学的重要理论来源之一，斯宾诺莎的实体作为"形而上学地改了装的、同人分离的自然"，构成了黑格尔体系的三大因素之一。②

　　当然，在考察黑格尔哲学的理论来源时，我们还不能只停留在近代哲学之中。虽然笛卡尔、斯宾诺莎、莱布尼茨哲学中已蕴含了辩证法的因素，但他们主要体现的是形而上学的思维方法。黑格尔在建立自己的辩证唯心主义体系时，就不能不超越他们，更远地去追溯古代希腊的素朴辩证法传统。黑格尔不止一次地指出过古代哲学家思维方式的优点，认为希腊哲学代表典型的自由思维，即辩证的思维。在古希腊辩证法哲学家中，黑格尔特别推崇柏拉图和亚里士多德。当然，柏拉图不仅是古代唯心的概念辩证法的创立者，而且是最大的客观唯心主义者，而亚里士多德则如恩格斯所说，是"古代世界的黑格尔，就已经研究了辩证思维的最主要的形式"③。但是，黑格尔并不止于继承古代唯心主义哲学家们的辩证思想，例如，对朴素唯物主义者赫拉克利特他就写过："这里我们看见了陆地；没有一个赫拉克利特的命题，我没有纳入我的逻辑学中"④，同时，黑格尔也指出，古代辩证法家的局限是立足于感性直观，因此必须站在自那以来人类两千多年文化发展成就的高度，去改造古代素朴的辩证法。

　　总之，黑格尔哲学的渊源，更广泛地看，一方面是历史上的一切唯心主义哲学发展到了"绝对"唯心主义，对思维和存在的关系作出了最彻底的唯心主义的解决；另一方面也是历史上一切辩证哲学（也包括唯物主义的辩证哲学）传统在近代唯心主义中的最高度的发展。如恩格斯所说

---

①　《马克思恩格斯文集》第1卷，人民出版社2009年版，第327页。
②　参见《马克思恩格斯文集》第1卷，人民出版社2009年版，第342页。
③　《马克思恩格斯文集》第9卷，人民出版社2009年版，第22页注①。
④　黑格尔：《哲学史讲演录》第1卷，三联书店1956年版，第295页。

的："总之，哲学在黑格尔那里完成了，一方面，因为他在自己的体系中以最宏伟的方式概括了哲学的全部发展；另一方面，因为他（虽然是不自觉地）给我们指出了一条走出这些体系的迷宫而达到真正地切实地认识世界的道路。"①

二、黑格尔哲学的基本特征

黑格尔哲学是直接继承谢林哲学发展而来的，他与谢林一样，都认为哲学的唯一出发点只能是主体与客体的"绝对同一"，都把"绝对同一"理解为自然和人类意识的精神本原。这种精神本原被称为"宇宙精神"或"绝对精神"，简称"绝对"。它是世界的基础，万物之本质，是永恒的、无限的。它是现实世界一切有限事物的真正实体，现实事物则是它的显现，依赖它而存在并存在于它里面。

但是，黑格尔为了克服谢林的非理性主义倾向和形式主义的缺点，为了解决谢林所无法解决的绝对同一的本体和现象世界千差万别的多样性之间的对立，最终真正解决思维和存在、主体与客体的对立问题，而对谢林的绝对同一原则在保持其唯心主义基础的前提下进行了根本的改造和重新理解。

黑格尔指出，谢林的缺点的根源在于，他只是把精神理解为斯宾诺莎式的不动的实体，而没有同样把它理解为主体。在黑格尔看来，"一切问题的关键在于：不仅把真实的东西或真理理解和表述为实体，而且同样理解和表述为主体"②。实体只有当它是建立自身的运动时，才真正是主体；所以，作为自然界和人类意识以前预先存在的"绝对精神"（主体与客体的"绝对同一"），按其本性来说，不应当理解为一种僵死的、静止的本质，而应当理解为一种活动的本原、积极的力量；它的能动性表现在它自己建立自己、自己实现自己。"绝对精神"从自身中异化出客体——自然，然后又克服这种异化，征服客体，把自然"据为己有"，从而实现主

① 《马克思恩格斯文集》第 4 卷，人民出版社 2009 年版，第 273 页。
② 黑格尔：《精神现象学》上卷，商务印书馆 1979 年版，第 10 页。

体和客体的真正的"绝对同一",在这整个过程中自始至终贯彻着的是作为主体的"绝对精神"的能动性。黑格尔认为,在没有发生异化以前的"绝对精神"只是一种"自在存在",即一种潜能,还不是现实的"绝对精神",还不是"自为存在";只有在它异化为自然界并从这种异化中回复到自身时,它才是"自为的"和"自在自为的"绝对精神,即现实的绝对精神;而"绝对精神"从自在到自为直至自在自为的整个发展过程,就是它的全部潜能的发挥,它的潜在性支配着全部发展过程。这样,整个现实世界的发展就是"绝对精神"从自在到自为和自在自为、从潜在的可能性实现为现实的内在必然的过程。黑格尔认为只有如此理解才能克服谢林的实体的统一性和现实的多样性这种二元论的矛盾。

既然"绝对精神"是这样一种能动的、活的实体,那么谢林所提出来的主体和客体"绝对同一"的公式 A=A 就是不能接受的了,因为这个公式排斥了差别,从而"绝对精神"就失去了内在活动的泉源。黑格尔为主体与客体的"绝对同一"提出了新的公式或规律:"实体作为主体是纯粹的简单的否定性,唯其如此,它是单一的东西分裂为二的过程或树立对立面的双重化过程,而这种过程则又是这种漠不相干的区别及其对立的否定。"① 按照这个公式,"绝对精神"就是一种自我否定、自相区别、自己产生差别与矛盾并克服差别与矛盾而回复到自身统一的本质活动,而不是一种无差别的、僵死的、静止的本质了。黑格尔这一规律就是以自我否定为基础的、否定之否定为节奏的对立统一规律的最初表述,他认为只有把"绝对同一"理解为自我否定的"对立统一",才能克服谢林的"单调的形式主义"和"千篇一律地重复同一个观念"的根本缺点。

"绝对精神"自我否定,在自身中树立对立面,其目的在于认识自己,它异化为自然界,然后又扬弃这个对立面,最后达到自我认识的目的。所以,在黑格尔看来,"绝对精神"与现实的自然界和人类有限的精神并不是漠不相干的或对立的,它是以人类意识和自我意识作为自己的体现者,通过自然界来认识自己的,只不过在人的思维活动中,唯一适合于表达它自身的是纯粹概念,而不是直观。人类意识并不是一开始就有纯粹概念,它是经过漫长的过程产生形成起来的,这个过程是同世界历史的发

---

① 黑格尔:《精神现象学》上卷,商务印书馆 1979 年版,第 11 页。

展过程，即人类"宰制"自然界的过程交织在一起的。"最初的知识……是感性的意识。为了成为真正的知识，或者说，为了产生科学的因素，产生科学的纯粹概念，最初的知识必须经历一段艰苦而漫长的道路。"① 绝对精神最终的自我认识是通过哲学家的自我意识实现的，但并不是通过哲学的灵感迸发或诗意的直观，而是通过概念的劳动所达到的知识的普遍性而实现的。"这种知识的普遍性，一方面，既不带有普通常识所有的那种常见的不确定性和贫乏性，而是形成了的和完满的知识；另一方面，又不是因天才的懒惰和自负而趋于败坏的理性天赋所具有的那种不常见的普遍性，而是已经发展到本来形式的真理，这种真理能够成为一切自觉的理性的财产。"② 黑格尔认为，只有这种"知识的普遍性"即科学的概念体系，才能免除和克服谢林哲学的非理性主义，实现谢林所提出但无力予以论证的主体和客体"绝对同一"的原则。

黑格尔从以上观点出发，认为哲学的对象是"绝对精神"的自己发展、自己运动，哲学认识的基本任务，就是去研究和表述这个运动的内在必然性，描述"绝对精神"的这个自己运动的历史。为了实现这一任务，黑格尔建立了庞大的哲学体系。

黑格尔认为，"绝对精神"在自己的发展过程中经历了三个主要阶段：在第一个阶段，它表现为逻辑概念的发展；在第二个阶段，它向自己的对立面转化，而"异化"为自然界；在第三个阶段，又扬弃这个对立面而回复到自身，终于达到了"绝对精神"自我认识的目的。依据"绝对精神"的这种辩证运动，黑格尔哲学也由三个主要部分所构成。

第一部分：逻辑学。研究在自然界之前的"绝对精神"，这个尚处于"自在"阶段的精神就是"绝对理念"，它所产生的逻辑范畴是整个世界，包括尚未出现的物质世界的基础，是整个体系的基本原则。

第二部分：自然哲学。研究"绝对精神"的"异在"，即体现为自然界的"绝对精神"。精神之所以需要自然界，只是为了达到认识自己的目的，因为自然界的最高产物——人的意识是精神的最适当的体现者；自然界既是人类精神活动的舞台，也是它认识绝对理念，即实现精神的自我认

① 黑格尔：《精神现象学》上卷，商务印书馆 1979 年版，第 17 页。
② 黑格尔：《精神现象学》上卷，商务印书馆 1979 年版，第 48 页。

识所必需的中介。但是，归根结底自然界只起建筑的脚手架的作用，等到"精神的大厦"修建好了，精神已经达到了自我认识，它也就没有存在的必要了。因此，在黑格尔的整个体系中自然界只是一个消逝着的环节。

第三部分：精神哲学。研究"绝对精神"从"异在"向自身的回复，即体现为人的精神的"绝对精神"。在这里，精神指人的意识活动及其产物。黑格尔认为"精神以自然为它的前提"，但这并不意味着人的精神本质上是物质自然界的产物，相反，人的精神是"绝对精神"的第三种体现形式，精神是自然界之"绝对第一性的东西"。① 在这里，黑格尔研究了人类社会生活和社会意识的发展，精神最后是在哲学意识形态中，即是说，在黑格尔自己的哲学中达到了自我认识的目的，实现其为"绝对精神"。"绝对理念"是"自在的"绝对精神，经过自然界和人类社会的发展，到黑格尔哲学则成为实现了的、作为"绝对精神"的绝对精神。

这样，我们可以把黑格尔哲学的基本特征概括为以下几点：

第一，黑格尔哲学是彻底一元论的唯心主义哲学，是客观唯心主义的学说，它断定某种"绝对精神"先于自然界而存在，这实际上是对宗教的上帝创世说的哲学论证。黑格尔本人就把他的"绝对精神"或"绝对理念"等同于基督教的上帝，把他的"绝对理念—自然—精神"这一公式等同于创世说的公式"上帝—自然—人"。但正如恩格斯指出的，"创世说……在黑格尔那里，往往比在基督教那里还要繁杂和荒唐得多"②。基督教认为只有一个上帝的化身，那就是耶稣基督，而在黑格尔那里，有多少事物就有多少化身（泛神论），因为一切自然的、社会的、人类意识的东西都是"绝对主体"的体现，从而所有这些都已经不是它们原来所是的东西，而是具有超自然意义的东西，它们之间都有一种神秘的内在联系，它们所有的意义仅在于在"绝对精神"的生命过程中取得一定地位这种思辨的属性。但这样一来，黑格尔也就取消了通常宗教意识关于上帝的一切感性的因素，将上帝的血"抽去"和"榨干"了，将之归结为抽象的思想或逻辑，这就表明，黑格尔的哲学是他对宗教唯心主义所做的最后的辩护，正如马克思所说的那样，这位辩护律师感到已经再没有别的方法能使自己

① 黑格尔：《精神哲学》，见《黑格尔著作集》第10卷《哲学科学百科全书》Ⅲ，人民出版社2015年版，第9页。

② 《马克思恩格斯文集》第4卷，人民出版社2009年版，第278页。

的诉讼委托人免于判刑，"除非亲自把他们杀死"①。也正是这一点，使后来的青年黑格尔派有可能以无神论来解释黑格尔哲学，并埋伏下了向费尔巴哈唯物主义乃至于马克思的历史唯物主义转化的契机。

第二，黑格尔的哲学是辩证的唯心主义。它认为精神是世界的本质，这是唯心的；它认为世界是发展的，这是辩证的。辩证法是黑格尔哲学同谢林哲学相区别的主要标志，也是它不同于此前一切哲学的标志，至少就辩证法在这里比在此之前任何哲学那里都得到更为彻底地发挥来说是如此。恩格斯指出："黑格尔第一次——这是他的伟大功绩——把整个自然的、历史的和精神的世界描写为一个过程，即把它描写为处在不断的运动、变化、转变和发展中，并企图揭示这种运动和发展的内在联系。"② 黑格尔哲学是从同当时占统治地位的形而上学世界观进行的尖锐斗争中产生的辩证法哲学。

第三，黑格尔哲学是彻底目的论的体系。黑格尔虽然反对沃尔夫式的肤浅的外在目的论，但却建立起了整个世界的庞大的内在目的论系统。他把发展归结为精神以自身为目的的自我发展，因为精神的本质在他看来无非是自由，精神的自由表现在认识和自我认识上，精神的绝对目的就是自我认识，只有认识了自己它才实现了自己，才使自己得到自由。这样，黑格尔所描述的全部发展，就是精神力图实现自我认识，实现主体与客体的"绝对同一"，实现"绝对真理"这一意向的表现。发展的每一步都是前一步的目的的实现，因此也都是前一步的"真理"，整个自然界的发展是为此目的做准备，全部世界历史则是真理的自行论证，现实发展的结果则是被证明了的，亦即被意识到了的真理。当然，与外在目的论不同，黑格尔所谓"绝对目的"或内在目的并非是一个有意识的第三者从外部加于自然界之上的目的，而是存在于事物本身的内在必然性中的目的，它表达了一切事物"自己运动"、自身实现和自身发展的能动性思想；但是，当黑格尔把这种能动性解释成为了实现"精神的自我认识"的目的时，就对整个客观世界的发展过程作了拟人化的唯心主义的歪曲。

第四，黑格尔哲学最本质的特征，还在于这个体系包含着不可克服

---

① 《马克思恩格斯全集》第 1 卷，人民出版社 1995 年版，第 100 页。
② 《马克思恩格斯文集》第 9 卷，人民出版社 2009 年版，第 26 页。

的内在矛盾。这是由马克思主义经典作家所揭示出来的黑格尔体系内部的最深刻的矛盾，即："一方面，它以历史的观点作为基本前提，即把人类的历史看做一个发展过程，这个过程按其本性来说在认识上是不能由于所谓绝对真理的发现而结束的；但是另一方面，它又硬说它自己就是这种绝对真理的化身。关于自然和历史的无所不包的、最终完成的认识体系，是同辩证思维的基本规律相矛盾的……"① 换言之，黑格尔哲学体系的内在矛盾在于它的辩证方法和形而上学体系的矛盾。黑格尔的最大功绩在于自觉地制定了辩证的方法，其根本原则是发展，是发展的学说，是"最完备最深刻最无片面性的关于发展的学说"②；但是，黑格尔又力图建立一种由某个绝对真理来完成的体系，一个封闭的哲学圆圈，他深信随着他的体系的出现，"绝对理念"的发展就停止了，人类将免除劳累，只消注视着他所宣布的最终的绝对真理就行了。方法要求永恒的发展，而体系则要求中止发展，这就形成了尖锐的矛盾。这个矛盾的产生，一方面是由于过去的一切哲学家都力图建立一个这样的"绝对真理"的体系，黑格尔亦未能摆脱这一传统；但更重要的原因在于，黑格尔是个唯心主义者，他把发展归结为精神的发展，而发展的根本动力是自我意识，当这个自我意识的目的实现时，发展的动力也就消失了。黑格尔把概念绝对化，把物质的、感性的东西看作第二性的，把一般的、普遍的东西看作第一性的、永恒的实体，这就用进行概念思维的人的抽象的意识过程取代了现实世界的活生生的运动发展过程，使能动的辩证法最终窒息在概念的抽象框架之中了。从认识论上说，黑格尔这一错误与柏拉图的"理念论"是同出一源的。黑格尔的体系与方法的矛盾表明，唯心主义原则同辩证法原则之间存在着本质上的冲突，在黑格尔哲学中，这一矛盾贯彻在一切方面和一切部分，它是我们研究和理解黑格尔哲学的最根本的线索。

---

① 《马克思恩格斯文集》第 9 卷，人民出版社 2009 年版，第 27 页。
② 《列宁选集》第 2 卷，人民出版社 2012 年版，第 310 页。

第二节　逻辑学

在黑格尔看来，谢林所犯的一个根本性错误在于，当他已看出旧的知性逻辑（形式逻辑）自身固有的局限性时，他一方面倾向于抛开一切逻辑和理性思维而走向非理性主义；另一方面他仍然从形式上固守着形式逻辑的抽象同一律，却从未想到过对逻辑本身进行认真的、深入的研究，通过对旧逻辑的改造而建立起一种新型的、富有生命力的逻辑，以重新树立起理性的权威。而这正是黑格尔的首要的工作。黑格尔对人类辩证思维的巨大贡献，正在于他第一次使辩证法摆脱了朴素的直觉、偶发的灵感和神秘的诗意这样一些无形式的、受限制的状态，而赋予了它确定的、有规律可循的逻辑形式，这就使它成为了一种系统的世界观和方法论。所以，逻辑学是黑格尔哲学体系的第一个部分，也是全体系的最重要的核心与灵魂，马克思主义经典作家把它评定为黑格尔哲学中内容最丰富、合理内核最多的部分。

一、对象和方法①

黑格尔对旧形式逻辑的改造，首先表现在他对逻辑学的对象的重新理解之上。旧形式逻辑认为逻辑学是关于思维本身的形式和规律的科学。黑格尔则提出："逻辑学是纯粹理念的科学，所谓纯粹理念即是在思维的抽象要素中的理念"②；理念是思维，但不是没有内容的空洞的形式的活动，而是一种自我产生、自我创造着的活动；理念"是思维特有的规定和规律自身发展着的整体，这些规定和规律是思维自身给予的，而不是思维

---

① 关于这个问题可参考作者的另一著作《康德黑格尔哲学研究》（武汉大学出版社2001年版）中的"黑格尔逻辑学的对象和辩证法之成为一门科学"及"黑格尔建立逻辑学体系的方法论原则"两部分。

② 黑格尔：《小逻辑》，商务印书馆1980年版，第63页。

已经拥有和在自身里发现的东西"①。所以,逻辑学不能简单地理解为关于思维、思维规定和规律的科学,而应以思维的活动与创造为研究的对象,思维的活动与创造的内容则构成了一个超感官的世界。

不过,黑格尔又认为,逻辑的范畴、概念、规定,作为纯粹理念,并不是远在天边我们所不知道的什么东西,而是挂在我们口边的我们最熟悉的东西,它们是沉没在、贯穿在我们的一切表象、直观、欲望、想象、普通思维、语言中的"一般性的东西",是从表象(无论是理性的还是含有感性素材的表象)中"抽象"出来的东西,它们作为"无数的外部存在和活动的细节"的"缩写"②而在我们的日常思维和表象等等中起作用,是"精神的生活和意识的依据和趋向之点"③。可是,逻辑的概念和规定却"是本能地和无意识地贯穿于我们的精神之中的,即使它们进入到语言中时,也仍然不成为对象,不被注意"④。由于这样,人们也就忽视了它们自己的本性,完全把它们当作没有自己独立性的一种普通的"手段",用来为自己的特殊目的服务。旧的形式逻辑只是对思维作形式的描述,只是对思维的现象作经验的描述,逻辑的东西在那里成了无生命的枯骨和僵死的形式。黑格尔则认为,必须进一步研究思维的本质、本性,也就是说,逻辑学的任务应当是使"鼓舞精神、推动精神,并在精神中起作用"的"这个逻辑的本性"获得自觉⑤,即为我们所自觉。为此,就要把它们从感性素材中"解放"出来,把这些"一般性的东西本身"作为对象,承认它们有自己独立的本性,有自己的生命力和自己的运动,就要去揭示它们的自己运动和内在的联系。因此,"对思想的王国,作哲学的阐述,即是说从思维本身的内在活动去阐述它,或说从它的必然发展去阐述它"⑥,从而逻辑学的对象就可以用这几个字来表述:"思维按其必然性而发展。"⑦把概念的本性、自己运动、发展作为逻辑学考察的对象,这就是黑格尔逻辑学的"合理内核"。列宁在引用黑格尔上述定义后指出,这样来看逻辑学的

---

① 黑格尔:《小逻辑》,商务印书馆 1980 年版,第 63 页。
② 黑格尔:《逻辑学》上卷,商务印书馆 1974 年版,第 11 页。
③ 黑格尔:《逻辑学》上卷,商务印书馆 1974 年版,第 15 页。
④ 黑格尔:《逻辑学》上卷,商务印书馆 1974 年版,第 18 页。
⑤ 参见黑格尔:《逻辑学》上卷,商务印书馆 1974 年版,第 14 页。
⑥ 黑格尔:《逻辑学》上卷,商务印书馆 1974 年版,第 7 页。
⑦ 黑格尔:《逻辑学》上卷,商务印书馆 1974 年版,第 18 页。

对象是值得"注意"的，是"出色的"，在另一处他还指出："运动和'自己运动'（这一点要注意！自生的（独立的）、天然的、内在必然的运动），'变化'，'运动和生命力'，'一切自己运动的原则'，'运动'和'活动'的'冲动'——'僵死存在'的对立面，——谁会相信这就是'黑格尔主义'的实质、抽象的和 abstrusen（晦涩的、荒谬的？）黑格尔主义的实质呢??"① 恩格斯也指出，"辩证的思维……是以概念本身的本性的研究为前提"② 的。

当然，黑格尔一方面正确地提出了研究概念的本性的任务，另一方面，他的唯心主义体系却使他把这种概念的本性理解为神的本性，即上帝的思维的本性，他所说的纯粹理念就是还没有体现为自然与社会历史以前的、无人身的理性和思维，它们所构成的纯思想王国就是上帝的"天国"："逻辑须要作为纯粹理性的体系，作为纯粹思维的王国来把握。这个王国就是真理，正如真理本身是毫无蔽障，自在自为的那样。人们因此可以说，这个内容就是上帝的展示，展示出永恒本质中的上帝在创造自然和一个有限的精神以前是怎样的。"③ 这样，黑格尔就把人的思维过程在理念的名义下转变为独立于物质世界的主体——上帝，把关于思维的知识转变为关于上帝的知识了。这种理解使黑格尔在唯心主义的范围内，超出了康德等人的主观唯心主义的局限性，得出了思维和存在、主体和客体具有辩证同一性的结论，从而建立起了一个更为精致的"绝对"唯心主义体系。

黑格尔认为，作为他的逻辑学对象的纯粹理念、概念，不仅是主观思维的规定，而且是存在的规定，它是主观思维与客观存在两者的本质和基础。纯概念"是对象的核心与命脉，正像它是主观思维本身的核心与命脉那样"④。它"至少是在被放在逻辑科学以外的'逻各斯'"⑤。对于逻辑范畴的这种理解是黑格尔原则上不同于康德的地方，因为康德认为范畴仅仅是自我意识的活动形式，同客观实在本身（自在之物）没有任何关系和相似之点；黑格尔则从更彻底的唯心主义立场出发，认为逻辑学中的概

---

① 《列宁全集》第 55 卷，人民出版社 1990 年版，第 117 页。
② 《马克思恩格斯文集》第 9 卷，人民出版社 2009 年版，第 485 页。
③ 黑格尔：《逻辑学》上卷，商务印书馆 1974 年版，第 31 页。
④ 黑格尔：《逻辑学》上卷，商务印书馆 1974 年版，第 14 页。
⑤ 黑格尔：《逻辑学》上卷，商务印书馆 1974 年版，第 17 页。

念"也该被看做不是自我意识的知性的行动，不是主观的知性，而是自在自为的概念，它构成既是自然又是精神的一个阶段"①。他认为，逻辑的形式决不是没有内容的空洞形式，恰好相反，它们"作为概念的形式乃是现实事物的活生生的精神"②。他批评康德说："这些范畴，如统一性、因果等等，虽说是思维本身的功能，但也决不能因此便说，只是我们的主观的东西，而不又是客观对象本身的规定。"③ 这样，在黑格尔那里，关于思维的学说的逻辑学便与关于存在的学说的本体论统一起来了："因此逻辑学便与形而上学合流了。形而上学是研究思想所把握住的事物的科学，而思想是能够表达事物的本质性的。"④ 于是，黑格尔就克服了康德哲学对主体与客体的割裂，以及把逻辑学与本体论当作两门彼此独立的哲学科目的传统划分，使逻辑学的对象不仅是思维运动的一般规律，而且是"世界和思维的运动的一般规律"了。这是哲学发展史上一个新的重大进展。尽管黑格尔并不把范畴作为物质世界的规律在人头脑中的多少近似的反映形态，而是把思维的规律强加于物质世界并用来构造现实世界，尽管他把自然哲学和精神哲学都看作不过是"应用逻辑学"，这表明了他对于逻辑学和思维与存在的关系的唯心主义颠倒的理解，但是，黑格尔的这个基本思想，即我们主观的思维和客观的世界都服从同一的规律，以及他所提出的任务，即证明这同一的规律支配着主观和客观的一切过程，都毕竟是正确的、意义深远的。列宁唯物主义地改造了黑格尔关于逻辑学的基本思想，指出"逻辑不是关于思维的外在形式的学说，而是关于'一切物质的、自然的和精神的事物'的发展规律的学说"⑤。

由于把逻辑学与本体论统一起来，黑格尔就进一步把逻辑学与认识论统一起来了。黑格尔认为旧形式逻辑的根本缺点在于撇开思维的内容，把真理摆在一边，孤立地去对思维作形式的描述，似乎概念、判断、推论都是一些仅属于主观思维的空洞形式。黑格尔认为这样的逻辑学所研究的思维形式固然有其价值，但就其现有的理解来运用的话，它非但不能成为

---

①　黑格尔:《逻辑学》下卷，商务印书馆 1976 年版，第 250 页。

②　黑格尔:《小逻辑》，商务印书馆 1980 年版，第 331 页。

③　黑格尔:《小逻辑》，商务印书馆 1980 年版，第 123 页。

④　黑格尔:《小逻辑》，商务印书馆 1980 年版，第 79 页。

⑤　《列宁全集》第 55 卷，人民出版社 1990 年版，第 77 页。

把握哲学真理的形式，而且会成为错误和诡辩的工具。只有联系到思维的内容来考察这些形式，才可看出这些形式并不是外在于事物，同事物漠不相干的抽象的东西，才能正确评定它们在认识具体真理中的价值。此外，过去的形而上学者认为世界是有限的或世界是无限的等等，似乎有限与无限之类的孤立的抽象规定就可以表现真理，而在黑格尔看来，真理的无限性是具体的、全面的、能动活跃的，并非那些孤立有限的抽象规定所能表达，因此，研究在什么程度内，思维的范畴可以把握真理，就成了逻辑学的主要目的。所以黑格尔认为："什么是逻辑学的对象？对于这个问题的最简单、最明了的答复是，真理就是逻辑学的对象。"① 所谓真理在黑格尔看来无非是"一般认识的本性"，即主观与客观一致，也就是思维的内容与其自身的一致："真理就是思想的内容与其自身的符合"，因此，"逻辑学的职务也可以说是在于考察思维规定把握真理的能力和限度"②。在黑格尔的逻辑学中，按照必然程序依次出现的范畴就是精神思维其本质、认识其本质的一些阶段，整个范畴系统则构成精神对自身本质的全面的知识，因此"逻辑是纯科学，即全面发展的纯粹的知"③。这样，黑格尔的逻辑学就实现了康德所提出的无法解决的任务：把逻辑学与认识论结合起来，创立一种关于真理的认识的逻辑学。列宁在唯物主义地改造黑格尔哲学时说，逻辑学是"关于世界的全部具体内容的以及对它的认识的发展规律的学说，即对世界的认识的历史的总计、总和、结论"④，"人对自然界的认识（='观念'）的各环节，就是逻辑的范畴"⑤，这就肯定了黑格尔关于逻辑学和认识论一致的思想的合理性。

可见，黑格尔的逻辑学，是以思维对其自身的全部具体内容的认识（="理念"）为中心，来研究思维的必然发展和自己运动的。思维的这种自己运动表现为一系列的概念、范畴、规律的形成过程，这个过程同时也就是思维自身的内容的展开和揭露过程，是真理的生成过程，那些概念、范畴、规律则是真理的赤裸裸的表现。在这整个过程中形式与内容是不可

① 黑格尔：《小逻辑》，商务印书馆 1980 年版，第 64 页。
② 黑格尔：《小逻辑》，商务印书馆 1980 年版，第 86—87 页。
③ 黑格尔：《逻辑学》上卷，商务印书馆 1974 年版，第 53 页。
④ 《列宁全集》第 55 卷，人民出版社 1990 年版，第 77 页。
⑤ 《列宁全集》第 55 卷，人民出版社 1990 年版，第 168 页。

分割地结合在一起的，形式就是内容自身的形式，既不是外在于内容，也不是附着于内容，如列宁指出的："黑格尔则要求这样的逻辑：其中形式是富有内容的形式，是活生生的实在的内容的形式，是和内容不可分离地联系着的形式。"①

黑格尔认为，建立这样一种作为认识论、本体论和逻辑学的统一的逻辑学，其关键在于："逻辑的方法就必须是那唯一能够使它成为纯科学的方法"②，"基本观点是对科学研究［方法］，根本要有一种新的概念"③。黑格尔认为，哲学要成为科学，就不能从一种从属的科学那里借取方法，既不能像唯理论者那样把数学的方法用于哲学，也不能像经验论者那样把经验自然科学方法用于哲学；但哲学也不能以"无方法"为方法，如像谢林那样诉之于直观的断言。哲学的方法只能是与它的内容相统一的方法，而不是外在于内容的，如康德所提出的"先验方法"。哲学的内容怎样，方法也应当怎样，哲学的方法"只能是在科学认识中运动着的内容的本性，同时，正是内容这种自己的反思，才建立并产生内容的规定本身"④，"这个方法就是关于逻辑内容的内在自身运动的形式的意识"⑤。所谓"运动着的内容的本性"或"自身运动的形式"，都是指逻辑内容本身的规律性和逻辑必然性而言的，这种方法，这种"自身运动的形式"是什么，恰好也正是逻辑学所要研究的对象。但黑格尔又指出，科学方法的性质有两方面，"一方面是方法与内容不分，另一方面是由它自己来规定自己的节奏"⑥，第一方面强调方法与内容的同一性，第二方面强调方法是内容自身的不同一性或否定性方面，是内容在自我否定的运动中的运动形式或"节奏"。科学的方法要求客观地把内容的发展过程的节奏陈述出来，而不是把"本性"变成形式主义的图式强加给内容、对象。方法由于是内容自己的运动形式，所以是逻辑学研究的对象；而由于方法也是对内容自己运动的陈述，所以对方法的陈述就是"逻辑自身"⑦。总之，"方法并不是外在

①　《列宁全集》第55卷，人民出版社1990年版，第77页。
②　黑格尔：《逻辑学》上卷，商务印书馆1974年版，第35页。
③　黑格尔：《逻辑学》上卷，商务印书馆1974年版，第4页。
④　黑格尔：《逻辑学》上卷，商务印书馆1974年版，第4页。
⑤　黑格尔：《逻辑学》上卷，商务印书馆1974年版，第36页。
⑥　黑格尔：《精神现象学》上卷，商务印书馆1979年版，第39页。
⑦　黑格尔：《精神现象学》上卷，商务印书馆1979年版，第31页。

的形式，而是内容的灵魂和概念"①，这是黑格尔表述的科学（即哲学）方法论的根本原则。既然逻辑内容的本性无非是"内容在自身所具有的、推动内容前进的辩证法"②，那么就很明显，对于一般辩证法的研究和阐述，制定内容与形式一致的辩证法，乃是黑格尔逻辑学的核心。这样，逻辑学的内容就可以概括为：研究概念的辩证法（概念在此作为无所不包的存在基础、实体），研究思维对这种辩证法的辩证的认识（即思维对它自身的认识），研究这种辩证认识的思维形式与概念自身的辩证本性相一致（即思维内容与其本身相一致）的生成、运动的辩证过程。可见，黑格尔的逻辑学，按其内容实质来说，就是立足于理念的独立发展这一唯心主义基础上的辩证法、认识论和逻辑学相统一的学说。

那么，黑格尔逻辑学的方法是如何得到规定的呢？

黑格尔认为，推动概念前进的是它自身的辩证法，即是说，概念的前进运动受到双重的推动。首要的、最根本的一点在于，概念的运动是由于概念自身包含着它的否定，也就是说概念本身是内部矛盾着的。"矛盾引向前进"——这是黑格尔的名言。概念由于自我否定而自相矛盾，于是转化为另一个与自己对立的概念；这两个对立概念的矛盾和斗争导致一个新概念的产生，这个新概念乃是第一个概念的自我提高和发展，是把两个抽象对立的概念综合于自身的更具体的概念。概念从一个转化为另一个，从一阶段转化到另一更高阶段，并不是我们要它如此，而是同一个概念在完成自己固有的运动，这种运动的"动因"或"动机"则是由于这同一个概念的自我否定及由之产生的内部矛盾，黑格尔称为"差别的内在发生"③。其次一点，正由于概念的运动无非是"同一个"概念的自我否定、自相矛盾的过程，因此在这一运动中，诸概念之间的联系便体现为一种内在的必然性和同一性。概念不是孤立地产生的，而是在相互联系中必然产生的，一个概念必然要向它的对立概念转化，每一概念都是以另一概念为"中介"而产生的，一切概念都通过中介、转化而处于全面的有机联系中，都通过自我否定、自相矛盾而达到"对立的同一"。

根据对概念本身的辩证法的这种理解，黑格尔制定了自己逻辑学的

---

① 黑格尔：《小逻辑》，商务印书馆 1980 年版，第 427 页。
② 黑格尔：《逻辑学》上卷，商务印书馆 1974 年版，第 37 页。
③ 黑格尔：《逻辑学》上卷，商务印书馆 1974 年版，第 38 页。

方法。他把这种辩证的方法称之为"绝对方法",它表达了概念及概念体系的运动原则,因而它"是认识的绝对方法,同时也是内容本身的内在灵魂"①。其根本的原则就是"对立同一"的原则。既然概念本身是通过内部的对立与斗争而发展的,那么,要认识和陈述概念的"自己运动"、"必然发展",就必须把概念的发展过程当作对立面的同一来认识和陈述,也就是要在看起来是单一的概念中看出它自身固有的矛盾,分析其矛盾双方的相互联系和相互转化,并综合地理解它们由此融合为一个新的统一体的过程。黑格尔经常用这样的话来表达辩证方法的实质:"在统一中把握对立,在对立中把握统一,在肯定中把握否定,在否定中把握肯定。"他还把这种逻辑的认识的方法分为三个阶段,或三个环节,它们是认识具体真理的三个阶段,同时亦是每一真实的概念或具体真理的三个环节。这三个阶段或环节就是:

(1)知性(理智)的肯定阶段。知性的思维是感性的具体的直接对立面,它是从感性跃进到逻辑的认识的开端。知性对感性表象予以分析而得出肯定的、自身同一的抽象的思想规定并坚持之,没有明确而肯定的概念,就谈不上思维的认识。但如果老停留在这个阶段,僵硬地坚执于各规定的绝对界限和区别,那就是形而上学的思维或形式思维。

(2)否定的理性或辩证的理性阶段。这阶段的特点是,上述知性规定的自我否定显示出它的自身矛盾,从而向它的对立面转化。辩证的理性不承认有固定的、绝对的界限,它把知性的规定消融为无。这种否定是内在的,它揭露知性规定的狭隘性与片面性,或者说,它是知性规定的自我否定的本性的暴露。所以,"辩证法构成科学进展的推动的灵魂。只有通过辩证法原则,科学内容才达到内在联系和必然性"②。但如果将这种辩证的原则加以片面的应用,或者说停留在抽象否定阶段,那就会成为怀疑主义、相对主义和诡辩。

(3)肯定的理性或思辨的理性阶段。这阶段的特点是,在上述两个阶段的对立中把握它们的统一,或于对立双方的分离和转化中把握它们所包含的肯定。这一阶段表明辩证法的否定是积极的,它产生一个肯定的结

① 黑格尔:《逻辑学》上卷,商务印书馆1974年版,第5页。
② 黑格尔:《小逻辑》,商务印书馆1980年版,第176页。

果，这个结果虽然是思想物，但却是具体的，它仿佛回复到最初的肯定的统一，但实际上有质的区别。前一知性的统一是抽象形式的自身同一，它排斥差别和矛盾；理性阶段上的这种统一则是"不同规定的统一"、"对立的统一"，即经过了否定之否定的具体的统一。肯定的理性扬弃了肯定的知性和否定的理性各自的片面性，把两者作为环节而包含在自身之中。

这就是黑格尔著名的"正题、反题、合题"或"肯定、否定、否定之否定"的"三段式"，它反映出概念发展的阶段性或"节奏"。依据这个方法，黑格尔逻辑学的每一范畴都是以正题或肯定的形式出现，在其运动过程中这个正题即自我否定，并以反题的形式与自己对立，这就是肯定与否定（或自我否定）的对立；然后是这两个对立概念（正题与反题，或肯定与否定）经过辩证的转化综合成一更高概念，即合题或否定之否定的概念。而这个合题概念又成为进一步发展的基础，成为新的正题，然后又按同样的"正题、反题、合题"的公式发展。这样由最简单的概念形成复杂的概念群，由简单的概念群形成复杂的概念系列，由简单的概念系列形成复杂的但又是统一的概念系统。概念的发展就是这样从直接的、简单的、抽象的概念走向日益复杂的、具体的概念，它浓缩地表达了认识从低级到高级的发展历程。正如列宁所说的，黑格尔在概念的辩证法中猜测到了事物的辩证法。

事实上，黑格尔在阐述自己概念的辩证法的抽象一般原则时，总是将它们与现实世界的具体事物紧密联系在一起来加以思考。在逻辑学与其他经验的具体科学的关系上，黑格尔认为"哲学是以经验为出发点"，"哲学的发展应归功于经验"①，因而，"哲学必然与现实和经验相一致。甚至可以说，哲学与经验的一致至少可以看成考验哲学真理的外在的试金石"②。如果不是经验科学提供成熟的资料，如果哲学不承认和利用科学提供的一般概念、规律和类别，哲学就无从发展。但他也认为，哲学并不是消极地把这些材料接受过来加以排列，而是进行改造使之成为自己的内容，即从各门科学的杂多的范畴、概念和规律中，提炼出最单纯、最一般的范畴、概念和规律。就此而言，这些范畴等等的产生也是"思维基于自身的一种

---

① 黑格尔：《小逻辑》，商务印书馆 1980 年版，第 52—53 页。
② 黑格尔：《小逻辑》，商务印书馆 1980 年版，第 43 页。

发展"，而且反过来哲学又对各门科学提供了"思维的自由"的原则，使其摆脱形而上学思维方式的限制，同时又给科学的内容以"必然性的保证"，使其不只是对经验中发现的事实的一种信念而已①。所以，黑格尔把哲学与科学的关系概括为："哲学与科学的区别乃在于范畴的变换"②，哲学与其他认识方式"仅有形式上的区别"③。他认为，逻辑的范畴由于是改造科学范畴而来，所以它"不仅仅是抽象的共相，而是在自身中包含了丰富的特殊事物的共相"，而"逻辑的东西，只有在成为诸科学的经验的结果时，才得到自己的评价"④。由上可见，黑格尔关于哲学与经验科学相互关系的见解，说明黑格尔已自觉地意识到逻辑学是经验科学的总结，但他却从唯心主义立场出发，把哲学在经验科学的基础上发展起来这一事实，解释为不过是"绝对理念"从"异化"回复到自身，从而他的哲学作为绝对的"科学之科学"，就成了关于宇宙永恒不变的抽象结构的学说。

正是从同一个观点出发，黑格尔在他的辩证方法中提出了逻辑与历史相一致的原则，这首先最直接地体现在哲学本身的合乎逻辑的历史发展，即哲学史中。黑格尔认为，哲学史是人类逐步认识"绝对理念"的历史，因此，哲学史上诸哲学体系及其原则乃是人类认识绝对理念的一些阶段，也是那唯一的"哲学"自己生成发展的一些阶段；时间上最晚出现的哲学系统，则是过去一切哲学体系的总结，它必然以合乎逻辑的方式把从前各体系的原则包含于自身之中，因而就成了最丰富最具体的哲学体系。所以，历史上各哲学体系出现的次序必然与逻辑学中各范畴进展的次序相同。对于哲学史上出现的各个体系的基本概念或原则，如果我们能够剥掉其历史的外在性和偶然性，就会得到各个不同发展阶段的逻辑规定或范畴；反之，如果从哲学史的观点来看各范畴的依次推演，我们就会在这里发现哲学史上依次出现的哲学体系。这样，黑格尔就确定了逻辑学中范畴发展的具体的历史内容，首先是与哲学史上发挥这些范畴的那些哲学体系的发展次序之间的对应关系。在他看来，这种关系还不仅仅适用于哲学史，而且适用于整个自然史和人类历史，因为全部宇宙的发展在他看来都

---

① 黑格尔：《小逻辑》，商务印书馆1980年版，第54页。
② 黑格尔：《小逻辑》，商务印书馆1980年版，第49页。
③ 黑格尔：《小逻辑》，商务印书馆1980年版，第43页。
④ 黑格尔：《逻辑学》上卷，商务印书馆1974年版，第41页。

无非是逻辑理念、绝对精神自我显现的不同阶段，而"哲学知识的观点本身同时即是最丰富最具体的，它是作为结果而出现的，所以它也以意识的许多具体形态，如道德、伦理、艺术、宗教等为前提"①。提出逻辑与历史一致的原则是黑格尔方法论中极有价值的部分，舍此就无从建立辩证法、认识论与逻辑学统一的辩证逻辑。所以恩格斯说："黑格尔的思维方式不同于所有其他哲学家的地方，就是他的思维方式有巨大的历史感做基础。形式尽管是那么抽象和唯心，他的思想发展却总是与世界历史的发展平行着，而后者按他的本意只是前者的验证。真正的关系因此颠倒了，头脚倒置了，可是实在的内容却到处渗透到哲学中……"②虽然黑格尔在对逻辑与历史的关系的理解中颠倒地把逻辑理解为一切历史发展的基础，历史只是逻辑理念之外化或逻辑学的例证，主张意识的"前进运动，正如全部自然生活和精神生活的发展一样，完全是以构成逻辑学内容的纯粹本质的本性为根据"③，但我们只要把黑格尔的这种颠倒再颠倒过来，正如列宁在摘录了黑格尔上述一段话后所说的："倒过来：逻辑和认识论应当从'全部自然生活和精神生活的发展'中引申出来"④，就会自然而然地得出辩证唯物主义的结论。

所以，黑格尔逻辑学的结构本身就包含着关于人们认识世界的过程的辩证的猜测，有着合理的内容。黑格尔把逻辑学的任务规定为描述"绝对理念"从低级到高级的辩证发展，这一发展分为存在、本质、概念三个阶段。范畴的运动从存在开始，运动的结果显示出存在的更深刻的规定是本质的范畴；本质是存在的反题或否定，本质范畴的运动则向真正的存在回复，显示出概念是全部发展的更深的基础。概念是存在与本质的合题，是作为否定之否定出现的。概念范畴运动的终点是绝对理念，它是全部运动的出发点"纯存在"的完全实现，纯存在则是"自在的"或"潜在的"绝对理念。所以黑格尔认为，绝对理念才是全部发展的基础和本质。列宁在用唯物主义观点来读黑格尔逻辑学时指出："概念（认识）在存在中（在直接的现象中）揭露本质（因果、同一、差别等等规律）——整个人

① 黑格尔：《小逻辑》，商务印书馆 1980 年版，第 94 页。
② 《马克思恩格斯文集》第 2 卷，人民出版社 2009 年版，第 602 页。
③ 黑格尔：《逻辑学》上卷，商务印书馆 1974 年版，第 5 页。
④ 《列宁全集》第 55 卷，人民出版社 1990 年版，第 73 页。

类认识（全部科学）的一般进程确实如此。自然科学和政治经济学［以及历史］的进程也是如此。所以，黑格尔的辩证法是思想史的概括。"① 这就给我们具体分析黑格尔的逻辑学思想提供了基本的立足点。

二、存在论

存在是宇宙精神在逻辑范围内发展的第一阶段。在这里，宇宙精神的发展表现为质、量、度这三个范畴的交替与过渡，它们都是存在自身的规定性。从本体论看，这些规定是世界万物、一切存在最直接的规定性；从认识论看，相当于感性意识（表象、知觉）直接上升到知性的确定性；从逻辑上说，则是对逻辑学对象的直接肯定的表述，即"知性的肯定"阶段。这个阶段的概念运动的特征是直接的"过渡"。

对于逻辑学应该从存在开始，黑格尔作了十分详尽的说明。黑格尔主张思维与存在同一，但他又认为，这种同一不是一下子就达到的，而要经过一个过程才能实现出来，一开始它只是潜在的，因此不能以"绝对同一"为出发点；但也不能像笛卡尔和费希特那样以"我思"为出发点，否则便无法克服主观唯心论和"唯我论"的局限。这就只剩下一种可能，即从存在开始，而在存在范围内，则必须从"纯存在"这一最简单最贫乏最抽象的概念开始，即从没有任何规定性的存在开始，让概念自己去发展和进一步规定自己，我们只从旁观察其发展。这种"客观"的态度并不表示黑格尔是唯物主义者，而表示他是客观唯心主义者，因为他认为"纯存在"随着自身的发展和推演，最后将暴露出它不过是"绝对理念"的潜在或萌芽阶段。但这里也包含一个重要的思想：认识根本上是从无知开始，从对象的无任何规定、无任何先人之见开始，但在发展中从不知到知，从少知、浅知到多知、深知。"纯存在"就表示我们有了一个对象，但对此我们还一无所知。

1. 有（存在）、无、变的辩证法

纯存在既然是指无任何规定的存在，它所表达的也就是"有（存在）

---

① 《列宁全集》第 55 卷，人民出版社 1990 年版，第 289 页。

一个无"，简言之，即"无"。这样，纯存在就由于它本身的直接展示而否定自身，过渡到它的对立面去了：纯有即等于无。可是，既然说到"无"，承认"有"一个"无"，则"无"的概念中也就包含"有"的概念了，只不过这个有不是别的什么有，而就是无本身的有。所以，纯有和无实际上是一个东西，正如纯粹的光明就等于纯粹的黑暗一样：在两者中都是什么也看不见的。它们的区别只是"意谓"上的差别，也就是说，由于没有任何进一步的具体规定，它们的差别也就无法表达出来，但既然用两个不同的名词表示，则说明人们心里是知道有和无是不同的。无是纯存在自身的对立面，是它的自身否定，正是这个否定推动那表面上很坚实、很肯定的"纯存在"向前进展。否定、无是一个伟大的力量，它打破静止的肯定；但这个无实际上也是有，它自身即包含有、肯定。无中有"有"，否定中有肯定；有中有无，肯定中也有否定，所以无论天上还是地上，"没有什么东西不是在有与无之间的中间状态"①，这种"中间状态"，这种从有到无和从无到有的互相转化、过渡，就产生出一个新的概念，这就是"变"。

变易或变是有（存在）与无的统一。这种统一并不是原封照样把两者加在一起，而是把两者扬弃了，使之成为了变易这一概念的两个环节。所以这个统一是个自相矛盾的统一：从有到无的过渡就是消灭，从无到有的过渡就是产生，变易就是产生与消灭的统一的过程，是生灭不已的"内在不安"的运动，世间万物无不是在生灭变化的过程之中。黑格尔认为，变易是逻辑学中第一个具体的思想范畴，它是片面的有和片面的无的真理，有无的差别在它之中第一次得到了确定的表达和规定。所以，变易的结果就是"定在"（又译"限有"），即有规定性的存在。在这里，存在不再是毫无规定性的"纯存在"，而纯无则表明它是某个"特定的无"，它的否定性导致了积极的结果。

存在是最普通、最简单、最基本、最常见的范畴，我们所作的每个判断或命题都离不开这个"是"或"有"。黑格尔通过对这个范畴的分析，表明其中包含着辩证法的全部萌芽，往后的全部逻辑范畴的推移都是这一萌芽的发展、生成和运动过程的展示。

---

① 黑格尔：《逻辑学》上卷，商务印书馆 1974 年版，第 96 页。

2. 质、量、度，质量互变规律

变易的结果是"定在"，即有规定性的存在，这个存在的直接的规定性便是质。"质是与存在同一的直接的规定性"，"某物之所以是某物，乃由于其质，如失掉其质，便会停止其为某物"①。但这个定在同时又是某个"特定的无"，因为正如斯宾诺莎说的，"一切规定都是否定"，规定了某物是这样，同时也就限制了它不能是别样，即不是他物。但他物也是一个某物，而某物对他物来说也是一个他物的他物，这样，要对某物的质进行确定的规定就会陷入无限追溯。黑格尔认为，这种从某物到他物的追寻是一种"坏的无限性"，似乎无限是某种远在有限之彼岸，永远追寻不到的另一个有限物；而"真无限性"则是寓于有限之中，即某物在他物之中达到无限的自我联系，也就是看出一切他物在无限的质的多样性之中仍保持着与某物自身的同一性。这种同一性即在于：任何某物（或他物）都是自身无别的，同时又是排斥他物的，都是"自为存在"或自身同一的"一"。但"一"既然通过"排斥他物"而得以设定，它同时也就设定了"多"，所以"自为存在"既是完成了的质，同时也是向"一和多"的关系，即向量的过渡了。

量是扬弃了的质，是外在的、对存在本身漠不相干的规定性：量变化了，存在仍是老样子。例如房子大一点或小一点，并不影响它"是"房子，或"有"房子。所以，量不是与存在本身同一的规定性，它因此被认为是对存在无关紧要的规定性。但黑格尔指出，这种无关紧要是表面的，一定的量的积累可以转化为质，这种基于量之上的质并不是简单回复到最初的质的范畴，而是建立了一个新的范畴，即"度"。度是质与量的统一，它属于某物之本性，但它是由非本性的量的变化而显示出来的，量的变化超过了该物的度，就会发生质变，事物就会变质而成为另外的事物。度是存在范围内的最高范畴，是质和量的真理，认识存在不光要认识它的质，也不光要认识它的量，而且要认识它的度。

度是一切事物所固有的，但它并非是一个静止的范畴，而是一个变化的过程。正是在关于度的理论中，黑格尔制定了有关质变和量变的规律，即关于发展是从量变转化为质变、渐进过程的中断和概念运动通过飞

① 黑格尔：《小逻辑》，商务印书馆 1980 年版，第 202 页。

跃来进行的原理。黑格尔认为，真正的变化是质的变化，然而，从一种质到另一种质的变化，无论何时何地都是通过不间断的量变进行的。量变的特征是渐进性或连续性，质变则是渐进性、连续性的中断。新产生的质与旧质是根本不同的，所以这种中断是绝对的中断，具有不可通约性，因此称之为"飞跃"。新质的产生是在量变积累的基础上通过飞跃进行的，发生质量互变的那一点，黑格尔称为质变和量变的"交错点"。黑格尔认为，可以把质变看作以量变为手段，量变以质变为目的，质表面上不受量变的影响，实际上却暗中为自己的变化、飞跃准备着条件，因而整个过程都是概念、理性所玩弄的某种"狡计"或机巧。识不透这种概念的狡计，便容易陷入机械论的片面的数学观点，即把质的差别归结为量的差别，用量的增加或减少来代替具体理念的生动的发展过程，用数量关系抹杀事物多种多样的质的差异。恩格斯肯定了黑格尔的看法，他说：如黑格尔已经证明的，"这种见解，这种'片面的数学观点'，这种认为物质只在量上可以规定而在质上从一开始就相同的观点，'无非是'18世纪法国唯物主义的'观点'。它甚至倒退到毕达哥拉斯那里去了，他就曾经把数，即量的规定性，理解为事物的本质。"① 这种片面的数学观点也体现在康德的范畴表中，在那里，量的范畴要先于质的范畴。黑格尔则把这一次序颠倒过来，认为真正科学的认识应从质开始，并且要经过量的规定而回复到更高的质，即度。

黑格尔不仅把质的研究摆在科学认识的首要地位，而且还具体研究了质与量的辩证关系。他说："通常意识总以为质与量是一对独立地彼此平列的范畴。所以我们总习惯于说，事物不仅有质的规定，而且也有量的规定。"② 黑格尔则认为："为了可以建立总体，双重的过渡是必需的；不仅需要这一规定性向它的另一规定性的过渡，而且也需要另一规定性回到前一规定性的过渡。由于第一个过渡，质与量两者的同一才自在地呈现——质被包含在量中，不过量因此还是一个片面的规定性。反之，量也同样被包含在质中，这个量同样只是扬弃了的，这种情况发生在第二种过渡之中——即回复到质。关于这种双重过渡的必然性的考察，对整个科学方法

① 《马克思恩格斯文集》第9卷，人民出版社2009年版，第511页。
② 黑格尔：《小逻辑》，商务印书馆1980年版，第217页。

来说，是很重要的。"① 从质过渡、转化为量，再从量过渡、转化为更高的质—度，这就是质—量—度的"双重过渡"；而在"度"的层次上，又开始新一轮的双重过渡，即原来的度超出自己的规定性成为"无度"，而这种无度对于更高的层次来说又是一种新的度，即新的质和量的统一，它进入了新的由质到量、由量变引起质变的过程。度的变化的这种交替进展，时而是在一定质的基础上的量变，时而是量变引起质变，黑格尔称之为"交错线"。

　　由此出发，黑格尔对形而上学的发展观把发展理解为只是数量的增减的片面性进行了尖锐的批判。他认为，不承认质的飞跃，用量的渐进发展是不能解释产生和消灭及一切存在的变化的，只承认渐进的变化，实质上就是否认产生与消灭。例如"预成论"认为，产生出来的东西其实早就以微小的形式预先存在了，只是由于其微小而原先未被人察觉到而已，这实际上就否认了任何真正新的东西的产生，产生和消灭就都成了外延上的、表面的差别，而非本质的差别了。这样理解的产生和消灭不过是无聊的同语反复，而取消了一切变化。黑格尔认为，真正的变化和发展只能是新东西的产生和旧东西的消灭，这就是"飞跃"。他对当时在哲学中占统治的"自然不作飞跃"的成见进行了批判："据说自然界中是没有飞跃的……但在上面已经说过，'有'的变化从来都不仅是从一个大小到另一个大小的过渡，而且是从质到量和从量到质的过渡，是变为他物，即渐进过程之中断以及与先前实有物有质的不同的他物。水经过冷却并不是逐渐变成坚硬的，并不是先成为胶状，然后再逐渐坚硬到冰的硬度，而是一下子便坚硬了。在水已经达到了冰点以后，如果仍旧在静止中，它还能保持液体状态，但是，只要稍微振动一下，就会使它变成固体状态。"② 黑格尔还特别将质的飞跃的学说运用于历史领域，如他在《精神现象学》中说："我们这个时代是一个新时期的降生和过渡的时代……成长着的精神也是慢慢地静悄悄地向着它新的形态发展，一块一块地拆除了它旧有的世界结构……可是这种逐渐的、并未改变整个面貌的颓毁败坏，突然为日出所中断，升起的太阳就如闪电般一下子建立起了新

---

　　① 黑格尔:《逻辑学》上卷，商务印书馆 1974 年版，第 351 页。
　　② 黑格尔:《逻辑学》上卷，商务印书馆 1974 年版，第 404 页。

世界的形相。"① 总之，在黑格尔看来，渐进性的中断、飞跃是解释一切发展、变化的关键。

制定量变到质变的辩证规律，将发展变化的形式解释为渐进性的中断和飞跃，这是黑格尔的巨大功绩之一，黑格尔辩证法的革命方面在这里明显可见。但是，黑格尔将这条规律神秘化了，在他看来，这一法则不过是绝对理念发展的一条抽象的逻辑法则，因此，现实世界的每一发展阶段在其完成了绝对理念的一个逻辑环节之后，便被当作无用的外壳而抛弃了，它就只能停留在原地，再也不能由自身产生新的东西，绝对理念则又转向了另一个领域，以之作为自己下一个逻辑环节得以体现的外壳了。例如自然界当其从自身中产生出人类之后，就不再有新事物产生了，"太阳下面无新事"，它只能永远重复旧的那一套。又如"绝对精神"的感性形式即艺术在古希腊的古典艺术那里达到顶峰之后，直到今天都处在一个艺术的停滞、退化和衰亡的过程中，因为"绝对精神"的重点已转向宗教和哲学了。同理，哲学的发展也在黑格尔自己的哲学中达到了最后的终点。黑格尔把思维和存在的同一性建立在抽象思维的基础之上，就必然得出上述结论，而这种体系和方法的矛盾在逻辑学有关存在的发展规律，即质量互变规律的唯心主义理解中，就已经埋伏着了。

三、本质论

本质是宇宙精神在逻辑范围内发展的第二阶段。从本体论看，这里讲的是存在的内在本质关系和规律的规定性；从认识论看，相当于知性的规定在坚持自身时发生自我否定和动摇，陷入自身矛盾；从逻辑上说，则是逻辑学对象的间接的、否定的表述，即"否定的理性"阶段。这个阶段的概念运动的特征是间接的、有中介的"反映"或"反思"。

本质论范畴不像存在论范畴那样，是简单地由一个范畴直接过渡到另一个范畴，而是一种更为深刻复杂的相互反映的关系，所以本质论也可称为关系论。黑格尔用"反映"（Reflexion）来形容本质论范畴，是借用

---

① 黑格尔：《精神现象学》上卷，商务印书馆 1979 年版，第 7 页。

光线的反射原理，来说明两个概念中每一个都为另一个所反映，而又反映着另一概念。这两个概念只以这种相互反映的关系形式而存在，但又不能把两者合并为一个概念，而是构成一种内在矛盾，推动范畴一步步深入，从一对范畴进入到另一对更本质、更深刻的范畴。

本质论的三个主要的规定是：本质、现象和现实，与之相关的诸对范畴，如假象和本质、同一和差别、根据和条件、形式和内容、现象和本质、全体和部分、内在和外在、可能和现实、必然和偶然、实体和偶性、因果性和相互作用等等，都是以对立统一规律为其核心的。黑格尔认为，所有这些范畴在形而上学的知性那里都被孤立化了，同时又用一个"和"字把它们简单地连结起来，根本没有见到它们的内在联系，而要从它们内在的活生生的联系来理解它们，则是一件十分困难的工作，所以本质论是逻辑学中最困难的部分。

本质论的三个主要规定的联系是：第一阶段的本质，是指"本质自身"，仅为自身反映的本质，即纯粹映现在思维中，作为实存的根据的本质；第二阶段的现象，是本质之表现于实存中，现象是本质的表现，是本质借事物而表现，所以本质不仅是自身反映，而且是在他物中反映；第三阶段的现实，是本质与现象的统一，即本质的实现，现实只表现自身，外化其内在本质，又从他物中返回自身，这是本质的最深刻的含义，本质由此而具备了向概念论转化的前提。

1. 本质自身——对立统一规律

从存在向本质的转化，按黑格尔的观点，并不是存在被完全取消了，而只是被扬弃了，它降低为假象或外观，本质则仿佛是透过变化着的假象而显露出来，事物的直接存在好像是一个帷幕、外壳，在它后面尚隐藏着本质。但抽象的知性片面地坚持着假象与本质的这种分离，把假象完全看作非本质的东西，例如，在康德那里，假象被认作幻象，是与客观本质无关的主观的东西。黑格尔反对这种观点，他认为假象与本质的对立只是相对的。首先，本质是存在运动的结果，它以存在为前提，撇开存在或一切假象去追求那个赤裸裸的抽象本质是追求不到的；其次，假象在某种程度上也是本质的，它就是本质自己的假象或本质的显现，本质则是假象的根据，无论本质和假象都不是主观的，而是客观的。

那么，什么是本质呢？本质，就其本身的抽象规定来说，无非是自身等同、自身同一的东西，万变中自身不变的东西：我就是我，"一切与其自身同一"。这种抽象同一性就被认为是本质，它排除了一切差别和矛盾。在知性思维中，这种抽象同一性的形成或是借助于分析，舍弃具体事物的多样性，只留下一个最普遍也最空洞的特性，或是抹杀各种特性的差别，而将它们外在地囊括为一。黑格尔对这种抽象同一的片面性进行了尖锐的批评，他指出，这种抽象同一集中表现在形式逻辑的同一律 A=A 之上，它恰好是知性思维的规律；但这种空洞的抽象是没有内容的同语反复，真正说来，没有任何事物按照它存在，也没有任何人按照它思想和说话。如说"星球是星球，磁力是磁力，精神是精神"，这是可笑的①。黑格尔提出，同一是具体的，具体的同一就是不排斥差别，本身就包含差别的同一，这就是辩证逻辑对同一的理解。他认为，好哲学与坏哲学区别的关键，就在于要严格区别开具体的同一与抽象的同一。

那么，什么是差别呢？差别也有抽象的规定，如过去莱布尼茨等人所谓"凡物莫不相异"的"差异律"就是如此。黑格尔指出，抽象的差别其实也就是抽象的同一，因为，说每个东西都是它自身而不是他物，也就等于说凡物莫不相异了。所有这些抽象都是知性思维的产物，但知性并未意识到它们并不是对立的，而是相互转化的。

黑格尔分析了差别的三个环节。首先是杂多，这是外在的、偶然的差别，即任意两个东西碰在一起的差别，如"骆驼与钢笔"的差别。其次，是被规定的、特定的差别，它不是任何杂多事物之间的关系，而是相似事物之间的不相似的关系，这种差别是以客体本身的差别与同一的相互联系为基础的，已包含有本质的差别——对立的萌芽了。相似与不相似的范畴在比较解剖学、比较语言学等领域中有广泛的运用，也获得了许多成果，但黑格尔认为不能夸大它们的作用，科学认识要求达到的是本质的差别，即对立。再次，对立是本质的差别，它有肯定的和否定的两个方面，这两方面有这样的关系：每一方都坚持自身不是对方，但是，既然它只有否定对方才能坚持自身，所以离开了对方，它本身也不能存在。每一方都只有在它跟对方的相互关系中才有它自己的规定，也就是：只有既为他方所反映而又反映他方时才有自己的规定。因此，所谓对立，是指对立

---

① 参见黑格尔：《小逻辑》，商务印书馆 1980 年版，第 248 页。

的双方都不是跟一个一般的他物对立，而是跟一个与它正相反对的他物对立，于是每一方都是自己的他物的他物，自己的对方的对方。简而言之，对立或本质差别就是对立双方既相互排斥又以对方为自己存在的前提，即同一中的差别，差别中的同一。黑格尔由此便引申出了一个新的范畴——矛盾。

黑格尔认为，既然在对立中，一个东西既否定对方，又肯定对方，既排斥对方，又与对方同一，那么这实际上就是同一个东西分为两个对立面而发生冲突，也就是同一个东西自己排斥自己，自己跟自己对立，即一事物的自相矛盾。所以矛盾就是统一物之分为两个互相排斥而又互相关联的对立面，是对立面的统一或同一。但矛盾的双方既然处于相互冲突的关联中，它们就是要努力扬弃矛盾；不过矛盾的扬弃并不是回复到抽象的同一，而是进到了根据。"由对立而进展为矛盾的最直接的结果就是根据，根据既包含同一又包含差别在自身内作为被扬弃的东西，并把它们降低为单纯观念性的环节。"① 根据并不是矛盾的消除，相反地，"本来想要扬弃矛盾的根据好像又发生了一种新的矛盾"②。可见，矛盾是统一物内部自身分化出来的两个对立面，这两个对立面：（1）各是其所是，各非其所非，相互排斥；（2）各以对方为自己存在的前提，相互依赖；（3）在彼此扬弃的活动中相互转化；（4）转化的结果是新矛盾的产生，而这样不断产生的矛盾就是本质之建立自身为实存的根据。

在发挥自己的矛盾学说时，黑格尔首先批评了形式逻辑的矛盾律和排中律的片面性、表面性。他指出，形式逻辑的矛盾律（即不矛盾律）无非是同一律的否定的说法："A 不能同时是 A 与非 A。"黑格尔把这称为形式的矛盾，是说矛盾的命题不能同时真，目的仍在说明产生矛盾是不可能的，如说"方的圆形"就不通。黑格尔则提出必然的矛盾或矛盾的必然性，即：没有矛盾就没有存在，矛盾是一切事物的本质、生命。就以"方的圆形"而论，黑格尔认为在数学里，我们必须假定一个圆的圆周为无限多和无限小的直线构成，以求得圆的面积，可见知性认为绝对不同的两种规定性——直线与曲线——就被设定为同一了。其次，形式逻辑的排中

---

① 黑格尔:《小逻辑》，商务印书馆 1980 年版，第 258 页。
② 黑格尔:《小逻辑》，商务印书馆 1980 年版，第 260 页。

律认为："A 不是正 A 必是负 A"，这就是"非此即彼"的公式，其目的也在排除矛盾。黑格尔批评说，用这种办法反而会使其本身陷入矛盾。说 A 不是正 A 必是负 A，这句话事实上已说出了第三个 A，它既非正 A 也非负 A，既可建立为正 A，亦可建立为负 A。黑格尔认为，凡是对立的、相反的东西都有共同的背景，因而有同一性，正如向东和向西是相反的方向，但却是同一条路一样。"非此即彼"孤立地看是典型的形而上学，辩证逻辑则于"非此即彼"之外又补充以"亦此亦彼"，把前者作为扬弃的环节包含于后者之中。列宁认为，黑格尔对排中律的批判是"机智而正确的"，"任何具体的东西……都是和其他的一切处于相异的而且常常是矛盾的关系中，因此，它往往既是自身又是他物"①。

黑格尔认为，直到他那时为止，逻辑学、哲学乃至普通的观念都认为矛盾并不像同一那样构成事物本质的和内在的规定，实际上却恰好相反，矛盾才是比同一更深刻、更本质的范畴，矛盾的观点高于同一的观点，矛盾是普遍的和客观的，是一切事物自己运动的原则。他提出，"一切事物都自在地是矛盾的"这个命题更加能表达"事物的真埋和本质"，"因为同一与矛盾相比，不过是单纯直接物、僵死之有的规定；而矛盾则是一切运动和生命力的根源；事物只因为自身具有着矛盾，它才会运动，才具有动力和活动"②。矛盾绝不像形而上学思维所认为的那样，是某种偶然的东西，好像是什么不正常的现象或暂时性的病态发作，正相反，矛盾"是在其本质规定中的否定物，是一切自己运动的根本，而自己运动不过就是矛盾的表现……运动就是实有的矛盾本身"③。人们通常把抽象同一认作正常状态，是因为他们把存在本身看作是静止不变的，其实事物、存在本身是运动、变化着的，而运动的源泉就是其内在的矛盾，没有矛盾就没有那个事物存在的根据，它就失去存在而归于无。"抽象的自身同一，还不是生命力；但因为自在的肯定物本身就是否定性，所以它超出自身并引起自身的变化。某物之所以有生命，只是因为它自身包含矛盾，并且诚然是把矛盾在自身中把握和保持住的力量……假如它不能够在自己本身中具有矛盾，那么，它就不是一个生动的统一体，不是根据，而且会以矛盾而

---

① 《列宁全集》第 55 卷，人民出版社 1990 年版，第 115 页。
② 黑格尔：《逻辑学》下卷，商务印书馆 1976 年版，第 66 页。
③ 黑格尔：《逻辑学》下卷，商务印书馆 1976 年版，第 66—67 页。

消灭。"① 形而上学推崇同一，说矛盾不可思议，黑格尔则认为"矛盾是推动整个世界的原则，说矛盾不可设想，那是可笑的"②。总之，黑格尔在反对形而上学否认矛盾的观点时，首先把注意力集中于一点上：矛盾是运动和自己运动的原则，是事物的生命和生命力，是事物变化和发展的"冲力"。列宁指出，这一点正是"'黑格尔主义'的实质"③。

黑格尔在论证矛盾的客观性和普遍性时，深刻揭露了一般形而上学思维方式的特点。他说，事物本来是活生生的矛盾统一体，人们却总是首先把矛盾从事物，从一般存在和真实的东西中排除出去，然后断言没有任何矛盾的东西；接着又把排除出去的矛盾推到主观的反思，似乎矛盾只是主观反思通过人为的联系和比较才造出来的；最后，他们宣称就连这个主观反思中的矛盾也是不存在的，因为矛盾的东西是不可想象的。黑格尔反驳道："事实上无论在天上或地上，无论在精神界或自然界，绝没有像知性所坚持的那种'非此即彼'的抽象东西。无论什么可以说得上存在的东西，必定是具体的东西，因而包含有差别和对立于自己本身内的东西。"④ 所谓具体的东西，是说事物是不同规定的统一，是对立的统一，如果将其各个规定孤立起来，看作彼此漠不相干，那它们就是抽象的，事实上并不存在的东西了。

黑格尔由此进一步指出，思维就是矛盾，没有矛盾就没有思维，而思维的真正任务就在于把握矛盾、理解矛盾，从而把握住作为具体东西的对象全体的自己运动的命脉。当然，在思维和认识的不同阶段上，情况也有所不同。"表象"已经是以矛盾为内容的了，如上下、左右、父子等等，但它并没意识到矛盾，作为外在的反思它只注意到两个规定的漠不相关，而没有注意到它们之间的过渡，"但这过渡却是本质的东西并包含矛盾"⑤。"机智的反思"已经意识到和表达出了矛盾的过渡，但还没有把这种过渡看作是事物本身的客观本质，看作是一切事物得以产生和存在的根据，而只看作是一种主观的思维技巧（诡辩）或无结果的动摇（怀疑论），其结果只是消极地取消一切事物的确定性。"思维的理性"则一方面使在表象

---

① 黑格尔：《逻辑学》下卷，商务印书馆 1976 年版，第 67 页。
② 黑格尔：《小逻辑》，商务印书馆 1980 年版，第 258 页。
③ 《列宁全集》第 55 卷，人民出版社 1990 年版，第 117 页。
④ 黑格尔：《小逻辑》，商务印书馆 1980 年版，第 258 页。
⑤ 黑格尔：《逻辑学》下卷，商务印书馆 1976 年版，第 68 页。

那里被冲淡了的差别和对立尖锐化，使它们转化为本质的矛盾，同时又从尖锐化了的矛盾双方的相互关系中把握住全体的统一性即生命，达到对否定的东西的肯定的理解。可见，认识和思维一步也离不开矛盾，矛盾作为"一个本质的绝对规定必定在一切经验中、一切现实事物中、一切概念中都找得到的"①。

通过对矛盾的分析，黑格尔引出了"根据"范畴。本质经过矛盾而把自己建立为根据。根据是一个矛盾的统一体，一个事物只是由于内在矛盾，才变成了另一个与自己不同的事物，亦即成为了另一个事物的根据；但同时，一个事物的内在矛盾由于是同一个事物的自相矛盾，因而它所造成的"另一个事物"仍然是这同一个事物的反映，该事物才真正是另一个事物本身的内在根据。本质只有在根据中，由于反映他物，而不是抽象的自身反映，才真正建立起来。

根据就是理由。黑格尔在这里批判了形式逻辑的充足理由律。这一定律主张：任何存在的事物都有其存在的充足理由或根据。黑格尔指出，首先，在理由之前加上"充足"二字是多余的，因为凡根据都必须是充足的，"不充足的就不是根据"；其次，这个定律要从外部找一事物的根据，但根据也是一事物，它又另有自己的根据，如此可以永远追寻下去，而没有一个理由本身是充足的；再次，任何事情，哪怕最坏的事情，人们为了把它"合理化"都可以任意找出一个理由，这种理由不但不"充足"，而且根本不是什么理由；最后，充足理由律要求为一切事物提供根据，它自身的根据是什么却并未说明。黑格尔则认为，一个事物的根据只能到该事物的内部去找，只能是事物的本质。而事物的内在的、本质的根据，就是事物的"绝对的根据"。

对于事物内在的绝对根据，黑格尔也揭示了三个不同层次的理解，这就是本质与形式、质料与形式、内容与形式。在这里，黑格尔批评了形而上学思维将这三对范畴割裂和对立起来并企图寻求某种"无形式"的本质、质料和内容的偏见，指出"形式只是本质在自身中的映现，是本质自己特有的内在的反思"②；质料则是事先被"形式化"了的质料；而内容本

① 黑格尔：《逻辑学》下卷，商务印书馆 1976 年版，第 66 页。
② 黑格尔：《逻辑学》下卷，商务印书馆 1976 年版，第 78 页。

身也是"形式化的同一"①。通过质料等等与形式的这种辩证关系，黑格尔着重强调了形式在根据中的主动规定的能动作用。正是由于形式的规定作用，根据才得以确定，成为了"被规定的根据"。

被规定的根据也有两种片面的理解，一种是建立在抽象同一律之上的"形式的根据"，即同语反复的论证方式，如问到什么是根据，就说"根据就是有一后果的东西"，而问到什么是后果，则回答"后果就是有一根据的东西"。又如滥用各种"力"或"隐秘的质"来解释事物：为什么这个人到城里去？由于城市的引力！什么是热或电？热或电就是"热素"或"电性"！这类回答不解决任何问题。另一种是以差异律为基础的"实在的根据"，根据与后果的联系在这里完全是偶然的、任意找来的，它事实上是力图使一切事物合理化的诡辩，是另一种类型的"形式的根据"。黑格尔认为，真正的根据应是"全面的"根据，它是形式的根据和实在的根据的统一，既不只是抽象的本性，也不只是一个随便拉来的偶然事实，而是把内在本性和外在事实联系起来，把握到事物内外一切方面一切关系的全貌，这种完全的根据就转化成了"条件"。

黑格尔的条件范畴一方面是指直接的事物、环境的总和，它们看起来是偶然的、给定的，但其实是有根据的，只不过相对于那个以之为条件的他物是作为无根据的东西给予的；另一方面，这些直接的事物将扬弃自己，服务于他物的实现，所以条件的总和已包含有他物的实质内容的全部规定性，只是尚未实现出来而已，这样，条件也可以看作是那尚未实现的他物的根据。于是，内在根据与外在条件就处于互为前提、互相转化的辩证统一中。而条件作为从根据中发展出来的范畴，就转化到"实存"范畴，并由此从"本质自身"进入到"现象"的阶段了。"假如当前有了一个事情的一切条件，那么，这个事情便进入实存了。"②

2. 现象

本质与现象是哲学史和哲学中的一对重要的范畴，也是解决思维和存在、主体和客体的关系问题的极为关键的一对范畴。自古希腊哲学以来，就有了本质与现象（真理与意见）的划分，近代哲学无法处理好两者

①　黑格尔：《逻辑学》下卷，商务印书馆 1976 年版，第 86 页。
②　黑格尔：《逻辑学》下卷，商务印书馆 1976 年版，第 113 页。

的关系，造成了双方的对立和割裂，最终导致了不可知论和主观唯心论。黑格尔是从承认本质与现象的差别出发的，但正是由于他把本质理解为自我否定或自相矛盾，理解为"自己运动"的根据，他就把本质与现象辩证地统一起来了：现象不再是与本质不相干的一个外壳或一层帷幕，相反，"本质必定要表现出来"，而现象则是本质的显现，是"在其存在［实存］中的本质"①。上面说过，本质不同于存在的特点是反映、映现，映现之进一步发展就是现象。

黑格尔对假象和现象作了区分，现象是比假象更高的范畴，它是有根据的、间接的本质的实存。实存，作为有根据的存在，其根据并不藏于实存之后，而是根据在扬弃自身时转变成了实存，现象既是实存，所以本质并不是在现象之后或之外，而是本质自身表现为现象，所以现象不是主观的，"世界之为现象，并非由于它是对于意识而存在的，亦即它的存在只是一个对于意识的相对存在：它的存在也同样是现象"②。"直接的对象世界之所以只能是现象，是由于它自己的本性使然，当我们认识了现象时，我们因而同时即认识了本质，因为本质并不留存在现象之后或现象之外，而正由于把世界降低到仅仅的现象的地位，从而表现其为本质。"③ 这就消除了本质与现象的僵硬对立。列宁对此评论道："较小的哲学家……在争论：用本质或者用直接现存的东西作为基础。黑格尔用以及二字代替了或者，并且说明这个'以及'的具体内容。"④

可见，在黑格尔看来，本质之表现为现象就是实存，实存则是根据与后果相互依存、无限联系的世界。在这个以实存之物为其总和，排演得花样繁多的世界里，一切都显得是相对的，一切事物都决定他物，同时又为他物所决定，仿佛没有什么地方可以寻得一坚定不移的安息之地，本质就表现为实存事物的相互关系。黑格尔把本质借实存事物表现自己的过程分为三个阶段：事物及其特性；现象及其规律；本质的关系。

黑格尔认为，本质借实存表现出来，就是事物通过其特性表现出来。事物是有特性的存在，而事物的特性在于：作用于他物，并通过一定的方

---

① 黑格尔：《逻辑学》下卷，商务印书馆 1976 年版，第 139 页。
② 黑格尔：《哲学史讲演录》第 2 卷，三联书店 1957 年版，第 31 页。
③ 黑格尔：《小逻辑》，商务印书馆 1980 年版，第 276 页。
④ 《列宁全集》第 55 卷，人民出版社 1990 年版，第 111 页。

式在自己与他物的关系中显露自己。事物存在于特性中，特性则显露在与他物的一定关系中："这些较多的相差异的事物，由于它们的特性，就处在本质的相互作用之中；特性就是这种相互作用本身，而事物在相互作用之外便什么也都不是。"① 这样事物就不是什么"自在之物"，而是"为他"之物、有规定之物，因而是可以认识的了。因为所谓认识一物，无非就是在物的规定性中把握它。康德的"自在之物"作为只反映自身而不反映他物的存在，是一种摆脱了一切规定性，摆脱了一切对他物的关系的抽象，它不是为他存在，因而只是"无"，当然是无法认识的。问什么是"自在之物"，问题本身的提法就已经不知不觉包含了不可回答的成分，坚持这种只反映自身而不反映他物的"自在之物"乃是抽象知性的偏见。黑格尔提出，所谓"自在"或"自身"的意思，无非是问事物从何而来，其内在规定是什么。人的"自身"是指婴儿，植物"自身"是指种子，"一切事物最初都是在自身〔或潜在〕的，但那并不是它们的终极，正如种子是植物自身，只不过植物是种子的自身发展。所以凡物莫不超出其单纯的自身——作为其抽象的自身反映，进而证明自身为他物反映。于是这物便具有'特性'（Eigenschaften）了"②。康德由于固执地把自在之物当作某种静止、抽象的终极规定，把事物特性的规定性和多样性同事物"自身"（自在之物）对立起来，从而把事物的一切规定性，"不论形式或内容"，都转移到人的意识中去，这就陷入了主观唯心主义。黑格尔对康德的上述批判，正如列宁所说，"这是非常深刻的：自在之物以及它向为他之物的转化。……自在之物一般地是空洞的、无生命的抽象。在生活中，在运动中，一切的一切总是既'自在'，又在对他物的关系上'为他'，从一种状态转化为另一种状态"③。

黑格尔的"事物和特性"的同一性学说克服了康德将现象与本质，并进一步将思维与存在、主观与客观割裂和对立起来的弊病。但黑格尔同时也指出，现象和本质、事物和特性的这种同一性并不是静止的、死板的等同性，不能像机械论自然观那样把每一种孤立的特性当作是一个独立的事物（如提出声素、燃素、热素、磁素等），而应看到单一的事物与其多

---

① 黑格尔：《逻辑学》下卷，商务印书馆 1976 年版，第 128 页。
② 黑格尔：《小逻辑》，商务印书馆 1980 年版，第 268 页。
③ 《列宁全集》第 55 卷，人民出版社 1990 年版，第 90 页。

样的特性之间的区别和矛盾性，并善于从多种多样的特性所形成的现象世界中去找出其内在的规律。于是，这样建立起来的特性与事物的关系，就是现象与规律的关系了，

　　现象界是形形色色、变动不居的世界，从变化着的现象中抽引出静止的、稳定的、同一的东西，就是规律。"规律的本质，无论这规律是与外部自然界还是与伦理世界的秩序有关，都在于一种不可分离的统一性，在于不同规定的一种必然的、内在的联系。"① 因此，规律就是现象的本质内容，规律的王国是现象的王国的"平静的、稳定的反映"或"图画"，是本质的现象。规律和现象在内容上是同一的，规律并不在现象之外，它为现象所固有，并不像康德所说的，规律出自人的主体，现象来自客观物自体。不过，黑格尔虽然认为现象和规律同属于一个世界，但又指出，两者仍存在着区别，甚至是对立着的。现象是一个整体，它不仅包含规律，还包含多于规律的东西即"运动着的形式的环节"（规律则是静止的），所以现象要比规律丰富些；此外，规律也是在现象之外，是为感觉所不能把握的，因此规律和现象都是独立完整的实存，一个是被反映的，一个是直接的。直接的是感觉可达到的世界，被反映的则是"超感官世界"，它只能为理智所达到。当然，这种对立也只是相对的，每一方都不断地在对方中继续存在，互相包含对方的环节，每一规律都具体体现在现象之中，而每一现象中多于规律的部分也都还是有自己的规律的（如在落体现象中，空气阻力是多于落体定律的东西，但空气阻力也有自己的规律）。黑格尔反对抽象知性撇开现象谈规律，或将现象归结为规律，将许多规律归结为一条规律，而力求在规律中保持住现象的全部丰富性，以把握现象中所表达出来的本质关系。

　　所以，规律就是"本质的关系"，而本质的关系就是本质借实存的事物以表现自己（即现象）的确定的、完全普遍的方式。离开规律的事物是抽象的、孤立的，而离开事物的规律也是抽象的、空洞的；只有在二者的统一中，一切实在的事物才处在合乎规律的相互关系中，这种关系是事物的自我关系和与他物的关系的统一，是一种相对的关系。黑格尔认为，正

---

① 黑格尔：《精神哲学》，见《黑格尔著作集》第 10 卷《哲学科学百科全书》Ⅲ，人民出版社 2015 年版，第 191 页。

是这种相互关系构成实存事物的真实性、本质。属于这类关系的有：全体与部分、力及其表现、内在与外在。所有这些成对的范畴都是互相建立、互为前提、不可分离的。其中最直接的是全体与部分的关系。黑格尔指出，无全即无分，无分亦无全，全并非各部分的机械的总和，而应理解为贯穿在、体现在每一部分中的东西，即有机的整体。但这种有机关系并未在全与分这对直接的范畴上体现出来，全体与部分作为直接的关系尚不足以表现事物的真实关系。例如，说全体等于部分，但这个部分不是作为部分的部分，而是其总和，结果就是全体等于全体，部分就没有被把握到；反之，说部分等于全体，但这个全体是分成部分的全体，结果就是部分等于部分，全体就没有被把握到。这个矛盾只有在更深刻的范畴即"力和力的表现"中才能得到解决。

在力的范畴中，全体作为产生、包含、掌握部分的东西出现；力之为力就在于发挥和表现自己，所以力和力的表现就克服了全体与部分的外在对立的矛盾。但力和力的表现这对范畴仍然不能完全表达出本质的关系。首先，力需要一个具有力的事物作它的承担者，似乎力只是附属于某个存在物，它不是构成这存在物的形式和本质，而是外加给存在物的；其次，正因为如此，力便是由外力推动传递而来的，而推动力本身又是由另一外力而来的，于是对力的根据和源泉的追溯是无穷的、无结果的，任何一个力既在其作用中表现为一种力，本身也同样是另一种力的表现，那"最终"的、用来解释事物本质的力是追寻不到的；最后，既然力和力的表现（现象）是一样的，因此"用一种力以解释一个现象，只是一空洞的同语反复"①。不过黑格尔也指出，力和力的表现的这种同一性也揭露出另一种更深刻的本质关系，这就是内在与外在的关系：既然力的概念、力之为力就在于"表现出来"或表现在外，那么力和力的表现的同一也就是内与外的同一了。

黑格尔指出，内与外为同一内容的两个方面，凡物内面如何，外面的表现也如何，内在的东西也就是外在的东西，反之亦然。"凡现象所表现的，没有不在本质内的。凡在本质内没有的，也就不会表现于外。"② 尽

---

① 黑格尔：《小逻辑》，商务印书馆 1980 年版，第 284 页。

② 黑格尔：《小逻辑》，商务印书馆 1980 年版，第 289 页。

管就形式的规定看，二者是对立的：内表示自我同一的抽象，外表示杂多或实在性的抽象；但作为本质关系，二者是同一的，"凡只是在内者，也只是外在的东西，凡只是在外者，也只是内在的东西"①。

内在与外在的对立，是黑格尔以前人们从本质和现象的角度将思维与存在、主体与客体割裂和对立起来的最主要的形式。在这方面，黑格尔批判了两种倾向：第一，认为本质仅仅是内在的东西。他说，这种对本质的看法就是一种纯外在的看法，而其所谓的本质亦仅为一空洞的外在的抽象。"如果有人把自然的本质规定为内在的东西，那么，他便是只知道自然的外壳。""一个人外在地，即在他行为里怎样……他内心也是怎样。"②第二，仅认内为本质，为根本，认外为无关重要，为不相干，这也是黑格尔所反对的。黑格尔特别强调内外统一原则对于研究社会生活的重要性，可以说，对人的实践活动、社会历史活动的深入考察，正是黑格尔高出以往哲学家的地方，也是他之所以能够辩证地处理内在与外在、主观与客观的关系的前提。他特别提出了动机与效果的统一，认为以动机说明效果与以效果考验动机是不可分的，这不仅对道德生活来说是如此，而且对一切目的行为都是如此。例如，说某小孩是天才，这只有凭将来的结果才能考验此话有无根据。低能的艺术家要求以他们内心高超的理想，而不以其成就作为评价他们作品的标准，我们就有正当理由加以拒绝。对行为恶劣却自称动机高尚的人，可以用《圣经》中的话回答他："须从行为的果实里去认识人。"黑格尔批评了历史研究中的所谓"实用的"方法，即不是去研究历史事实，而是去追究所谓历史人物背后的秘密动机。黑格尔说，他们以心理学的非本质的动机代替历史的本质的动机是浅薄的，从内外统一的原则出发，就得承认"伟大人物曾志其所行，亦曾行其所志"③。

黑格尔认为，本质与现象的真正关系就是这种内外统一的关系，而它们作为内在东西与外在东西的直接统一就是现实。

3. 现实

现实是内在和外在、本质和实存的直接统一，因而是本质自身的实存。只有现实才是真正实在的本质，了解了现实，才算了解本质。在这

---

① 黑格尔：《小逻辑》，商务印书馆 1980 年版，第 289 页。
② 黑格尔：《小逻辑》，商务印书馆 1980 年版，第 290 页。
③ 黑格尔：《小逻辑》，商务印书馆 1980 年版，第 294 页。

里，黑格尔批评了认为现实同思想或观念（理想）之间有着坚固对立的观
点，进一步为思维和存在、主体和客体的同一扫清了道路。他说，凡是说
思想虽然是真实的但无法在实际里实现的人，只表明他既不了解思想的本
性，亦不了解现实的本性。思想不能与主观观念、计划同义，现实也不
能与外在感性存在同义。一方面，理念并不仅是藏在我们头脑里的东西，
它是绝对能动的和绝对现实的，"理念一般说来并不是那样薄弱无力的东
西，以致它自身的实现和不实现，均须依人们的意愿为转移"；另一方面，
"现实亦并不是那么坏和不合理，如像那些盲目的、头脑简单或厌恶思维
的和堕落的实行家所想象的那样"①。现实就其为内外的统一看，并不是作
为一个他物而与理性对立的，毋宁说现实是彻头彻尾合理的东西，"任何
不合理的事物，即因其不合理，便不得认做'现实的'"②。这就是黑格尔
"凡是合理的都是现实的；凡是现实的都是合理的"这一著名命题的真实
含义。

但现实作为内在与外在的直接统一，并不是静止的统一，而是"内
在的东西和外在的东西的合而为一的更替……结合成为一个运动的现实的
各对立运动的更替"③。随着对现实范畴的这一运动过程的分析和描述，黑
格尔提出了一系列重要的辩证法范畴。直接跟现实范畴相联系的是可能
性、偶然性和必然性。黑格尔把可能性作为现实的内在方面，把偶然性作
为现实的外在方面，而把必然性作为现实本身来理解。

黑格尔认为，可能性已是内在的或潜在的现实性了，但它最初还只
是形式的、抽象的可能性："凡是不自相矛盾的，自身同一的就是可能
的"，或凡是可以设想的就是可能的，如月亮今晚会掉下来是可能的，因
为设想起来并不矛盾。在这种观点之下，一切事物都是可能的了。黑格尔
指出，这就是在玩弄形式逻辑的充足理由律：只要找到一个理由，任何事
物都是可能的；一个人越是对事物的确定关系无知，就越是沉溺于各式各
样的可能性里，富有实践精神的人决不应受其骗。此外，由于任何事物都
有矛盾，根据同一律或（不）矛盾律，这种抽象思维又必然转过头来认为
一切都不可能。黑格尔则提出现实的或具体的可能性来与抽象的可能性相

① 黑格尔：《小逻辑》，商务印书馆1980年版，第296页。
② 黑格尔：《小逻辑》，商务印书馆1980年版，第296页。
③ 黑格尔：《小逻辑》，商务印书馆1980年版，第305页。

对立。在他看来，根本不存在设想现实的问题，真正的可能性必定是特定条件下的可能性，是现实条件的总和构成的，这些条件就其本身而言，是一切抽象可能的事物由于某种机遇而凑合到一块来的，所以，要确定真正的、实在的可能性，就必须考察现实中的偶然性。

偶然性是现实的另一环节即外在的方面，它高于可能性，因为它是可能性与现实性的直接统一。"我们把偶然的东西看做是这样的一种东西，它能存在或不能存在，能这样存在或能那样存在，而其存在或不存在、这样存在或那样存在的根据不在自身之内，而在他物之中。"[1] 这样，偶然性就是一个包含着矛盾的范畴，这种矛盾使它与另一个对立的范畴即必然性处在不可分割的关系之中。"偶然的东西正因为它是偶然的，所以没有根据；同样也正因为它是偶然的，所以有一个根据"；"偶然的东西是必然的"，"必然性本身规定自身为偶然性"；而另一方面，"这种偶然性毋宁说是绝对的必然性"[2]。因此，必然性只是通过偶然性才表现出来，而偶然性也决不是毫无规律地发生的，它毋宁说是必然性的极限，展开为一个合乎规律的过程。黑格尔一方面批评了那种从抽象偶然性立场出发，对自然现象的丰富多彩和变化多端一味赞美的态度，指出必须超出这种态度，"进一步对自然的内在和谐性和规律性有更确切的识见"[3]；另一方面，他也批评了机械论和宿命论片面崇拜必然性，取消偶然性，将偶然性仅当作主观的无知或想象的偏见。他指出："偶然性在对象性的世界里仍有其相当的地位"，不承认偶然性的客观性就没有严肃的科学，"科学，特别是哲学的任务……在于从偶然性的假象里去认识潜蕴着的必然性。但这意思并不是说，偶然的事物仅属于我们主观的表象，因而，为了求得真理起见，只须完全予以排斥就行了。任何科学的研究，如果太片面地采取排斥偶然性，单求必然性的趋向，将不免受到空疏的'把戏'和'固执的学究'的正当的讥评"[4]。

值得注意的是，黑格尔对于摇摆于上述两种片面倾向之间的第三种

---

[1] 黑格尔：《小逻辑》，商务印书馆1980年版，第301页。

[2] 《哲学丛书》第57卷，第174、181、183页，参见黑格尔：《逻辑学》下卷，商务印书馆1976年版，第197、198、206、208页。

[3] 黑格尔：《小逻辑》，商务印书馆1980年版，第302页。

[4] 黑格尔：《小逻辑》，商务印书馆1980年版，第302—303页。

倾向也进行了批评，这就是把偶然性作为主观任性和抽象的意志自由来加以推崇的倾向。黑格尔提出："任性却不是自由的本身，而首先只是一种形式的自由"，因为"真正的意志自由，把扬弃了的任性包括在自身内，它充分意识到它的内容是自在自为地坚定的……是完全属于它的"①。任性的内容是盲目为外界决定的，只是形式上表现为人的自由意志，所以仍然逃脱不了宿命论。黑格尔这一批评在这里的意义还不仅在于，通过从偶然与必然的辩证关系中引出自由与必然的辩证关系，从而为本质论到概念论、必然王国到自由王国的过渡做好准备，而且在于，通过对客观必然性和主观任意性之间对立的扬弃，而迈出了使存在与思维、客体与主体、必然与自由统一起来的关键性的一步。

这样，黑格尔就将可能性、偶然性、必然性三者之间的关系及其与现实性这一总体范畴之间的关系简明扼要地描述为："一个事物是可能的还是不可能的，取决于内容，这就是说，取决于现实性的各个环节的全部总和，而现实性在它的开展中表明它自己是必然性。"②偶然性作为现实的外在方面，本身不过是条件，在它下面蕴含着这样那样的可能；但其中，那唯一现实的可能性要扬弃偶然性使自己成为现实，所以，直接的现实性（偶然性）本身不是它应该是的事物，而乃一自身破裂的有限存在，它的命运是消灭自己，这就是旧现实的消亡；从这里面诞生出来的新现实是以最初的直接现实为前提或条件的，但它并不等同于直接的现实性，因而现实就是一个不断扬弃其固有的直接性的过程。这样的现实性，就是必然性。

因此黑格尔认为，真正的必然性必定是内在的必然性，即是说，一物之所以是一物乃由于其自身，这个事物是产生出来的，但它自己为自己建立条件，自己为自己开辟道路，它不顾一切地不变地贯彻自己，它从可能性变为现实性乃是确定不移、不可避免的。必然性就是一直潜伏在条件的总和中，自我实现着并支配着整个现实性的内在过程。在这个意义上，必然性就是"自己运动"的原则，或自由。不过，黑格尔也并不把这一自己运动的过程看作是自发的，他认为必然性有三个环节：条件、实质、活

① 黑格尔：《小逻辑》，商务印书馆1980年版，第302页。
② 黑格尔：《小逻辑》，商务印书馆1980年版，第300页。

动，其中条件和实质是活动的前提，而活动"是一种将条件转变成实质，将实质转变成条件，亦即转变到实存一边去的运动。或者也可以说，活动仅是从各种条件里建立起实质（实质本来是潜在于这些条件里）的运动，并且是通过扬弃诸条件所具有的实存，而给予实质以实存的一种运动"①。人的活动是为客观条件决定的，然而客观条件的实质则是由人的活动所建立的。当然，黑格尔的"活动"不只是指人的活动，而是指整个现实的运动，在这种运动中，一切都是自己制约自己，自己决定自己，这一整体过程就是绝对的必然性。这种绝对必然性当其作为本质禁锢在存在中时，是未经概念照耀的，因而是盲目的，但是它"怕光"：必然性仅仅是由于没有被理解才是盲目的，概念是光，是对必然性的理解。由此，认识了必然性，就克服和扬弃了盲目的必然性，达到了光明与自由。而要认识绝对的必然性，就必须把握三种必然的关系或绝对关系，这就是实体与偶性、原因与结果、相互作用。

绝对必然性首先作为实体性关系出现，"实体是理念发展过程中的一个重要阶段"②。什么是实体？实体即是内在必然性，它的本性是必然的，自己为自己的根据，它是无条件的、永恒的存在。这就是斯宾诺莎对实体的规定。偶性则是偶然的、依他的、有条件的、易逝的事物，它出于实体，归于实体，相当于斯宾诺莎的样态。实体对偶性的关系，相当于相对关系中全与分的关系，但分清了主次，不再是相对的了。

实体关系的内在矛盾在于：实体是一绝对否定的力量，而不是创造事物的能力；因而，实体之实就在于偶性之虚，实体之大就在于偶性之小，实体的力量就在于偶性之无力，这种实体只是化万物为虚妄的力量。这样，实体的矛盾应在自身的发展中解决，实体应当完全转化为偶性，表现于偶性中。这种自我否定就产生了积极的结果，实体与偶性的关系就过渡到了原因与结果的关系："实体作为原因才具有现实性"，"而实体只有在它的结果中才具有它作为原因所具有的现实性"③。

黑格尔认为，因与果不是对立的，而是相待的概念：因之为因，以其

---

① 黑格尔：《小逻辑》，商务印书馆 1980 年版，第 311 页。
② 黑格尔：《小逻辑》，商务印书馆 1980 年版，第 313—314 页。
③ 《哲学丛书》第 57 卷，第 190 页，参见黑格尔：《逻辑学》下卷，商务印书馆 1976 年版，第 216 页。

有果，果之为果，以其有因，原因与结果意义不同，但在内容上是同一的，知其一便知其二，如雨是湿的因，湿就是雨的果，二者都以水为内容。因此，凡在因中的，必在果中，反之亦然。原因不只是表现在结果里，而且消失在结果里，所以原因完全转化为结果，反之，结果也可以作为另一事物的原因，所以结果又转化为原因。但因果关系的局限也正在于这种由因到果、由果到因的无穷追溯链条，它不能完全说明一个具体的问题，例如在有机生命和精神领域，说饮食是血液的原因，希腊的气候是荷马史诗的原因，恺撒的虚荣心是罗马共和制的原因等等。人们惯常用历史上的奇闻轶事作为大事件的小原因，黑格尔认为那些小原因只不过是一种外在的"诱因"，"事件的内在精神也许并不需要它，或者说，这种内在精神可以利用无数的其他诱因，以便从它们开始在现象中表露和显示自己"①。

因果范畴的进一步发展是相互作用，相互作用是"充分发展了的"因果关系，它是实体关系与因果关系的统一，即两个实体之间的互为因果："每一个对另一个都同时是能动的、又是被动的实体。"②但黑格尔又指出，所谓"两个"实体或"两个"原因的说法其实是空虚的，真正的原因只有一个，这就是由这种相互作用而实现的现实事物的独立性，这种独立性是一种无限的否定的自身联系，也就是说，是一种将作用双方能动地综合于自身的自由活动，它就是概念。黑格尔认为，相互作用是本质论的最高范畴，是明确建立起来了的必然性，但正因此，它已"站在概念的门口"而开始向自由、向概念转化了。黑格尔举例说，人们当然可以把斯巴达人的风尚看作是他们社会制度的结果，也可以把这种社会制度看作他们风尚的结果，但并不能由此对他们的社会制度和风尚有深入的了解，而必须将这双方都置于一个共同的基础上来考察，这个基础即斯巴达的民族精神，它是一个自由的、独立的"概念"。

所以，只有概念才能理解相互作用，而这也就意味着，只有在自由的基础上并通过自由才能理解真正的、内在的必然性。黑格尔以概念式的理解克服了必然性最初显示的僵硬的外在性，而揭露出它内在本质的自

---

① 《哲学丛书》第 57 卷，第 194 页，参见黑格尔：《逻辑学》下卷，商务印书馆 1976 年版，第 221 页。

② 黑格尔：《逻辑学》下卷，商务印书馆 1976 年版，第 230 页。

由，这就成功地走完了从客体到主体、从存在到思维、从必然到自由的"最艰苦的过程"。在这一过渡中，最坚硬的必然性被思维、主体所消解，而概念则超越那软弱无力的抽象形式的自由（任性），成为了"最坚硬的东西"①。这样，"客观逻辑"（存在论、本质论）便进到了"主观逻辑"、概念论。在概念论中，问题已不是必然性、客体、存在如何发展出自身潜在的自由、主体、思维，而是主体、思维如何自由地建立起自己的客体、存在了。

四、概念论

在黑格尔看来，概念是从存在和本质发展而来，是存在和本质的统一；因而，前此一切范畴都被扬弃地包含在概念中，被提高为无限的有创造力的形式，所以"概念才是一切生命的原则，因而同时也是完全具体的东西"②。由于概念的这种能动性和具体性，概念论中诸范畴的运动就不再是存在论中的那种"过渡"，也不是本质论中的那种"反映"，而是发展。所谓发展，就是使自身中潜在的东西能动地、主动地实现出来。最初的概念仿佛是一粒种子，它在发展中把潜伏在自身内的内容展示出来，使自己具体化，最后回复到更高级的概念——理念，回复到主客观统一的真理。黑格尔在这里实际上是以目的论精神解释概念，因而给它注入了一种神秘的意义，但却包含有对概念、事物的运动、"自己运动"的内在能动性的猜测。

概念的发展分为三阶段：主观概念（主观性）、客体（客观性）、主体—客体（主观性与客观性的统一、绝对理念）。

1. 主观概念或主体性

从存在到概念是从客观逻辑走向主观逻辑，因而最初出现在概念论中的是主观概念。主观概念已不是自发的任意性冲动，它本身是一个合乎规律的逻辑发展过程，其三个发展阶段就是：概念自身、判断、推论。

---

① 黑格尔：《小逻辑》，商务印书馆1980年版，第325页。
② 黑格尔：《小逻辑》，商务印书馆1980年版，第327页。

（1）概念自身

黑格尔首先要求对概念要有一新的观念。他把抽象概念与具体概念区分开来。抽象概念的特点在于，它只是一个抽象的一般（普遍），这个一般是脱离了特殊与个别的抽象物，例如"水果"作为抽象概念就是脱离了各种具体水果而抽象出来的一般。黑格尔认为这种抽象的一般概念是空洞的、单纯形式的格式，是幻影，是不真实的，因为除去一切具体的水果（桃子、葡萄等等）而外，并没有一种一般的"水果"。相反，具体概念则是具体的一般，它本身就是一般、特殊、个别三个环节的统一体。

一般、特殊、个别是有差异的，甚至是彻底对立和矛盾的，但又是同一的，其情形正如本质论中的同一、差别与根据的关系。一般意味着自身同一的东西，但它同时就包含有特殊与个别在内；特殊意味着差别，即特殊性格，但必须了解为本身一贯的，因而是一般的，并且是以凝聚为个别的方式存在着的差别和特殊性格；个别意味着根据或主体，它本身就包含有一般原则（类）和特殊的起作用的方式（种），是能动的实体性的东西。黑格尔在这里所指的个别并非感性的具体事物，而正是指贯穿和包含一切特殊的那个一般、概念，只有这种一般才是个体事物的根据和基础、根本和本质。可见，以抽象一般为标志的抽象概念和以具体一般、以个别为标志的具体概念的差别是很大的。具体概念是不同规定的统一，是对立规定的统一，也是形式与内容的统一，它是能动发展着的个体、主体；抽象概念则是片面和空洞的形式框架，是无生命的僵死的表象。只有具体概念，才能由自己自由地建立起自己的客体及其必然规律，抽象概念则只有与它的内容、与别的抽象概念都处于外部对立之中——这就是为什么在黑格尔以前人们总是无法使思维和存在、主体和客体达到真正的一致的根本原因。

（2）判断

黑格尔认为，主观概念正因为是具体的，具有个别性的，所以是能动的、自身发展的。概念所包含的三环节必然要特殊化、分化自身为它的各个环节，这就形成了判断。判断就是概念作为个别主体以特殊的方式把自身区分或"剖分"为两个对立面，但又联系于同一个概念之中。判断的最一般的形式就是："个别即是一般"，或"主词即是宾词"。个别与一般、主词与宾词是有差别的，甚至是对立的，但每一个判断都把它们设定为同一的，其中的联系词"是"就是从概念的本性里产生出来的。所以，判断是概念的真正的特殊化，因为概念的差别或特性在判断中得到陈述，但又保持着一般性。概念的特殊化可以比作种子的发芽、开花，实现其潜能。黑格尔把植物种子的这种发展称为植物的"判断"，广而言之，"一切事物都是一个判断"①。他否认"概念"、"判断"是仅仅在人的主观思想中的构造，否认联系主宾词的"是"字是主观活动外加给事物的，这样就强调了"判断"形式不是空洞的形式框架，而具有客观的性质。"概念乃是内蕴于事物本身中的东西；事物之所以是事物即由于其中包含概念。因此把握一个对象，即是意识着这个对象的概念。当我们进行判断或评判一个对象时，并不是根据我们的主观活动去加给对象以这个谓词或那个谓词，而是我们在观察由对象的概念自身所发挥出来的规定性。"②

根据对判断的上述观点，黑格尔发展了判断及其不同形式的辩证法。他以传统形式逻辑的判断分类为基础，但不以列举和确认这些形式为满足，而是一方面揭示出每一判断形式的局限性以及它由于形式与内容不一致这 内在矛盾而向另一形式的推移，另一方面发挥出每一判断形式在认识论上的价值。黑格尔判断分类的特点正在于它反映了人类认识发展的过程与阶段性。他按照"存在"、"本质"、"概念"这样一个认识深化和具体化的进程，把判断也划分为同样的三大阶段。"存在"阶段的判断为（a）质的判断；"本质"阶段的判断为（b）反省的判断和（c）必然的判断；"概念"阶段的判断就叫作（d）概念的判断。黑格尔说："各种不同的判断不能看作罗列在同一水平上，具有同等价值，毋宁须把它们认作是构成一种阶段性的次序，而各种判断的区别是建筑在谓词的逻辑意义上的。"③

（a）质的判断。如"这玫瑰花是红的"。这种判断是最低级的，其宾词只陈述了一种直接的、感性的、抽象的质，而"要决定是否有这质，只须有直接的知觉即可足用"；所以，对于只能下这种判断的人，"我们决不迟疑地说他的判断力异常薄弱"④，他的认识很肤浅和抽象。这类判断只能说是"不错"、"正确"，却不包含真理，因为真理在他看来应是"对象与

---

① 黑格尔：《小逻辑》，商务印书馆 1980 年版，第 340 页。
② 黑格尔：《小逻辑》，商务印书馆 1980 年版，第 339 页。
③ 黑格尔：《小逻辑》，商务印书馆 1980 年版，第 344 页。
④ 黑格尔：《小逻辑》，商务印书馆 1980 年版，第 344 页。

它自己本身相符合，亦即与它的概念相符合"①，而玫瑰花与红色只是在某一点上偶然接触（玫瑰花除颜色外还有其他属性，有红色的也不仅是玫瑰花），谈不上"符合"。

（b）反省的判断。如"玫瑰花是有用的"。这个判断的宾词所陈述的不复是一个直接的质，而是关于主词的某种关系的规定，是从玫瑰花与另一事物（如人的目的）的关系中陈述玫瑰花的概念，它触及了事物的本质（本质就是关系），因此比前一判断要高级，但这仍然是依立场不同而改变的偶然的关系。

（c）必然的判断。如"玫瑰花是植物"。这类判断所陈述的是主词的实体本性（类），因此仍属本质阶段；但它不再是依立场不同而改变的了，而是必然的，它更深刻地揭示了主词概念的本质内容。

（d）概念的判断。如"玫瑰花是美的"。这类判断以"真"、"善"、"美"等为谓词，通常人们认为这都是些"样态判断"，只涉及主观的评价。但黑格尔认为，这恰好是一些真正具有客观性的判断，它表达了客观事物中所蕴含的全部概念以及该事物与其概念的完全符合，与之相比，此前一切判断形式倒是多少带有某种主观片面性。所以他认为，概念的判断才是最高级的判断，要下这种判断必须对客观事物的概念有具体的认识，能下这类判断的人"我们就会说他真正地知道如何去下判断"②。

黑格尔的判断分类表明了：认识的内容怎样，认识的形式也怎样；认识的内容不断深化，认识的形式也随之而深化，认识论与逻辑学是一致的。恩格斯指出："这种分类法的内在真理性和内在必然性是明明白白的"，它不但有思维规律的，而且有自然规律的根据③。可见，黑格尔的判断学说正如他的概念学说一样，其主旨也在于阐明思维和存在、主体和客体的一致，阐明概念如何自由地将自己建立为必然的客观法则和规律。

（3）推论

推论是判断和概念的统一。黑格尔认为，从判断发展到推论，并不是由于我们主观的活动，而是判断自身的发展，它在其最高阶段进入推论，从而回复到了统一的概念；概念在推论中扬弃了它在判断中的片断性

①　黑格尔：《小逻辑》，商务印书馆 1980 年版，第 345 页。
②　黑格尔：《小逻辑》，商务印书馆 1980 年版，第 344 页。
③　参见《马克思恩格斯文集》第 9 卷，人民出版社 2009 年版，第 488 页。

和不完整性，而成为一个现实化了的"个别"，即现实化了的概念。推论不仅表明了概念的三环节（一般、特殊、个别）的统一，而且表现出这三环节在判断中已显露出来的差别，因此充分体现了概念之为具体概念的运动及其活生生的有机整体。因此黑格尔认为"一切事物都是推论，是一个由特殊而与个别结合在一起的普遍的东西；但一切事物当然不是由三个命题组成的整体"①。他的意思是说：事物的关系、转化、运动是逻辑思维形式（推论）的体现。这就真实地表明了（虽然是以颠倒的方式）：现实世界中存在着与推论形式相类似的东西，不仅我们推论的内容，而且它的形式本身也来自客观世界，因而人的意识具有以概念、推论等思维形式把握客观现实的本质的能力。

关于推论的分类，黑格尔同样遵守他关于判断分类的原则。

存在论阶段的推论有两种：

（甲）"质的推论"。计有三式，黑格尔认为第四式是多余的。第一式是"E（个别）—B（特殊）—A（一般）"，即一个"个体"的主词凭借一种特性而与其"一般"相结合。第二式是"A—E—B"，第三式则为"B—A—E"。黑格尔指出："推论的三式的客观意义一般地在于表明一切理性的东西都是三重的推论。而且，推论中的每一环节都既可取得一极端的地位，同样也可取得一个起中介作用的中项的地位。"② 这就是说，无论推论的结构形式如何变动，它都在表达着客观现实中的某种合理的关系。不过，在质的推论中，各项的关联形式及其所表达的现实关系均属偶然的。

（乙）"量的推论"。黑格尔认为，既然推论各式的每项都可取得中项和两端的地位，则各项之间特定的质的区别便被扬弃了。具有各项的无差别形式的推论，就是量的推论。其形式为：如甲 = 乙，乙 = 丙，则甲 = 丙。这种推论在数学上被认做不证自明的"公理"，但黑格尔指出，它实际上是以质的推论为前提，例如当几何学中说到一个三角形等于一个正方形时，就预先抽去了各规定的质的区别，而假定了这只是就其大小而言的。

---

① 黑格尔：《逻辑学》下卷，商务印书馆 1976 年版，第 347 页。
② 黑格尔：《小逻辑》，商务印书馆 1980 年版，第 364 页。

本质论阶段的推论也有两种，每一种下面只包括三种推论形式：

（丙）"反省的推论"。

（a）全称推论。"凡人皆有死，苏格拉底是人，故苏格拉底有死。"黑格尔认为，这种推论的大前提已先假定了结论，其实苏格拉底等等无数个别人的死才是"凡人皆有死"的前提，后面这种推论就是归纳推论。

（b）归纳推论。"张三有死，李四有死……所有这些人皆有死，故凡人皆有死。"这个推理的中项全部为个体（个别）所构成。但我们无法考察完所有的个体，因此归纳推论总是不完备的，它最终上升到一般结论总是要依赖于某种类推（类比推论）。

（c）类比推论。由某种事物具有某种特性，推论出同类别的事物也该有同样的特性，如："到现在为止，我们发现的星球皆按照万有引力定律而运动，因此，一个新发现的星球也必然按万有引力定律而运动。"黑格尔认为，类推可说是"理性的本能"，因为人预感到某一经验所发现的特性是以客观对象的一般本性为依据的，从而可以去进行类推。但类推也可能误入歧途，如"地球是一个星球并有人居住，月球也是一个星球，故月球上也有人居住"。这就是"很坏的类推"，"因为地球所以有人居住，这并不只基于它是一个星球，而是建立在别的条件上……而这些条件，就我们现在所知，正是月球所没有的"①。

（丁）"必然的推论"，即涉及本质和类的概念的推论。

（a）直言推论。形式上与"质的推论"相同，但直言推论不是建立在事物的偶然性质和关系之上，而是建立在种和类的概念的必然关系之上了，如"人是灵长类，灵长类是一种动物，所以人是一种动物"。于是，直言推论不再是主观的，而有了真正的客观性（客观必然性）。不过在这里，客观必然性还仅限于内容，还没有在形式上也将这种客观必然性建立起来。

（b）假言推论。假如有甲，那么就有乙；现在有甲，所以有乙。这就在甲和乙之间建立起来了一种形式上的必然性，因为推论的大前提已不是一种直接设定的偶然的东西，而是一种合理的必然关系（假如……就……）；但它的缺点是在内容上又陷入了偶然性，即小前提"有甲"仍

---

① 黑格尔：《小逻辑》，商务印书馆1980年版，第369页。

是一直接出现的偶然的东西，因而结论"有乙"虽是必然得出的，本身却仍是一个直接的"有"。

(c) 选言推论。甲或是乙、或是丙、或是丁；但甲是乙；所以甲不是丙，也不是丁。这一推论不仅在内容上，而且在形式上也成了必然的，具有了客观性。在这里，大、小前提和结论中的主词均为"甲"，它依次将自己体现为一般、个别和特殊，因而每次都不是作为直接现成的东西（有甲）出现，而是作为有中介的东西，作为与他物的关系（甲是……）被规定和建立起来。既然用做中介的东西本身就是有中介的，则形式的必然性就完全与内容的必然关系统一起来了，推论就把中项（甲）建立或恢复其为统一的概念总体了。但这个概念总体经过了自身分化和实在化，已不再是片面的主观概念，而是以客观性方式存在的概念了。

由此可见，主观概念经过判断、推论，在必然推论阶段，概念就转化为客体。概念的这种能动地外化为客体的活动，也就是所谓"概念的推论"。黑格尔在这里恢复了传统神学有关上帝存在的"本体论证明"（即从概念中推论出客观存在），但尽管如此，他也驳斥了认为思维只是纯主观和形式的活动的片面观点，驳斥了把主体和客体对立起来的二元论，指出二元论只是直接运用主观性、客观性这样一些零碎概念，而没有追问它们的起源和联系。当然，黑格尔是在把一切溶解为思维的基础上克服二元论的，他说："不论主观性或客观性，两者无疑地都是思想，甚至是确定的思想。这些思想必须表明其自身是建立在那普遍的和自身规定的思维上面的。"① "就概念作为概念而实存着来说，它使自己区别于它的客观性，而客观性不管概念如何区别于它，仍保持其为概念的客观性。"② 这无疑是绝对唯心主义的一元论。但黑格尔由此而达到了概念（或主观性）与客体既同一又不同一这一辩证的观点。

首先，黑格尔承认主观概念（概念自身、判断、推理）的主观性，即在某种程度上仅仅是主观的；但他认为，主观概念就其来源、内容和能动性来讲，绝不仅仅是主观的，"主观性或主观概念（包括概念本身、判断和推论）乃是逻辑理念最初两个主要阶段，即存在和本质两阶段的

---

① 黑格尔：《小逻辑》，商务印书馆 1980 年版，第 371 页。
② 黑格尔：《小逻辑》，商务印书馆 1980 年版，第 335 页。

辩证的结果"，因此，"……这里所谓主观性和它的那些规定，即概念、判断、推理，都不可认做是一套空的格式，须得从外面，通过独立自在的客体才得到充实。反之，正是主观性自身，作为辩证的东西，打破它自己的限制，通过推论将自身展开为客观性"①。黑格尔又指出，这种由推论发展到客体的过渡之所以看起来奇特，乃是由于我们只看见知性的推论，并把它仅仅当作是意识的活动，而没有看到"概念最初只是主观的，无须借助于外在的物质或材料，按照它自身的活动，就可以向前进展以客观化其自身"②。列宁曾这样评论黑格尔："（抽象的）概念的形成及其运用，已经包含着关于世界客观联系的规律性的看法、见解、意识……否定概念的客观性、否定个别和特殊之中的一般的客观性，是不可能的。黑格尔探讨客观世界的运动在概念的运动中的反映，所以他比康德及其他人深刻得多。……即使是最简单的概括，即使是概念（判断、推理等等）的最初的和最简单的形成，已经意味着人在认识世界的日益深刻的客观联系。"③ 当然，列宁是从"颠倒过来"的立场来谈黑格尔的。

其次，客观性、客体又是什么呢？黑格尔认为，人们感到从概念到客体的转化有点奇怪，是由于对客体有不正确的理解。客体不应简单地理解为抽象的存在、某种存在的事物或任何一种实在的东西，而应理解为"具体的、自身完整的独立之物。这种完整性就是概念的全体性"④。这就是说，应把它了解为"绝对客体"，它本身又自我区别为无数具体的、自身完整的独立的定在，因而它是一个无所不包的客体，概念只有在它后来把自己自为地同这个它所从属的客体区别开来时，才显得是主观的东西。这个绝对客体就是"绝对概念的异在"。所以"客观性的双重意义"在于：第一，"绝对客体"是自在自为存在着的，第二，"独立的概念"就是把自己作为主观而与自己对立起来的客体。因此主观和客观的对立是存在的，但不是绝对的，而是"绝对客体"之中的对立；而"客体也并不是死板的、没有变动过程的。反之，它的过程即在于表明它自身同时是主观

---

① 黑格尔：《小逻辑》，商务印书馆 1980 年版，第 371 页。
② 黑格尔：《小逻辑》，商务印书馆 1980 年版，第 378 页。
③ 《列宁全集》第 55 卷，人民出版社 1990 年版，第 149—150 页。
④ 黑格尔：《小逻辑》，商务印书馆 1980 年版，第 372 页。

的东西，而这主观的东西则形成了向理念的进展"①。换言之，"绝对客体"在其发展中产生人的自我意识及其目的性活动这样的主观的东西，而通过人的认识和活动，绝对客体也会转化为主观的，并由此达到主客同一的理念，回复到绝对主体——绝对理念。这就是客观性向主观性的转化。

2. 客体或客观性

黑格尔把客体的发展分为三个阶段：机械性、化学性、目的性。

黑格尔认为，在机械性阶段的客体，表现为万物各自独立，彼此无质的区别，它们只有彼此漠不相关的外在区别，其联系也是外在的，不影响彼此的性质，因而可以完全用量的关系来加以解释。黑格尔把机械性评定为一种肤浅的认识方式，它不能使我们透彻地了解自然，更不用说了解精神世界了。他认为近代自然科学的本质缺点之一，就是在需要较高的范畴时却仍然固执于机械性范畴，从而阻碍了正确知识和真理的道路。但另一方面，黑格尔也肯定"机械性"具有一种"普遍逻辑范畴的权利和意义"②。机械性并不局限于力学，在物理学、生理学甚至人类社会事物中我们也可以且应当观察其活动的机械性方面，不过在这里机械性应处于从属地位。但他又指出，例如在生命失常状态下，原来处于从属地位的机械性就会占优势。

当机械性事物的相互联系发展到丰满的阶段，影响到事物的质时，便进入到化学性阶段。在化学性中，对象如脱离了其相互联系，即不能保持原有的性质。化学性的产物就是两个极端（如酸和碱）的中和性的产物。化学过程就是从这一形式到那一形式变来变去的过程，它们虽然相互转化，彼此间仍然是外在的；中和物虽然扬弃了原有的特质，它本身仍然是可以分解还原的。

无论是在机械性还是化学性中，"概念"都仍是潜在的，还没有达到其自觉的独立存在。这一点是在目的性阶段实现的。目的性是机械性与化学性的统一，也是对两者的否定和超越。"目的是由于否定了直接的客观性而达到自由实存的自为存在着的概念。"③目的是主动的力量，能转入到对象之中，客观化自己，进而扬弃主观与客观的对立。目的性的发展也经

① 黑格尔：《小逻辑》，商务印书馆 1980 年版，第 378 页。
② 黑格尔：《小逻辑》，商务印书馆 1980 年版，第 380 页。
③ 黑格尔：《小逻辑》，商务印书馆 1980 年版，第 387 页。

历了主观目的、手段和实现了的目的三个阶段。

目的首先是作为主观目的出现的，其内容是主观任意的，与客观性还处于生硬的对立之中。但黑格尔指出，目的其实已受到机械性与化学性（外部自然界）的决定，但它还不自知，这就出现了两种对立的过程，即自然的决定过程和目的的活动过程，后者是从属于前者的。目的的满足要通过手段，是间接实现的。它首先用作手段的就是自己的身体（手），但这还不够，手段还是在实现目的的过程中而改变了的外部对象（工具）。目的就是通过外在的手段同对象发生关系来实现自己的。黑格尔把手段称为作为"概念"的"目的"进行"推论"的中项，推论的过程则是目的的实现。目的不直接与对象打交道，而让作为工具的对象与另一个对象发生关系，让它们彼此消耗，以达到自己的目的。黑格尔又把这种活动称为"理性的机巧"，它仿佛并不参与其事，实际上却利用他物的矛盾冲突来达到自己的目的。然而黑格尔又指出，手段反而要比利用这手段的目的更高些，更具有普遍性，因为有限目的并不是绝对合理的，而在手段中却出现了合理性，因为它是实现目的这一"推论"过程中的中项。"手段是一个比外在合目的性的有限目的更高的东西——犁是比由犁所造成的、作为目的的、直接的享受更尊贵些。工具保存下来，而直接的享受则会消逝并忘却。人以他的工具而具有支配外在自然界的威力，尽管就他的目的来说，他倒是要服从自然界的。"[1] 在这里，正如列宁所说的，已显露出了"黑格尔的历史唯物主义的胚芽"[2]。列宁还指出："如果黑格尔力求……把人的有目的的活动纳入逻辑的范畴，说这种活动是'推理'，说主体（人）在'推理'的逻辑'式'中起着某一'项'的作用等等，——这不只是牵强附会，不只是游戏。这里有非常深刻的、纯粹唯物主义的内容。要倒过来说：人的实践活动必须亿万次地使人的意识去重复不同的逻辑的式，以便这些式能够获得公理的意义。"[3]

目的通过手段与客观性相结合，并且在客观性中与自身相结合，即目的的实现，这就是主观与客观的统一。黑格尔把这样实现了的目的、主客观的统一称为"理念"。不过，一个实现了的目的还只是有限目的，本

---

[1]　黑格尔：《逻辑学》下卷，商务印书馆 1976 年版，第 438 页。

[2]　《列宁全集》第 55 卷，人民出版社 1990 年版，第 159 页。

[3]　《列宁全集》第 55 卷，人民出版社 1990 年版，第 160 页。

身又成为达到另一目的的手段，如此类推以致无穷。因此目的是实现了，但又没有实现，似乎是一个永无完结的课题。如何解决这一矛盾？黑格尔认为，正是在主观有限的目的性活动中，就已显露出来它的本质是某种绝对的客观目的，是理念本身的矛盾发展过程，而有限理性的工作就在于扬弃把自己的活动仅视为主观有限的这一错觉，而使客观的真理显现和实现出来。这就过渡到了对作为真理的理念的探讨。

3. 理念

理念是主观概念和客体或主体性和客体性的统一，在黑格尔看来，这就是"真理"："理念是合适的概念，客观的真或真本身"。① 那么，什么是真理呢？黑格尔说，通常认为"表象与对象一致符合"或"我知道对象是如何存在着"的知识就是真理，其实这只是"形式的真理"或"正确性"而已，真理应该是"客观性和概念的同一"，即"客观性跟概念相符合"。黑格尔的这种唯心主义真理观也包含着许多合理的因素。

首先，黑格尔这个定义包含着真理是全面的思想。他认为单一的存在只不过是理念（真理）的某 方面，而理念还需要其他的现实性，而这些现实性同样也好像是独立的存在；但理念不是别的，它就是概念的实现，概念既然是具体的，所以它只能在"所有现实性的总合和它们的相互联系中"才会实现。孤立的单一的东西是同它的"具体概念"不相符合的，而不符合就是它的局限，它就因此要走向毁灭，即仅仅成为理念的一片面、一环节等等。

其次，由于真理是全面的，它把知性所固执着的一切对立面和对立关系都包含于自身之内，所以真理是内在矛盾的，是"对立面的具体的同一"，就是说，真理是具体的。黑格尔特别驳斥了形而上学的知性思维由于在真理中发现了矛盾而否认真理的看法。知性认为主观只是主观，客观只是客观，主观中提取不出客观，客观始终与主观相外在、相对立，于是认为主观与客观的统一是自相矛盾。黑格尔回答说，真理正在于揭露这种两极对立的极端化必然各自向其对立面转化，并在这种转化中把它们统一起来，因此，在真理的具体统一中，两极端已被扬弃为环节，已非知性原

---

① 《哲学丛书》第 57 卷，第 407 页，参见黑格尔：《逻辑学》下卷，商务印书馆 1976 年版，第 447 页。

来所指的主观或客观，已非在统一之外那种对立着的主客观了。知性不了解这种"具体的对立同一"，正如不了解判断中的"是"字所表达的对立同一关系一样，在任何一个判断中，系词"是"所表明的是："个别的东西，即主词，又同样地不是个别的东西，而是普遍的东西。"此外，知性以为它"发现了"真理中的自相矛盾，黑格尔回答说，真理本身就是矛盾的，"理念本身即辩证法"。他在《哲学史讲演录》中也说过："……理念自身本质上是具体的，是不同规定的统一……如果真理是抽象的，则它就是不真的……哲学是最敌视抽象的，它引导我们回复到具体。"①

再次，由于真理是具体的，它本身是矛盾的，因此"理念本质上是一个过程"。由于理念是一个过程，因此通常关于真理是思维与存在、主观与客观的"统一"这个说法，黑格尔认为就是错误的，因为它表达的是"始终静止的同一"；此外，它表达的是对立面的"中和"。黑格尔认为，理念应当理解为思维统摄存在、主观性统摄客观性，而不是中和；而这一统摄乃是一矛盾发展的过程。"理念与它自身的同一是一个过程"，这个过程就是理念"永恒产生矛盾［即思维与客体的矛盾］，永恒克服矛盾，并且在矛盾中与自身融合"的过程。因此黑格尔指出："必须设想这个现实的真理不是死寂，不是一个简单的图像，灰暗而没有冲动和运动，不是一个精灵、一个数目或一个抽象的思想。"②

这样，黑格尔就认为理念在自己的运动发展中经历了三个阶段：生命、认识、绝对理念。

(1) 生命。生命是主观和客观的直接统一，是理念的最直接的形式。生命也就是灵魂和肉体的直接统一。历来主体与客体、思维与存在的分裂，最初都是由灵魂和肉体的分裂所导致的（如笛卡尔等人的身心二元论），而后者又立足于对生命的机械性的理解。黑格尔则从生命本身的有机发展过程来解决上述难题，这一过程是：(a) 有生命的个体。"生命的原始判断就在于：它把自己作为个别的主体，和客观的东西分割开来了。"③ 黑格尔所谓生命的个体包括植物、动物直到人类个体。(b) 生命过程。这是指生命个体与其生存环境（无机自然界）保持统一与斗争关系

① 黑格尔：《哲学史讲演录》第 1 卷，三联书店 1956 年版，第 29 页。
② 黑格尔：《逻辑学》下卷，商务印书馆 1976 年版，第 453 页。
③ 黑格尔：《逻辑学》下卷，商务印书馆 1976 年版，第 459 页。

的过程。生命支配对方，统摄对方，而对方无力抵抗，只好为生命所吸收，充做营养。黑格尔指出："被有生命之物所征服的无机自然之所以忍受这种征服，就是因为无机自然是自在的生命，而生命则是自为的无机自然"①，这就是说，生命和无机自然只是同一个东西的同一发展过程的两个不同阶段而已。(c) 族类。个体是生灭无常的，族类则是普遍的、常驻不灭的，因而只有在族类中，在生命个体的无限延续中，生命才过渡到认识的理念。

（2）认识的理念。自觉的人把自己同自然界区别开来、对立起来，这是认识活动的前提。认识的任务则在于扬弃二者的对立，消除各自的片面性，而达到双方的同一。这一过程分为两种不同的、对立的运动，或者说，它是双重运动的统一过程。这就是理论理念（狭义的认识）和实践理念。理论理念是主观性自己否定自己的主观片面性的活动，表现为力图把存在着的世界接受到自身以内以消除主观自身的片面性，并以客观性作为内容来充实自己的抽象的确定性。所以，理论认识起初只是被动的、照镜子式的反映，所用的方法为分析法。分析在于分解客体，使具体的对象被归结为它的各种抽象的成分或规定（规律、力等等）；但这一过程可以无限进行，越分越细，于是作为整体的客体就看不见了，"见木不见林"了，这就达不到要认识客体的本来面目的目的。于是认识转向综合法。综合经历了从一般定义到特殊分类直到个别定理的、从抽象上升到具体的过程，认识从消极被动的反映变为积极的规定和把握了。不过，综合作为一种外在于对象的主观认识活动，还没有意识到它自己本身就是把自己客观化，把客体纳入自身的活动。一旦它意识到了自己的这一客观化的实质，它就成为了实践的理念或意志活动。

实践是主观性进一步否定客观性的片面性的活动，即力图把主观性内部的合理的必然性与规定性输入到存在着的世界的偶然现象中去，以消除客观性的片面性。它的目的是要把世界改变为它应该是的样子，使之完全符合自己的目的、概念，使客体同主体一致。它要求"通过扬弃外在世界的规定，给自己以外界现实性形式中的实在性"，"要通过自身在客观世界中给自己以客观性"②，即实现目的，得到现实的满足。意志的活动会遭

① 黑格尔：《小逻辑》，商务印书馆 1980 年版，第 407 页。
② 《哲学丛书》第 57 卷，第 478、477 页，参见黑格尔：《逻辑学》下卷，商务印书馆 1976 年版，第 523、522 页。

到困难，因为真实的东西并不全在它自身之内，客观世界走着自己的路；而这个困难之所以产生，就在于意志同认识隔开了。但是，实践活动本身包含着实现这一向认识转化或回复到认识的可能性，有能力实现理论活动与实践活动的统一。因为实践活动是一客观化的完整的推论过程，而这种客观过程同时具有主观能动性。这个推论是三个环节构成的：（a）目的直接具有其现实的手段，因而产生动作。（b）手段、工具作为现实的东西与外界现实相对立、相反对，使外部现实发生变化，失去外在的假象和虚无性，显露出自身合目的性、合理性的实质。（c）行动的结果，概念、目的不再是主观的，成了真实存在着的客观性；客体也不再是外在的，而是实现了的概念、目的。这就达到了目的与实现了的目的、认识与实践、主观与客观的同一。如果目的不能实现，那就是忘记了现实的客观性，又需要与认识结合，最后达到上述同一。由于实践的这种性质，黑格尔认为实践的理念"比以前考察过的认识的理念更高，因为它不仅具有普遍东西的资格，而且具有绝对现实的资格"①。黑格尔在这里推崇实践，是把它看作逻辑理念的抽象运动，而不是现实的人的感性物质活动；但他以这种唯心主义颠倒的方式来克服形而上学唯物论的认识论的直观性，把实践纳入认识论，作为认识过程中一个向客观真理过渡的环节，这不能不说是西方认识论史上的一个重大进展。

实践最后所达到的理论理念与实践理念的统一，就是绝对理念。

（3）绝对理念。绝对理念不是一个静止的终点，而是整个逻辑学的过程，是绝对的全部的真理，是全部认识过程、发展过程的总结，一切"存在"的真理；或者说，"存在"是潜在的绝对理念，而绝对理念就是那唯一的具体存在的实现。绝对理念与一般理念的区别在于：绝对理念是关于理念的概念，即对理念本身的概念把握，对全部认识过程的理解，它以理念本身为对象。绝对理念的内容就是整个逻辑系统，全部范畴都包含在它自身之内。绝对理念的目的不在最后结果，而在发展，在全体的运动。以前所考察的每一阶段，都是对于绝对的一种形象，但还只是有限的形象。因此，全体的每一阶段都必须努力前进，向全体运动，它们离开了全体就什么都不是，只有在全体中作为一环节才是某种东西。这表现了黑格

_____

① 黑格尔：《逻辑学》下卷，商务印书馆1976年版，第523页。

尔关于相对真理和绝对真理的辩证关系的猜测。黑格尔把绝对理念比作一位老人所说的格言，这格言小孩虽然也可以说，但在老人那里是充满了他全部的生活经验，小孩即使知道了这格言的真理，对它的理解也只能是空洞的、表面的。绝对理念也只有在经历了全部发展历程之后，对它本身的描述才不致是空洞的，才有可能将它的形式当作与内容相一致的具体生动的形式来考察，这个形式就是此前一切内容进展的规律，也就是方法。所以，绝对理念也就是辩证的方法。

黑格尔认为，方法即是概念自己运动的形式，它不是外在于认识对象的某种框架，而是客观现实本身自己运动的形式。黑格尔把辩证方法同有限的认识方法区别开来，称之为绝对的方法，它"不像外在反思那样行事，而是从它的对象本身采取规定了的东西（Bestimmte），因为这个方法本身就是对象的内在原则和灵魂"①。也就是说，对象本身的辩证法就是辩证方法的内容，而对象无非是概念本身。所以，辩证法在他那里首先就是本体论。

其次，辩证法又是认识的规律，而不是实例等等的总和；"必须考察自在自为的事物本身，一方面从事物的普遍性去考察，另一方面对事物也不要迷失方向去抓环境、例子和比较，而是要心目中唯有这些事物，并且把它们的内在的东西引入意识。"② 这个辩证的方法是分析的同时又是综合的。这并不是说，它是前述有限认识的分析法和综合法的并列或交替使用，而是两者的同一，辩证方法在每一步中都同时既是分析的又是综合的。说它是分析的，因为它是从对象自身中去理解其一切规定的更迭交替的运动，将这些规定都看作是原先已（潜在地）包含于唯一对象之中的东西；说它是综合的，是因为这些规定又同时被看作是对象自身的他者，因而整个过程虽已是潜在地内在于对象之中，但却实现为一个越来越丰富具体的上升发展过程。黑格尔把这个"既是分析又是综合的判断的环节"叫作"辩证法的环节"③。

此外，辩证法又是普遍的逻辑法则。黑格尔把以事物的自己运动和

① 《哲学丛书》第 57 卷，第 491 页，参见黑格尔：《逻辑学》下卷，商务印书馆 1976 年版，第 537 页。

② 黑格尔：《逻辑学》下卷，商务印书馆 1976 年版，第 537 页。

③ 黑格尔：《逻辑学》下卷，商务印书馆 1976 年版，第 537 页。

内在矛盾为基础的否定之否定，作为辩证方法的逻辑上的重要特征。他详细地总结了贯彻于《逻辑学》全书的"否定之否定"规律。他指出，作为出发点的"肯定"本身已是一个自在的否定了。这里的"辩证的环节"，"就在于它自在地包含着的区别，将在它里面建立起来"①。因此，第一个肯定不是单纯的肯定，否则就是僵死的无生命的论断，而是又肯定又否定。作为运动转折点的第一个"否定性"是"一切活动——生命的和精神的自身运动——最内在的源泉，是辩证法的灵魂"②。这个否定也不是单纯的否定，不是全盘否定，第一个肯定本质上是潜藏和保存在这个对它否定的他物里的。所以，"第一个否定东西"的"辩证的环节"，"就在于建立包含在它里面的统一"③，即指明肯定与否定的"联系"或肯定存在于否定之中。因而在这里否定是"把肯定的东西在它的否定的东西中，即前提的内容中，在结果中坚持下来，这是理性认识中最重要之点"④，亦即又否定又肯定。作为终点的"否定之否定"，即"第二个否定的东西"是矛盾的扬弃，但这种扬弃同矛盾一样，不是某种外在反思的行动，而是"生命和精神最内在、最客观的环节，由于它才有主体、人、自由的东西"⑤。这个新的肯定（否定之否定）是向第一个直接的肯定的回复，但已充实进了否定的环节，它不是一个"静止的第三项"，而是对立的统一，并成为了进一步分析的泉源。

辩证方法作为上述本体论、认识论和逻辑学的统一，其特征在于从内容进展到内容，而不是空洞形式的循环往复。因此，它要求从对象的最简单、最抽象的规定开始，走向越来越复杂、越来越具体的规定。这种从简单到复杂、从抽象到具体的运动是两种相反方向的运动的统一：前进的运动表现为对开端的不断规定，仿佛离开端越来越远，这是真理的扩展；后退的运动表现为对开端的论证不断深化，仿佛是越来越近地回复到开端，这是真理的深化；而这两者实际上又是同一个过程，上升之路同时

---

① 黑格尔：《逻辑学》下卷，商务印书馆 1976 年版，第 542 页。
② 黑格尔：《逻辑学》下卷，商务印书馆 1976 年版，第 543 页。
③ 黑格尔：《逻辑学》下卷，商务印书馆 1976 年版，第 542 页。
④ 黑格尔：《逻辑学》下卷，商务印书馆 1976 年版，第 541 页。
⑤ 《哲学丛书》第 57 卷，第 497 页，参见黑格尔：《逻辑学》下卷，商务印书馆 1976 年版，第 543 页。

就是下降之路。逻辑学就是从最抽象的范畴"存在"开始的，往后的范畴都是对"存在"的越来越具体和复杂的规定，似乎离原来的"存在"越来越远；但同时，这些后来的规定又是越来越深入地说明了"存在"，论证了它，而"绝对理念"这个终点就是对"存在"作了最完满、最深刻的论证，于是就回到了"存在"这一起点："绝对理念"就是一切存在的存在、真正的存在。这样，辩证的方法通过抽象规定的自行展开和自行深入、自行运动和自行总结，就表现为一个由终点回到开端的圆圈。"科学表现为一个自身旋绕的圆圈，中介把末尾绕回到圆圈的开头；这个圆圈以此而是圆圈中的一个圆圈；因为每一个别的枝节，作为方法赋予了灵魂的东西，都是自身反思，当它转回到开端时，它同时又是一个新的枝节的开端。这一链条的片断就是各门科学。"① 从最初的纯存在到最后的绝对理念是一个完整的圆圈，它由存在论、本质论、概念论三个小圆圈构成，而它们各自又由其他圆圈构成。辩证方法把真理看作是这样一个活生生的、方面越来越多的、包含的具体科学范畴越来越深广的运动。但是，黑格尔把这个圆圈最后封闭了，到绝对理念运动就停止了，概念与范畴今后再也不会增加了，它就只有转化为自然界，以便在其中再一次地证实自己。

黑格尔逻辑学的末章"绝对理念"以辩证的方法作为自己的对象。在这里，再清楚不过地表明了：黑格尔所谓思维和存在、主体和客体的"绝对同一"，就是辩证法作为逻辑学、认识论和本体论的统一，就是主体展开自身为一实体，实体回溯自身的主体性的同一过程，也就是思维、主体将自己从存在、客体中发展出来，并回过头来统摄了存在、客体而将之据为己有的能动过程。这就从唯心主义的立场上充分论证了思维与存在、主体与客体的本质上的同一性，克服了近代以来的形而上学独断论、二元论、怀疑论和不可知论所无法逾越的最大障碍。

不过，黑格尔也意识到，单从逻辑学、"纯思"的角度来论证思维和存在、主体和客体的同一性，无论理论上说得多么圆通，毕竟还是不充分的，而有必要把这种同一性在现实生活中，在人们日常所面对的色彩斑斓的客观存在中具体地揭示和展示出来。如马克思所说的："有一种神秘的感觉驱使哲学家从抽象思维转向直观，那就是厌烦，就是对内容的渴

---

① 黑格尔：《逻辑学》下卷，商务印书馆 1976 年版，第 551 页。

望。"① 于是，黑格尔在建立了他的"逻辑学"体系之后，又提出了一整套庞大的"应用逻辑学"，希望通过把他的逻辑学原理实际运用于自然界和人类现实生活的一切领域，而再一次确证他的逻辑学是一种放之四海而皆准的"绝对真理"。

第三节　应用逻辑学

　　黑格尔的"应用逻辑学"包括"自然哲学"和"精神哲学"两部分。自然哲学是黑格尔整个哲学体系不可分割的一部分，因为在他那里，要想具体地论证思维和存在、主体和客体的同一性，撇开自然界和自然科学不谈是绝对不可想象的，可以说，自然哲学是黑格尔在现实生活中论证思维和存在、主体和客体同一的最基本的一环。然而，黑格尔讨论自然哲学的目的，又并非要证明自然界是一切历史发展和人类思维的基础和本质，恰好相反，他要由此说明整个自然界无非是绝对精神的不自觉的、潜在状态下的表现，并力图把自然过程描述为绝对精神逐渐"觉醒"，意识到自身并努力向自身回复的过程。所以黑格尔的"精神哲学"在这种意义上就比自然哲学重要得多，分量也大得多，它展示出精神如何一步步摆脱自然界残留在它身上的外壳，而以越来越纯粹的方式向绝对精神、上帝复归。很明显，黑格尔这一套世界观只不过是基督教的创世、堕落和拯救等教义的思辨的变形，它所证明的，只能是客体同一于主体、存在同一于思维或概念。

一、自然哲学

　　黑格尔的自然哲学是关于理念的异在的学说。在黑格尔逻辑学的终结处，绝对理念决定"把自己作为自然界自由地从自身释放出来"②，也就

---

① 《马克思恩格斯文集》第 1 卷，人民出版社 2009 年版，第 220 页。
② 黑格尔：《小逻辑》，商务印书馆 1980 年版，第 428 页。

是说，理念在自然界中是作为自己的否定和进一步发展，作为扬弃了自身主观性的精神而存在的；这是一种"释放"，但这同时又是一种"堕落"，因为理念不能长期处在这种"异己"的环境中，而力图从它的外在性和直接性中摆脱出来，回到自身。所以，自然哲学的任务也就在于指出：自然界是精神的生成过程，是精神逐步扬弃自己的异在的过程，精神的发展体现于自然界扩展的每一阶段中。而当精神超出其外在性之后，那被遗弃的自然界就只是一具没有灵魂的死尸了，只有知性的自然科学还会对这具死尸感到兴趣。

因此在黑格尔看来，物质的自然界本身是不变的、僵死的，自然界中所表现出来的一切发展、变化、联系等等，并不属于物质本身，而只属于内在于自然界这个外壳中的理念或概念。"应当把自然界看作是一个诸阶段的系统，其中每一阶段都是必然地从另一阶段产生，而且是它由以产生的那一阶段的最切近的真理，但是这种产生，并不是一个阶段从另一个阶段中自然地产生，而是在内在的、构成自然界的根据的理念中产生。变形只属于概念本身，因为只有概念的变异才是发展。而概念在自然界中，一方面只是内在的东西，一方面只是作为有生命的个体而实存；因而实存着的变形只局限于有生命的个体。"① 可见，黑格尔的自然界"诸阶段的系统"并不是自然界本身发展、进化的"自然的"过程，据此他反对自然界的进化论，反对自然界有任何时间上的发展。但他又认为，由于在自然界背后有概念、理念在潜在地起作用，由于"引导［自然］诸阶段前进的辩证概念是诸阶段的内在本质"②，所以自然界仍表现为一个有生命的整体，一个发展运动的过程，而整个运动的目的是理念力求恢复自己的本来面目，在这种意义上，黑格尔的自然哲学又包含着进化论观点的胚芽。

黑格尔认为，自然界的根本矛盾是必然性、规律性和偶然性、无规则性之间的矛盾，但这不是自然界本身的矛盾，而是自然界（作为物质外壳）与理念（作为其灵魂）之间的矛盾。"既然理念作为自然，是在其自身之外的，那么理念的矛盾更确切地看，就是这样的矛盾：一方面是概念

---

① 黑格尔:《自然哲学》，商务印书馆 1986 年版，第 28—29 页。
② 黑格尔:《自然哲学》，商务印书馆 1986 年版，第 29 页。

所产生的理念的各个形成物的必然性及其在有机总体中的理性规定，另一方面则是这些形成物的不相干的偶然性及不可规定的无规则状态。由外面促成的偶然性和可规定性在自然领域内是有其地位的，这种偶然性在具体的个体形成物的领域中作用最大……仅仅抽象地保持概念的规定，将特殊东西的实现委诸外在的可规定性，这是自然界无能的表现。"① 在自然界中是没有自由可言的，理念在自然界中的发展是以天然的必然性形式并透过自然物的无限丰富多样的偶然性表现的，所以在黑格尔看来，一方面必须反对把自然界的偶然性作为"自由"来加以赞叹，另一方面又不能单凭必然性对偶然事物进行"演绎"、"构造"，而应从自然物的整体性方面来理解必然性，不是把自然界的种、类、属理解为一些固定不变的绝对差异，而是给偶然性以正当的地位，考虑到一切畸变和中间产物，打破僵死的界限而造成自然界的过渡和转化。因此，必须把对自然的思维考察或概念的辩证法导入自然研究之中。

黑格尔认为，作为自然界的理念，首先以自身没有统一的（其统一性是在自身以外的）诸要素的机械聚积出现，这就是无限的分散性，无形式的抽象普遍性；其次，它以形成了的物质出现，这种物质在自身内规定自己的质，这就是有规定的特殊性；最后，理念作为有生命的个体性出现，它从其外在性与直接性冲破出来成为有生命者，并进一步把自己提升为实存的精神——人的意识。黑格尔这种理念在自然界的发展途径显然是同逻辑学中概念发展的三阶段即普遍性、特殊性、个别性相一致的，理念在自然界中的运动走过了一个从抽象到具体、从简单到复杂、从低级到高级的过程，自然哲学则相应地划分为三个阶段：机械论、物理论、有机论。

黑格尔这种科学分类的特点，首先在于它不是以主观的原则，而是以客观的原则为出发点，即不是像培根等人和18世纪法国唯物论那样以人心的能力为根据，而是以自然界中运动形式的客观差别为根据；其次在于，他反对把感性世界的多样性归结为机械论的、量的原则和规律，而是力图在感性和现象的全部多样性的展开中看出其组织的日益增长的复杂性，揭示其充满质的飞跃的从低级到高级的阶段性发展，并主张对自然界

① 黑格尔：《自然哲学》，商务印书馆1986年版，第32页。

每一阶段都予以特殊的研究，既不把它们全都还原或归结为某一种运动形式，同时又看到它们之间的普遍联系和总体的过渡。对自然界的辩证法的这些合理猜测，使黑格尔在唯心主义的形式下表述了物质与意识潜在的同一性的思想，表明人的精神活动与"僵硬冰冷的石头"之间并没有绝对不可逾越的鸿沟，当然也不是直接的等同或仅有量上的差别，而是经过一系列的质的飞跃和等级发展过程才达到同一的。

这样，在自然哲学的最高阶段，便合乎逻辑地出现了主观性原则，即动物有机体的作为单一个体的自我感觉、自我启示和随意运动，并最终发展出了人的意识、自我意识和思维。在这里，黑格尔实现了从"自然"向"精神"的转化，他说："在我们面前的是自然事物向精神的过渡。自然界在有生命的东西中得到完成，并在转变为更高级的东西时建立起自己的和平状态。因此，精神是从自然界发展出来的。自然界的目标就是自己毁灭自己，并打破自己的直接的东西与感性的东西的外壳，像芬尼克斯那样焚毁自己，以便作为精神从这种得到更新的外在性中涌现出来。"[1] 自然和精神在这里以具体的自然科学的方式，再次确证了在逻辑学中以纯粹抽象的逻辑本质的方式所证明过的存在和概念（理念）之间同一性，而这里的精神经过了自然界的发展，已不再是抽象的范畴，而是现实生活中实存的精神了，它本身也经过了一系列的发展阶段，这就进入"精神哲学"所要考察的范围了。

二、精神哲学

精神哲学是黑格尔哲学体系的完成，也是全部体系中最具体、最复杂因而也最高级和最困难的部分。"绝对理念"与"精神"是有区别的，前者是比较简单、抽象的逻辑理念，"精神"则是理念在其自身实现过程中所达到的最具体、最发展的形态，是表现在个人、社会生活和一般意识形态（艺术、宗教、哲学）中的理念。"绝对理念"的根本原则是自我认识，而正是在"精神"里，这种自我认识达到了最高阶段，所以精神是

---

[1]　黑格尔:《自然哲学》，商务印书馆 1986 年版，第 617 页。

"知着自己本身的、现实的理念"①，而且"精神的一切行动只是对于它自身的一种把握，而最真实的科学的目的只是：精神在一切天上的地上的事物中认识它自身"②。因此，人类精神的全部活动及其产物，在黑格尔看来都是理念的现实化，都是为着理念自我认识的目的所绝对必需的，因而也都是"精神哲学"研究的对象。

黑格尔把人类社会生活的全部多样性都归结为精神（实即人类意识）的不同形态的发展，这就有一个问题：这个精神又是从哪里来的呢？黑格尔从客观唯心主义立场出发回答了这个问题。他认为，以纯粹逻辑理念形态出现的精神是第一性的；逻辑理念异化为自然，但因为自然界对于理念来说是"异己"的，因此理念又力图重新回复到它本来的成分中去，并在与自己相适合的形式中认识自己。所以，精神仍然是那同一个理念，不过它在自己的辩证发展进程中变得丰富具体了而已。黑格尔说："对我们来说，精神以自然为它的前提，而精神则是自然的真理，因而是自然的绝对第一性的东西。在这个真理中自然消逝了，而精神则表明自己是达到了其自为存在的理念，这个理念的客体和主体都是概念。"③为了防止把他的观点混同于唯物主义观点，黑格尔强调指出："精神从自然产生不能了解为，好像自然是绝对直接的东西，第一性的东西，本源的设定者，而精神则相反地似乎只是一个为自然所设定的东西；其实自然是被精神设定的，而精神则是绝对第一性的东西。自在自为存在着的精神并不是自然的单纯的结果，而事实上是它自己的结果；精神从它为自己造成的前提，从逻辑理念和外部自然中把自己本身产生出来，而且既是前者又是后者的真理，即是说，是那仅仅在自身内部和那仅仅在自身外部存在着的精神的真实形态。"④

黑格尔认为，精神不同于自然界、物质的特征在于它的"观念性"。

①　黑格尔：《精神哲学》，见《黑格尔著作集》第10卷《哲学科学百科全书》Ⅲ，人民出版社2015年版，第5页。

②　黑格尔：《精神哲学》，见《黑格尔著作集》第10卷《哲学科学百科全书》Ⅲ，人民出版社2015年版，第2页。

③　黑格尔：《精神哲学》，见《黑格尔著作集》第10卷《哲学科学百科全书》Ⅲ，人民出版社2015年版，第9页。

④　黑格尔：《精神哲学》，见《黑格尔著作集》第10卷《哲学科学百科全书》Ⅲ，人民出版社2015年版，第16页。

观念性（Idealität）一词在黑格尔那里并不是指精神与物质世界的对立而言，而是指精神渗透到物质世界和征服物质世界的能动性而言。按黑格尔的解释，自然界是精神的外化，这种外在性对精神来说是异己的东西，而精神的观念性正在于它在其有形的存在中仍然同自己在一起，在于它从其外在化中回复到自身。"属于精神概念的这种对外在性的扬弃，就是我们曾称之为观念性的东西。精神的一切活动都无非是外在东西回复到内在性的各种不同的方式，而这种内在性就是精神本身，并且只有通过这种回复，通过这种外化东西的观念化或同化，精神才成为而且是精神。"① 在这种意义上，黑格尔所谓精神的观念性同精神的自由就是同一个东西："精神的实体是自由，就是说，对于他物的不依赖性，自己与自己本身相联系。精神是自为存在着的、以自己本身为对象的实现了的概念。……但是，精神的自由不单是一种在他物之外，而且是一种在他物之内争得的对于他物的不依赖性，——精神的自由之成为现实不是由于逃避他物，而是由于克服他物。"②

精神不同于自然界的另一个特征在于它是活生生的统一的发展着的整体。黑格尔把自然界看作是与理念的本性格格不入的，精神则被理解为"永恒理念的一种模写"③。所以，黑格尔反对把精神分解为各种彼此独立的能力或活动，反对把精神看作是一些仅处于外在相互作用关系中的力量的集合体，而主张把精神看作是活生生的统一体。他也不同意把精神视为某种现成给予的东西，而认为精神是产生着、进步着、发展着的东西。贯穿黑格尔精神哲学的基本思想就是："哲学必须把精神理解为永恒理念的一种必然的发展和让那构成精神科学各个特殊部分的东西纯然从精神的概念中自己展开出来。正如在一般有生命的东西那里，一切东西都已经以观念的方式包含在胚芽中，并且是由这胚芽本身而不是由一种异己的力量产生出来的，同样活生生的精神的一切特殊形态也必须作为它们的精神概

---

① 黑格尔：《精神哲学》，见《黑格尔著作集》第 10 卷《哲学科学百科全书》Ⅲ，人民出版社 2015 年版，第 12 页。

② 黑格尔：《精神哲学》，见《黑格尔著作集》第 10 卷《哲学科学百科全书》Ⅲ，人民出版社 2015 年版，第 17 页。

③ 黑格尔：《精神哲学》，见《黑格尔著作集》第 10 卷《哲学科学百科全书》Ⅲ，人民出版社 2015 年版，第 2 页。

念中自己发生出来。与此同时，我们为概念推动的思维始终是彻底内在于也同样为概念推动的对象之中的；我们仿佛只注意对象的自己发展，而不要由于我们主观的表象和想法的介入而改变这个发展。"① 精神的这种发展，在其最初阶段上还是沉没在自然界中的，然后，随着精神展开和上升的不同程度，精神就从自然界的形体性和感性的联系中逐步摆脱出来，并在自己发展的终结阶段上反过来揭露了自然界的观念的本质，扬弃全部自然界、一切事物（包括人类精神的形体性）的对象性，也就是使全部现实世界"观念化"、"非对象化"。

精神发展的源泉是自身内部自我否定的矛盾性，这是黑格尔所宣布的精神之最重要的特征之一。"概念为了自己的实现并不需要任何外面的推动力；它固有的、包含简单性与区别的矛盾于自身内的、因而是不安静的本性推动它去实现自己"②，"他物、否定、矛盾、分裂因而是属于精神的本性的"③。辩证的矛盾属于精神的本性，精神是在产生矛盾和克服矛盾中前进的，而精神的诸种矛盾中最根本的矛盾是主体与客体、思维与对象的矛盾，一切其他的矛盾都是这对矛盾的变形，所以精神的发展在黑格尔那里无非就是用"克服"或"征服"客体的方式，用揭露世界及人类本身的观念本质的方式，日益前进地解决这一矛盾的过程。

于是，在黑格尔看来，精神的发展过程是从必然走向自由，是自由意识中的进步。精神的本质是自由，但在发展的最初阶段上，这种自由还是作为抽象的可能性出现的，只有扬弃了世界的"对象性"才能建立起现实的自由。人的自由并不是通过否认必然性，而是借助于认识必然性并逐渐揭露必然性的真正观念本性而达到的。从必然向自由的转化不是简单的转化，而是世界历史发展的全部过程。黑格尔认为，人类精神是以自己的实践活动来解决这个从必然向自由的过渡的任务的，而精神那种能够经受得住矛盾、分裂和痛苦（因为在分裂中就包含有痛苦），并在忍受矛盾和

---

① 黑格尔：《精神哲学》，见《黑格尔著作集》第 10 卷《哲学科学百科全书》Ⅲ，人民出版社 2015 年版，第 6 页。

② 黑格尔：《精神哲学》，见《黑格尔著作集》第 10 卷《哲学科学百科全书》Ⅲ，人民出版社 2015 年版，第 6 页。

③ 黑格尔：《精神哲学》，见《黑格尔著作集》第 10 卷《哲学科学百科全书》Ⅲ，人民出版社 2015 年版，第 18 页。

痛苦中将之扬弃的力量，就构成精神的自由的基础。所以他说："在其直接性里的精神只不过自在地、按照概念或可能性，而不是按照现实性是自由的；因此，现实的自由并不是某种直接在精神里存在着的东西，而是某种通过精神的活动正在产生着的东西。所以我们在科学里必须把精神看作是他自己的自由的产生者。精神概念的全部发展只不过是展示精神从一切与概念不符合的定在形式中的自我解放；这样一种解放的实现是由于这些形式被改造成为一个与精神的概念完全适合的现实。"① 黑格尔在考察人类精神的发展时提出活动的作用、劳动的作用，这是"精神哲学"中值得注意的方面之一。马克思在谈到《精神现象学》时曾指出了这一点，认为黑格尔的"作为推动原则和创造原则的否定性的辩证法"的"伟大之处"首先在于，"黑格尔把人的自我产生看做一个过程，把对象化看做非对象化，看做外化和这种外化的扬弃；可见，他抓住了劳动的本质，把对象性的人、现实的因而是真正的人理解为人自己的劳动的结果"②。但是，马克思又揭露了黑格尔所理解的劳动的唯心主义本质，指出"黑格尔唯一知道并承认的劳动是抽象的精神的劳动"③。黑格尔并不否认人的物质活动，但当他借助于这种活动来实现自由与必然、主体与客体、精神与对象的统一时，他却并不理解这种活动的真实意义，而是把它唯心主义地解释为抽象的精神活动，即哲学的纯粹思维这种异化形式的活动。这样，黑格尔辩证地解决了思维与存在、主体与客体的对立，将它们的关系描述为一个能动的过程；但这一过程在他看来整个都是一种精神的自我认识过程：精神从其发展的最初起就是精神，但它并不知道它是精神；精神的自我认识就是精神的现实化过程。这样一个过程，在"精神哲学"中是按照主观精神、客观精神和绝对精神三个发展阶段来描述的。

1. 主观精神

关于主观精神的学说是用来阐明个人意识的特征的，也就是要说明，在人的主观意识中，人如何一步步认识到他的客观对象其实是和他的主观思维一样的，因而他认识对象也就是在认识他自己。黑格尔将这一过程又

---

① 黑格尔：《精神哲学》，见《黑格尔著作集》第 10 卷《哲学科学百科全书》Ⅲ，人民出版社 2015 年版，第 18 页。

② 《马克思恩格斯文集》第 1 卷，人民出版社 2009 年版，第 205 页。

③ 《马克思恩格斯文集》第 1 卷，人民出版社 2009 年版，第 205 页。

分为人类学、精神现象学和心理学三个阶段。人类学的对象是所谓自然的或直接的精神，即灵魂。黑格尔在这里主要讨论了人的最低级的心灵活动即感性或感觉的问题，认为"感受是精神在其无意识的和无理智的个体性中模糊活动的形式，在这形式中一切规定性都还是直接的，按照它们的内容和一个客观东西与主体的对立来看都是未发展的，都是属于精神的最特殊的、自然的特性。感受的内容正因此而是有限制的和瞬息即逝的，因为这个内容属于自然的、直接的存在，因而属于质的和有限的存在"①。尽管黑格尔也承认经验主义者的原则："一切都在感受中，如果愿意也可以说，一切出现在精神的意识和理性中的东西都在感受中有其起源和开端；因为起源与开端无非是指某物在其中显现出来的最初的、直接的方式。"② 然而，黑格尔最终把感觉看作是思维自身发展的一个阶段（低级阶段），而不是思维的基础，相反，思维本身倒被看作是感觉的实体性基础。

当感觉上升到"现实的灵魂"时，这个现实的灵魂或心灵开始把自己同自己的身体、自己的一切感觉以及整个感觉到的外部世界区别开来，对立起来，把后者认作独立于自身的客观存在，这就进入了"意识"的领域，即"精神现象学"所探讨的领域了。黑格尔把意识规定为精神在人的经验中的显现，即精神的"现象"，它具有将自己分裂为二的特征：意识把对象理解为某种与自己对立的他物或对立面，从而意识在自身中"具有两个方面：认识和与认识处于否定关系中的客观性"③。在人类学或感觉那里，主观精神与客观性的对立和分化还是未发展出来的、潜伏着的，而在精神现象学或意识这里，主客观的对立便明确建立起来了：一方面是"认识"，另一方面是"认识的对象"；一方面是"认识的形式"，另一方面是"认识的内容"；一方面是"自身确定性"，另一方面是"真理"。黑格尔认为，这一对立只有在意识活动的最高阶段即"概念的思维"中才能被扬弃，而整个精神现象学就是描述意识以概念的思维为最终目标的一系列运动过程。这一过程的内在动力，则是意识本身的自我矛盾：一方面对象在

---

① 黑格尔：《精神哲学》，见《黑格尔著作集》第 10 卷《哲学科学百科全书》Ⅲ，人民出版社 2015 年版，第 87 页。

② 黑格尔：《精神哲学》，见《黑格尔著作集》第 10 卷《哲学科学百科全书》Ⅲ，人民出版社 2015 年版，第 87 页。

③ 黑格尔：《精神现象学》上卷，商务印书馆 1979 年版，第 23 页。

自我之中，这就是关于对象的知识；另一方面对象在自我以外有着同样独立的持存，这就是知识的对象。或者说，意识一方面是一种抽象的自身确定性，它确信对象就是在它里面的那样；另一方面意识又具有正相对立的确定性，它确信它是在对待一个本质上与它不同的对象。只有扬弃了这一矛盾，意识才能上升到真理，才能达到确定性与真理性的同一。

具体言之，从"意识"的观点看来，作为"认识"、"认识形式"出现在意识中的乃是某种空洞的和无内容的东西，全部真实的内容则属于意识中的另一方面，即在"认识的对象"中，而后者是以在认识关系以外存在的"自在"形态出现的。与此相应，"认识"就被认为是某种不真实的、主观的东西，对象则具有自己全部真实的内容。既然意识具有的（或意识所意识到的）这两方面不相符合，那么意识就企图而且不得不改变它的知识，以便使之符合对象。但是，只要这一点一经做到，只要改变了"对象的知识"，那就会出乎意识的意料之外，"认识的对象"本身也变了：出现了完全新的（更高层次上的）对象。意识于是又必须再次改变其"对象的知识"，使之符合新对象；而"知识的对象"也再一次产生变化，出现另一个新对象。这样就形成了一系列不断上升的主客对立关系，一种主客对立的形式被消除了，另一种新的主客对立形式又产生了。意识水平也就在这一上升运动中不断地从低级发展到高级，一直达到这样一个地点，在这一点上，意识将摆脱它从外表（现象）上看起来的那个样子，不再跟外来的东西纠缠在一起，而是本身成了本质，从而认识与认识对象、认识的形式与内容、自身确定性和真理性都合而为一了，这就是绝对知识。在对意识经验的这一运动的描述和分析中，黑格尔不点名地批评了以往一切哲学流派在主体与客体、认识与认识对象的关系中所无法摆脱的局限性和表面性，但同时也指出，这些哲学思考对于主客体同一的真正的真理来说并不是毫无意义的幻想和谬见，而是意识活动本身所必要且必然取得的"经验"，是意识达到真正的科学所不可缺少的"梯子"。所以黑格尔在《逻辑学》中也说："在《精神现象学》……中，我曾经从意识与对象的最初的直接对立起直到绝对的知这一前进运动，这样来表述意识。这条道路经过了意识与客体的关系的一切形式，而以科学的概念为其结果。"①

---

① 黑格尔：《逻辑学》上卷，商务印书馆 1974 年版，第 29—30 页。

在黑格尔看来，意识以主客对立形式进行的全部运动，都是以意识的能动性为基础的，而意识能动活动的规律——逻辑概念，则是运动的最深刻的基础，是推动意识的自己发展的最隐秘、最深层次的动机；但对于意识来说，这些都是它所不知道的，所有这些都只有在"事后"才显示出来，只有当意识完成了自己历史发展的整个圆圈，只有当这些支配的动因在意识的运动中起过作用并已消逝了的时候，它们才会在意识的自我回顾或"回忆"中为意识所知。"密纳发的猫头鹰要到黄昏才会起飞。"显然，从意识的观点看来，对象并不是表现为由自我设定的，而是表现为一个直接存在着的被给予的东西，意识则似乎是从新的对象上才经验到前一对象的非真实性，经验到后者实际上是由人建立起来的；但意识此时却认为，至少这个新的对象仍然是它偶然从外边找到的，因而每次意识都假定了一个不依赖于意识而在意识之外客观存在的对象，而认识是毫无例外地要依照被给予对象的变化而改变自己。黑格尔认为，意识的这种观点根本上是有局限和缺陷的，因为它不能说明新的对象是怎样和为什么会产生并落入到认识主体的视野中来的。在黑格尔看来，新对象出现的原因在于，意识本身在与其对象的相互作用中变得丰富了，它的知识变得深刻了，从而它对外部世界的观点变化了，与此相应地，也就在它的视野里出现了新的事物、新的关系、新的属性等等；因而这种为新的关系、属性等等所复杂化了的认识对象也就是另一个不同的样子了；实质上，这个新的对象是从第一个对象以及从这个对象的知识发展而来的，这个跟着知识的变化而自身改变了的对象"本质上是属于这个知识的"①，而"新对象的出现显然是通过一种意识本身的转化而变成的"②。因此他认为，意识所知道和所理解的，不外乎是它自己经验里的东西，而经验则是意识自己能动地产生的，也就是说，意识在自身中所知道的，不过是以"对象"形式显现在它面前的它自己活动的结果。意识为它自己积极地产生出仿佛是"外部的"对象（包括感性对象或"表象"，以及思想的对象即知性概念），并且又能动地把它们推演为辩证运动着的概念系统。由于意识的这种活动，便逐渐表明，对象不过是"精神"的"现象"、"显现"或"异化"。因而，意识

---

① 黑格尔：《精神现象学》上卷，商务印书馆1979年版，第60页。
② 黑格尔：《精神现象学》上卷，商务印书馆1979年版，第61页。

产生经验并在这个经验的进程中深信，全部它必须与之相关的对象都具有"精神的"、"观念的"本性，即"逻辑的—辩证的"本性。这样，意识就从经验的领域上升到了理性，认识到对象即是自我，客体即是主体。

在意识从经验上升为理性的这一过渡中，具有决定性意义也最具有思想深度的是黑格尔有关"自我意识"的学说。所谓自我意识，是指以意识自身为对象的意识。以前的意识是"对于一个他物的知识"，自我意识则是意识"对于自己本身的知识"。不过，自我意识以自身为对象，并不是说它不与其他意识、外物发生关系，而是说它通过外物和其他意识来认识自己，从他人的个性上认识到自己的个性，因而它超越、扬弃了单个意识的主观个别性，而进入到了意识和意识的关系（意识的自身关系），进入到人与人的社会关系中来了。黑格尔说："意识的真理是自我意识，而后者是前者的根据，所以在实行中一切对于一个别的对象的意识就都是自我意识；我知道对象是我的对象（它是我的表象），因而我在对象中知道我。"①

自我意识起初还是抽象的、空洞的，其社会性还只体现于个人主观内心将自己划分为"两个我"之间的直接同一性关系："我是我。"这是一种抽象的自由，形式的自身同一性，或表现为主观内在的观念性的自我意识，它有待于把自己在客观性形式下实现出来。由于自我意识内部作为主体的我和作为对象的我之间的内在矛盾，于是"那以作为意识、作为自我的自己为对象的自我意识的简单的观念性进一步发展为实在的区别，因而在扬弃其片面的主体性时赋予自己以客体性，——这一过程是和相反的过程同一的，由于相反的过程客体就同时被自我主观地建立起来，被沉没在自身的内在性里，而那在意识里存在的自我对一个外在实在性的依赖性就被消灭了"②。把自我化为对象和把对象化为自我这一双向的融合过程，使自我意识从其主观内在的形式下走出来，进入到客观性，并将这客观性以具体的客观的方式化归己有。因此，自我意识实现自身的过程就有三个阶段。首先是自我意识要外化自身，进入客观性，它体现为"欲望的自我意

---

① 黑格尔：《精神哲学》，见《黑格尔著作集》第 10 卷《哲学科学百科全书》Ⅲ，人民出版社 2015 年版，第 193 页。

② 黑格尔：《精神哲学》，见《黑格尔著作集》第 10 卷《哲学科学百科全书》Ⅲ，人民出版社 2015 年版，第 195 页。

识"，即力图取消对象的独立性以满足自己的愿望。这种自我意识"确信对方的不存在，它肯定不存在本身就是对方的真理性，它消灭那独立存在的对象，因而给予自身以确信……"① 然而，自我为了证实自身而消灭对方，杀死别人，结果自己也没有了对象，无法证实和实现自己，因为"自我意识只有在一个别的自我意识里才获得它的满足"②，从而自我意识也只有作为被别人承认的东西才存在。这样，欲望的自我意识认识到，问题不在于消灭对方，而在于争取对方的承认。自我意识就成了"争取承认的自我意识"。

在自我意识争取承认的阶段，出现了自我意识的独立与依赖、主人与奴隶的关系。某些个人的自我意识遇到了另一些人的自我意识，在它们之间发生了一场为争取得到对方承认而进行的斗争，这是一场生与死的斗争。每一个自我意识都力图使另一个自我意识的生命陷于危险中，而它自己也陷入了同样的危险中；当然双方都只是处于危险中而已，因为如果真正消灭了对方的生命，那就无从得到承认了。在自我意识看来，生命与自由是同样重要的，因而这场斗争只能以不平等的片面的否定而结束：斗争的一方宁愿要生命和保持自身为单一的自我意识，而放弃其得到承认的要求；另一方则坚持要另一个自我意识承认其为统治者而不惜冒生命危险。这就是奴隶意识和主人意识，由此而形成了主人与奴隶的关系。作为人类现实的、客观的社会生活的国家生活就是这样开始的。

黑格尔认为，主人与奴隶的关系有两方面。首先是同一的方面，即"需要和对满足需要的关怀的共同性"③。因为主人把奴隶作为工具，从而奴隶的生命就应当保存下来，不再是被粗暴地毁灭，而是代之以对他的"获得、保持和陶冶"，使其成为主人和物之间的中介。这物就是欲望的对象。主人通过物与奴隶间接发生关系，而又通过奴隶间接地与物发生关系，因为奴隶对物进行加工改造，主人才能享受。黑格尔虽然是个唯心主义者，在这里却理解到了人与人的关系是以人与物的关系为中介而表现出来的，并以他的方式表明了人的本质只有在社会关系中才是现实的本质。人本质

---

① 黑格尔：《精神现象学》上卷，商务印书馆 1979 年版，第 120 页。
② 黑格尔：《精神现象学》上卷，商务印书馆 1979 年版，第 121 页。
③ 黑格尔：《精神哲学》，见《黑格尔著作集》第 10 卷《哲学科学百科全书》Ⅲ，人民出版社 2015 年版，第 204 页。

上是社会性的，人与人构成不可分割的有机体，而非机械性的集合体。

其次，主奴关系的第二方面是他们的差别方面。主人通过取消奴隶的直接的自为存在而在奴隶及其服役中直观到了自己的个体的自为存在的权力，而奴隶"在对主人的服役中耗空了自己个人意志和执任性，取消了欲望的内在直接性，并在这种放弃和对主人的敬畏中开始了智慧，——向普遍的自我意识的过渡。……构成人类自由的真正开始"①。主人以其权力强制奴隶为他服役，"这样一来，他就只把他自己与物的非独立性相结合，而予以尽情享受；但是他把对物的独立性一面让给奴隶，让奴隶对物予以加工改造"②。然而，主人与奴隶的关系的辩证法在黑格尔看来恰好在于：拥有权力的主人变成了微不足道的人，而微不足道的奴隶却成了真正的主人。这是因为奴隶在服役，即对物的加工改造中，由于放弃了自私的意愿和任性而认识了物固有的特性和规律，掌握了实际支配物的力量，于是就成了物的主人，成了真正独立的、具有自我意识的人。相反地，主人由于把支配物的权力让给奴隶，纯粹凭奴隶的劳动来满足自私的欲望，他就非依赖奴隶不可了。

黑格尔认为，主人与奴隶的关系是人类历史上不可避免的关系，在这种关系之下，人的劳动就是奴隶劳动；但意识的发展、人类的进步是通过奴隶意识，而不是通过主人意识来实现的。正是在劳动中才产生了真正的自我意识、真正的人。他指出：欲望的满足本身"只是一个随即消逝的东西，因为它缺少那客观的一面或持久的实质的一面。与此相反，劳动是受到限制或节制的欲望，亦即延迟了的满足的消逝，换句话说，劳动陶冶事物。对于对象的否定关系成为对象的形式并且成为一种有持久性的东西，这正因为对象对于劳动者来说是有独立性的。这个否定的中介过程或陶冶的行动同时就是意识的个别性或意识的纯粹自为存在，这种意识现在在劳动中外在化自己，进入到持久的状态。因此那劳动着的意识便达到了以独立存在为自己本身的直观"③。"因此正是在劳动里（虽说在劳动里似乎仅仅体现异己者的意向），奴隶通过自己再重新发现自己的过程，才意

---

① 黑格尔：《精神哲学》，见《黑格尔著作集》第 10 卷《哲学科学百科全书》Ⅲ，人民出版社 2015 年版，第 204 页。

② 黑格尔：《精神现象学》上卷，商务印书馆 1979 年版，第 128 页。

③ 黑格尔：《精神现象学》上卷，商务印书馆 1979 年版，第 130 页。

识到他自己固有的意向。"① 根据这种观点，黑格尔提出，奴隶劳动"构成人类自由的真正开始"，"开始了智慧，——向普遍的自我意识的过渡"②。正是在这里，黑格尔一贯以抽象思辨的语言所表达的自我意识内部主观性与客观性、自由的独立性与对对象的依赖性的对立统一，得到了最具体、最深刻的表达，即人或者人的自我意识（在黑格尔看来这是等同的）是他自己劳动的结果，只有在劳动中，在这种人的本质（自我意识）对象化和对象的人化过程中，人（自我意识）才能成为真正的人，即普遍的人（或普遍自我意识）。

普遍自我意识是争取承认的斗争通过劳动而造成的，它就是"这样的自由的自我意识，对于它来说站在它对面的自我意识不再如在第二个阶段那样是一个不自由的自我意识，而是一个同样独立的自我意识。在这个立场上，相互联系的有自我意识的主体通过对它们的不平等的特殊的个别性的取消，因而就把自己提高到对它们的实在的普遍性，即属于它们全体的自由的意识，并因而提高到对它们确定的相互同一性的直观"③。普遍自我意识虽然并没有在现实生活中消灭主人和奴隶的对立，但至少在观念上，它已经意识到这种对立的虚幻性、不合理性，意识到每个人（不论主人还是奴隶）作为本身（作为自我意识）都是自由的，真正自由的前提就在于对这种人人自由的原则上的承认。因此，跟奴隶对立的主人并不是真正自由的，只有通过奴隶之被承认为自由，主人才成为自由的。在普遍自我意识阶段，自我已知道自己在自由的对方中得到承认，而他之知道这点，是因为他承认对方并知道对方是自由的。在这里主体认识到自我与他人的本质上的统一，其具体的意识形态表现就是斯多葛主义、怀疑主义和苦恼意识。这些意识形态，作为普遍的自我意识，其共同的缺陷便是与外部客观世界仍处于相互对立的关系中。黑格尔指出这种对立也有同一的一面："在这里就有了精神成为不同的自身的巨大划分，这些自身是自在自为地和彼此互为地完全自由的，独立的，绝对难以接近的，进行抵抗

---

① 黑格尔:《精神现象学》上卷，商务印书馆 1979 年版，第 131 页。

② 黑格尔:《精神哲学》，见《黑格尔著作集》第 10 卷《哲学科学百科全书》Ⅲ，人民出版社 2015 年版，第 204 页。

③ 黑格尔:《精神哲学》，见《黑格尔著作集》第 10 卷《哲学科学百科全书》Ⅲ，人民出版社 2015 年版，第 206 页。

的——同时却又是彼此同一的，因而是不独立的，并非不可渗透的，而且仿佛融合在一起的。"① 然而，自我意识在思想中的普遍同一性与它在现实生活中的分裂和对立仍然属于两个不同的、互不相干的领域，因而斯多葛主义和怀疑主义企图通过逃避和否认客观世界来保持内心自我意识的同一（"不动心"），苦恼意识则陷入了灵与肉、彼岸与此岸、天堂与现世的巨大分裂而不能自拔。不过尽管如此，普遍自我意识的发展毕竟将主客观的这一矛盾以如此尖锐的形式摆到了人的面前，并给人着手来克服这一矛盾提供了一个基点（即普遍自我意识、人类普遍的自由本质）。从这个基点出发去克服客观世界的外在性，使之成为合理的、合乎人的自由本性的对象，这就是"理性"的事业。

必须指出，黑格尔在这里所说的"理性"，还不是指作为世界本体、客观精神的理性，而是指人的主观精神的一个发展阶段，相当于近代哲学一般所说的"理性之光"，即人的一种精神能力。对这种精神能力的更具体的考察，黑格尔放在主观精神的最后一部分"心理学"中来进行。

在心理学中，观念东西与实在东西的对立被扬弃，精神以摆脱了物质性的人格出现。因此，这里考察的虽然是个人的、有限的精神，但已是经过纯化的精神了，它不再像抽象的"普遍自我意识"那样处于被动、纷乱和摇摆不定状态，也不再像文艺复兴时代的"理性之光"那样仅限于确信和保证客观现实是合理的，而是主动地、能动地去建立客观世界的合理性。当然，心理学是立足于主观精神来考察精神的这一统摄客观世界的能力的，因此它只限于具体分析"理论精神"（直观、表象、思维）和"实践精神"（实践的感受、冲动和任意、幸福）；但当心理学达到"自由精神"阶段，它就已越出了主观精神的范围，而向客观精神过渡了，因为在他看来，自由的精神就是现实的精神。这里的自由已不是抽象自由，而是具有自由的内容和目的的自由，"但是，这种具有自由的内容和目的的自由，本身起初只是概念、即精神和心的原则和注定发展成为对象性，即法的、伦理的、宗教的以及科学的现实"②。当自由凭借意志活动而实现为现实的

① 黑格尔：《精神哲学》，见《黑格尔著作集》第10卷《哲学科学百科全书》Ⅲ，人民出版社2015年版，第207页。

② 黑格尔：《精神哲学》，见《黑格尔著作集》第10卷《哲学科学百科全书》Ⅲ，人民出版社2015年版，第274页。

自由时，就成了客观精神。

2. 客观精神

黑格尔在"客观精神"中论述了他关于人类社会和历史的观点。在他看来，既然整个人类社会生活及其历史发展都无非是主观精神自由地外化的表现，那么现实的人类生活中各种纷纭复杂的现象本质上也就是这个客观化了的精神（客观精神）自我发展和自己运动的产物，客观精神则是支配个人生活而又通过个人生活的不同联系与关系表现出来的某种客观规律性。因此，黑格尔把客观精神及其合规律性所构成的世界称之为"自由的世界"。他认为，自由是意志的根本规定，就像重量是物体的根本规定一样。在主观精神范围内，精神发展的最高点是现实的自由意志，但这种意志要真正实现出来，它就不能仅仅是主观的，而必须建立起自己行为的客观限制和必然性，这是在个人主观之外或人与人之间的社会关系中实现的。在社会中自由就意味着克服个别人的任性，即是说，意志要受到限制，这种限制是通过自由意志本身所建立的法的规范和法律等等来实现的，法就是"自由意志的定在"①。所以自由的发展和实现就是法。客观精神活动的目的一般说就是在外部世界中实现自由，使现实成为自由关系的世界，而法就是由自由意志客观建立起来了的人与人之间现实的自由关系。

在西方哲学史上，黑格尔第一个把主体与客体、思维与存在、自由与必然的关系追溯到人类现实的社会生活和历史活动的本质，把这些历来被当作抽象的哲学问题的对立范畴的同一理解为活生生的人类活动，到客观的人类文化生活、政治经济关系和意识形态变迁中去寻找其答案——这是黑格尔的一个巨大的贡献。恩格斯曾把黑格尔称为"第一个想证明历史中有一种发展、有一种内在联系的人"②。黑格尔证明历史中的这种内在联系的方式，就是把历史看作是由具有自由意志的人们所建立起来的法的辩证运动，这一辩证运动在他那里经历了三个主要阶段：抽象法、道德、伦理。

在"抽象法"阶段，黑格尔分析了一般社会生活的普遍基础，即私

---

① 黑格尔：《法哲学原理》，商务印书馆1961年版，第36页。
② 《马克思恩格斯文集》第2卷，人民出版社2009年版，第602页。

有制。在这里，他表达和阐明了近代资产阶级对待所有权的法权观点。他认为，私有财产权是人的自由意志或人格在现实生活中的第一个也是最基本的体现，"所有权所以合乎理性不在于满足需要，而在于扬弃人格的纯粹主观性。人唯有在所有权中才是作为理性而存在的"①。所有权的三个环节是：（1）直接的所有权即对物的占有；（2）契约即转移所有权；（3）不法即侵犯他人所有权。在这里，黑格尔显然把一般对物的占有和这种占有的某一特殊的历史形式即私有制混为一谈了，而私有制到底如何产生的问题也就被掩盖，被归结为人的永恒不变的天性即自由意志了。这就像马克思在批判资产阶级国民经济学时所说的："一切生产都是个人在一定社会形式中并借这种社会形式而进行的对自然的占有。在这个意义上，说财产（占有）是生产的一个条件，那是同义反复。但是，可笑的是从这里一步就跳到财产的一定形式，如私有财产。"② 不过，黑格尔以个人自由意志和人格为基点，为近代资产阶级社会的法权关系提供了一整套至少在形式上自圆其说的理论体系，这在当时却具有强烈的反封建的进步意义。

黑格尔认为，自由意志借外物（财产）实现自身，就是抽象法；自由意志在内心中实现，就是道德。道德是自由意志回到主观，但已不再是单纯内在抽象的，而是对自己的外在客观行为的主观评价。在这里，黑格尔批判了康德伦理学的唯动机论及撇开情感、爱好和利益空谈自由意志的偏见，指出，人们诚然只应当对自己"故意"的行为负责，但这故意决不只是一种抽象的自由意志的自发性，也不是其形式逻辑上的不矛盾性，而应具有包括行为的手段和后果在内的客观普遍性，所以义务与人的现实活动，与人的愿望、激情和利益是不可分的，人只有满足自己的爱好时，才能实现义务，"生活不是什么可鄙的事，除了生命以外，再也没有人们可以在其中生存的更高的精神生活了"③。黑格尔认为，善并不是某种在彼岸世界追求不到的东西、仅仅"应当"的东西，而是被实现出来的自由；良心也不是个人内心的某种自发性和灵感，而是基于对世界和客观规律的认识之上；所以，对善与恶的主观评价是不可能的，这一评价要求有客观的根据，这个主观评价的客观根据便是"伦理"："主观的善和客观的、自在

---

① 黑格尔：《法哲学原理》，商务印书馆 1961 年版，第 50 页。

② 《马克思恩格斯文集》第 8 卷，人民出版社 2009 年版，第 11 页。

③ 黑格尔：《法哲学原理》，商务印书馆 1961 年版，第 126 页。

自为地存在着的善的统一就是伦理。"①

就我们本书所要讨论的主题来说，黑格尔对康德伦理学的批判具有特别重要的意义，它表明，黑格尔之所以能找到思维与存在、主体与客体、自由与必然的统一性中介，从而在哲学的这一基本问题上实现一个空前的飞跃，其最根本的突破点并不在传统认识论的知识学说中，而是在有关自由意志、良心和善的伦理学说中，亦即在人类现实的实践活动和社会生活中。黑格尔的"伦理"概念比之于康德的伦理概念有了巨大的扩展，它不仅包括了自然的伦理即家庭关系，尤其重要的是它还囊括了整个市民社会、国家和人类历史的发展。

自卢梭以来，市民社会、国家及其历史就常常被视为道德的沦落和伦理的丧失，被视为原始自然状态（包括家庭关系）的异化和倒退。黑格尔也认为，市民社会首先是伦理的特殊化或分化，因而显得是伦理的丧失和异化，在这里，即使注重普遍的伦理，也仅仅是作为满足特殊利益的手段。然而在黑格尔看来，归根结底，伦理仍然作为普遍原则支配着市民社会，它在国家那里已为自身异化的扬弃提供了条件，在世界历史中，这些条件日益成熟；而异化的最终扬弃只有在"绝对精神"即艺术、宗教和哲学中才能完成。所以在他看来，市民社会只不过是伦理的一种形式（异化形式）。马克思曾指出，黑格尔所谓"市民社会"，其实是人类"物质的生活关系的总和"②，而不能从人类精神的一般发展来理解。但尽管如此，黑格尔却在颠倒的形式下力图从社会物质关系中去发现社会历史发展的一般规律，这是他的卓越和深刻之处。他密切地注意着英国古典政治经济学的发展和成就，因为在他看来，"政治经济学……的发展是很有趣的，可以从中见到思想（见斯密、塞伊、李嘉图）是怎样从最初摆在它面前的无数个别事实中，找出事物简单的原理，即找出在事物中发生作用并调节着事物的理智"③。"这门科学使思想感到荣幸，因为它替一大堆的偶然性找出了规律。"④ 显然，黑格尔看重政治经济学，是想由此阐明人们各自的自由行动是如何通过客观的物质关系而体现为必然规律的。

---

① 黑格尔：《法哲学原理》，商务印书馆 1961 年版，第 162 页。

② 《马克思恩格斯文集》第 2 卷，人民出版社 2009 年版，第 591 页。

③ 黑格尔：《法哲学原理》，商务印书馆 1961 年版，第 204 页。

④ 黑格尔：《法哲学原理》，商务印书馆 1961 年版，第 205 页。

黑格尔认为，市民社会首先表现为"需要的体系"。这是黑格尔市民社会的核心，它包含有两大原则：从内容上看，"在市民社会中，每个人都以自身为目的，其他一切在他看来都是虚无"；从形式上看，"但是，如果他不同别人发生关系，他就不能达到他的全部目的，因此，其他人便成为特殊的人达到目的的手段。但是，特殊目的通过同他人的关系就取得了普遍性的形式，并且在满足他人福利的同时，满足自己"①。这两个原则或内容与形式的统一其实就是近代资产阶级所提出的"合理利己主义"的原则，黑格尔认为它是市民社会一切制度的基础："利己的目的，就在它受普遍性制约的实现中建立起在一切方面相互依赖的制度。个人的生活和福利以及他的权利的定在，都同众人的生活、福利和权利交织在一起，它们只能建立在这种制度的基础上，同时也只有在这种联系中才是现实的和可靠的。"② 个人主观的特殊目的和支配个人的客观普遍性是相互依赖又相互转化的；每一个人在促进他的目的的同时，也促进了普遍物，而普遍物的促进反过来又促进了每一个人的目的。当然，黑格尔也承认，由于各种偶然性和对立性，财产的不平等和阶级的分化都是完全自然的现象："市民社会在这些对立中以及它们错综复杂的关系中，既提供了荒淫和贫困的景象，也提供了两者所共同的生理上和伦理上蜕化的景象。"③ 他是从人的劳动及劳动关系（生产及生产关系）中来寻找这一异化现象的根源的。

黑格尔认为，人与动物在需要及满足需要的方式和手段上是根本不同的。动物用一套有局限的手段和方法来满足同样有限制的需要，人虽然也受到同样的限制，但这限制是可以超越的，从而不同于动物。人的需要有一种日益增长和复杂化的趋向，甚至可以为了某种需要（如获得利润）而人为地制造出其他需要；与此相应地，满足需要的手段和方法也无限地细分而繁复起来了，它们本身又转变为相对的目的和抽象的需要。需要与手段的这种相互转化是无止境的，因而具有一种不受局限的普遍性，这就使人的需要与手段都具有了社会性：人通过满足他人需要来满足自己的需要，也就是把满足他人需要当作满足自己需要的手段。

由于要为特异化了的需要准备或取得同样特异化了的手段，因此人

① 黑格尔：《法哲学原理》，商务印书馆 1961 年版，第 197 页。
② 黑格尔：《法哲学原理》，商务印书馆 1961 年版，第 198 页。
③ 黑格尔：《法哲学原理》，商务印书馆 1961 年版，第 199 页。

的满足需要的活动就不是动物式的直接抓取自然物，而是劳动，即加工自然物使之有用。"人通过流汗和劳动而获得满足需要的手段。"① 不过，黑格尔对劳动的理解本身就是双重的。他指出劳动是人形成过程中的基本因素，人的全部理论活动、知识财富、语言、思维等等能力都是在劳动中发展起来的。"理论教育是在多种多样有兴趣的规定和对象上发展起来的……这是一般的理智教育，从而也是语文教育。通过劳动的实践教育首先在于使做事的需要和一般的勤劳习惯自然地产生；其次，在于限制人的活动，即一方面使其活动适应物质的性质，另一方面，而且是主要的，使之能适应别人的任性；最后，在于通过这种训练而产生客观活动的习惯和普遍有效的技能的习惯。"② 但黑格尔又指出，劳动不仅发展人，而且也摧残人。这一点根植于劳动的本质趋向即分工中。"但是劳动中普遍的和客观的东西存在于抽象化的过程中，抽象化引起手段和需要的细致化，从而也引起了生产的细致化，并产生了分工。个人劳动通过分工而变得更加简单，结果他在其抽象的劳动中的技能提高了，他的生产量也增加了。同时，技能和手段的这种抽象化使人们之间在满足其他需要上的依赖性和相互关系得以完成，并使之成为一种完全必然性。此外，生产的抽象化使劳动越来越机械化，到了最后人就可以走开，而让机器来代替他。"③

可见，黑格尔一方面把技术进步和社会财富的增长同分工联系起来，从而认分工为一积极的事实，但同时也看到，由于分工的发展，对于生产者要求的只是简单的、机械式的运动，因而在资本主义条件下，劳动对个人来说具有敌对的、否定的一面。不过黑格尔认为，分工的这一发展使人与人之间的关系转变为铁的必然规律的过程得以完成。尽管在这一过程中，人与人的关系越来越以冷酷的必然性和冷静的利害打算为基础，而粉碎了人的幻想、想象、感情的方面，消灭了对事物和世界的诗意的关系；但这种劳动对人的实践教育仍然是完全必要的，因为在他看来，正是在这种教育中包含着"自由"、"解放"的环节："正是通过这种教育工作，主观意志才在它自身中获得客观性，只有在这种客观性中它才有价值和能力

---

① 黑格尔：《法哲学原理》，商务印书馆1961年版，第209页。
② 黑格尔：《法哲学原理》，商务印书馆1961年版，第209页。
③ 黑格尔：《法哲学原理》，商务印书馆1961年版，第210页。

成为理念的现实性。"① 也就是说，异化及其所带来的一切痛苦和不幸，对于人类来说都是一种"教育"，是达到主体和客体、自由与必然的和谐一致的中介。这样一来，黑格尔就不是去掩盖个人的发展同人类的发展，同文明和进步之间的对立，而是承认文明、进步的全部内在矛盾及其否定的本质，但却将这种自我否定的矛盾本质看作正是文明进步本身的动力，因而赋予了它以肯定的、积极的含义。这充分反映了黑格尔对当时处于上升阶段的资产阶级的前途的信心。

然而，正是在通过什么样的途径才能扬弃市民社会的异化，促进人类文明的继续进步这一关键问题上，黑格尔暴露了他的资产阶级眼光的狭隘性。他明显看出了市民社会中贫富的分化、等级的划分和对立，但他仍试图从市民社会内部，从资产阶级的司法、警察和同业公会，最后从国家来调和这些矛盾。他没有看出，整个国家体制实际上是人的本质的异化的产物，甚至就是这种异化的体现，它不可能消除，而只能加剧这种异化；相反，他把国家看作是整个人类社会包括它的异化活动在内所趋向的一个最终目的。他说，"国家是伦理理念的现实"②，"神自身在地上的行进，这就是国家。国家的根据就是作为意志而实现自己的理性的力量"③。在他看来，国家是伦理精神、客观精神、民族精神等等的体现，国家不是人创造的，而是神的体现，它是在先的，是家庭和整个市民社会的基础。因此，个人与国家的关系只能是这样："由于国家是客观精神，所以个人本身只有成为国家成员才具有客观性、真理性和伦理性。"④ 即是说，绝对服从国家的统治，成为它的成员，是个人的最高义务，否则就要失去自由和市民社会的种种权利。黑格尔对国家（即资产阶级的国家）的这种神化、合理化和绝对化，使他的社会历史观具有停滞和保守的性质，因而最终导致他在理论上无法把主体与客体、自由与必然在国家学说中并通过国家学说统一起来。这一点充分表现在他对国家体制的分析中。

黑格尔在国家学说中首先提出，把国家权力分为立法权（普遍）、行政权（特殊）和王权（个别），以代替孟德斯鸠的立法、行政和司法的分

---

① 黑格尔：《法哲学原理》，商务印书馆 1961 年版，第 202—203 页。
② 黑格尔：《法哲学原理》，商务印书馆 1961 年版，第 253 页。
③ 黑格尔：《法哲学原理》，商务印书馆 1961 年版，第 259 页。
④ 黑格尔：《法哲学原理》，商务印书馆 1961 年版，第 254 页。

权说，而把司法权归属于行政权的范围，把王权视为立法权和行政权的统一。这种划分本身就体现了黑格尔国家理论的保守性和强制性。在这里，王权、君主只是形式上成为立法权和行政权的统一，是"形式上决断的顶峰"，"君主只用说一声'是'，而在纸上御笔一点"①，也就是说，作为普遍和特殊之统一的个别，在这里完全是外在于普遍和特殊的：立宪君主不应干预一切事务，只凭自己的任性来作出最后决断；决断一旦作出，一切人都必须服从。其次，作为国家制度的"普遍性"方面的立法权，在黑格尔那里也并没有真正的普遍性。一方面，"立法权本身是国家制度的一部分"，国家制度"不应当由立法权产生"②，反而是立法权的前提；另一方面，立法权也不是建立在人民直接选举的基础上，而是建立在等级代议制之上的，它反映的是等级的利益而不是人民的普遍要求。最后，由于以上两点，真正有实权的在黑格尔那里就只剩下特殊的方面，即行政权，亦即由君主任命、掌握了一切国家事务和国家利益的各级官僚组织。"国家的意识和最高度的教养都表现在国家官吏所属的中间等级中，因此中间等级也是国家在法制和知识方面的主要支柱。"③这些人上可以愚弄君主，下可以钳制人民，为保住自己的官位和向上爬，是不可能主动提出任何改革措施的。黑格尔最终是把资本主义改良的希望寄托在贤明君主的知人善任之上，因而他整个这一套国家学说实质上都是在为现存的、带有严重封建残余色彩的普鲁士国家制度做辩护，这个国家制度与英国那样的先进资本主义国家相比，还处在法制极不完善，而由君主的才德和任性来决定国家命运的过渡阶段。在这里，人民的意志（自由）和国家官僚机器相外在，国家官僚机器（必然）又和君主的意志（抽象自由、任性）相外在。君主由于不受必然性限制，他从这个必然体制中也就学不到什么，而只有任性；但由于他处于这个体制的顶峰，他的任性便代表整个国家或民族的任性，代表这个民族的独立自主，于是国与国之间的战争便是不可避免的了。

黑格尔借助于国际法，借助于国家之间的战争，而把国家内部矛盾的强制性转移到国家之外，这表明他视为理想和完善的普鲁士国家学说的破产：君主的抽象自由既然不受国家内部必然性的限制，就必会受到国家

---

① 黑格尔：《法哲学原理》，商务印书馆1961年版，第302页。
② 黑格尔：《法哲学原理》，商务印书馆1961年版，第315页。
③ 黑格尔：《法哲学原理》，商务印书馆1961年版，第315页。

外部必然性的强制。黑格尔鼓吹战争对一个民族内部活力和伦理健康的刺激作用，反过来正说明他所吹捧的普鲁士国家体制只能造成国内的一潭死水。他曾说："一切国家制度的形式，如其不能在自身中容忍自由主观性的原则，也不知道去适应成长着的理性，都是片面的"①，这无疑也应包括普鲁士国家在内。然而，不论黑格尔自己是否意识到，他揭示出一切国家制度本身的本质上的片面性，并通过国与国之间的外部冲突而向"世界历史"过渡，这毕竟体现了辩证法的不可抗拒的逻辑必然性。国家，包括"理想的"普鲁士国家，并不是绝对精神的最后目的地，而只是它的一个阶段、一个中转站；尽管在"历史哲学"中，绝对精神经过东方世界、希腊世界、罗马世界和日耳曼世界的发展，再次把普鲁士王国视为"一切人自由"的模范国度，但在这里，他的主要着眼点已不再是外部的国家制度，而是一个民族的内在精神，即"自由意识"的发展程度了。国家制度作为片面的、客观的东西，很可能本质上是不完善的；但从这个制度中产生出来的，具有了客观性的主观精神，则可以突破这个制度的片面性，而进向普遍的、超越国家和民族的"绝对精神"。历史哲学就是考察这一内在本质过程的。"世界历史无非是'自由'意识的进展；这一种进展是我们必须在它的必然性中加以认识的。"②

在黑格尔看来，历史哲学是"客观精神"的最后，也是最高的环节，它的任务是"在世界历史的舞台上观察'精神'——'精神'在这个舞台上表现了它自身最具体的现实"③。也就是说，历史哲学研究的是主体和客体、自由和必然相互一致的最具体、最现实的形式，即在客观历史发展和时间进程中的表现。历史体现为经验的偶然事件、英雄的热情和悲剧、自发的任性和不可抗拒的必然命运的对立；然而，世界精神正是从这些看来杂乱无章的事实中，实现着从低级到高级的发展，并逐渐意识到它的本质——自由的。那么，在由历史上一切具有自由意志的人们所任意造成的历史事件的兴衰变迁中，到底有没有一种内在的必然规律性呢？如果有，又是何种的规律性，它从何而来，与自由是什么关系？在黑格尔看来，这就是历史哲学最重要的问题。黑格尔指出，人们在现实生活中自觉的、有

---

① 黑格尔：《法哲学原理》，商务印书馆 1961 年版，第 291 页。
② 黑格尔：《历史哲学》，三联书店 1956 年版，第 57 页。
③ 黑格尔：《历史哲学》，三联书店 1956 年版，第 55 页。

目的的活动，不论是否实现其有限的目的，总是导致某种人们所未曾料到，甚至与人的愿望背道而驰的结果，这个结果是他们当初所没有意识到的，但却属于某种更高和更遥远的目的。因此，个人的热情和个人行为的动机并不是历史事件的最后原因，在这些行为动机后面还有更高的，超出个人乃至一切人之上的决定历史的力量，这就是世界精神。人的欲望、兴趣和活动无非是世界精神为实现自己的目的所使用的手段或工具，因而人们在实现这一更高目的时并不自觉，他们只不过是自以为他们凭自己的热情在创造历史，实际上是世界精神在操纵他们的行为。黑格尔把这一过程称之为"理性的狡计"。

于是，自由和必然、个人的主观目的和历史的客观目的在黑格尔这里便有了一种十分复杂的辩证关系。一方面，由于个人有限精神不同于世界精神，它只能无意识地被当作历史发展的工具，因而创造历史的英雄人物并不是由于他个人的自由意志、热情或天才而成为英雄的，而是由于他们的行动和言论恰好符合了那个历史阶段的时代精神的需要，因而能够在自己周围聚集起一批先进分子，代表进步力量而恰逢其时地推动了历史的发展。所以从这方面说，自由只有在符合必然规律时才是真正自由的。另一方面，历史的最终目的和必然性也决不是离开一切人的有限目的、任性和热情、欲望和利益的抽象道德说教，相反，它正好体现在无数有限精神追求自己个人眼前利益的冲动和激情中。这些冲动就其为自由意志的目的性行为来说，与世界精神的最终目的即自由有某种内在的相通性，因而能够而且只有它们能够成为最终目的的体现者和实现者。换言之，世界精神离开有限精神，最终目的离开有限目的，就什么都不是。所以，对历史和历史人物进行抽象道德的指责是无济于事的，历史的绝对的善总是通过个人自私的、恶的行为来实现的，在历史上进步的东西一开始总是对旧的东西，包括旧的善恶标准的破坏和否定，但这种否定终归会证明自己是合理的、合乎必然规律的、善的。

可见，对于自由和必然、主观目的和客观目的的辩证关系，黑格尔通过历史中的热情与命运、英雄与时势、否定与肯定、善与恶等等的对立统一而进行了多方面、多层次的具体分析。为寻求历史运动的规律，他深入到了世界历史的背后，从表面的自由（任性）深入到了实质的必然；但这种必然在他看来无非是更高层次上的自由，是一切表面自由中所潜在着的绝对自由的实现，只是这个绝对自由当人们还埋头于现实生活和历史行动的外在性时，对人来说显得是与人的任性相对立的必然性或命运罢了。只有当人们经受了外部现实生活的洗礼，而重新返回到自己的内心精神，他才有可能从自己主观有限精神中发现客观的绝对精神，认识到自己就是绝对精神的体现，这时他才进入了主客观相同一的"绝对精神"领域，即艺术、宗教和哲学的领域。

综上所述，可以看出，黑格尔是在"绝对精神"这一唯心主义的前提下去寻找纷纭复杂的社会历史现象底下的本质规律的，在这一寻找过程中，他阐述了丰富的历史辩证法思想，在许多方面都接近和猜测到了历史唯物主义的一些原理；但是，他最后所寻找到的，却是他早已预定为世界的绝对本原的那个绝对精神，这就把整个考察都弄得神秘化了。全部世界历史、人类社会的现实的活生生的运动，都成了那抽象的绝对精神自我认识和自我回归的一种方式、一个阶段，因而，在它的终结处，绝对精神——上帝本身降临了。主体与客体、自由与必然的同一，只有在这个最后阶段，才达到其自我意识，也才是真正的、完全的同一。

3. 绝对精神

关于绝对精神的学说是黑格尔的精神哲学和整个哲学体系的终结部分。主观精神是精神在个人内心中的发展，它的片面性和有限性也就在于这种内在的即潜伏于内心的性质上面；客观精神是精神在社会的、伦理的、国家的及它们的历史形态中的发展，它的片面性和有限性也就在于这种外在性和不自觉性上面。主观精神与客观精神由对立而达到统一，才产生绝对精神。绝对精神除去以自身为对象和自为地表现自己的本质之外，没有别的目的和活动，所以它是自由的、无限的或绝对的精神，只是在这一阶段，精神（主体）才认识到它自己（客体），或者说，认识主体就是认识客体，这才实现了精神的自我认识，实现了主体与客体的绝对同一。

但绝对精神本身也是辩证地发展的，它从外在的感性直观发展到内心的表象，又从表象发展到概念思维。完全自由地直观自己的精神就是艺术，或者说，艺术就是以感性事物的具体形象的直观形式来表现绝对精神；极端虔诚地表象自己的精神就是宗教，或者说，宗教就是用一种象征性的图像思维的形式来表现绝对精神；彻底能动地把握自己、认识自己的精神就是哲学，或者说，哲学就是以概念（Begriff，源于动词 begreiffen

即"把握")、纯粹思维的形式来表现绝对精神。因此，黑格尔绝对精神的学说是由艺术哲学（美学）、宗教哲学和哲学史三部分构成的。

黑格尔关于绝对精神的学说实质上是关于社会意识形态的唯心主义学说。但是，他第一次把这些社会意识形态作为特殊的考察对象而置于整个关于社会历史的学说体系中，并使之占有自身各自确定的位置；他力求用发展的观点、历史主义的态度、辩证的方法来考察它们，既不把它们孤立起来，也不使它们脱离人的社会生活，即人们的经济的、家庭的、法权的、政治的诸关系，而是把这一切作为一个整体来看，从社会历史、时代和文化的背景上展现出各意识形态内部的辩证运动——在这些方面，黑格尔的创造性和成就毕竟是卓越的。黑格尔把艺术、宗教和哲学看作是绝对精神在历史上自我认识的三个阶段，这三种形式在他看来并不是齐头并进，平衡发展，而是轮流占优势的。在这一发展中，艺术最先在现实生活中占有绝对的崇高地位，然后就让位于宗教，最后宗教又让位于哲学。艺术、宗教、哲学在历史上的优势地位的这种更替，表现了绝对精神的自我认识总的来说是从感性的直接认识出发，日益摆脱外在感性的束缚而上升到纯粹的概念思维，可见"绝对精神"无非是最纯粹、最抽象的概念本身，它也只有用概念才能达到最切近的自我认识。所以，黑格尔把自己关于绝对精神的学说，说成是绝对精神从它现在所达到的关于自己的"绝对知识"出发，对它全部以往发展阶段的回顾或"回忆"；在其中它重演了自己在历史上迈向绝对知识的全过程，不过已不再是简单重复以往的表面外在的过程，而是依据对象的内在必然性，去揭示和阐明其中的本质环节，直接展示这一发展的必然规律，从而达到彻底的自觉。可见，当黑格尔说绝对精神的自我认识达到了"绝对知识"时，他就为全部人类认识画上了一个句号，绝对精神的进展只是从这个终点出发，把它的过去，而不是它的现在和将来作为自己思考的对象，只是向后看，而不是向前看。换言之，在绝对精神学说中，黑格尔要求辩证的发展有一个终点，认为辩证发展只能用于过去（回忆），不能用于现在和将来。这样，他就背离了自己的辩证法，集中体现了黑格尔哲学的根本矛盾，即体系与方法的矛盾。

这一矛盾也就使得黑格尔在思维和存在、主体和客体、自由和必然的同一性问题上最终不能自圆其说了。当然，这并不等于说，黑格尔在绝对精神阶段没有努力将双方统一起来，恰好相反，既然在他看来绝对精神无非是主观精神和客观精神的统一，因此主客观统一的阐明在这里就比在任何其他地方都更至关重要了。我们先来看看他的美学。

黑格尔认为，绝对精神、理念在向自身复归、认识自身的过程中，最初只能采取感性这种有限的形式，而以感性形式显现出的理念，就是所谓"美"。之所以如此，是因为绝对精神只能通过有限精神的发展实现出来，而有限精神的最初阶段只能是感性。因此，只有人的感性的创造活动即艺术，才能在感性阶段显现出理念来；上帝用不着这种形式，它直接从纯粹概念中认识自己；自然界则达不到这一形式，自然界的美只是"为我们"而美。艺术和美是从感性的自然界进向理性的上帝的一个中介，表现为感性和理性的统一，即内容（理性）和形式（感性）的统一，而在黑格尔看来，这同时也是主观与客观统一的过程。在这里，黑格尔在艺术这一自觉的精神创造活动的层次上，再一次论述了主体和客体的辩证关系。在此他将前面关于劳动创造人的本质的观点灌注到艺术活动中来，但认为艺术已不再是那种奴隶劳动、机械劳动，而体现出劳动的精神性、创造性本质。人必须通过自己的实践活动改变外在事物，才能把内心的理念显现在外在事物的形式上，从而那原先存在于内心精神世界里的东西凭借这种形式成为了自己和旁人观照的对象，而人在这外在事物中欣赏的不是别的，正是他自己的创造力量、精神力量。因此艺术是外部世界的人化，是人的精神在外在事物中的"自我创造"或"自我复现"。"例如一个小男孩把石头抛在河水里，以惊奇的神色去看水中所现的圆圈，觉得这是一个作品，在这作品中他看出他自己活动的结果。这种需要贯穿在各种各样的现象里，一直到艺术作品里的那种样式在外在事物中进行自我创造（或创造自己）。"①

但黑格尔又认为，艺术的这种主体和客体的统一关系并不是静止不变的，它自身呈现为一个过程。在艺术史上，最先出现的是所谓的"象征型艺术"，它体现的是一种力图使客体主体化的努力，即在原封不动的客观事物上作一点外部加工，让它表示某种主观赋予的模糊的理念含义；其次是"古典型艺术"，客观事物本身生动地完全体现出或融化于理念，这理念对人来说已不再模糊，而是明确的，有了确切的外部规定的，因而主

---

① 黑格尔：《美学》第1卷，商务印书馆1979年版，第39页。

体与客体互相渗透、点点融合，这是主客体的最和谐的一致，也是美的最高理想，它在希腊古典时代达到了顶峰；最后是从中世纪到近代以来的"浪漫型艺术"，在这里，主体与客体再次相外在、相分离，因为主体不再去寻求外部客体的显现，而是从自身内部分出一个自己的对象，即"自由的具体的心灵生活"①、情绪和情感，并在这个内在的对象上谋求理念和感性（情感）的一致，而外在的感性事物就成为毫无价值的、零碎不全的了，它被人的内在世界所排挤、所抛弃，内在世界则在新的、更高的形式下，即以表象（内心显象）和理念相统一的形式，而进入了下一轮主体和客体的辩证关系，这就从艺术上升到了宗教。

黑格尔认为，宗教是以神话、象征和譬喻的方式来表达绝对的理念内容。在"自然宗教"中，神被理解为与有限个人对立的自然实体，在"自由宗教"那里，神则成了拟人化和与人同形同性的个体人格，而在最后的"天启宗教或绝对宗教"即基督教中，神成了在人的意识中认识自己的普遍精神（圣灵），关于神的知识就是神和人关于自身的知识（三位一体）。然而，在这种普遍的圣灵或精神中，宗教也就开始扬弃其个人的情绪、情感、信仰等等主观表象，进入到哲学的纯粹的、普遍的、主客观完全一致的概念思维了。

在黑格尔看来，只有在哲学中，绝对精神才能以适合自己的形式来认识自己，哲学是以唯一适合于真理（理念）的形式即概念、思维的形式来认识真理的，它是"对思维的思维"，是思维的绝对的自我意识。因此，哲学扬弃了艺术和宗教，摆脱了客观感性和主观表象的片面性。哲学是艺术和宗教的统一。当然，这三者的对象，在他看来都是同一个绝对精神、上帝，因而哲学实际上与宗教有更切近的关系。

黑格尔认为，哲学不仅与艺术和宗教有上述区别，而且作为科学或"科学的科学"，它与各门具体科学也有区别。这个区别在于：各门科学在开始和进程中有现成的逻辑范畴和思维原则作为认识方法，例如存在、实体、因果性、力和力的表现等等，但各门特殊科学都不研究这些范畴与原则本身的必然性，也不研究这些范畴和原则同它们的特殊知识的必然关系以及各种特殊知识门类之间的必然关系。相反，哲学则在开始和进程中并

---

① 黑格尔：《美学》第 1 卷，商务印书馆 1979 年版，第 101 页。

无现成的认识方法，因为它要用来认识的那个方法恰好就是它要认识的对象或它要达到的结果，即逻辑范畴、思维原则本身。因此，作为"对思维的思维"，作为思维主体和思维客体的完全同一，哲学的任务就是把思维、概念本身（通过思维）建立起来，或不如说，描述思维的概念是如何自身形成起来的。因此，在黑格尔看来，要研究哲学，首先就要研究哲学形成和发展的历史，即哲学史。

在黑格尔以前和他的同时代，人们对于哲学史的看法是很肤浅的，他们往往把哲学史看作是"哲学意见的罗列和陈述"，是历史上哲学家们各种分歧的思想的堆积，这些思想是彼此反对、相互矛盾的，每个都自称为客观真理，每个又都被另一个推翻，被证明为主观偏见和谬误。这样，全部哲学史就"成了一个战场，堆满着死人的骨骼。它是一个死人的王国，这个王国不仅充满着肉体死亡了的个人，而且充满着已经推翻了的和精神上死亡了的系统，在这里面，每一个杀死了另一个，并且埋葬了另一个"①。黑格尔认为，对哲学史的这种肤浅看法的根源，在于把哲学系统的分歧理解为主观谬误和客观真理的抽象对立，把哲学思想的相互矛盾理解为主观认识达到客观科学性的障碍，因而人们只看见许多个别哲学体系，而见不到哲学本身，正如动物能听见音乐中的一切音调，而对音乐中最主要的东西——这些音调的谐和一致性——却毫无感觉一样。黑格尔则指出："哲学是关于真理的客观科学，是对于真理之必然性的科学，是概念式的认识；它不是意见，也不是意见的产物。"②当然，这不是说历史上每一个哲学体系自身就是完成了的真理。在黑格尔看来，这一点只有通过在哲学史研究中引入"发展"和"具体"两个概念，并由此确立起哲学本身跟哲学史的本质联系才能理解。

黑格尔认为，真理或理念是发展的，是从自在（潜在）到自为（现实）的生成发展过程；同时，真理或理念本质上又是具体的，是不同规定的统一。具体的真理不仅是生成发展的结果，而且是发展的过程加上结果，而非单纯的结果；而真理发展的本质也就在于具体东西的生成或形成，在于从抽象到具体、从简单到复杂、从矛盾尚未揭露到矛盾的揭露再

---

① 黑格尔：《哲学史讲演录》第 1 卷，三联书店 1956 年版，第 21—22 页。
② 黑格尔：《哲学史讲演录》第 1 卷，三联书店 1956 年版，第 17—18 页。

到更高的矛盾统一的不断扬弃的运动。所以，"作为自身具体、自身发展的概念，乃是一个有机的系统、一个全体，包含很多的阶段和环节在它自身内"①，哲学作为关于真理的科学，无非是"对于这种发展的认识"，作为概念的思维，则就是"这种思维的发展"② 本身。

黑格尔从这种发展观出发，认为在各种彼此分歧的哲学体系中有决定意义的不是谬误，而是向绝对真理的前进运动，或"真理的前进发展"。因此，哲学史不是"人类精神的谬误的画廊"，而是"众神像的庙堂"。每一个哲学体系都是真理具体发展的产物，它代表理念发展的一个特殊阶段，即是说，它虽由认识的主观有限性而带来了自身的历史限制，但在本身中也包含着客观真理的绝对性方面。每一个哲学体系都是把理念发展中的某一环节作为自己的原则，并只从这一原则出发来解释整个世界，才建立起来的；因而，一种哲学体系被推翻了，这只不过意味着理念的发展已超出了这个哲学体系的局限，"那被推翻了的不是这个哲学的原则，而只不过是这个原则的绝对性、究竟至上性"③。每一新的哲学体系昭示了先前哲学体系的片面性并把它降低为自己的一个环节，而这个新的体系又将转变为继起的哲学体系的一个环节；如果没有早先的哲学，就没有一种哲学可以真实存在，新的哲学体系就是先行诸哲学体系的原则的结果。所以没有一个哲学体系曾完全消灭了，所有各派哲学都作为全体的环节而肯定地保存在唯一的"哲学"里。因此黑格尔说："每一个哲学系统即是一个范畴，但它并不因此就与别的范畴互相排斥。这些范畴有不可逃避的命运，这就是它们必然要被结合在一起，并被降为一个整体中的诸环节。"④ 所以哲学史"虽说它是历史，但它所研究的却并不是业已过去的东西……哲学史所研究的是不老的、现在活生生的东西"⑤。

依据哲学史是真理、理念的有机发展系统的观点，黑格尔极力强调哲学史是一个合逻辑的过程，各种哲学思想的出现不是偶然的，而是合乎规律的、必然的。"全部哲学史是一个有必然性的、有次序的进程，这一

① 黑格尔：《哲学史讲演录》第 1 卷，三联书店 1956 年版，第 32 页。
② 黑格尔：《哲学史讲演录》第 1 卷，三联书店 1956 年版，第 32 页。
③ 黑格尔：《哲学史讲演录》第 1 卷，三联书店 1956 年版，第 40—41 页。
④ 黑格尔：《哲学史讲演录》第 1 卷，三联书店 1956 年版，第 38 页。
⑤ 黑格尔：《哲学史讲演录》第 1 卷，三联书店 1956 年版，第 42—43 页。

进程本身是合理的，为理念所规定的。偶然性必须于进入哲学领域时立即排除掉。"① 黑格尔认为，理念发展的表现形式有两种：一种是以被认识了的必然性形式出现在纯粹思维的逻辑中，一种是以带有自然的偶然性的形式出现在历史上各种哲学体系的相互关系中，但两者都表达了同一种逻辑的必然性："概念的发展在哲学里面是必然的，同样概念的发展的历史也是必然的。"② 这就是黑格尔以最纯粹、最直接的方式所阐明的逻辑与历史相统一的原理。他写道："我认为：历史上的那些哲学系统的次序，与理念里的那些概念规定的逻辑推演的次序是相同的。我认为：如果我们能够对哲学史里面出现的各个系统的基本概念，完全剥掉它们的外在形态和特殊应用，我们就可以得到理念自身发展的各个不同阶段的逻辑理念了。反之，如果掌握了逻辑的进程，我们亦可从它里面的各主要环节得到历史现象的进程，不过我们当然必须善于从历史形态所包含的内容里去认识这些纯粹概念。"③ 例如，在他看来，自古希腊以来的整个哲学史就是相应于他的"逻辑学"，而从存在（埃利亚学派）出发，经过本质（柏拉图），然后从本质出发，经过概念（亚里士多德）达到自我意识（笛卡尔、康德、费希特）和绝对知识（谢林和黑格尔）的推演过程。

由于把哲学史看作真理本身的逻辑发展，黑格尔进一步得出了哲学史和哲学本身同一的结论。在他看来，只存在一个哲学，而历史上的不同哲学体系则是这唯一的哲学从抽象到越来越具体的发展的不同阶段，时间上最早出现的哲学也是逻辑上最贫乏最抽象的哲学，时间上最新近出现的哲学则是逻辑上最丰富、最具体的哲学。用黑格尔的话来说："哲学史就出现着的种种不同的哲学向我们表明，一方面只有唯一的哲学处在不同的形成阶段上，一方面作为各个哲学的基础的特殊原则只不过是同一整体的分支。那时间上晚出的哲学是一切先行哲学的结果，因而必须包括一切先行哲学的原则在内；所以，只要它是哲学，它就是最发展、最丰富和最具体的哲学。"④ 当然，在他看来，推动和完成这一发展的，实际上并不是那些在哲学史上偶然出现的天才的哲学家，不是主观的有限精神，而是客

① 黑格尔：《哲学史讲演录》第 1 卷，三联书店 1956 年版，第 40 页。
② 黑格尔：《哲学史讲演录》第 1 卷，三联书店 1956 年版，第 40 页。
③ 黑格尔：《哲学史讲演录》第 1 卷，三联书店 1956 年版，第 34 页。
④ 黑格尔：《小逻辑》，商务印书馆 1980 年版，第 54—55 页。

观的绝对精神:"几千年来,这种(哲学)劳作的工长是那唯一活生生的精神,它的思维着的本性就在于:使它意识到它是的那个东西,而当这个东西成为对象时,同时就超出了自己,而且是自身的一个较高阶段。"① 这样,那由于自己的内在矛盾而发展着的精神本身,在这里就既成了绝对的客体,又成了绝对的主体。

但黑格尔毕竟用自己的"最晚出"的哲学将整个系统的发展过程封闭起来了。在他这里,哲学史终结了,他这个有限精神的头脑里的思想,便代表,甚至就是那绝对精神的"客观思想",整个客观世界及其现实的历史发展,最后被归结为他这个处于历史中某一点上的哲学家头脑里的思想的回顾和回忆,归结为他的抽象概念的思想运动,因而主体与客体、自由与必然、历史与逻辑等等的一切对立,最终都在他的思想里统一起来了。黑格尔以他的哲学史学说,或不如说以他自己的哲学的最后出现,结束了他的整个哲学体系,这个哲学体系也就是他企图在唯心主义基础上提供出来的一幅关于世界的最一般的图景。绝对精神在他的哲学里达到了自我认识的目的,克服了它自身的异化,实现了主观与客观、思维和存在的绝对同一,但这种在他个人主观头脑中达到的最终同一是如此可笑和不合情理,以至于这与其说是什么同一,不如说是主观与客观、思维和存在的最尖锐的对立。事实上,当黑格尔自以为在纯粹思想中扬弃了全部感性现实的外在性和客观性时,他所扬弃的只不过是有关这些感性现实的思想,因为他并没有把客观现实本身当作自己的对象,而只是把有关这个现实的知识当作自己的对象。如马克思指出的:"所以这种思想上的扬弃,在现实中没有触动自己的对象,却以为实际上克服了自己的对象",因而"黑格尔既同现实的本质相对立,也同直接的、非哲学的科学或这种本质的非哲学的概念相对立"。② 黑格尔由于其唯心主义的根本局限性,虽然在思维和存在、主体和客体的同一性问题上作出了巨大的推进,最终却仍然未能跳出双方割裂和相互对立的命运,留给后人的,仍然是一个继续深化这一问题并努力加以解决的困难而又重大的任务。

---

① 黑格尔:《小逻辑》,商务印书馆 1980 年版,第 55 页。
② 《马克思恩格斯文集》第 1 卷,人民出版社 2009 年版,第 216 页。

第四章 从青年黑格尔派到费尔巴哈
——唯心主义的解体和唯物主义新基地的建立

黑格尔是德国古典哲学中最后一个划时代的唯心主义者,他的哲学的内在矛盾我们已在上一章中作了分析。我们曾指出,黑格尔在其哲学体系的每一环节中都致力于证明主体与客体、思维和存在的统一,但又总是在"最终的"理解上使他的全部艰苦而细致的论证功亏一篑,而使主体与客体的对立在整个体系完结时以更为尖锐的方式突出出来了。正是这一对立,首先导致了黑格尔体系及其学派的分裂和解体,而后又导致了从这一解体过程中产生出黑格尔唯心主义的对立面,即费尔巴哈的人本主义的唯物主义哲学。它表明,主体与客体的矛盾再也不能指望在唯心主义的基地上得到合理的解决了,而必须寻找某种新的基地,从而造成了向马克思主义的辩证唯物论转化的前提。

第一节 青年黑格尔派从客观唯心主义
向主观唯心主义的转化

黑格尔哲学在 19 世纪初上升为普鲁士官方哲学之后,在德国迅速兴起了一个占统治地位的黑格尔学派。然而,正是因为黑格尔哲学本身包含着尖锐的内部矛盾,因而黑格尔学派内部自始也就表现出各种不同的派别和倾向。它们互相争论,互相攻击,理论上的分歧导致政治态度上的对立,政治斗争的需要又更促进了理论上的分裂,到 30 年代后期,统一的黑格尔学派就开始分化和瓦解了。

黑格尔学派解体的直接导因是关于神学问题的争论，即围绕着黑格尔关于神、灵魂不朽和耶稣基督的人身等学说的争论。这些争论是用哲学的武器进行的，但已经超出了抽象的哲学目的，是为了解决现实的政治实践问题，如恩格斯所指出的："政治在当时是一个荆棘丛生的领域，所以主要的斗争就转为反宗教的斗争；这一斗争，特别是从 1840 年起，间接地也是政治斗争。"① 不过，从哲学的逻辑发展的角度看，哲学与政治斗争的这种现实实践的联系，也正反映了黑格尔哲学的封闭体系并未能真正克服现存社会的不合理的基础，未能实现黑格尔所自以为达到的主体与客体、思维与存在、理性与现实的统一；因而，当现实生活和实践中出现了新的革命要求，革命和保守的斗争日趋激烈时，黑格尔哲学中固有的革命方面和保守方面的矛盾也就表面化了，黑格尔学派的全面解体也就是不可避免的了。

在宗教问题上，黑格尔并不是一个无神论者，相反，他的整个哲学体系具有强烈的基督教创世、道成肉身、救世和三位一体神学学说的色彩；然而，他关于宗教教义仅是哲学概念的譬喻的观点已经跟基督教正统派的信仰发生了冲突，这就为从完全不同的角度解释宗教观点留下了广泛的可能性。在黑格尔学派的内部争论中提出了这样一些问题：黑格尔是把灵魂不灭了解为灵魂个体存在的继续，还是了解为理性的永恒性？是把历史上的耶稣基督这个人，还是把整个人类认作"神人"？在黑格尔那里，神在创世前就具有人身呢？还是神在人的精神里才达到对自己人身的自我意识？黑格尔是有神论者还是泛神论者，即他认为神是超越的还是内在的？如此等等。一部分黑格尔主义者以基督教的正统学说来解释黑格尔，这部分人就组成了右派或老年黑格尔派，主要代表有辛利克斯等人；反对把黑格尔学说解释为正统宗教神学的人组成了左派或青年黑格尔派，属于这派的有施特劳斯、鲍威尔兄弟、施蒂纳、卢格等人，费尔巴哈起初也属于这派。

右派黑格尔主义者是专制君主制度及其精神堡垒——宗教的坚决捍卫者，他们是政治上的反动派。在哲学方面，他们抛弃黑格尔的辩证方法，而只注重他的体系，只抓住他保守的方面；他们把黑格尔的绝对精神

---

① 《马克思恩格斯文集》第 4 卷，人民出版社 2009 年版，第 274 页。

完全与基督教中的上帝等同起来，使黑格尔成了一个肤浅的神学家。他们依据黑格尔关于宗教和哲学有同一内容的原理，认为黑格尔的绝对唯心主义本质上就是人格神的存在和个人灵魂不死的学说，并断言，在黑格尔那里，耶稣基督就是"神人"。他们认为，黑格尔按照"三段式"原则进行的辩证运动只不过是有关神的三位一体的学说。尤其是右派黑格尔主义者抓住黑格尔国家学说中保守、消极的一面，把普鲁士国家说成是基督权力的体现，而反对一切资产阶级有关信仰自由、思想自由、政教分离的主张。他们把黑格尔推崇为世界精神的顶峰，完成了的绝对真理，从此以后，哲学不再能前进了，世界已达到了自己的目的。他们只是通过黑格尔哲学的体系和最后结论来理解黑格尔哲学，而丧失了任何历史主义的态度，因而也不可能正确地、全面地理解黑格尔哲学。

在左派黑格尔主义中，首先是施特劳斯给予了黑格尔学派的解体以最初的推动。

一、大卫·施特劳斯的唯"实体"论

大卫·施特劳斯在政治上始终没有成为一个激进主义者。在哲学上，他是一个黑格尔式的客观唯心主义者；在宗教问题上，他停留在泛神论的立场上。但他最重要的著作《耶稣传》（1835—1836 年）引起了黑格尔学派内部多年的争论，它的出版是黑格尔学派解体的先声，并为左派黑格尔主义运动奠定了基础。

施特劳斯对耶稣的研究，是从黑格尔所达到的结果出发的。黑格尔提出，《圣经》中的传说和故事只是哲学范畴的譬喻，而宗教哲学的任务就在于把宗教作为科学研究的对象，探索它在世界历史中的发展。施特劳斯承认这一立场，但提出了更进一步的任务：研究福音书中的这些神话是怎样形成的。他不是把这些宗教传说当作"圣书"来研究，而是当作历史文献，用历史学家的观点来研究，目的是要把福音书中那些从理性与以有人类存在和思维规律作根据的经验的观点看来是真实的东西，同那些我们今天看来是荒谬的东西区别开来。施特劳斯对福音书作了详细的研究之后得出结论说，福音书中所有关于耶稣一生的行动和事迹（除去耶稣在耶路撒冷的旅行和死在那里以外）的记载都是完全不足信的，关于耶稣的奇迹和超自然的能力，实际上是没有的，也是不可能有的。这就否定了奇迹、天启等等的真实性，推翻了对它们的信仰，认为它们是经不起人类理性和经验的检验的。与此同时，施特劳斯也不赞成当时在德国流行的另一种对《圣经》的传说故事的唯理论的解释，按照这种解释，奇迹之类的东西虽然不是真实的，但是应当为它们找到自然的根据。例如，《圣经》上说耶稣使死人复活，那是因为耶稣碰到的是一个昏迷中的人，而耶稣本人的复活，不过是因为他的死是假死，如此等等。施特劳斯认为，这种"把不可能的东西变成可能的东西，把历史上没有的东西变成历史上可能的东西"的企图也是徒劳的。

那么，关于耶稣的种种虚构和神话传说是从哪里来的呢？施特劳斯认为，这些东西并不是个别人有意识地故意想出来的，而是整个民族或庞大的宗教团体的集体思想或普遍意识的产物，换言之，《圣经》关于耶稣的记载，无非是民族或团体的精神借福音编纂者的口说出来的，是团体精神由于对救世主的渴望，而给予了历史的材料（耶稣生平）以神话的形式，借以表达永恒的真理。但人们这样做时并没有意识到自己是在虚构神话。神通过人们的这种虚构，就变成了耶稣这个人，在这些神话里结合了有限的、人的性质和无限的、神的性质，所以实际上神不是别的，它无非是人类自己。总之，在施特劳斯看来，《圣经》里有关耶稣的记载绝非历史的真实，而是神话，是以历史的形式和譬喻式的语言叙述出来的思辨真理，即人类就是人本身的救世主。

施特劳斯由此而认为，宗教的教义是非哲学意识的产物，对于天启的信仰只有在那些没有提高到理性的人那里才存在；当人们提高到哲学意识，即从表象提高到概念思维时，宗教也就不存在了，而宗教从前以神话（表象）的形式所表达的真理现在就获得了自己固有的适合的形式。他认为，宗教关于神的表象无非是绝对精神，无非是那以产生和消灭作为其样态的单一个别东西的世界统一性。绝对精神是先于一切个别东西并严格控制着其活动的绝对实体，宗教神话的产生这一历史事件是完全超越于个别人的主观意识而又是合乎逻辑地发生的。

但这样一来，人的主体性在历史的客观发展过程中的作用就被施特劳斯取消了。个人在他看来纯粹是绝对精神随意摆布的工具，他们心里想的不是他们所说的，他们所说的又不是他们实际上在做的。主体已完全消融于客体之中，人只能对他现在业已发现的绝对精神袖手旁观。显然，施特劳斯所不能解决的问题也就是黑格尔本人所没有解决的问题，这就是：基督教里形成为一种体系的那些思想和观念是从哪里来的，它们又何以会达到支配世界的地位？施特劳斯对这个问题的说明具有神秘的性质，他认为，每个人都可以随心所欲地把福音书的各种故事当作是历史的东西，而这些纯粹是偶然的理解汇合起来就形成了实体性的精神。换言之，施特劳斯所面临的矛盾，仍然是那同一个思维和存在、主体和客体的矛盾，而他在把存在、客体理解为绝对的精神实体的前提下，使实体、客体吞并了主体。这并不能解决这一矛盾，反而使在黑格尔那里被调和起来的矛盾以尖锐的形式突现出来，从而引起了其他青年黑格尔分子的反对，其中最著名的是鲍威尔兄弟。

二、鲍威尔兄弟的唯"自我意识"论

布鲁诺·鲍威尔和其弟埃德加·鲍威尔是青年黑格尔派的最激进的代表。其中，布鲁诺·鲍威尔是第一个起来表示不同意施特劳斯的宗教观点的人。他在 1840—1841 年连续发表的《约翰福音史批判》、《复类福音作者的福音史批判》和《复类福音作者和约翰的福音史批判》三部著作中阐明了自己的新观点。他是从施特劳斯停止前进的地方出发的，和施特劳斯一样，他也认为《圣经》中的传说并不反映历史事实；他甚至认为耶稣其人的存在也是值得怀疑的。但他认为，宗教虽说是自发产生的，但在其进一步发展中，僧侣的欺骗很快就会成为不可避免的，宗教作为人的创作的结果，在其创立之时，就已经不可能是不带有欺骗、不歪曲事实的了。鲍威尔因此认为，对基督教的批判，就是要探索基督教思想体系是怎样为人所创造出来并成为支配世界的宗教的。鲍威尔对这问题的研究表明，那些给基督教铺平道路并使它成为世界宗教的要素是历史地形成的，基督教并不是如神学系的正统派人士为了"给人民保存宗教"而说的那样，一下子就以业已确定了的教义和伦理的完备形态从犹太教里产生出来的，相反，构成基督教的那些要素是在犹太—亚历山大里亚学派的斐洛和希腊罗马庸俗哲学如新柏拉图派，特别是新斯多亚派哲学家塞涅卡那里形成的，而在它们的调和中实质上已经包含了基督教的一切观念。因此，鲍威尔把斐洛称为基督教的真正的父亲，塞涅卡则被看作基督教的叔父。如恩格斯指出的，鲍威尔的主要功绩就在于："他基本上证明了基督教不是从外面、从犹地亚地区输入而强加给希腊罗马世界的，至少就其作为世界性宗教时的形成而言，它正是这个世界的最道地的产物。"① 但是，鲍威尔片面化了人的主观欺骗因素在宗教形成中的作用。为了根据文献来确定斐洛尤其是塞涅卡对新起的基督教的影响，为了把《新约》的作者们表述为真正是上述两位哲学家的剽窃者，他就不顾历史的真实，甚至人为地把基督教的兴起推迟了 50 年。结果在他那里，耶稣及其门徒的故事的任何历史基础都消失了，他把这些故事归结为纯粹的虚构，而不能根据历史来科学地阐明这些故事和传说中所包含的内在发展阶段和教会内部的精神斗争。

　　由此可见，鲍威尔在福音故事的起源问题上，是与施特劳斯针锋相对的。鲍威尔认为，福音故事绝不是基督教团体无意识的神秘的集体创作活动的结果，而是抱有一定宗教目的的个别人物完全有意识的创作活动的结果，它完全是虚构的，是福音书作者本人的作品，或者说，是"自我意识"的产物。恩格斯在揭露施特劳斯和鲍威尔之间争论的哲学基础时曾说："两人之间的争论是在'自我意识'对'实体'的斗争这一哲学幌子下进行的。神奇的福音故事是在宗教团体内部通过不自觉的、传统的创作神话的途径形成的呢，还是福音书作者自己虚构的——这个问题竟扩展为这样一个问题：在世界历史中起决定作用的力量是'实体'呢，还是'自我意识'？"②

　　恩格斯的这个分析说明，无论施特劳斯还是鲍威尔，都是站在黑格尔哲学的基地上来进行争论的。黑格尔曾经强调，真实的东西不仅要理解和表述为实体，而且要同样理解和表述为主体。在这里，黑格尔并没有把实体和主体对立起来，而是力图把两者在绝对精神中辩证地统一起来。当然，黑格尔正由于其唯心主义的立场，并没能完全实现这一企图，主体与实体的统一在他那里最终只是一种字面上的统一，一种表面的调和。在施

----

① 《马克思恩格斯文集》第 4 卷，人民出版社 2009 年版，第 483 页。
② 《马克思恩格斯文集》第 4 卷，人民出版社 2009 年版，第 274 页。

特劳斯和鲍威尔看来，黑格尔这种在绝对精神中调和实体和自我意识的企图是不彻底性的表现，他们都一致反对这种调和。然而，他们不是超出绝对精神的封闭性来打破调和，反而在绝对精神的内部各执一端——要么绝对精神唯一地就是实体，要么唯一地就是自我意识——而彼此争论，因此，"他们和黑格尔的论战以及相互之间的论战，只局限于他们当中的每一个人都抓住黑格尔体系的某一方面，用它来反对整个体系，也反对别人所抓住的那些方面。"① 他们并没有超越黑格尔哲学，而只是发挥了黑格尔哲学固有的内在矛盾并导致了这个哲学的自我否定和瓦解。

　　"实体"的拥护者和"自我意识"的拥护者之间的争论，从宗教领域扩展开来，转变为关于全世界历史的主要原动力是什么的争论，亦即关于历史的合乎规律的进程（历史的客体）和个别人物的自觉活动（历史中的主体）的关系的争论。黑格尔曾经天才地猜测到了普通群众的活动和"世界历史人物"的活动的内在联系，他是辩证地来看历史规律性和个别人的自觉活动的关系的；施特劳斯和鲍威尔在"实体"与"自我意识"的名义下则取消了黑格尔所表述的这种辩证联系，重新把历史中的客体与主体割裂开来、对立起来。施特劳斯主张"实体"的权利，把历史看作是绝对精神内在的合乎规律的过程，它必将导致人类理想的实现，但这一进程是同任何人的意志和意识无关的，是在主体的一切影响之外进行的。这种对历史的理解符合于"凡是现实的都是合理的"这一黑格尔哲学的保守方面，但也表达了资产阶级温和派对合理的东西就在现实中，且不以任何人的意志为转移必然实现的信念。鲍威尔则捍卫"自我意识"的权利，认为"自我意识是实体"，只有自我意识才是"合乎理性的"，自我意识必须"批判"现实，只有自我意识在现实中的实现，才使现实成为合理的。这就是说，鲍威尔强调主观因素在历史中的决定作用，发挥了黑格尔"凡是合理的都是现实的"这一激进方面，是资产阶级激进派的革命意识的表现，显示了资产阶级决心以自己的主观意志改造不合理的现实社会的趋势。鲍威尔认为，任何离开人的意识的绝对精神、绝对理性都是不存在的，存在的只能是依赖于人的自我意识的精神。但这样一来，鲍威尔一方面解除了黑格尔绝对精神实体的神秘性，另一方面却又走向否认历史规律，鼓吹个人

---

① 《马克思恩格斯文集》第 1 卷，人民出版社 2009 年版，第 514 页。

崇拜的偏向，而从黑格尔的客观唯心主义倒退到费希特式的主观唯心主义世界观去了。

鲍威尔兄弟在对宗教的批判上作出了很大的贡献。在他们看来，既然不存在什么不依赖于人的意识的精神，那么，宗教作为精神对自己的本质的表象，原来就是人对他自己的本质的表象，只是采取了非理性的幻想的形式，这种表象是错误的，哲学不能与之调和，而应当致力于消除它。他们反对以另一种宗教代替现存的基督教，或者说，他们反对一般的宗教。他们说，如果我们力图使人们脱离一种错误，那么这决不会责成我们把他们引入另一种错误，如果我们希望赎一次罪，那么我们决不能由此得出结论说，我们应当再犯一次罪。① 可见，鲍威尔兄弟比施特劳斯向前跨进了一大步，达到了无神论的结论。但是，这种无神论是建立在唯心主义世界观基础上的，因此也不能是彻底的。鲍威尔把宗教意识理解为人的自我意识的异化，而不是阶级社会里现实的物质生活条件的歪曲、颠倒的反映。因此，这种异化的扬弃，即宗教的解放，就不过是不超出自我意识活动的界限之外的行动，亦即思辨哲学的批判活动。他们没有认识到，只有真正革命的批判的、实践的活动，才是消灭宗教的最根本的武器。他们虽然也认为，他们提出用哲学来代替宗教，并不是把哲学本身当作目的，哲学的胜利只应当为在合理基础上改造现实社会铺平道路，但由于他们的唯心主义前提，他们只能用自己的哲学批判活动来充当改变现实和解放人类的活动。

由此可见，鲍威尔兄弟把主体与客体、自我意识与现实对立起来，正是因为他们无法真正理解他们所面对的客观现实，只是把现实的种种关系归结为宗教意识的产物。因而合乎逻辑地，他们把这种主客体对立的扬弃看作仅仅是主体或自我意识之内的事情，以为人们只要用人的、批判的或利己的意识来代替他们现在的意识，就会自然消除那些束缚他们的客观限制。他们认为，只有个别的批判的思维的个人才是全能的自我意识，国家和哲学就是这种自我意识的代表，而人民群众则似乎是敌视理性的、无知的意识，是宗教意识的体现。批判的头脑无限地高于人民群众，社会的

---

① 布鲁诺·鲍威尔：《正义的自由事业和我本身的事业》，载《普列汉诺夫哲学著作选集》第3卷，三联书店1962年版，第759页。

前进依赖于批判的头脑的批判活动即自我意识的活动。他们以自己的"批判的"头脑自傲，轻视群众，认为群众是根本不懂批判的，接近群众是无益而有害的，甚至认为，自古以来发生的一切伟大历史事件之所以没有显著的成就，就因为这些事件醉心于群众，就因为这些事件为之发生的那些思想，一定要指望群众的同情。他们把自己的批判同群众的物质利益对立起来，认为自己是超出一切世俗利益之上的群众的"救世主"。这样，在鲍威尔看来，人民群众及其物质利益乃是自我意识解放道路上的障碍，他们就站到了人民群众运动的对立面。鲍威尔的主观唯心主义所导致的这种自我意识和群众的对立，正是黑格尔哲学中固有的，而又被鲍威尔发展了的思维和存在、主体和客体的矛盾在新的历史条件下的极端尖锐化的体现。

显然，黑格尔的客观唯心主义之蜕化为鲍威尔的主观唯心主义，是由于黑格尔的客观唯心主义本身有不可克服的矛盾。黑格尔宣称绝对精神是离开人的大脑的独立存在，是宇宙和历史的创造者；尽管实际上这个绝对精神不过是哲学家头脑的产物，但黑格尔主观上确实认为绝对精神并不就是人的观念，因此就发生了人的观念（主观）和绝对精神（客观）的关系问题，从而展开了他的哲学体系。黑格尔唯心主义的不彻底性在于：他宣布哲学是绝对精神的具体存在，但又不肯宣布现实的哲学家就是绝对精神；他只是在表面上把绝对精神变成世界和历史的创造者，因为其实绝对精神只是在"事后"通过哲学家才意识到自己是有创造力的世界精神，因此它"创造"世界历史的行动只是发生在哲学家的头脑中。鲍威尔则从更彻底的思想一贯性出发，公开宣称"批判是绝对精神，而他自己是批判"，宣布了他自己是绝对精神；他也不是事后在回忆中创造历史，而是把现实的"改造社会的事业""归结为批判的批判的大脑活动"，这就实现了从客观唯心主义向主观唯心主义的转化。一般说来，客观唯心主义按其本性是不能从根本上摆脱主观唯心主义的，它必定要由于内在矛盾而合乎逻辑地向主观唯心主义转化。①

尽管施特劳斯和鲍威尔之间的争论并没有真正超出黑格尔哲学的范围，然而，由于这一争论从内部打破了这个体系的封闭性，黑格尔哲学的

_____

① 参见《马克思恩格斯文集》第 1 卷，人民出版社 2009 年版，第 292—293 页。

一些基本范畴的现实内容开始从"奥秘"状态中呈现出来，并逐渐为人们意识到了，"实体"和"主体"的社会现实意义突出出来了，同时，黑格尔哲学中所隐藏的革命因素也显露出来了，这就为批判地扬弃黑格尔体系准备了条件。但是，青年黑格尔派的根本缺点在于，他们即使在批判黑格尔时也假定了黑格尔唯心主义的基本前提，因而他们没有也不可能揭示黑格尔哲学的真正秘密并对黑格尔哲学作出真正的批判。首先跨出这一步的是唯物主义者费尔巴哈。

第二节　费尔巴哈直观唯物主义的思维和存在同一说

正如 19 世纪 30—40 年代德国社会政治生活中反宗教斗争的需要导致了黑格尔学派的解体一样，在进入 40 年代后，为即将到来的革命时期提供舆论准备的需要则产生了费尔巴哈的唯物主义。这种唯物主义已看出，在唯心主义基础上所建立的整个主体与客体、思维与存在同一的学说都是站不住脚的，因而，它不满足于这种同一方式，不满足于在思想中，在意识中爆发"革命"，它要求接触和把握真正的客观现实，而不是由思想和精神异化出来蒙哄人们的视听的虚假的现实。费尔巴哈的哲学恰好反映了要求抛开"醉醺醺的思辨"，而以"清醒的哲学"来面对客观现实的这一时代精神。费尔巴哈在 30 年代末至 40 年代中期发表的《黑格尔哲学批判》、《基督教的本质》、《关于哲学改造的临时纲要》、《未来哲学原理》、《反对身体和灵魂、肉体和精神的二元论》、《宗教的本质》等著作中，阐述了自己的"新哲学"的基本观点。毫不奇怪，这样一种哲学首先要对付的，是从笛卡尔以来，至少是从康德以来的思辨唯心主义传统。

一、对唯心主义的批判

费尔巴哈早年作为一名青年黑格尔主义者，比起其他青年黑格尔分子来，杰出的地方在于，他首先觉察到宗教与唯心主义哲学的本质联系，看到不否定唯心主义就不能最终否定宗教，因而他从对宗教的批判进到了对唯心主义哲学基本原则的批判，为此他批判地考察了自笛卡尔以来的整个近代唯心主义哲学。费尔巴哈指出，从笛卡尔开始的近代思辨唯心主义，曾是人类对宗教的精神统治的抗议，是恢复人的个性尊严和理性权利的一种形式。唯心主义哲学以人类理性、思维代替抽象的、超世界的神，说明它曾经起了一定的积极作用，它以至高无上的理性的形式确立了人的思维的价值和神圣性。但是费尔巴哈又指出，唯心主义不能导致个性的最终解放，因为它同宗教有着共同的根源、共同的思想基础和共同的结局，它不仅不能克服宗教，而且它还跟宗教结成了彼此支援的同盟，因为唯心主义哲学本身实质上就是宗教神学的理性加工，宗教是"天上的、想象的唯心主义"，而唯心主义哲学则是"地上的、理性的唯心主义"，反对其一就必须反对其二。费尔巴哈提出，在这方面，黑格尔哲学是近代唯心主义哲学的完成，是"理性化和现代化了的神学"，因而是"神学的最后避难所和神学的最后支柱"。因此，要驳倒唯心主义就必须驳倒黑格尔哲学，谁不扬弃黑格尔哲学，谁也就不能扬弃宗教。这就是费尔巴哈跟施特劳斯和鲍威尔根本不同的地方。

费尔巴哈进一步指出，宗教的根本问题同哲学基本问题即思维和存在的关系问题是密切联系在一起的，对唯心主义批判的关键应当在这里来找。他说："神是否创造世界的问题，即神对世界的关系问题，其实就是精神对感性、一般或抽象对实在、类对个体的关系问题；不解决后一问题，也就不能解决前一问题。"而后一问题则"是属于人类认识和哲学上最重要又最困难的问题之一，整个哲学史其实只在这个问题周围绕圈子，古代哲学中斯多亚派和伊壁鸠鲁派间、柏拉图派和亚里士多德派间、怀疑派和独断派间的争论，中古哲学中唯名论者和实在论者间的争论，以及近代哲学中唯心主义者和实在论者或经验主义者间的争论，归根结底都是关于这个问题"[1]。因此，在费尔巴哈看来，对唯心主义的批判必须围绕着思维对存在的关系这个基本问题来进行，就是说，必须从理论上证明，正确

---

[1] 费尔巴哈：《宗教本质讲演录》，《费尔巴哈哲学著作选集》下卷，三联书店1962年版，第621—622页。

阐明思维和存在的关系问题，不能立足于唯心主义的基础上，而只有立足于唯物主义基础上才有可能。这就是反驳唯心主义的关键。

费尔巴哈认为："黑格尔哲学是近代哲学的完成，因此新哲学的历史必然性及其存在理由，主要是与对黑格尔的批判有联系的。"① 为了批判黑格尔哲学，费尔巴哈清算了从笛卡尔起直到黑格尔止的整个近代思辨唯心主义传统，特别是从康德到黑格尔的德国唯心主义传统。费尔巴哈指出，康德哲学的基本特征是思维与存在的矛盾，整个德国唯心主义往后的发展就是力图克服这个矛盾，而黑格尔哲学作为德国唯心主义的完成，其基本特征也就是康德所坚持的思维与存在的对立的扬弃，就是思维与存在的同一。但费尔巴哈有力地证明，从康德到黑格尔，无论他们看起来是如何激烈地批判自己的先驱者，但都只是批判了其唯心主义哲学的特殊方面，而没有批判它的本质，从而直到集大成的黑格尔，他们谁都没有，而且也不可能消除康德哲学所造成的思维与存在的矛盾而达到思维与存在的真正统一。

1. 对康德的批判

费尔巴哈认为，康德从经验论立场批判了笛卡尔以来的旧形而上学，批判了把世界看作神圣理性的实体或上帝思想的作品的思辨唯心主义，这是一个进步，但他并没有把这一批判进行到底。在费尔巴哈看来，康德承认自在之物是真实的物，即离开人而存在的自在世界和被我们思维的客体，这无疑是正确的；他的错误则在于自相矛盾地否认自在之物的客观物质性，而把它看作是单纯的思想物，这就向唯心主义作了不可饶恕的让步。同时，当康德承认感性对象、经验的对象才是现实的对象，才是我们思维的唯一材料时，这无疑是正确的；他的错误则在于自相矛盾地否认感性对象是真理，而把它看作是单纯的现象、没有本质的感性实在，即我们的直观和知性的产物，这就陷入了唯心主义。费尔巴哈指出，康德这样地把自在之物的真理性同它的现实性分开，把感性对象的现实性同它的真理性分开，这是"一件多么矛盾的事情啊"！可见，"康德哲学乃是主体和客体的矛盾，本质和现象的矛盾，思维和存在的矛盾。"② 在费尔巴哈看来，

---

① 费尔巴哈：《未来哲学原理》，《费尔巴哈哲学著作选集》上卷，三联书店 1959 年版，第 147 页。
② 费尔巴哈：《未来哲学原理》，《费尔巴哈哲学著作选集》上卷，三联书店 1959 年版，第 151 页。

感性、现实性、真理性应是同一个意义，感性世界就是无可争辩的客观真理，客观真理就是自在的、离开我们而存在的世界；我们在思维中意识到的只是这个没有经过思维而已经是的这个自在世界；这个世界的存在和本质只能片断地部分地反映在思维中，客观事物和思想中的事物的这种差别是合理的差别，并不会形成它们之间的真正的矛盾。

费尔巴哈揭露了康德的唯心主义同神学的内在联系："在康德的唯心主义中，事物是受理智的支配，不是理智受事物支配，因此这种唯心主义不是别的，就是上帝理智这一神学观念的现实化，上帝的理智并不是事物所决定的，而它却是决定事物的。"费尔巴哈接着指出，康德把笛卡尔那种"地上的、亦即理性的唯心主义"当作错误而加以斥责，但把"天上的、亦即想象的唯心主义"（神学）当作神圣真理加以承认，"是一件多么愚蠢的事情"。①

费尔巴哈基于康德哲学的这些矛盾，把康德哲学评定为"一种有限制的唯心主义——建立在经验论基础上的唯心主义"，从而他认为康德哲学也就有了两种截然相反的发展的可能性："康德哲学是一种矛盾，它不可避免地要走向费希特的唯心主义或感觉论"，前一个结论"是属于过去的"，后一个结论"是属于现在和将来的"。②费尔巴哈这里所说的感觉论是指客观的感觉论，即唯物主义。

2. 对费希特的批判

费尔巴哈认为，费希特是从承认康德哲学为真理出发的，他不满意的仅仅在于康德哲学有内在矛盾而不是一个整体，他想做的不过是把康德哲学提高为科学，即把康德那里分散的东西，从一个共同的原则中推演出来，给它以系统化的形式。费尔巴哈首先指出，费希特斥责康德承认自在之物是感觉的原因或根据，而把自我想象为感觉的原因或根据，并把从这个想象的根据中推论出来的安排在自我之外的物设想为客观世界，从而消除了康德所设置下的主体与客体的鸿沟，达到了主体与客体的同一。费尔巴哈无情地嘲笑和严厉地批判了费希特这种主观唯心主义观点。他认

---

① 费尔巴哈：《未来哲学原理》，《费尔巴哈哲学著作选集》上卷，三联书店 1959 年版，第 144 页。

② 费尔巴哈：《1858 年 3 月 26 日致博林的信》，转引自《列宁选集》第 2 卷，人民出版社 1995 年版，第 164 页。

为，我们完全有理由向费希特提出两个并列的问题："世界是我的观念和感觉，还是在我之外存在的呢？女人或男人是我的感觉还是在我之外存在的实体呢？"① 费希特否认在我之外的客观存在，在他那里，客观世界、客体是自我的流出物或反射，本身根本没有什么特殊意义，也没有独立自存性，这就等于否认在自我之外存在女人，而把我的感觉宣布为真实的女人一样可笑。费希特在这样的基础上所谈论的主体与客体的同一当然也就只能是先验的虚幻的同一，是单纯的主观感觉，而不是主体对于存在于自我之外的实在客体的感觉，即主体与客体的真实的同一。把主观的感觉这种虚幻的主客观同一跟对客观世界的真实的感觉这种实在的主客同一等同看待，"就等于把遗精和生孩子等同看待"② 一样荒谬。其次，费尔巴哈指出，费希特认为必须从自我出发，但是主观唯心论者做不到这点，因为问题不在于想不想从自我出发，而在于费希特作为"出发点的和否认可感觉事物的存在的自我本身是不存在的，只是被设想的而不是实在的自我"③。实在的自我不是抽象的自我、一般意识，它首先是一个个体，是自然界这个一般客体的作用对象，他的存在以客体的存在为前提，因为他要感觉，首先就得呼吸，没有空气、食物和饮料，他就不能存在。实在的自我不仅以一般客体为前提，而且也以存在于他之外的"你"为前提，这个"你"是另一个存在于他之外的自我（客体）。因为如果自我不超出本人的范围，不把关于自身的感觉或概念同关于与他有异然而却相同的另一实体"你"联系起来，他就不能想到或感觉到自己是某个实在的个体。因此，实在的自我"在其概念或者在其本质里已经包含了世界的存在，或者在自己之外的'你'的存在"④。费希特首先把主体或自我从主体和客体、"我"和"你"的这种不可分割的联系中抽象出来，然后提出"自我怎样得出关于自己之外的世界或'你'的观念或者接受这些东西"的问题，其荒谬可笑正如一

----

① 费尔巴哈：《论唯灵主义和唯物主义，特别是从意志自由方面着眼》，《费尔巴哈哲学著作选集》上卷，三联书店1959年版，第525页。

② 费尔巴哈：《论唯灵主义和唯物主义，特别是从意志自由方面着眼》，《费尔巴哈哲学著作选集》上卷，三联书店1959年版，第533页。

③ 费尔巴哈：《论唯灵主义和唯物主义，特别是从意志自由方面着眼》，《费尔巴哈哲学著作选集》上卷，三联书店1959年版，第523页。

④ 费尔巴哈：《论唯灵主义和唯物主义，特别是从意志自由方面着眼》，《费尔巴哈哲学著作选集》上卷，三联书店1959年版，第527页。

个人首先作为男人而从他与女人的关系中抽象出来，然后问"我怎样去假定在我之外的另一性别，女人呢"？费希特哲学不可克服的内在矛盾就是"纯粹的自我和现实的、经验的自我之间的矛盾"①。因此，费尔巴哈揭示出，费希特和一切唯心主义者的根本错误就在于他们"只是从理论的角度提出并解决关于客观性和主观性的问题、世界的现实性或非现实性的问题"②，就在于把不可辩驳的明显真理，"没有客体就没有主体，没有'你'就没有'我'"的真理贬低为第二性的观点，认为它"只适用于生活，而不适用于思辨"，然而唯心主义的"这种和生活矛盾的思辨，把死和脱离了肉体的灵魂的观点当作真理的观点的思辨，乃是僵死的、虚伪的思辨，是出了母体一吐气、一出声就被人判处死刑的哲学"。③

3. 对谢林的批判

费尔巴哈认为，谢林一方面也以费希特哲学为确定的真理，另一方面又是与费希特相反，力图恢复斯宾诺莎的实体的客观性，他在其自然哲学中把自然界看作实体，看作主体兼对象。但是这样一来，谢林的自然哲学就同他肯定为真理的费希特的主观唯心主义发生了矛盾，因为后者认为，精神才是实体，是主体兼对象。费尔巴哈指出，谢林为了调和这两种彼此矛盾的唯心主义真理，就把两者都一致同意的宾词（真理或"绝对"）当作主词，把两者的主词（精神和自然）当作宾词，从而就有了"'绝对'是精神和自然的统一"，把精神和自然都看作只是同一个"绝对"的宾词、规定或形式。其实，谢林提出的这个"绝对"只不过是出于这位身兼自然哲学家和主观唯心主义者的他本人的虚构，是从他的主观的思辨需要而产生出来的一种幻想和想象的对象，但他却把这种主观的表象客观化为独立的存在，这是十分荒谬的。费尔巴哈指出，这个不同于自然和精神而又作为两者的共同性的实体的"绝对同一"，实际上是个不男不女的混合物，是处在绝对不稳定的昏暗状态中的表象，谢林并不能确定它究竟是什么；

① 费尔巴哈：《黑格尔哲学批判》，《费尔巴哈哲学著作选集》上卷，三联书店1959年版，第62页。
② 费尔巴哈：《论唯灵主义和唯物主义，特别是从意志自由方面着眼》，《费尔巴哈哲学著作选集》上卷，三联书店1959年版，第526页。
③ 费尔巴哈：《论唯灵主义和唯物主义，特别是从意志自由方面着眼》，《费尔巴哈哲学著作选集》上卷，三联书店1959年版，第528页。

如果它真的被认识了，被引入了概念的光明之中，那么"绝对"必然要么是自然，要么是精神。在前一种情况下，自然就是唯一的客观实在，它从宾词变成了主词，而"绝对"这个原来的主词就成了一个空洞的、毫无所指的宾词，就应当从哲学中勾销；而如果不能从脑子里把"绝对"开除出去，那就是后一种情况，自然就不再成其为独立存在而将在"绝对"面前消失，自然哲学的各种规定就会被归结为精神的想象的规定，而不是实在的认识范畴，谢林的自然哲学正是这样。由于谢林不满足于自然哲学，而要使自己的哲学成为绝对哲学，他就走到同费希特主观唯心主义的积极方面相对立的地步，而否定了理智、自我的作用，因为理智或自我的活动在费希特看来正在于确立自我和非我的对立，而这种对立如果成立，就无从达到绝对哲学了。谢林为了保证"绝对"为真理，就认为理智、思维的判断活动是一种有限的、消极的活动，只有理智的直观才能直接实现思维与存在的同一，在这种直观里，观念直接就是事物自身。这样一来，谢林就不仅否定了康德哲学所造成的理性的不合理的限制，而且否定了其中所包含的理性的合理界限，就是说，既否定了自在之物是在理性之外的独立存在，又否定了理性依赖于感性直观提供的对象，因而受到肉体的限制。只有那种既不受肉体限制，又不受客观物质限制的理性，才认为观念不仅是观念，而是事物自身，思想即是实在。不过这种事物只是抽象的、想象的、幻想的实在，这种理性也不再是主体、自我，而是绝对的本质即宗教的上帝了。因此，费尔巴哈指出，谢林哲学是"梦境中的实在哲学"，它把一切都归结为"神秘的想象的存在和实在"；同时，因为合理的思维是破坏幻想的直观和想象的表象的神秘魅力的，所以谢林也就否定合理的抽象思维："谢林的理性主义是表面的，他的反理性主义才是真实的"，他把"理性化为非理性"。① 费尔巴哈把假定绝对同一为前提的谢林哲学称为"超越的、迷信的、绝对无批判的哲学"，因为在它那里，"全部批判的根本条件，亦即主观与客观的差异，已经消失不见了"。②

---

① 费尔巴哈：《关于哲学改造的临时纲要》，《费尔巴哈哲学著作选集》上卷，三联书店 1959 年版，第 113 页。

② 费尔巴哈：《黑格尔哲学批判》，《费尔巴哈哲学著作选集》上卷，三联书店 1959 年版，第 75 页。

4. 对黑格尔的批判

在费尔巴哈看来,"黑格尔是通过谢林为中介的费希特"①。因为,黑格尔对于绝对同一性的存在,对于它的客观实在性并没有提出争辩,他假定了谢林哲学是一种本质上真实的哲学,他只是对其形式方面的缺点提出了非难,即看出谢林的"绝对"当中缺乏理智、否定性的环节,缺乏理性主义成分,而认为必须把概念的活动即费希特的自我,纳入到"绝对"之内作为一个环节。黑格尔对谢林的态度,正如费希特对康德的态度一样,都假定各自的前驱者的哲学为真理,问题只在于对它进行科学论证。"绝对"的存在是毫无疑问的,但"绝对"应当得到合理的认识和证明,为此"绝对"就变成了起中介作用的概念的对象,变成了结果。费尔巴哈认为,这样一来黑格尔就在形式上把"绝对",即思维和存在的同一性放在了正确的地位上,放在哲学的终点上作为结果了,也就是说,思维与存在的同一性在黑格尔那里得到了一种合理的意义。但费尔巴哈指出,黑格尔并没有真正解决思维与存在的同一性问题,没有真正扬弃康德所造成的思维与存在的矛盾,因为他实际上预先以"绝对"作为自己的前提和基础,他只是在形式上解决了这个问题而已。

第一,黑格尔作为其整个哲学体系的开端的是纯粹的存在,他仿佛是从存在开始的。在黑格尔看来,这个存在是与思维自身有区别的,甚至是相对立的,因为思维自身是有中介的活动,而存在在他看来则是直接的、无须中介的东西,是纯粹的无规定性的存在。但费尔巴哈指出,黑格尔从纯粹的存在开始,也就是从存在的概念或抽象的存在开始,因为这种毫无规定性的存在只存在于我们的思想里,在现实中是根本不存在的;现实的存在是具体的存在、感性的存在,是"有限的确定的实际的东西",而不是纯粹的空洞的存在。"不确定的纯粹的存在只是一个抽象的东西,与实在的存在完全不符合","纯粹的、空洞的存在也不再是存在"。②费尔巴哈质问说:为什么我们就不能以现实的存在作为哲学的依据和开始呢?他指出,由于黑格尔哲学是从存在的概念开始,因此这种存在于思维

---

① 费尔巴哈:《黑格尔哲学批判》,《费尔巴哈哲学著作选集》上卷,三联书店 1959 年版,第 64 页。

② 费尔巴哈:《黑格尔哲学批判》,《费尔巴哈哲学著作选集》上卷,三联书店 1959 年版,第 62 页。

的对立只有形式上的意义，这种对立是在思维本身之内，只不过有区别与对立的假象罢了。费尔巴哈进一步指出，既然思维与存在的对立只是在思维本身之内，因此思维也就直接地毫无困难地将思维与存在的对立扬弃了，因为在思维之中作为思维的对立物的存在，并不是别的，只是思维自身。这样，在黑格尔那里，思维与存在同一，只不过表示思维与自身同一，因而只是一种形式上的同一，而真正的现实的感性的具体存在则永远在这种思维的彼岸，是它所无法达到的。费尔巴哈由此得出，黑格尔未能真正达到思维与存在的同一的根本原因在于，"这种矛盾的扬弃是在矛盾的范围以内——是在一种要素的范围以内——是在思维的范围以内"，因为"在黑格尔看来，思维就是存在，思维是主体，存在是宾词"。①

第二，黑格尔为了证明绝对同一，使其在形式上作为结果，他首先从思维、理念过渡到自然界。费尔巴哈揭露说，这就间接地承认了具体的、感性的本原的真实性，而不是精神本原的真实性。因为，如果事情真如黑格尔所说的，感性本身并无意义，只有理念才能给感性以价值和内容，那么感性就是纯粹的奢侈品，纯粹的玩物，只是一种拿来欺骗自己思想的东西。然而事实上，感性的存在是独立于思想的真理，黑格尔从其唯心主义偏见出发，虽然极力防止感性事物沾染了纯粹概念，但是他也不能不隐晦地、抽象地、不自觉地、勉强地承认这个真理，这显然是因为不得已。费尔巴哈问道：直接地、愉快地、自觉地承认感性存在、自然界、物质的东西的现实性和真理性，岂不比转弯抹角地承认它们来得光明正大吗？黑格尔在从理念过渡到自然界后，又从自然界过渡到精神，并认为精神就是这样摆脱了物质而得到了"自我解放"，战胜了物质的东西，回复到了自身，于是成为独立于物质东西的实体并表明了自己的真理性。费尔巴哈尖锐地指出，这一套过渡不仅证明黑格尔之承认自然界和感性事物的真实性是虚假的，而且从一开始，同精神相对立的物质本来也就不是真正的物质，它只不过是非存在，是精神的非本质的、转瞬即逝的外化物或精神的同素异形体；黑格尔却把这一过程说成是精神战胜了物质的东西。实

———————

① 费尔巴哈：《关于哲学改造的临时纲要》，《费尔巴哈哲学著作选集》上卷，三联书店 1959 年版，第 114 页。

际上在这里，任何精神的"胜利"和物质的"被克服"从来就不曾发生过，那真实的物质始终是同黑格尔假定为真正实体的精神对立着的。从这方面看，黑格尔哲学完全没有摆脱费希特主观唯心主义的弱点。

第三，费尔巴哈指出，黑格尔关于自然、实在为理念所建立的学说，只是用理性的说法来表达自然为上帝所创造，物质实体为非物质的抽象实体所创造的神学学说。费尔巴哈分析了黑格尔这种思辨神学跟过去的如笛卡尔那种思辨神学的差别：过去的哲学家把上帝设想为一种现成的东西，黑格尔则把上帝看作一个过程，把上帝的否定、无神论规定为这一过程中的一个环节，最后又否定无神论而把上帝恢复起来。费尔巴哈说，黑格尔的逻辑理念就是神学中的上帝，这是对上帝、神学的肯定；理念转化为自然，就是上帝把自己当作物质，当作非上帝，或把物质当作上帝；而把物质当作上帝，也就等于说没有上帝，等于否定神学，承认唯物论和无神论是真理。但黑格尔随即又假定了神学本质的真理性，自然界之被精神克服，也就是无神论这个对神学的否定之被否定，结果神学又被建立起来了。黑格尔认为否定之否定才是真正的肯定，上帝只有否定了上帝的否定，才成为上帝。"黑格尔的辩证法的秘密，最后归结到一点，就是：他用哲学否定了神学，然后又用神学否定了哲学。开始与终点都是神学；哲学站在中间，是作为第一个肯定的否定，而神学则是否定的否定。"[1] 因此，黑格尔这种理性神学的特点就在于：它"乃是转化为一种逻辑过程的神学史"[2]。费尔巴哈于是宣称，黑格尔哲学乃是通过哲学重新建立起过时了和没落了的基督教的一个最后的巨大的企图。

第四，费尔巴哈揭露了黑格尔的派生物质世界的绝对理念或绝对精神的"秘密"。他说，神学把人的本质从人分离出来，把它变成绝对的神的实体；黑格尔则把人的思维从人分离出来，把它变成普遍绝对化的思维："黑格尔的绝对精神不是别的，只是抽象的、与自己分离了的所谓有限精神，正如神学的无限本质不是别的，只是抽象的有限本质一样"，"黑格尔的逻辑学的本质是超越的思维，是被看成在人以外的人的思

① 费尔巴哈：《未来哲学原理》，《费尔巴哈哲学著作选集》上卷，三联书店1959年版，第149页。
② 费尔巴哈：《未来哲学原理》，《费尔巴哈哲学著作选集》上卷，三联书店1959年版，第164页。

维"。① 黑格尔不仅把意识同意识由以反映的对象割裂开来，而且把意识同人的感性个体或肉体割裂开来，认为意识是离开一切个人而独立存在的实体，并从它派生出整个物质世界来。费尔巴哈指出，黑格尔在这里实际上是把他主观的心理过程冒充为"绝对"的过程，把表示主观的思辨需要的表象当作客观真理。从这方面说，黑格尔并没有摆脱谢林的神秘主义，黑格尔哲学不过是一种"理性神秘论"罢了。

第五，费尔巴哈严厉地批判了黑格尔的这种主观论断：似乎在他的哲学中人类达到了对绝对真理的认识。费尔巴哈问道：整个人类怎么可能在一个个体当中实现呢？艺术怎么可能在一个艺术家身上实现呢？哲学怎么可能在一个哲学家身上实现呢？他援引歌德的话："只有全体的人才能认识自然"；如果哲学已在黑格尔哲学里得到了绝对的体现，那就会像是宗教徒说上帝进入了历史中一样，意味着历史的结束，时间的静止，世界的末日。实际上时间没有停止，黑格尔哲学也就必然失去它自封的绝对性。黑格尔哲学"是在一个时代里产生的……因此它本身就应当具有一种一定的，因而是有限的性质"②。

费尔巴哈在总结他对整个德国古典唯心主义，特别是黑格尔哲学的批判时指出：黑格尔哲学是康德和费希特以来德国思辨哲学的精神的结果和完成，这种精神的实质就在于把第二性的东西当作第一性的东西，把真正第一性的东西（自然界的根据和原因）置之不顾或当作从属的东西，就在于想超出自然界和人类的界限。费尔巴哈说："一切想要超出自然界和人类的思辨都是浮夸——其浮夸就像那种要想给我们提供某种高于人的形象的东西，却只能作出奇形怪状的艺术一样。"③ 费尔巴哈认为，从批判黑格尔以及他以前的康德和费希特所得出的教训主要在于：新哲学必须把黑格尔的绝对精神归结为"以自然为基础的现实的人"，并以这样的人为根本的出发点和基础来正确地解决哲学的根本问题，即思维和存在、主体和

---

① 费尔巴哈：《关于哲学改造的临时纲要》，《费尔巴哈哲学著作选集》上卷，三联书店 1959 年版，第 104、103 页。

② 费尔巴哈：《黑格尔哲学批判》，《费尔巴哈哲学著作选集》上卷，三联书店 1959 年版，第 50 页。

③ 费尔巴哈：《黑格尔哲学批判》，《费尔巴哈哲学著作选集》上卷，三联书店 1959 年版，第 83 页。

客体、精神和自然、意识和物质的相互关系问题；因此，人的本质是新哲学中的最高的东西，关于人的学说应当决定新哲学的一切最基本的特征。

那么，费尔巴哈关于人的学说，即人本主义的基本特点是什么，他又是怎样以此而唯物主义地解决哲学基本问题的呢？

二、自然主义的人的学说

费尔巴哈人本主义的基本特点是自然主义的，正是从自然的观点出发，费尔巴哈与黑格尔及其他一切唯心主义者相对立，提出了人是统一的、完整的实体的观点。

首先，费尔巴哈认为，人是灵魂和身体、思维和存在的统一体，而这个统一体是以身体（肉体、存在）为基础的。人是处于时间和空间之中的个体，它具有观察与思维的能力；但是会思维的并不是抽象的自我或理性，而是活的身体。人是精神和肉体的不可分割的统一，二者是同一个实体即人的两个方面。唯心主义的诡计就在于否定这个统一，把灵魂和身体割裂开来，造成二者之间的冲突，并把精神、思维这一方面认作人的本质，甚至把它转化为创造物质的力量。但是，我们只是在理论上可以设想把人分割为精神和肉体，在实践上、在生活中它们是绝对不可分割的。不过，精神与肉体虽然是不可分割的，但又是有差别的，并非完全等同，这从人不感知自己有大脑也可以思维这一点就可以证明。费尔巴哈指出，正是由于人不感知大脑也能进行思维这种情况，产生了把思维跟大脑活动分离开，使之独立化并离开肉体加以思考的可能，而唯心主义者和二元论则使这种可能变成了现实。然而实际上二者仍然是不可分割地联系着的。"对我说来，即主观上说来，是纯精神的、非物质的、非感性的活动，那么，就其本身说来，即客观上说来，是物质的、感性的活动。"① 这就证明，思维与存在、主观与客观是同一物的两个方面。

在总结自己关于人是以身体为基础的思维与存在、精神与肉体的统

---

① 费尔巴哈：《反对身体和灵魂、肉体和精神的二元论》，《费尔巴哈哲学著作选集》上卷，三联书店 1959 年版，第 195 页。

一体学说时，费尔巴哈特别强调了思维与大脑的关系问题是唯物主义与唯心主义争论的根本问题，指出正确地解决这个问题有助于我们解决一般物质（自然界）同精神的关系问题：唯物主义与唯灵主义的争论"所涉及的只能是关于人的头脑问题……只要我们阐明了这个绝妙的和最难理解的思维物质，亦即大脑物质，那么我们便能迅速地阐明其他物质和一般物质"①。精神不过是人的大脑的机能和产物而已，而大脑则是自然的产物，因此，器官即身体从哪里来，它的机能即精神也从哪里来。"自然不仅建立了平凡的肠胃工场，也建立了头脑的庙堂。"② 身体、大脑和精神、思维有着共同的来源，即物质：自然界，思维是自然界的一种特殊的物质即大脑的产物。

其次，费尔巴哈认为，人既然是自然界的产物和自然界的一部分，那么，人就应当理解为人和自然界、主体和客体的不可分割的统一体，这个统一体是以自然界、客体为基础的。人是依靠身体而存在的，身体则是属于客观世界的，人首先就是依靠身体而同客观世界发生关系（呼吸空气、吃喝等等）；但是人与自然界发生关系的不仅是身体，而且还有精神、灵魂、心，自然界是我们思维的内容。因此，人就是自然界的人，"把人与大地割裂开来，把人移放到天上，或者，一般地，移放到另一个未知的、幻想的世界中去，乃不过是全能上帝的一个奇迹"③。费尔巴哈由此进一步证明，人和自然界在同一程度上各自都是不可分割的主体与客体的统一。他说，自然界、客体"不仅是感觉的对象，它也是感觉的基础、条件和前提；在我们皮肤内部的那个领域范围内，我们有客观的世界，而只有这个世界才是我们假定我们体外的那个与客观世界相当的世界的基础"④。这就是说，人是自然界、客观世界的一部分，因此自然界是在主体之外；但同时自然界又处在人的肉体之中，人与自然界是血肉相连的。这样一

---

① 费尔巴哈：《论唯灵主义和唯物主义，特别是从意志自由方面着眼》，《费尔巴哈哲学著作选集》上卷，三联书店 1959 年版，第 479 页。

② 费尔巴哈：《黑格尔哲学批判》，《费尔巴哈哲学著作选集》上卷，三联书店 1959 年版，第 84 页。

③ 费尔巴哈：《从人类学观点论不死问题》，《费尔巴哈哲学著作选集》上卷，三联书店 1959 年版，第 312 页。

④ 费尔巴哈：《论唯灵主义和唯物主义，特别是从意志自由方面着眼》，《费尔巴哈哲学著作选集》上卷，三联书店 1959 年版，第 528—529 页。

来，我们就可以说，主体、人是实实在在地在客体、自然界中，而客体、自然界也是实实在在地在主体、人中，主体是以客体为前提，并使自己保存于客体之中。主体当其能动地作用于客体时，由于它的身体（因为主体是有形的）而具有受动性，从而成为同时接受客体作用的对象；客体是受主体作用的对象，但同时它们又能动地作用于主体，从而对主体而言又仿佛是另外一些主体。例如，没有水就没有感觉，首先是渴的感觉，反之，人如果没有喝的，也就不成为一个完整的人。但是，人喝水或吃食物，水或食物就变成为人，它们就是人的本质，人只有借它们才能再生产自己；反过来说，人也可以说是水或食物的本质，因为人本身至少有一部分具有含水的血的本质，可喝的水是带有人的性质的水。总之，人与自然、主体与客体的不可分割的统一，正是根据人借助于外部客体而再生产自己这一实在的、感性的过程而得到了证实。费尔巴哈由此作出结论说，完全与动物一样，人也是一个自然的本质，人与自然、主体与客体的矛盾是不可能的，客体怎样，主体也就怎样。

再次，费尔巴哈认为，人还应该理解为我和你的统一，而在我之外的你则是这个统一的基础。人不能是孤独的绝对自我，而是人类的一分子，是处在我和你的关系中的自我。费尔巴哈认为，只有当我与你相对立，而我本身对你而言已变为你的时候，自我才是真实的实在的自我，从这统一之外取得的自我还不是真正实在的自我。我在什么条件下才成为别人的你呢？只有把自己降低为感性的对象，即存在于他人头脑之外，能成为他人直观的对象。这就是说，我必须跟有别于自己的他人处于外部的客观联系之中，而不是处于想象的联系之中。"你只是作为一个本身可以被看见的实体来观看，作为一个本身可以被感觉到的实体来感觉。"[①] 不过，对于人与人之间的这种社会性的关系，费尔巴哈仍然是从自然主义的角度来了解的，他特别强调作为这种关系的基础的首先是男人和女人的自然性别的联系。他认为，正是通过人在异性的帮助下生产另一些人，即人类自己的再生产这种实在的、感性的自然过程，证明了人与他人、我与你以及主体与客体的统一的真实可靠性。由此费尔巴哈还进一步指出，人不仅对

––––––––––––

① 费尔巴哈：《未来哲学原理》，《费尔巴哈哲学著作选集》上卷，三联书店 1959 年版，第 181—182 页。

他人是客体，而且正因为如此，他对于自己来说也是客体，人之能成为自己的对象，是由于他自己作为感觉的对象，由于他是在自己思维之外的感性存在，他才能成为自己的对象。

费尔巴哈从他关于人的学说出发，唯物主义地解决了哲学根本问题的第一方面，他把这一唯物主义的原则概括为："思维与存在的真正关系只是这样的：存在是主体，思维是宾词。"① 这样，费尔巴哈就同唯心主义完全割断了联系，站到了唯物主义的立场上来。与此同时，费尔巴哈立足于唯物主义，也为哲学根本问题的第二方面奠定了基础。"思维与存在的统一，只有在将人理解为这个统一的基础和主体的时候，才有意义，才有真理，只有实在的实体才能认识实在的事物，只有当思维不是自为的主体，而是一个现实实体的属性的时候，思想才不脱离存在。因此思维与存在的统一并不是那种形式的统一，即以存在作为自在自为的思维的一个特性，这个统一是以对象，以思想的内容为依据的。"② 现实的人是现实世界的一分子，他有足够的感官来认识这个世界，他的感官是向外开放的而不是闭塞的，他的思维活动不能不去掌握现实世界且不能有异于这个世界，这样，他自然地就有了一条从主观思维通向客观存在的道路，他的思想也才能说是思维和存在的统一，才能成为真理。

综上所述，根据自然主义的人本主义原则，费尔巴哈把自然和人确立为新哲学研究的主要对象："新哲学将人连同作为人的基础的自然当作哲学的唯一的，普遍的，最高的对象——因而也将人类学连同生理学 ［自然学］ 当做普遍的科学。"③ 同时他还说："观察自然，观察人吧，在这里你们可以看到哲学的秘密。"④ 新哲学的最高任务就在于详尽深入地按其本来面目去理解人和作为一切存在物源泉的自然界："哲学是关于存在物的知识。事物和本质是怎样的，就必须怎样来思想、来认识它们。这是哲学的

---

① 费尔巴哈：《关于哲学改造的临时纲要》，《费尔巴哈哲学著作选集》上卷，三联书店 1959 年版，第 115 页。

② 费尔巴哈：《未来哲学原理》，《费尔巴哈哲学著作选集》上卷，三联书店 1959 年版，第 181 页。

③ 费尔巴哈：《未来哲学原理》，《费尔巴哈哲学著作选集》上卷，三联书店 1959 年版，第 184 页。

④ 费尔巴哈：《关于哲学改造的临时纲要》，《费尔巴哈哲学著作选集》上卷，三联书店 1959 年版，第 115 页。

最高规律、最高任务。"① 新哲学的根本目的不在于形式的、体系的兴趣，它的认识和叙述的方法要求"真实性、简单性、确定性"，存在的东西是怎样，就把它说成怎样。所以，新哲学必须与神学根本断绝联系，而跟自然科学结成联盟："哲学必须重新与自然科学结合，自然科学必须重新与哲学结合。这种建立在相互需要和内在必然性上面的结合，是持久的、幸福的、多子多孙的，不能与以前那种哲学与神学的错配同日而语。"②

费尔巴哈把黑格尔哲学的绝对精神归结为以自然界为基础的感性的人，从而实现了从唯心主义向唯物主义的转化。然而，他还只是把人了解为"感性的对象"，而没有了解为"感性的活动"，只是把人看作自然的、生物学上的人，而不是看做社会的人，因而人只是生理的、感觉的实体，还不是历史的能动的实体。总之，费尔巴哈作为其哲学的基础和出发点的仍然是抽象的人，而不是现实存在着的进行创造和实践活动的人。因此，他以人为根据而建立起来的思维和存在、主体和客体、精神和肉体同一的学说，就不能不整个地带上静观和直观的片面性；他在抛弃唯心主义哲学前提的同时，也将整个德国古典唯心主义通过主体能动性而实现主客体同一这一合理构想完全抛弃了。在他看来，主体与客体之所以是同一的，就在于它们本来就是同一的，就在于人与动物本质上是一样的自然存在，而它们的不同一只不过是在人的想象之中。费尔巴哈把人的存在和人的本质混为一谈了，或者说，他用人的存在取代了人的本质，他没有看到，人并不单纯是人的存在的自然产物，而是人自己的创造物，因而人是历史地形成起来的、自由的存在物。费尔巴哈的自然主义人学观一涉及人类历史领域，一涉及人的现实的历史本质，就成了一种抽象的、一成不变的说教，因此也不能不陷入唯心史观。这些都给费尔巴哈的唯物主义世界观带来了极大的局限性和不彻底性。

费尔巴哈自然主义的人的学说所表现的上述优点和缺点，同样也体现在他的以感性为核心所展开的唯物主义认识论中。

---

① 费尔巴哈:《关于哲学改造的临时纲要》,《费尔巴哈哲学著作选集》上卷，三联书店 1959 年版，第 108 页。
② 费尔巴哈:《关于哲学改造的临时纲要》,《费尔巴哈哲学著作选集》上卷，三联书店 1959 年版，第 118 页。

三、感觉论的唯物主义认识论

我们已经看到，费尔巴哈把感性看作自然和人的结合点。那么，感性究竟是否能帮助人认识客观世界，这一认识过程究竟是如何进行的，它的真理性标准又是什么呢？

1. 世界及其规律的可知性

与康德及一切不可知论者相反，费尔巴哈认为，客观世界、自在之物是完全可知的，绝不能根据事物有本质和现象的区别，而把客观世界分为两个毫不相干的部分：自在之物的本质和感性的现象。现象、感性并不是以人的心理状态为转移的，它是事物本身的表现，而本质则和现象处于不可分割的联系之中。本质与现象、实体与偶性、必然与偶然、原因与结果，都属于同一个感性世界，这个世界的基础是统一的，决不可分割为相互对立的两部分。康德把世界划分为本质和现象，只是幻想中的分割而已。

费尔巴哈由此而批判了康德认为人类理性有原则上不可逾越的界限的观点。他指出，康德错误地理解了理性的合理界限，而把界限变成了任意的"限制"。费尔巴哈承认个人的知识是有限的，而反驳了黑格尔那种以"绝对真理"自命的"绝对哲学"；但他认为人类的知识是无限的，或者说，他承认人类知识在一定发展阶段、一定历史时期是有限的，但人类的认识发展是无限的，人类认识的历史就是不断克服界限而日益前进的过程。"我的知识、我的意志是有限的；但是，我的界限却并不就是别人的界限，更不是人类的界限……我的生活被束缚于一个有限的时代，人类的生活则不然。人类之历史，正不外在于继续不断地克服在某一个特定时代里被认为是人类之界限，从而被认为是绝对而不可逾越的界限的那些界限。但是，未来总是表明，所谓类之界限，其实只是个体们的界限而已。各门科学——尤其是哲学和自然科学——的历史，都为此提供了最令人感到兴趣的例证……类是无限的，只有个体，才是有限的。"①

---

① 费尔巴哈：《基督教的本质》，《费尔巴哈哲学著作选集》下卷，三联书店 1962 年版，第 187、188 页。

费尔巴哈对怀疑论和不可知论的另一论据也进行了反驳。怀疑论断言，由于人的感觉或器官的自然的限制，自然界使我们与它的秘密之间保持着不可克服的距离。费尔巴哈却认为："我们也没有理由可以设想，倘若人有更多的感官，人就会认识自然界的更多的属性或事物。在外界，在无机的自然界，是不会比在有机的自然界多出什么东西来的。人的感官不多不少，恰合在世界的全体中认识世界之用……人的存在和发生只是由于全体自然界的交互影响——同样，人的感官也不是限定于一定种类的形体性质或力量，而是包括整个自然界。自然界并不让自己躲藏起来，它反而是尽力地自荐于人，或者可以说老着脸去迁就人的。"①

总之，在费尔巴哈看来，由于自然界的感性本质和人的感性的自然本质，由于自然界全部都是感性的世界以及人的感官是足以包括整个自然界的力量，因而自然界无限地向人的认识敞开着大门，人的认识也可以而且必然在人类的无限发展中深入自然界的奥秘。人既然是感性的自然界的产物及其一部分，他也就不能具有根本不同于自然界的任何属性，自然界也就不能对自己的这　部分长久地设立禁区，因此，在人的认识和自然界对象之间没有任何不可逾越的界限。"我们没有认识的东西，将为我们的后人所认识"②，换言之，个人的感觉是有限的，人类的感觉则是无限的，感觉本质上能将人们引向客观世界的内部。"感性不是别的，正是物质的东西和精神的东西的真实的、非臆造的、现实存在的统一；因此，在我看来，感性也就是现实。"③

然而，就人的认识活动来说，感性和理性又是一种什么样的关系呢？

2. 感性认识和理性认识

费尔巴哈在唯心主义的长期统治之后，恢复了英、法唯物主义的经验论和感觉论的认识论路线，认为感觉是认识的唯一源泉、基础和出发

---

① 费尔巴哈：《宗教本质讲演录》，《费尔巴哈哲学著作选集》下卷，三联书店 1962 年版，第 630 页。

② 费尔巴哈：《宗教本质讲演录》，《费尔巴哈哲学著作选集》下卷，三联书店 1962 年版，第 635 页。

③ 费尔巴哈：《宗教本质讲演录》，《费尔巴哈哲学著作选集》下卷，三联书店 1962 年版，第 514 页。

点，宣称"我首先与那自绝于感官的哲学家相反，把感性的东西确定为直接具有确实性的"①，"感性是 ultima ratio, summa summarum（究极的根据、终极的终极）；感觉论是关于究极事物的理论"②。他坚持认为感觉是外部事物作用于人的感官的结果，是客观世界的反映，而不是主观自生的东西。他证明，如果没有客观上存在于我们之外的物质，也就没有思维和感觉，因为在这种情况下，思维和感觉就没有形成自身的冲动和材料，就没有内容，不可能存在。感觉的对象、内容是客观实在，而客观实在则是感觉的唯一源泉。我们的意识并不是感觉和思维的作者，也不是感觉和思维的对象和内容，它只是读者，它通过感觉和思维去阅读外部自然界这本大书。费尔巴哈机智地反驳主观唯心主义者说，如果情形不是这样，那么当猫感知到老鼠时，就会用爪子去抓自己的眼睛，而不会去抓那存在于它之外的老鼠了。

当然，费尔巴哈也看到，主体和客体虽然都是自然界的产物，但并不是等同的。他说，人脑中的日月星辰与外部自然中的日月星辰是两种有差别的自然产物，人尝到的盐味并不直接就是盐的自在的特性，盐味只是盐的自在特性的主观表现。感觉可以表现事物的特性，但不能精确到这些特性为事物客观地、不依感觉为转移地所固有的那种程度。然而，费尔巴哈并不因此而把感觉看作是人与自然界之间的屏障，而是认为，感觉正因为是客观事物的主观映象，所以它就使人和自然、主观和客观接近起来、连结起来。"感觉是客观救世主的福音、通告，否认这一点，是多么庸俗"，因为"我的感觉是主观的，但它的基础或原因是客观的"。③ 感觉来源于自在世界，因而它向人们揭示客观真理。

除了强调感觉、感性的根本性作用之外，费尔巴哈也没有忽视以感性经验为基础的理论思维的重要性。他认为科学认识只是开始于感觉，却并不归结为感觉，"如果一切都被归结为客体的印象，像冷酷的唯物主义

---

① 费尔巴哈：《对〈哲学原理〉的批评意见》，《费尔巴哈哲学著作选集》上卷，三联书店 1959 年版，第 251 页。

② 费尔巴哈：《反对身体和灵魂、肉体和精神的二元论》，《费尔巴哈哲学著作选集》上卷，三联书店 1959 年版，第 207 页。

③ 费尔巴哈：《论唯灵主义和唯物主义，特别是从意志自由方面着眼》，《费尔巴哈哲学著作选集》上卷，三联书店 1959 年版，第 530 页。

和经验主义所假定的那样，那么畜类也可以成为物理学家，甚至必须成为物理学家了"。①他声称，当他说感觉是认识的基础时，他所指的当然"不是动物的，而是人类的感觉；不是感觉本身，不是没有头脑、没有理性和思想的感觉"②，他反对唯心主义者的也不是思维，因为问题不是要不要思维，而是"要阐明思维和感觉的相互关系"③。

费尔巴哈指出，感性认识虽然是认识的全部基础和出发点，但它毕竟有着局限性，因为它只同个别的、单个的现象打交道，要把这些分散的、单个的感觉材料联系起来就必须依靠理性。因此，按费尔巴哈的看法，认识应当是从对象过渡到感觉，又从感觉过渡到理性思维的整个过程。理性的作用就在于连结感性提供的分散的、个别的东西，只有把这些连结起来了，我们才能理解这些材料的意义，才能理解自然界。但他反驳康德说，这并不意味着只有理性才能给混乱的自然界带来秩序和相互关系，"不，我们用理性分别和联系事物，但是在感觉给我们分别和联系的标志的基础上；我们只区分自然所区分的东西，联系自然所联系的东西，使自然的现象和事物在理由和结果、原因和作用的关系上相互隶属，因为事物在事实上、感觉上、实际上、现实上彼此正处在这样的关系中"。④所以，"我们用悟性不能把任何新思想放进自然去；我们只能翻译、解释自然的书；我们用自己的感官在其中读来的语句，不是空洞的、任意的符号，而是一定的、适当的、有特征的表现……感官什么都会说，但要了解感官所说的箴言，必须把这些话联系起来。联系起来读感官的福音就是思维"。⑤

费尔巴哈还进一步指出，当认识提高到思维阶段时，并不是达到了超感性的智性世界，而是始终立足于感性的基础上的。思维是从单一走向

---

① 费尔巴哈：《论"哲学的开端"》，《费尔巴哈哲学著作选集》上卷，三联书店1959年版，第89页。

② 费尔巴哈：《对〈哲学原理〉的批评意见》，《费尔巴哈哲学著作选集》上卷，三联书店1959年版，第252页。

③ 转引自加巴拉耶夫：《费尔巴哈的唯物主义》，科学出版社1959年版，第165页。

④ 费尔巴哈：《对〈哲学原理〉的批评意见》，《费尔巴哈哲学著作选集》上卷，三联书店1959年版，第253页。

⑤ 费尔巴哈：《反对身体和灵魂、肉体和精神的二元论》，《费尔巴哈哲学著作选集》上卷，三联书店1959年版，第219页。

一般，是抽象的过程；为了使思维正确，抽象的过程就不应当跟感性直观脱离，而应当在每一步上都回到感觉，依靠感性材料的检验而修正自己。这种情况是因为认识具有反映的本性：“实际事物并不能全部反映在思维中，而只能片断地部分地反映在思维中。这种差别是一种正常的差别——是以思维的本性为根据的，思维的本质是普遍性，而现实的本质是个别性……但是这个差别并不会形成思想中的东西与客观事物之间的真正矛盾，这是因为思维并不是直线地，与自身相同一地向前进行，而是被感性直观所能打断的。只有那通过感性直观而确定自身，而修正自身的思维，才是真实的，反映客观的思维——具有客观真理性的思维。”①

　　从以上所述可以看出，费尔巴哈在唯物主义地理解感性与理性的相互关系上，比过去的唯物主义者和经验论者前进了一步。他把认识中的一般和个别、本质和现象、抽象和具体、整体和部分都归之于客观世界本身所有，把感性的特点规定为知觉个别、现象、具体、部分，而理性的特点则在于知觉一般、本质、抽象、整体；同时，正如一般与个别、现象与本质等在客体那里是不可分割地联系在一起那样，认识中的感性与理性也是统一在一起的，因为理性是依赖于感性的，它只能以感性为其知识来源，感性则有待于提高到理性。但是，费尔巴哈的这种认识论正由于它停留于自然主义的感性直观的水平，就缺乏内在的能动性和辩证性。他把理性归结为感觉的总和、连结或无所不包的感性，就取消了理性与感性的质的差别，没有看到理性的作用不仅在于连结感觉，说明感觉，而且在于能动地指导感觉以获得更深刻、更有意义的感觉，更不理解理性本身有一个概念的辩证发展即从抽象到具体、从一般到个别的过程，因而他所谓的理性仍停留于低水平的“知性”，甚至与动物的心理活动也没有本质区别了。如他所说的：“但人和牲畜真的只有感觉是共通的吗？记忆、想象力、辨别力，从而悟［知］性不也是共通的吗？什么是人和动物的区别呢？是人具有动物所没有的东西吗？不是，差别正在于此：他作为人而具有那些动物作为动物而具有的东西。动物的感觉是动物的，人的感觉是人的。”② 总

_____

　　① 费尔巴哈：《未来哲学原理》，《费尔巴哈哲学著作选集》上卷，三联书店 1959 年版，第 178 页。
　　② 费尔巴哈：《反对身体和灵魂、肉体和精神的二元论》，《费尔巴哈哲学著作选集》上卷，三联书店 1959 年版，第 212 页。

之，差别是有的，但只是量的差别而已。因此，尽管费尔巴哈很注意和当时那些庸俗唯物主义者划清界限，他的认识论最终仍未能摆脱这些庸俗的狭隘偏见，思维与存在、主体与客体的矛盾在他这里并未真正解决，而只是将思维、主体完全融化在存在、客体之中了。

3. 实践和真理

费尔巴哈在发挥唯物主义认识论时，还企图从理论上解决认识同实践、生活的关系问题，他明确地把生活和实践作为反对唯心主义者的认识论的主要论据。他认为，唯心主义的主要缺点，就在于仅仅从理论的观点来提出和解决主体和客体的关系问题，而把生活的观点排斥于认识论之外。费尔巴哈则明确提出，认识论不走向实际生活是不行的，"理论所不能解决的那些疑难，实践会给你解决"。[①] 列宁在评论费尔巴哈的这一观点时也曾指出："费尔巴哈把人类实践的总和当作认识论的基础。"[②] 可见，在费尔巴哈那里的确有实践是认识的基础和认识的真理性标准的思想。问题在于，费尔巴哈是如何来理解实践的？

费尔巴哈对实践的理解是由他对人的理解所决定的。马克思曾指出，费尔巴哈的根本缺点在于他只把人看作是"感性的对象"，而不是"感性的活动"。这就是说，把人仅看作客体，看作自然界、周围世界的一部分，而不是也看作主体，看作改造自然界和周围世界并改造自身的能动活动。作为"感性的对象"的人对世界只能采取感性直观的态度，作为"感性的活动"的人对世界则是采取"革命的"、"实践批判的"态度。对人的看法直接决定了费尔巴哈对人的活动、对实践的看法。他当然也承认人在活动，但是什么活动呢？在他看来，作为人的活动就是直观活动。从本质上说，直观是一种抽象理论的活动，而不是感性实践的活动。费尔巴哈把理论的活动称为"理论的直观"，这种直观是介于仅仅看到"眼前"的东西的普通直观和看出"真正本质"的高级的哲学直观之间的，在费尔巴哈看来，这种超然于切身利益之上的理论活动才是"真正人的活动"。例如，"……只有人，才具有纯粹的、智能的、无私的喜悦和热情，只有人才会欣赏理论的视觉的观玩之乐。眼睛察看星空，观望着既无益又无害

① 费尔巴哈：《说明我的哲学思想发展过程的片断》，《费尔巴哈哲学著作选集》上卷，三联书店 1959 年版，第 248 页。

② 《列宁选集》第 2 卷，人民出版社 1995 年版，第 102 页。

的、跟地球及其需要毫无关系的光线，而在这种光线中，它就看到了自己的本质，看到了自己的本源"。① 至于普通的直观，费尔巴哈则称之为"实践的直观"，认为它的特点就是只看到眼前的东西，局限于人们日常利益和物质生活关系的范围内，也就是马克思所说的，费尔巴哈"对于实践则只是从它的卑污的犹太人的表现形式去理解和确定"②。费尔巴哈贬低实践的活动，把它置于理论活动之下，认为"实践的直观是不洁的、为利己主义玷污的直观，因为在这样的直观中，我完全以自私的态度来对待事物；它是一种并非在自身之中得到满足的直观，因为，在这里，我并不把对象看作是跟我自己平等的。与此相反，理论的直观却是充满喜悦的、在自身之中得到满足的、福乐的直观，因为它热爱和赞美对象；在自由知性之光中，对象像金刚石一样闪发出异样耀目的光辉，像水晶一样清澈透明"③。费尔巴哈不满意抽象的思维而诉诸感性的直观，但这感性直观仍然停留在抽象的理论领域，而不是真正实践的、人类感性的活动。马克思称呼一切不把感性理解为实践活动的唯物主义为"直观的"唯物主义，指出其根本缺点就是停留于解释世界，而不懂得问题在于改变世界。④ 正是由于这一缺点，费尔巴哈终究未能克服主体与客体的对立，并导致他无法解决认识的真理标准问题，最后在人的生活、实践即社会历史领域陷入了唯心主义。

费尔巴哈从直观唯物主义立场出发而承认有客观真理，这是毫无疑问的。问题在于，他把这种客观真理的检验标准仅仅放在于主观的意见之中。首先，费尔巴哈把感性、感觉、爱作为判断客观世界存在的真理性的主要标准，这就是说，把个别人的个体的感性直观作为真理的标准。他认为："真理性、感性、现实性的意义是相同的……在感觉里面，尤其是在日常的感觉里面，隐藏了最高深的真理。因此爱就是有一个对象在我们头脑之外存在的、真正的本体论的证明——除了爱，除了一般感觉之外，

① 费尔巴哈：《基督教的本质》，《费尔巴哈哲学著作选集》下卷，三联书店1962年版，第30页。
② 《马克思恩格斯文集》第1卷，人民出版社2009年版，第499页。
③ 费尔巴哈：《基督教的本质》，《费尔巴哈哲学著作选集》下卷，三联书店1962年版，第235、236页。
④ 参见《马克思恩格斯文集》第1卷，人民出版社2009年版，第502页。

再没有别的对存在的证明了。"①"爱是存在的标准——真理和现实的标准，客观上是如此，主观上也是如此。没有爱，也就没有真理。"②"只有那种不需要任何证明的东西，只有那种直接通过自身而确证的……绝对无可怀疑，绝对明确的东西，才是真实的和神圣的。但是只有感性的事物才是绝对明确的；只有在感性开始的地方，一切怀疑和争论才停止。"③这些观点一方面针对着以理性的明确性和思维的逻辑一贯性为真理标准的唯理论，另一方面也针对着把主观感觉不仅当作真理标准，而且当作主观真理本身的主观唯心主义，表明费尔巴哈承认客观真理，即承认人的主观感觉具有不依人和人类意识为转移的客观内容。但另一方面，也表明了这种以个人主观的感性直观为真理的客观标准的观点仍然是狭隘的，它不能跟唯心主义彻底划清界限，特别在涉及社会历史、道德等领域时更是如此。

其次，费尔巴哈把人与人之间对事物的意见一致作为真理的标准。他说："表达思想的欲望是一种根本的欲望，追求真理的欲望。我们只有通过别人——当然不是这些或那些偶然的别人——才能意识到并确认我们自己的事业的真理性。凡是真的，都既非仅仅是我的，亦非仅仅是你的，而是普遍的。把我和你联合起来的思想，是一个真实的思想。这个联合就是认可，就是真理的标志和确证，因为它本身就已经是真理。"④也就是说，只有我一个人承认的不算是真理，只有我以外的别人也同时承认的才是真理，你的思想只有通过客观的考验，为作为你的客体的别人承认的时候，才是真实的。显然，费尔巴哈把作为客观存在的"别人"与这个"别人"的主观意见混为一谈了。"大家的思想"、一切人的主观仍然还是主观的思想，决不会因为数量的增加和范围的扩大就成为客观的真理；只要不将人的感性的实践活动作为真理的最终标准，费尔巴哈就无法从人的主观（个人的或大家的主观）超越一步，无法真正实现主客观一致而达到客观

————

① 费尔巴哈：《未来哲学原理》，《费尔巴哈哲学著作选集》上卷，三联书店1959年版，第166—168页。

② 费尔巴哈：《未来哲学原理》，《费尔巴哈哲学著作选集》上卷，三联书店1959年版，第169页。

③ 费尔巴哈：《未来哲学原理》，《费尔巴哈哲学著作选集》上卷，三联书店1959年版，第170页。

④ 费尔巴哈：《黑格尔哲学批判》，《费尔巴哈哲学著作选集》上卷，三联书店1959年版，第56页。

真理。

因此，最后，费尔巴哈认为真理的标准是"类"，这同样也是站不住脚的。他写道："类是真理之最终尺度……如果我在类之尺度中来思想，那么，这样所想到的东西就是人一般地能够想到的，从而，如果一个人想要正常地、合乎规律地，因而真正地思想的话，就必须想到这些东西。跟类的本质相一致的，就是真的，跟类之本质相矛盾的，就是假的。真理就只有这样一条法则，除此以外便没有了。"① 费尔巴哈在这里所说的"类"就是他所理解的"人的本质"，也就是如马克思指出的，"为一种内在的、无声的、把许多个人自然地联系起来的普遍性"②。这样的共同性不是现实的人的现实的本质，而是哲学家所臆想出来的那个不分阶级、不分时代、不分场合的"爱"，是人们意识中的所谓"理论的直观"，这就完全离开了从人的现实生活中认识客观真理的道路。由此可见，由于费尔巴哈完全不理解社会实践在认识中的作用，所以他的认识论虽然是唯物主义的，但却是直观的、消极被动的反映论，并且在某些重要问题上陷入了唯心主义。

四、社会历史观中的唯心主义

从以上的论述可以看出，费尔巴哈以自然主义的人本主义为基础的认识论，在涉及自然观和人的感性存在时还可以是"直观唯物主义"的；但由于撇开了人的感性活动、社会实践活动这一客观真理的标准，费尔巴哈无法真正在人的现实本质即社会历史本质中建立起思维和存在、主体和客体、精神和自然界的统一。因而当涉及人类社会历史现象如宗教、政治、道德和艺术等等领域时，他要么把这些现象的原因归结为人的吃、喝等等自然行为或人的生理构造，要么就归结为由此产生的某种心理状态和主观观念，无论哪种情况，他都不得不从唯物主义立场退回到历史唯心主义。这一点最明显不过地表现在他对宗教的批判之上。

---

① 费尔巴哈：《基督教的本质》，《费尔巴哈哲学著作选集》下卷，三联书店 1962 年版，第 194 页。

② 《马克思恩格斯文集》第 1 卷，人民出版社 2009 年版，第 501 页。

1. 对宗教的批判

在费尔巴哈看来，宗教和神学是妨碍人们了解到思维和存在、主体和客体在自然基础上的一致性的最大障碍。所以他说："我的著作……只有一个目的、一个意志和思想、一个主题。这个主题正是宗教和神学，以及与之有关的一切东西。"① 费尔巴哈对宗教的批判与施特劳斯、鲍威尔等人不同，他是从一般唯物主义世界观出发而达到了真正彻底的无神论结论；但他也不同于 18 世纪唯物主义者把宗教简单地说成愚昧无知和欺骗的结果，而是要探索宗教产生和形成的必然的客观原因。他认为，宗教感并不是人生来就具有的，因为人身上并没有产生迷信、愚昧和懒惰的特殊器官。宗教观念的根源应到人的生活条件和这些条件在人的意识中的特殊反映中去找。因此费尔巴哈认为："人的依赖感是宗教的基础；而这种依赖感的对象，这个为人所依赖，并且人自己也感觉到依赖的东西，本来无非就是自然。"② 因此自然界是宗教的真正的客观基础，而由此产生的依赖感则是宗教的主观心理的基础。人之所以总是崇拜那些引起他恐惧、爱慕、尊敬、感激等等的东西，无非是因为他对它有所要求和愿望，因为他的生存依赖于它，所以崇拜的心情分析到最后就是对自然的依赖感。

由于人的生存依赖于自然界，他就产生了对自然界的种种事物，首先是构成他生活的直接基础的那些事物的需要，从而引起了人满足自己需要的愿望。但愿望是属于主观的东西，所愿望的对象则是不依主体的愿望为转移的客观的东西。人在愿望中是不受限制的、自由的、无拘无束的，而就其能力和客观条件说他却是受限制的、不自由的、有所依赖的，这就产生了愿望与实际条件之间的矛盾。原始人由于对自然规律和自身能力的无知而不能正确解决这一矛盾，就把那些构成他们生活条件的自然物和现象当作神来崇拜，在幻想和想象中来解决上述矛盾，原始宗教的目的即在于用宗教方式来克服主观与客观的对立，在幻想中来满足主观愿望。所以，"宗教起源于人类的幼年时代，也只在这个时代中才有其真正的地位和意义；但是幼年时代也就是无知、无经验和无文化的时代……宗教只是

① 费尔巴哈：《宗教本质讲演录》，《费尔巴哈哲学著作选集》下卷，三联书店 1962 年版，第 507 页。

② 费尔巴哈：《宗教的本质》，《费尔巴哈哲学著作选集》下卷，三联书店 1962 年版，第 436 页。

发生于无知、灾难、无助和野蛮的黑夜里"。① 然而，费尔巴哈指出，原始人在崇拜自然物，如太阳时，这个太阳已不是真正自然的太阳了，而是一个像人那样有人格的、有感觉的、拥有人的心情并能了解和同情人的愿望的主体，它已不复是自然物，而是一个想象的、幻想的实体，一个神性的人格实体了，可见这个神圣实体正是人通过想象力、幻想力把自己特有的属性转嫁到自然界身上而形成的，是"想象力的产物"②，是以"无知和幻想为其理论根据"的③。费尔巴哈由此得出结论说，原始多神教或"自然宗教"就是以自然界为其愿望与幻想的对象和内容的宗教，它的神就是自然界，不过这个神的本质也就是人的本质，即那个在想象和愿望中不受限制的、自由的、无拘无束的人本身。自然宗教"把非人的本质［即自然界］当作神的本质来崇拜，因为非人的本质在它看来是一个人的本质"④。

费尔巴哈进一步探讨了基督教，即所谓"精神宗教"的最高形态的起源与本质。他认为，随着社会生活的发展，人对自然界的依赖逐渐削弱，对社会力量（道德、政治、法律等）的依赖性则愈益增强。随着人同其他的人联合成为一个集体，人就把自己同自然界区别开来，而愈益成为社会的、政治的实体，自然力量对人的支配地位，就让位给社会力量了。这样，人们也就把上帝同自然界区别开来，于是"精神宗教"（其最完善的形式即基督教）就代替了自然宗教。费尔巴哈指出，基督徒不再是自然的奴隶，而是政治的奴隶，不再向太阳跪拜，而是跪拜在国王面前，即他们的生存所系的力量面前。国王是一个，因此上帝也是一个。在奴隶看来，没有主人没有国王的社会秩序是不存在的，同样，基督徒也替自己幻想出一个上帝作为自然界的创造者，作为世界秩序的源泉。对于奴隶来说，国王和上帝是同一个概念；对于基督徒来说，国王至少是地上的上帝。

---

① 费尔巴哈：《宗教本质讲演录》，《费尔巴哈哲学著作选集》下卷，三联书店 1962 年版，第 711 页。

② 费尔巴哈：《宗教本质讲演录》，《费尔巴哈哲学著作选集》下卷，三联书店 1962 年版，第 695 页。

③ 费尔巴哈：《宗教本质讲演录》，《费尔巴哈哲学著作选集》下卷，三联书店 1962 年版，第 723 页。

④ 费尔巴哈：《宗教的本质》，《费尔巴哈哲学著作选集》下卷，三联书店 1962 年版，第 459 页。

由此可见，基督教和自然宗教一样，也产生于人们的依赖感和追求满足自己需要的愿望，以及人们的无知和幻想。它们的差别在于，自然宗教神化自然界的本质，基督教则神化人的本质。费尔巴哈指出，基督教就是把人作为愿望与幻想的对象和内容的宗教，基督徒所跪拜的其实不是上帝，而是移植到观念世界中的他自己。基督教的上帝是一位具有爱、智慧、仁慈、无限、存在等属性的神，所有这些属性事实上正是人自己的本质属性，不过被基督徒认作非人的、超人的存在物的本质罢了。人把自己的本质属性同自己分离开，并且使它转化成为一个独立的神性的实体——这就是基督教的秘密。基督教"把人的本质当作神的本质来崇拜，因为人的本质在它看来是一个与人不同的本质，是一个非人的本质"[1]。费尔巴哈由此得出重要的结论：无论何时何地，都不是神创造了人，而是人创造了神；"神学是人本学和自然学"[2]，因此批判宗教的方法就是"借助人，把一切超自然的东西归结为自然，又借助自然，把一切超人的东西归结为人"[3]。他把一切宗教的本质概括为："作为主观本质的客观本质，作为有别于自然的实体，作为属人的实体的自然本质，作为有别于人的实体，作为非属人的实体的人的本质，——这便是属神的实体，便是宗教的本质，便是神秘与思辨之秘密。"[4] 费尔巴哈从心理学的角度揭示了宗教产生于人把自然的本质人化，把人的本质非人化或超人化，这就使自然和人都失去了其本来面目，而以歪曲的、异化了的方式出现在人的幻想和想象中，使人们满足于主体和客体的虚幻的统一，而看不到两者的现实的统一。于是，费尔巴哈提出了这样反宗教的口号：以理智代替圣经，以政治代替宗教，以人间代替天国，以劳动代替祈祷。这些在当时都具有振聋发聩的革命意义和启蒙意义。

但是，费尔巴哈上述对宗教的批判也有严重的理论上的局限性。他

---

① 费尔巴哈：《宗教的本质》，《费尔巴哈哲学著作选集》下卷，三联书店 1962 年版，第 459 页。

② 费尔巴哈：《宗教本质讲演录》，《费尔巴哈哲学著作选集》下卷，三联书店 1962 年版，第 523 页。

③ 费尔巴哈：《说明我的哲学思想发展过程的片断》，《费尔巴哈哲学著作选集》上卷，三联书店 1959 年版，第 249 页。

④ 费尔巴哈：《宗教本质讲演录》，《费尔巴哈哲学著作选集》下卷，三联书店 1962 年版，第 826 页。

虽然提出要联系人的生活条件及其变化去考察宗教的本质和起源，但他并不理解宗教产生的社会根源和阶级根源，而只满足于揭示其心理根源和认识论根源。他看到宗教有一个不由自主地产生，并由自然宗教发展为精神宗教的必然过程，但其必然性仍然根植于某种人的自然天性（依赖感），并可以通过人类理性的醒悟，通过对宗教的批判而任意取消。在他看来，只要从理论上揭露宗教世界的现实的、属人的基础，把神归结到人，宗教就会被人们抛弃，异化的人就会被还原为现实的（自然的）人，人的本质就会被从上帝那里还给人自身。他把宗教批判的任务局限于"用理性的火炬去照亮宗教的黑暗本质"，并"证明神的本质也就是人的本质"，局限于把宗教世界归结于它的世俗意见的基础，而没有把对宗教的批判转变为对整个社会关系的批判。当费尔巴哈提出"人是宗教的始端，人是宗教的中心，人是宗教的尽头"[1]等人本主义原则时，这里说的人是抽象的人，是作为自然科学对象的具有共同体质的一般的人，而不是进行具体的感性实践活动，处于社会物质关系和历史发展中的人，这就不仅把人，而且把宗教也变成了一个超历史的抽象概念或范畴。与此同时，既然宗教在费尔巴哈那里不能由历史来解释，那么历史反过来从宗教那里得到解释就不足为奇了。事实上，费尔巴哈把阶级社会中人的异化都归结为宗教的异化，提出"人类各个时期的彼此不同，仅仅是由于宗教上的变迁"[2]，"人类文化上每个时代，每个重要阶段，都是伴同宗教而开始的"[3]。整个人类历史都被看作了宗教的历史，而宗教则被看作宗教观念、宗教思想的历史。

正是基于这种唯心主义的宗教史观，费尔巴哈把现实世界的一切罪恶归咎于人们理性上的迷误，把宗教对人的奴役归结为人们宗教感情对一般人类正常感情（爱）的偏离。"费尔巴哈没有看到，'宗教感情'本身是社会的产物，而他所分析的抽象的个人，是属于一定的社会形式的。"[4]所以在他看来，问题只在于唤醒人们的理性，只在于建立一种真正符合于

---

① 费尔巴哈：《基督教的本质》，《费尔巴哈哲学著作选集》下卷，三联书店1962年版，第222页。
② 费尔巴哈：《改革哲学的必要性》，《费尔巴哈哲学著作选集》上卷，三联书店1959年版，第95页。
③ 费尔巴哈：《宗教本质讲演录》，《费尔巴哈哲学著作选集》下卷，三联书店1962年版，第711页。
④ 《马克思恩格斯文集》第1卷，人民出版社2009年版，第501页。

人的本质的理论、学说、"未来哲学"。在这种未来哲学中，人对人的感觉（如两性关系）是一切联系的主要形式，"人对人是上帝"。性爱成为人的一切关系的基础，它实际上本身就是一种宗教感，因此基于我和你的爱的相互联系应当是没有上帝的宗教的联系。于是费尔巴哈在把他的哲学称为"人本学"的同时，也直接把它看作是一种"没有上帝"的，以人自身为中心的"新宗教"或"新神学"。他在回答别人责难他的著作把宗教变成了荒谬、虚无、纯粹的幻想时说："正好相反，我使神学降低到人本学，这倒不如说是使人本学上升到神学了。"[①] 这种以"爱"为核心的"爱的宗教"，也就成了费尔巴哈眼中的宗教发展史的最后一个阶段，而宗教的整个世俗的现实基础却仍然处于他的视野之外。

显然，费尔巴哈这一套关于"爱"的空洞说教，如果说在揭露基督教违背人之常情和反人性方面还有某种批判意义的话，那么把它用来作为救治整个社会弊病的良药就是纯粹的自欺欺人了。费尔巴哈自以为可以通过"爱的宗教"而使人在自己的现实生活和社会关系中实现主体与客体、个人与社会的和谐统一，实际上却和历史上一切历史唯心主义者一样，并未真正找到实现这一统一的中介，他的整个主观愿望和全部社会理想都同这个客观现实停留在格格不入的对立关系之中。这种缺点也体现在费尔巴哈的社会伦理和政治思想中。

2. 唯心主义的伦理原则和政治理想

费尔巴哈与历史上一切宗教教义和唯心主义思想相对立，提出"唯物主义是道德的唯一坚固的基础"[②]。然而实际上，在具体论述其伦理学原则时他却未能成为一个唯物主义者，而是事与愿违地仍然立足于唯心主义的基础之上。在道德主体如何能与客观现实相统一的问题上，费尔巴哈所援引的恰好是某种主观态度，即那个无所不能的"爱"。

费尔巴哈认为，追求幸福的欲望是人的一切行为的基础。人是趋善避恶的，善恶标准则是人的利益，而利益的标志则是人的感觉、感性；凡是引起人心中满足、高兴、喜悦的感觉的就是善的，凡是引起人心中痛

① 费尔巴哈：《基督教的本质》，《费尔巴哈哲学著作选集》下卷，三联书店 1962 年版，第 17 页。

② 费尔巴哈：《论唯灵主义和唯物主义，特别是从意志自由方面着眼》，《费尔巴哈哲学著作选集》上卷，三联书店 1959 年版，第 466 页。

苦、悲哀、失望、屈辱的感觉的就是恶的。没有感觉就没有善恶和道德。把幸福与道德分开，就是禁欲主义的假道德；真正的道德必须以满足个人幸福为基础，这就是利己主义的道德。但"利己主义"并不是指自私自利，他声明是在"人本主义"的意义上使用这个词的，即个人利益是同人们的共同利益分不开的，因为人本主义所说的人不是"唯一的人"，而是处于"我和你"的不可分割的联系中的人。他说："在我之外没有任何你，亦即没有其他人的地方，是谈不上什么道德的"①；"只有把人对人的关系即一个人对另一个人的关系、我对你的关系加以考察时，才能谈得上道德"②。"道德自然不知道没有他人幸福的自己幸福，不知道也不想知道什么孤立的幸福，特殊化的、与他人幸福无关的幸福……道德只知道同志式的共同的幸福。"③ 而这是通过"爱"实现出来的。只有在"爱"里面，"我才明白他属于我和我属于他，才明白我们两人缺一不可，才明白只有集体才构成人类"。④ 所以，人"仅仅把他的通过爱而跟他连结起来的生活才看作是真正属人的，与人之概念，也即与类相适应的生活"。⑤ 也就是说，对己以合理的节制和对人以爱——这就是道德上的绝对命令，因为这是与人的类本质相适应的，而对于这一点的意识就是"类意识"。

当然，与这种在人的主观头脑中寻找道德上的"类"的纽带的同时，费尔巴哈也并没有放弃他对于"类"的自然主义的、生物学的立场，他尽力想把存在于主观头脑中的类意识归结为肉体状况及其生物学本能的产物。但由于在人的生物学特性与人的精神特性之间缺少最重要的一环——人的社会性的物质生产活动和物质交往活动，因此这种归结就显得极其牵强。例如他认为，"与吸食母亲的奶和摄取生命的各种要素同时，也摄取道德的各种要素，例如，互相依赖感、温顺、公共性、限制自己追求幸

---

① 费尔巴哈：《幸福论》，《费尔巴哈哲学著作选集》上卷，三联书店 1959 年版，第 571 页。

② 费尔巴哈：《幸福论》，《费尔巴哈哲学著作选集》上卷，三联书店 1959 年版，第 572 页。

③ 费尔巴哈：《幸福论》，《费尔巴哈哲学著作选集》上卷，三联书店 1959 年版，第 575 页。

④ 费尔巴哈：《基督教的本质》，《费尔巴哈哲学著作选集》下卷，三联书店 1962 年版，第 193 页。

⑤ 费尔巴哈：《基督教的本质》，《费尔巴哈哲学著作选集》下卷，三联书店 1962 年版，第 191 页。

福上的无限放肆"。① 然而，既然每个人都是母亲生养的，既然类意识属于人的生物学上的本质属性，那么世界上竟然还有不道德和邪恶，就是无法理解的事了，这在费尔巴哈看来只不过是一种"例外"，一种偶然的"不幸事件"，一种理智上的"一时迷误"，属于"精神病理学"研究的对象。于是，人以及人类社会的进步最终就被归结为人心中的"自我完善化意向"，而这又不过是生物界中"处于比较高级和最高级之中的自我保守意向和自我维持意向"②，但这对于现实的人类发展的历史仍然什么也没有说明，因为如恩格斯所说，这种道德论"是为一切时代、一切民族、一切情况而设计出来的；正因为如此，它在任何时候和任何地方都是不适用的"③。

出于同一个人本主义的"爱"和"类意识"的立场，费尔巴哈提出了他的"共和国"的社会政治理想。他认为，政治、法、国家等等都不是建立在宗教原则或抽象的"法"的概念之上，而是建立在利益之上，因而是建立在人的类本质之上的。人成为人，实现其类本质是在国家中达到的，"在国家中，一个人代替另一个人，一个人补足另一个人——我所不能做到的，我所不知道的，别人可以做到。我不是听命于自然力的偶然性的孤立的人；别人会保护我，我处于共同本质之中，我是整体的一员"。④ 正因为如此，反过来说，国家也不应当与个人的利益，与人的类本质相抵触："人成为人，只有在这一点与他们的利益一致的地方，或者在他们的利益不妨碍他们成为人的地方。而在他们只有牺牲自己的利益才能成为人的地方，他们不如成为牲畜。因此，为了使他们成为人，就必须有与公道即全体人民的利益相适应的社会制度。"⑤ 在这里，这种个人利益与社会利益相一致的"公道"的社会制度，就是民主共和国。

① 费尔巴哈：《幸福论》，《费尔巴哈哲学著作选集》上卷，三联书店 1959 年版，第 573 页。

② 费尔巴哈：《从人类学观点论不死问题》，《费尔巴哈哲学著作选集》上卷，三联书店 1959 年版，第 339 页。

③ 《马克思恩格斯文集》第 4 卷，人民出版社 2009 年版，第 294 页。

④ 费尔巴哈：《改革哲学的必要性》，《费尔巴哈哲学著作选集》上卷，三联书店 1959 年版，第 98 页。

⑤ 费尔巴哈：《费尔巴哈的通信和遗著，1820—1850》第 2 卷，卡·格律恩编，转引自《普列汉诺夫哲学著作选集》第 3 卷，三联书店 1962 年版，第 774—775 页。

　　然而，正是在费尔巴哈把国家归结为抽象的超历史超阶级的人的实现的同时，他也就把民主共和国这一资产阶级性质的理想国家变成了一个超历史、超时代、超阶级的范畴。他认为，国家是"绝对化的人"；"国家是无限的、没有止境的、真实的、完全的、神化的人"，它自己决定自己，自己属于自己；"人是国家的一和一切。国家是人的实在化了的、经过发挥的、明确化了的总体。在国家里面，人的主要性质和活动现实化成为特殊的等级，但是这些性质和活动在国家领袖的个人身上又重新回到了同一性。国家领袖无差别地代表一切等级，在他面前，一切等级都是同样必要、同样有权利的。国家领袖是普遍的人的代表"。① 但是，一切等级如何能够在一个国家中和谐共处，国家领袖（包括立宪君主，因为费尔巴哈声称他并不反对君主立宪政体）又如何能够不代表某一等级甚至他个人的特殊利益，而代表"普遍的人"的利益，在费尔巴哈那里却并未得到现实的说明。他并不主张消灭私有制，只是认为不应当容许只有少数人拥有财产而其余的人一无所有，他甚至因为这种观点而自称为"共产主义者"。那么，在这种"共产主义"的社会或理想的国家制度中，由私有制所带来的财产不公、阶级压迫、罪恶乃至于君主的暴政又如何才能消除呢？费尔巴哈诉之于人们的思想转变："在思维领域中把神学转变为人类学——这等于在实践领域中把君主政体转变为共和国。"② 在他看来，不仅为了消灭宗教，只要改变人们的观念就够了，而且为了消灭过时的社会制度，也只消改变一下观念，主要是改变一下宗教观念就够了。"共产主义"在费尔巴哈那里仅仅意味着由于你我互相需要而产生的作为"爱与友情"的"人的关系"，意味着借助于"爱的直观"来消除现实中的"不幸的偶然事件"和"反常现象"。这种"共产主义"实际上只不过是抽象的人道主义。马克思和恩格斯则指出，费尔巴哈作为直观的唯物主义者"只是希望确立对现存的事实的正确理解"，但实际上由于他只从直观形式去看事物，他只能做到"承认现存的东西同时又不了解现存的东西"；而"对实践的唯物主义者即共产主义者说来，全部问题都在于使现存世界革命化，实际地反

---

　　① 费尔巴哈：《关于哲学改造的临时纲要》，《费尔巴哈哲学著作选集》上卷，三联书店 1959 年版，第 118—119 页。

　　② 费尔巴哈：《法和国家》，《费尔巴哈哲学著作选集》上卷，三联书店 1959 年版，第 598 页。

对并改变现存的事物"。①

3. 费尔巴哈唯心史观的理论根源

马克思恩格斯对费尔巴哈的唯心史观提出了十分尖锐和中肯的批评："当费尔巴哈是一个唯物主义者的时候，历史在他的视野之外；当他去探讨历史的时候，他不是一个唯物主义者。在他那里，唯物主义和历史是彼此完全脱离的。"② 这段话不能单纯地理解为，似乎费尔巴哈的缺点仅仅在于他没有把自己的唯物主义原则贯彻到底，即引用到历史领域中来（因为事实上，在历史中他主观上仍然想用他的生理学的、自然主义的或直观的唯物主义来解释一切）；而应当进一步理解为，撇开历史来考察自然和人，这是费尔巴哈唯物主义本身的根本缺陷。这一缺陷不是在社会历史领域中才暴露出来的，而是在费尔巴哈唯物主义的认识论中，在其自然主义的人的学说中，甚至在他最早对黑格尔和一切唯心主义的批判中，就已经包含着了。费尔巴哈不了解自康德以来整个德国唯心主义所培植、发展起来，到黑格尔才完成的辩证法的重大意义，他把黑格尔哲学中的精华与糟粕一起都抛弃了，并宣布唯心主义通过主体和客体的辩证法来解决二者统一性的问题的一切努力都是胡扯。而当他从自己的唯物主义中把人的感性活动，把社会实践活动作为卑下的，不值一提的因素排除掉、净化掉之后，他实际上就已经违背了自己的唯物主义前提。真正说来，唯物主义不仅是在运用于社会历史领域之时，而且就其本身的一般原则来说，也都不能不是辩证的、实践的、历史的（这些本质上都是同一个意思），否则就是原则上不彻底、不一贯的。这一点是马克思以前的一切唯物主义者们都未能意识到的。我们前面曾经说过，自笛卡尔以来的近代认识论已把思维和存在的关系提到哲学的核心地位上来讨论了，但将这一问题具体化为主体能动性与客观制约性或自由与必然的关系问题，也就是通过主观意识的能动作用来达到主客观的一致，把主观能动性当作主客观同一性的条件——这却是从康德开始的德国唯心主义才实现的对思维和存在的关系问题的一个重大推进，从此以后，辩证法就成了解决思维和存在、主体和客体对立的一条必经之路。然而，费尔巴哈却在批判黑格尔和德国唯心主义的同时，

---

① 《马克思恩格斯文集》第 1 卷，人民出版社 2009 年版，第 527、549 页。
② 《马克思恩格斯文集》第 1 卷，人民出版社 2009 年版，第 530 页。

把小孩子和脏水一起都泼掉了。他模糊了"主体"与"客体"的含义，在他那里，主体只不过是一种客体，而客体既然也能对人的感官发生作用，在这种意义上也就等于是"主体"，因而，能动性也就是制约性，自由就等于必然。这样，费尔巴哈就把问题又拉回到康德以前的状况下去了。因此，尽管他在许多方面比18世纪法国唯物论有所推进，但在解决思维和存在的对立方面却陷入了同法国唯物论一样的困境。

但费尔巴哈虽然未能意识到唯物主义必须是，也只能是历史的，他却意识到了自己的唯物主义并不是，也不可能是一贯的。对于这种不一贯的辩护理由，在于他要和机械的、庸俗的唯物主义划清界限。他说："在我看来，唯物主义是人的本质和人类知识的大厦的基础；但是，我认为它不是生理学家、狭义的自然科学家如摩莱肖特所认为的而且从他们的观点和专业出发所必然认为的那种东西，即大厦本身。向后退时，我同唯物主义者完全一致；但是往前进时就不一致了。"① 他拒绝唯物主义这一名称，认为"唯物主义、唯心主义、生理学、心理学都不是真理，只有人类学是真理"②；而他的"人类学"，在他看来就是唯物主义和唯心主义的统一："正像人属于自然之本质——庸俗唯物主义就是这样认为——一样，自然也属于人之本质——主观唯心主义就是这样认为……只有把人与自然结合起来，我们才能克服基督教之超自然主义的利己主义。"③ 费尔巴哈明确地看出，人不仅生活在自然中，而且生活在人与人的关系中，生活在人类社会中，他意识到光用自然规律来直接说明人类生活是不够的。"'能够把人从自然界抽出来吗？'不能！但直接从自然界产生的人，只是纯粹自然的本质，而不是人。人是人的作品，是文化、历史的产物。"④ 例如，纸张归根结底是植物界的产物，可是如果有人把自然界当作纸厂老板，那当然是可笑的。然而，从庸俗的、自然主义的唯物主义的这种局限性中，费尔巴

---

① 费尔巴哈：《路德维希·费尔巴哈的书简、遗稿及其哲学特征的阐述》第2卷，卡·格律恩编，转引自《马克思恩格斯文集》第4卷，人民出版社2009年版，第281页。

② 费尔巴哈：《反对身体和灵魂、肉体和精神的二元论》，《费尔巴哈哲学著作选集》上卷，三联书店1959年版，第205页。

③ 费尔巴哈：《基督教的本质》，《费尔巴哈哲学著作选集》下卷，三联书店1962年版，第315页注释。

④ 费尔巴哈：《说明我的哲学思想发展过程的片断》，《费尔巴哈哲学著作选集》上卷，三联书店1959年版，第247页。

哈并没有推出应当进一步深化唯物主义的原理本身的结论，而是主张向唯心主义让步，使唯物主义和唯心主义互相补充。

很显然，费尔巴哈与庸俗唯物主义者不同，他看到了自然界的规律与人类历史的规律和精神发展的规律的区别，看到了由自然主义基础过渡到人类社会生活的必要性。但正由于他没有将实践的主题纳入他的认识论中，因此他无法填补由自然过渡到历史，由人的生理条件过渡到人的精神、心理活动，由人的自然本质过渡到自然所体现的人的本质这双方的空白，而只能忽而跳到这一方，忽而又跳到那一方。当他把人看作是单纯自然的产物时，他是自然主义地来了解人的，在这种情况下，他就不能同庸俗唯物主义者划清界限。例如他说："食物变成血，血变成心和脑，变成思想和信念的质料。人的食物是他的气质和思维形象的基础。如果您愿意改善人民生活，您就给人民最好的食物，而不要说空话。人就是他所吃的那种东西。"① 这里，他把人看作了生理的、自然的实体，而抹杀了人和动物，乃至和一般的自然物的本质区别。另一方面，当他要说明人和自然物的区别，把人看作不同于自然的实体时，他又是人本主义地来理解人的，在这种情况下，他又不能同唯心主义划清界限。例如他明确地说："人自己意识到的人的本质究竟是什么呢？或者，在人里面形成类，即形成本来的人性的东西究竟是什么呢？就是理性、意志、心……理性，爱，意志力，这就是完善性，这就是最高的力，这就是作为人的绝对本质，就是人生存的目的。"② 对象化为上帝的人的"天生的本质……不是别的，正就是知性——理性或理智"，而理性或理智则是寓于人之中的"纯粹的、无情的知性之光"③。在这里理性或理智成了"独立的和不依赖的本质"或"绝对的主体"等等，是使人区别于其他实体的特性，于是，人类历史的进步等等归根结底就是由理性、知性之光所决定的了。此外，当费尔巴哈把人置于人与人的客观的社会关系中来考察时，他仍然是一方面自然主义地，

---

① 费尔巴哈：《对摩莱肖特〈食品学〉一书的评论》，转引自加巴拉耶夫：《费尔巴哈的唯物主义》，科学出版社1959年版，第111页。

② 费尔巴哈：《基督教的本质》，《费尔巴哈哲学著作选集》下卷，三联书店1962年版，第27—28页。

③ 费尔巴哈：《基督教的本质》，《费尔巴哈哲学著作选集》下卷，三联书店1962年版，第61及以下诸页。

另一方面唯心主义地来理解人。他说:"孤立的,个别的人,不管是作为道德实体或作为思维实体,都未具备人的本质。人的本质只是包含在团体之中,包含在人与人的统一之中,但是这个统一只是建立在'自我'和'你'的区别的实在性上面的。"① 这里所谓实在的区别,费尔巴哈随时引以为据的只有一种,那就是男人和女人;而他经常强调的统一也只是"性爱"或"性关系"。其他一切社会差别和社会联系在这里都不存在。他还把他所知道的唯一联系——"爱"加以神化、普遍化和绝对化,说在这个统一之外的人只是普通的人,而"自我"与"你"的统一就是上帝。② 至于国家、道德、宗教、哲学、艺术等等都是这种"爱"的统一性、"人性"的显现,"一切本质关系——各种不同科学的原则——都只是这个统一的各种不同的类型和方式"③。

从上面的分析可以看出,费尔巴哈作为出发点和最高对象的人,无非是某些不变的生理特性和精神特性的总和;他想以"人"为基础来实现思维与存在、主体与客体、精神与自然的统一,但这个"人"本身在他那里恰好陷入了分裂和对立。恩格斯在把费尔巴哈同黑格尔相比较时说,黑格尔"绝对精神"的形式是唯心的,内容却是很现实的,这个内容除了道德之外,还包含全部法、经济和政治关系,包含人的全部实践活动的领域。但是,在费尔巴哈的"人"那里,"就形式讲,他是实在论的,他把人作为出发点;但是,关于这个人生活的世界却根本没有讲到,因而这个人始终是在宗教哲学中出现的那种抽象的人。这个人不是从娘胎里生出来的,他是从一神教的神羽化而来的,所以他也不是生活在现实的、历史地发生和历史地确定了的世界里面;虽然他同其他的人来往,但是任何一个其他的人也和他本人一样是抽象的。"④ 费尔巴哈否定了黑格尔的"绝对精神",把它归结为以现实世界为基础的人,他受到了马克思和恩格斯的赞扬;但费尔巴哈并没有从现实的社会关系和历史过程去研究现实地活动着

① 费尔巴哈:《未来哲学原理》,《费尔巴哈哲学著作选集》上卷,三联书店1959年版,第185页。
② 参见费尔巴哈:《未来哲学原理》,《费尔巴哈哲学著作选集》上卷,三联书店1959年版,第185页。
③ 费尔巴哈:《未来哲学原理》,《费尔巴哈哲学著作选集》上卷,三联书店1959年版,第186页。
④ 《马克思恩格斯文集》第4卷,人民出版社2009年版,第290页。

的人，而只是空谈"人"和"人性"这些字眼，因而受到了马克思和恩格斯的批评。马克思和恩格斯指出，以抽象的人作为哲学的无所不包的原则，乃是费尔巴哈哲学的致命弱点；而为了从抽象的人转向现实的活生生的人，就必须要对现存的一切进行无情的批判，从直观唯物主义过渡到以推翻现存世界为目的的实践的唯物主义，换言之，要使哲学本身投入到无产阶级推翻旧世界的革命实践中去。哲学的实践性不仅在于将实践范畴纳入理论本身，而且还在于把哲学理论改造成人类社会实践活动的现实的有力武器。只有这样，思维和存在、主体和客体、精神和自然界的同一性才有可能超出纯哲学理论的范围，而在人的现实生活和感性生命活动中得到实现。

这就是马克思、恩格斯所建立的，用来指导国际工人运动的辩证唯物主义和历史唯物主义哲学。这一哲学及在这一哲学指导下的无产阶级革命运动，就把费尔巴哈抛到后面去了，也使整个德国古典哲学终结了。但这并不是单纯的抛弃，而是扬弃，或用恩格斯的话来说："德国的工人运动是德国古典哲学的继承者。"①

总的来说，费尔巴哈对宗教神学进行了坚决的批判，推翻了唯心主义在德国和西欧的统治，恢复了唯物主义的王位。他在论证一般唯物主义原则、唯物主义自然观、唯物主义认识论上起了卓越的进步作用，并把哲学的方向导向了对现实的人、对人的现实生活和生命的考察。因此，尽管他的唯物主义还带有严重的局限性和不完善、不彻底的性质，但他毕竟在近代哲学史上首次为正确地、科学地解决思维和存在、主体和客体的关系问题提供了唯一可能的基础。马克思和恩格斯正是从这一唯物主义基础出发，批判地改造和吸收了德国古典唯心主义最伟大的成果——黑格尔的辩证法，使哲学唯物主义原则得到了深化，并使之贯彻到了社会历史领域。所以，费尔巴哈哲学的特殊的伟大意义，在于它构成了黑格尔哲学与马克思主义哲学的中间环节，是马克思主义哲学的理论来源之一。当然，马克思主义经典作家对费尔巴哈唯物主义的根本弱点也都进行了严肃的批判，阐明了自己的辩证的唯物主义和历史的唯物主义同费尔巴哈的形而上学直观的唯物主义和历史的唯心主义之间的对立，但这并不能掩盖费尔巴哈哲

---

① 《马克思恩格斯文集》第 4 卷，人民出版社 2009 年版，第 313 页。

学在马克思主义哲学的形成过程中所起的伟大的促进作用和转向作用，不能抵消马克思、恩格斯、列宁对费尔巴哈唯物主义的"基本内核"的高度赞扬。费尔巴哈的名字将永远作为伟大的唯物主义者和战斗的无神论者载入人类思想史册。

结束语　德国古典哲学逻辑进程的最后成果和必然结论

——马克思主义哲学

　　本书以思维和存在，特别是主体和客体这一对基本矛盾为主要线索，分析和论述了德国古典哲学从康德经过费希特、谢林和黑格尔直到费尔巴哈的逻辑发展进程。本书的任务是力图展示这一进程作为人类思维自身的矛盾进展所具有的逻辑必然性。当然，这并不意味着，人类思维的发展可以脱离它由之产生出来的社会经济基础和时代条件，而只是意味着，在这些基础和条件的前提下，思想的历史仍然呈现出一个相对独立的、具有自身规律性的过程，它是可以通过理性和逻辑加以把握的，而不是随意的、偶然出现的现象。一个历史阶段上的哲学思想既是那个时代的精神生活乃至于物质生活总体趋势的反映，同时又不能跳出其思想发展的历史前提，这个前提乃是过去多少代人通过艰苦卓绝的思想劳动所造就的。每一个想要有所发明、有所前进的哲学家都只能在这个前提上继续发展，哪怕是对过去的成就加以否定，也仍然只是从这些已有的成果中吸取经验教训和否定的力量，而不能对之弃置不顾。这就形成了人类思想发展的连贯性和可理解性。

　　通过对德国古典哲学由于内在矛盾而向前推进的这一逻辑过程的剖析和描述，本书证明了，全部哲学的基本问题即思维和存在的关系问题，在近代自笛卡尔以来取得了它的明确的形式和核心的地位以后，又在德国古典哲学中特别体现为主体与客体之间的辩证关系，即主观能动性与客观制约性之间的对立统一关系。康德首先提出了主体的统觉的能动性，以达到主体和客体的统一，但他只达到主体和作为现象的对象之间的统一，真正的客体即自在之物却被排除在这个统一之外，因此他只是提出和揭示了主客体之间的原则上的对立，并为在主观的、唯心主义的基础上辩证地解决这一对立作出了暗示。继康德之后，费希特接过了这一暗示，将它发展为主观唯心主义的思维和存在、主体和客体相统一的体系。他抛弃了康德的自在之物，从而把主客体之间的关系归结为主体内部由自我树立对立面（非我）又回复到自我的能动的辩证关系，因此他的哲学就成了一个逻辑上一贯地推演出来的体系。然而，正由于主客体的这种统一只是在主体、自我意识内部的统一，费希特哲学就陷入了极端主观主义的唯我论。在他那里，客体、非我要么是一种由自我设立起来的纯粹虚幻的假象，要么就仍然和主观自我相外在，仍带有神秘的不可知论的特征。而当费希特设定一个绝对的"普遍自我"来逃避唯我论时，他就已经违背了自己的前提，而开始向客观唯心主义过渡了。谢林的"绝对同一"哲学正是在这一基础上，把主体和客体统一的方式从客体统一在主体之中颠倒为主体统一在客体之中。然而，谢林的客体归根结底仍是一种客观的主体、客观的精神，他的主体—客体的绝对无差别的同一仍然只是从主体方面来加以理解的精神状态，只不过这种精神状态对人来说采取了一种无意识的、不可理解只可直观的方式，一种非主体的主体的方式，其辩证进展这一可理解的能动的本性最终丧失在一种静观被动的、形而上学的同一性之中。黑格尔以思维和存在、主体和客体（实体）的辩证的同一性，而将康德以来的德国唯心主义发展到一个空前的理论高度。在这里，主体和客体的同一不再是神秘静观的对象，而是一个由于内在差异和矛盾而自身不断向前发展的合理的过程，是逻辑的和历史的相一致的过程；各种不同层次上的主客体关系只不过是这一总体过程中的各个发展阶段而已；而它的最高统一方式则是在上帝或绝对精神那里达到了极限和终点。在这个无所不包的层次阶梯中，黑格尔把意识和对象、思维和存在、本质和现象、主观和客观、精神和自然、自由和必然、合理的和现实的、逻辑和历史、哲学和哲学史等等所有这些主体与客体（实体）的对立范畴形式，统统都作为绝对精神的自我发展、自我认识的不同环节而贯穿起来，显示了其中首尾一贯的辩证进展的能动性。然而，这一自身封闭的客观唯心主义体系的内在秘密却在于，这个至高无上的客观的"绝对精神"其实只不过是黑格尔头脑中主观抽象的有限精神，因而它所体现的一系列主客观同一的过程也就只不过是有关这种同一的主观知识的过程。这样，黑格尔就仍然未能解决他的主观精神与在他之外的客观现实之间的同一性问题，而只是把这一问题偷换成了他的主观思维如何"想到"客观存在的问题。最后，费尔巴哈对唯心主义的批判解除了思辨的魔法。他指出，要真正解决思维和存在、主体和客体的同一性问题，只有放弃唯心主义的前提，而从黑格尔哲学中已经暴露出来的"思辨的秘密"入手，这就是：绝对精神、上帝的本质无非是人的本质，把绝对精神作为思维和存在、主体和客体在一切领域中的同一性的根据，无非就是把人作为这种根据。因此必须研究现实的、感性自然的人，不是把人看作"绝对精神"的宾词，而是把精神看作是以自然界为基础的人的宾词，而真正的哲学必须建立为人本学。这样一来，精神和自然的对立就消失了，人的感性以及人与人之间的"类"的关系直接证明了思维与存在本质上的同一性。但费尔巴哈的人本主义的唯物主义由于撇开了人的实践的能动性，由于把辩证法作为唯心主义和宗教神学的诡计而弃之如敝屣，他最终也仍然未能解决思维和存在、主体和客体的矛盾，而是陷入了直观唯物主义和历史唯心主义的分裂，他只是结束了德国古典哲学在唯心主义基础上解决主客对立问题的行程，开辟了在唯物主义基础上解决这个问题的道路而已。我们看到，德国古典哲学的逻辑进程至此并没有达到它的逻辑的终点，因为从康德开始的德国古典哲学不同于其先行阶段的特殊本质在于，它把主观能动性原则引入了主客关系以解决主客的矛盾，达到主客的统一。而到费尔巴哈这里，在德国古典唯心主义中生长起来而为黑格尔所完成了的主观能动性和客观制约性的唯心辩证法被置之不顾，主观能动性原则没有被引入到唯物主义理解的主客关系之中，因而也就说不上真正解决主客矛盾，总的说来，哲学的进程又回复到了18世纪的旧唯物主义。由此我们可以看到，从康德到费尔巴哈的德国古典哲学的全部成果，要么就是毫无意义的不结果实的花，要么这一哲学运动的最终结果就应当是从它创造的全部条件，即全部成果中所必然得出的结论：一种以本身即是主观能动性和客观制约性的辩证统一的人的实践活动为出发点或最高原则的全新哲学，这就是紧接费尔巴哈之后马克思所创造出来的现代唯物主义。这个道理也正如恩格斯在谈到德国人的"共产主义"是"从德国人自己的哲学中得出的必然结论"时所说的那样："我们这个党必须证明，德意志民族在哲学上所做的一切努力，从康德到黑格尔所做的一切努力，要么毫无裨益——其实比毫无裨益更坏，要么一切努力的结果应该是共产主义；德国人要么抛弃他们曾把其名字奉为本民族的光荣的那些伟大的哲学家，要么就得接受共产主义。"①

在这里，我们也许可以将上述逻辑进展的过程用下面的图来表示：

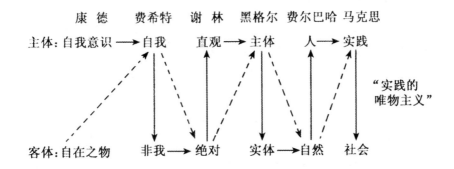

图中，实线箭头"——→"表示直接发展为下一个范畴或环节，虚线箭头"……▸"则表示扬弃地被包含在下一个环节之中；而虚、实两个箭头的汇合点，则总是表示主体和客体相统一的那个环节。这个环节一般说来也就是特定的哲学体系的出发点或最高原则。由此可以看出，整个德国古典哲学向马克思主义哲学的发展，都是在主体和客体之间由于双方的矛盾本性而不断地互相对立、互相渗透、互相转化，并螺旋式地向前进展的过程。在这一过程里，康德最初提出的还同自在之物二元并立的自我意识的能动性原则在费希特的主观唯心主义一元论的自我能动性原则那里得到了完成，自我意识不仅自身就蕴含着对象的形式（康德），而且进而还同时是对象的质料的来源，因而是客观世界的创造者（费希特）。这可以看作是德国古典哲学的主观能动性原则开始形成的阶段，也是它生命历程中的第一个历史—逻辑形态和所达到的第一座高峰。但是，当自我意识的能动方面这样地推向极端时，也就必然要向其对立的方面转化，这就是谢林的以主体和客体的绝对同一（绝对）为出发点的客观唯心主义哲学。在这里，本想给能动的自我提供客观基础的形而上学的绝对同一性反倒成了它遭到灭顶的深渊。这可以说是德国古典哲学的主观能动性原则前进发展中的第一个低谷。但是，当客观制约性方面这样君临一切时，它却于不知觉中过渡到了它的反面，这就是黑格尔的以作为主体和客体、个人精神和人

——————
① 《马克思恩格斯全集》第3卷，人民出版社2002年版，第492—493页。

类精神之辩证同一的绝对主体，即绝对精神为出发点的辩证唯心主义哲学。在这里，整个自然的、人类历史的和精神的世界都成了绝对主体自身一贯向前的自我认识、自我实现的辩证过程的表现。黑格尔的这种精神自我实现的辩证能动性原则，是康德、费希特的自我意识的能动性原则之否定的否定和螺旋式地上升到一个新的高度，是德国古典哲学的主观能动性原则在唯心主义范围内的充分发展和完成，也是它生命历程中的第二个历史——逻辑形态和所达到的第二座高峰。但是，既然精神的能动性已经这样地如日中天，它也就不能不向其对立一极推移，这就是费尔巴哈的以感性的自然和感性的人的统一（以自然为基础的人）为出发点的直观唯物主义哲学。在这里，事物、现实、感性都只是从客体的或直观的形式，而不是从主体的或能动的方面去理解，甚至连人也只不过是这样一个赋有理智、意志和情感的感性直观对象，人的活动本身，即感性的、现实的、客观的活动——实践不见了。这是德国古典哲学的主观能动性原则前进发展中的第二个低谷。但是，它既然已经这样地后退到底了，出路也就只能是回过头来攀上山顶，这就是马克思的以人的实践活动为出发点的"实践的唯物主义"哲学。在这里，人的实践活动，这种连续不断的改变现实的感性活动，是客观世界的改变、人自身的改变、人和世界的关系的改变及三者一致的真实根据，因而是包括人在内的"整个现存的感性世界的基础"①。马克思的实践能动性原则是德国古典哲学的主观能动性原则在唯物主义范围内的最终完成，是它生命历程中的第三个历史——逻辑形态和所达到的第三座，也是最后一座高峰。康德、费希特的自我意识的能动性原则经过谢林而到达黑格尔的精神的能动性原则是一个否定之否定，一个首尾相重的圆圈。从黑格尔的精神的能动性原则经过费尔巴哈到马克思的实践的能动性原则是又一个否定之否定，又一个首尾相重的圆圈。从这两个前后相衔的圆圈构成的大圆圈看，马克思的实践能动性原则则可以看作是康德最初提出的同客体（自在之物）处于外在的对立和联系中的自我意识能动性原则之否定的否定，因而是从康德开始的德国古典哲学的主观能动性原则螺旋式地向前进展的终点。

总之，马克思主义哲学作为"实践的唯物主义"或者说辩证唯物主

---

① 《马克思恩格斯文集》第1卷，人民出版社2009年版，第529页。

义和历史唯物主义的体系，是从德国古典哲学的全部成果中，首先是在批判地吸取了黑格尔辩证法的"合理内核"和费尔巴哈唯物主义的"基本内核"的基础上，产生和发展出来的，它是德国古典哲学发展的最后成果和逻辑结论。只有在马克思这里，德国古典哲学的主体与客体这一基本矛盾，广而言之，整个近代哲学的思维和存在这一基本矛盾，才得到了真正彻底的、合理的解决。当然，这并不是说，马克思主义哲学就不需要发展了，就已经达到人类认识的终点或绝对真理了，如果是这样，那它就会只不过是德国古典哲学的量的继续，依然属于"古典哲学"的范畴；而是说，马克思主义哲学是德国古典哲学发展中的根本质变，它结束了近代以来的"古典哲学"，也扬弃了近代哲学的基本矛盾，开始了一种全新的，以改变世界为基本问题的，真正现代意义的哲学。因此，马克思主义哲学必然也要从自身中发展出新的矛盾、新的问题，也必然会在哲学思想的进展中继续发现新的领域，开拓新的方向。然而，只要后来的，哪怕是现代最新的哲学仍然在讨论思维和存在、主体和客体的关系问题，那么它们就不可能超越，反而要借重于马克思主义哲学。马克思主义哲学是人类哲学思维所登上的一个新的阶梯，对它的发展或超越也只能在这个阶梯之上，而不可能在这个阶梯之下来进行。遗憾的是，许多在今天宣称自己已"超越了"马克思主义哲学的哲学家，实际上只不过是在马克思主义这个阶梯之下，把那些已经解决了的问题重新咀嚼一遍，并且是用一种"新的"方式来咀嚼，即不是以朝前看的方式，而是以朝后看的方式。这就不仅没有真正"超越"马克思，而且还根本没有达到马克思的水平。另一方面，也有一些自称为马克思主义的哲学家，不是站在马克思主义哲学的立场上去进行新的开拓和发展，而是置当代实践和哲学潮流中出现的新事物和新问题于不顾，躲避艰苦的、创造性的科学研究和思想劳动，"躺在"马克思主义的基本原理上固步自封，把马克思主义的活生生的精神变成僵死的教条。这两种偏向表现的形式虽极不相似，但都同样离开了人类哲学思维发展的大道，因而是应当予以坚决反对的。

从对于德国古典哲学向马克思主义哲学发展历程的分析中，我们可以引出什么样的方法论上的结论呢？

（一）人类哲学思想的发展不是一个随意的、偶然的过程，不是个别天才人物头脑中一闪念的产物，而是基于人类思想文化和哲学的已有成果之上的一个有规律的逻辑过程。个别天才可以使某一历史阶段的哲学思想带上某种独特的形式，使之更明确、更准确、更系统、更有震撼力，但不能脱离历史和时代而提出任何有价值的哲学观点。

（二）不过，哲学思想发展的规律性并不是明摆着的，而是内在的、隐藏的，它被包裹在无数偶然性之中；在暗中支配着哲学家的思维动向。必须善于从表面现象中揭示出这种必然规律，必须首先"筛选"掉某些不重要的、表面的素材，用那些带有本质意义的材料去突出和强调思想内在的逻辑线索；然后再反过来，在这一线索的指导下，将那些曾被筛选掉的素材重新把握在一个被理解了的系统中。

（三）要做到这一点，人们必须有一个高出于他所考察的对象之上的视角和立足点，必须在对象的动态发展中预先了解它的发展方向和目标。"人体解剖对于猴体解剖是一把钥匙"（马克思语）[1]，每一个后来的哲学思想体系都是理解它前一个思想体系的钥匙，每一种哲学的内在意义和思想价值，都只有在后来的哲学中才能得到深入的阐明和显示。对于我们的论题来说，这就要求真正地理解、熟练地掌握马克思主义哲学的基本原理及其总体的精神实质和善于把它们同所研究的对象有机地结合起来的思维艺术，否则是不可能深入德国古典哲学发展的内在规律的。

（四）除了哲学思想本身的逻辑进程之外，一个时代的哲学与该时代的整个社会状况，如经济的、政治的、道德的、宗教的、艺术的状况，都有着直接或间接的联系；并且，归根结底，哲学思想通过一系列的中间环节，是受到一个时代的经济发展所制约的。本书所探讨的是德国古典哲学的一个比较专门的方面，即其发展的内在逻辑关系方面，所以全部论述只能在概论这一时期德国的经济、政治和文化的基础上进行，而不可能在深入分析那些高度思辨的哲学思维的概念、范畴及其内部复杂的逻辑关系时，时时处处都经过各个中间环节去联系当时的经济关系进行说明。但是，细心的读者是不难从全书的叙述中把握到德国古典哲学的逻辑进程和同时期德国的社会经济政治进程之间的平行关系的。

---

① 《马克思恩格斯文集》第8卷，人民出版社2009年版，第29页。

附录　德国近代理性哲学和
意志哲学的关系问题

从康德开始的德国古典唯心主义是近代西欧理性主义哲学思潮发展的最高阶段，黑格尔的理性哲学则是这个发展阶段的最高峰；而与黑格尔哲学同时形成的叔本华的意志哲学则是现代西方非理性主义哲学思潮的源头。这两种对立哲学的同时出现当然不是偶然的，但如何说明它，至今仍是一个问题。深入考察将会发现：从发生上看，它们两者是来自同一个母腹——康德哲学，并经过同一的发育阶段或中间坏节——费希特哲学和谢林哲学，从而表明，以叔本华哲学为开端的整个现代非理性哲学思潮是在它的对立面——德国近代理性哲学思潮中孕育出来的。从内容上看，理性主义思潮和非理性主义思潮虽是对立的，可又有交叉和重合，因而是互补的。为了从理论上真正扬弃西方近现代哲学史上这两大对立的思潮，有必要从实践唯物主义的根本观点出发，运用唯物辩证法，以理性和非理性的相互关系为线索，对它们进行重新考察和系统研究。

一、西欧近代早期理性哲学的兴起与衰落

在 17 世纪科学反对信仰、理性反对神学的斗争中兴起的西欧近代哲学，把认识论和方法论的研究提到了首位，尽管在知识是来源于理性还是经验的问题上相互对立，但都一致主张，在人类知识范围内审视一切、判断一切的最高权威和标准不是宗教的启示和教会的权威，而是人类理性；而且都相信人类理性能够认识世界，得到普遍必然性的知识，建立起由这样的知识组成的真理体系。就这一点来说，无论是认识论上的唯理论还是

经验论，都同属于"理性主义"范畴，或者说，都是理性哲学。近代哲学所共有的这种理性信念、理性精神或理性原则，在笛卡尔哲学的第一原理"我思故我在"中，得到了最有力的论证，正因为如此，笛卡尔被公认为近代哲学的始祖。

笛卡尔和近代哲学家把理性称为"自然之光"，意即人所具有的一种天赋的抽象思维能力——认识事物，形成关于事物的清楚明白的概念、判断和推论的能力。它具有如下的特点：首先，这种理性是和我、主体或自我意识结合为一的，是与事物、客体、世界相对立的"主观理性"。它既不同于古希腊哲学家那里可以说尚无主客观之分的原始统一的理性，也不同于黑格尔那里主客观对立统一的绝对理性。其次，这种理性的最高的思维规律或原理是形式逻辑的同一律（A=A）或矛盾律（实即为不矛盾律），据此事物总是被二分（分析）为彼此对立的两类，而理性也就总是在绝对不相容的对立中思维。在涉及实际的事物或存在的认识时，理性的最高原理则是因果律，或如莱布尼茨从逻辑层面所说的充足理由律。最后，这种理性自身作为诸对立（如精神与物质，主体与客体，认识与实践，理性认识与感性认识，理性的认知与非理性的意志、情感、欲望、冲动、本能等等）中的一方始终与它的对方僵硬地对立着，它只能是它自身而不能同时也是它的对方，因而始终受到它的对方的限制，没有统摄对方、超越对方也超越自身的真正的能动性和发展。这样的理性后来被黑格尔称为"知性"，恩格斯在《反杜林论》中则称它为"思维着的知性"，并将它和"辩证思维"对立起来称之为"形而上学思维"。以这样的理性为最高原则的近代哲学从根本上说也就是一种形而上学形态的理性哲学，或如黑格尔所说的"知性形而上学"。

前康德的西欧近代早期理性哲学是在唯理论哲学和经验论哲学相分立的基础上发展的。这两派哲学家，特别是唯理论哲学家（斯宾诺莎和莱布尼茨）在调和思维和存在、理智和欲望以及在理性的客观化和能动化等方面都作出了特殊的贡献。但是总的说来，他们在循着片面性的道路向前推进时，却越来越深地陷入到被他们揭示出来的日益增多的对立之中而不能自拔。这样发展的结果只能是他们所代表的理性哲学向其对立面的转化：一方面是唯理论哲学在莱布尼茨—沃尔夫派那里所完成的把一切对立的和解都统统归于上帝的宗教神秘论，一方面是经验论哲学在休谟那里的彻底发挥所达到的怀疑论。

二、休谟怀疑论对未来哲学发展的双重启示

休谟认为，事物的因果必然联系原理是我们关于实际的事物的知识的根本原理，这是没有疑问的。问题在于这个原理本身有什么根据？他从唯心的经验论出发论证说，这个原理既不是如唯理论者所说的那样是一个自明的先天的理性原理，也不可能是如经验论者所认为的那样是一个以经验为根据的理性原理，而只能是以人心的习惯或人的自然本能为根据的主观原理，所谓因果必然性只不过是人心主观习惯的必然性，而不是事物之间的客观的必然性。这就表明，理性既不可能是人类知识的最高权威和标准，也不可能得到关于事物的普遍必然的知识。由此可见，休谟的怀疑论是对包括唯理论和经验论在内的整个理性哲学的否定，更确切地说，是这种理性哲学的自我否定。

休谟认为，怀疑论者为了立于不败之地，就必须守住自己的范围——理论认识或哲学思辨的范围，而不要在实践、生活中坚持怀疑论。因为在实践和生活中，人们不能不从因果关系的客观必然性和外部世界客观必然存在等信念出发，否则就会碰得头破血流，甚至无法生活和生存下去，就是自取灭亡。所以，在他看来，最能驳倒怀疑论的就是日常生活中的行动、业务和工作。把理论认识与实践生活这样自觉地分开，是休谟怀疑论的一个根本特点。但他的这种分离是极其表面的，也是无济于事的。因为在讨论知识的哲学问题时，他怀疑的矛头实际上已指向实践生活的基础了。按照他的看法，实践生活由以出发的那些对于客观必然性和客观存在的信念本身并没有理性或经验的依据，而是以人的自然本能（由求生的本能而来的各种欲望、倾向、能力等等）为依据，而这种本能和其他的本能一样也可能是错误的、欺骗人的。正是在这里出现了理性和本能之间的冲突。[①] 一方面，自然本能的确足以使理性暂时摆脱怀疑论，但却无法从根本上免除理性对它的各种作用的怀疑；另一方面，理性虽然能揭穿

---

① 参见黑格尔：《哲学史讲演录》第 4 卷，商务印书馆 1978 年版，第 209 页。

本能用以骗人的一切方式，但由于理性除了空洞的同一律外没有自己的特殊的原则来解决自己必然遇到的各种问题，它的这种无能又使它最终不得不求助和依靠本能，如在回答因果必然性观念的来源问题时就是这样。由此可见，休谟提出的理论认识和实践生活的分离，无非是他用以应付他所发现的理性和本能的冲突以及本能在冲突中的优势地位的一种不了了之和无可奈何的方式而已。就此而言，休谟的怀疑论标志着近代早期的理性信念、理性主义的衰落和预示着非理性信念、非理性主义在未来世纪的"大爆发"。①

休谟的怀疑论就其自觉地局限于理论认识而不在实践生活中坚持而言，可以说是不彻底的。不过，我们也可以说它是彻底的。因为在更深刻的层次上，理性和本能的冲突并未中止，理性仍在不断地戳穿本能的种种欺骗。这标志着休谟的理性信念没有彻底泯灭。休谟明确地指出，他并"不冒昧地断言"使他陷入怀疑论的困难对于别人的理智来说"是绝对不可克服的"②；他声言地道的怀疑论者不仅怀疑他的"哲学的信念"，也怀疑他的"哲学的怀疑"③；他甚至呼吁，"为了答复已经出现的各种怀疑，就必须拟定出新的哲学原理来"④。休谟怀疑论的这种矛盾性暗示出，为了摆脱怀疑论，就必须把对知识的哲学思考和对实践、生活、行动、信念、本能等等的哲学思考结合起来，完全弄明白知识和行动的原理及其所以有效的共同基础。就此而言，休谟的怀疑论又是在暗示着，甚至呼唤着一种新的、更高形态的理性哲学。

三、康德哲学作为理性哲学和意志哲学的共同源头

正是康德首先领悟到了休谟怀疑论的暗示，聆听到了它的呼唤。为了克服知识论和道德实践上的怀疑论，解决休谟所揭示的理性和非理性的

---

① 参见罗素：《西方哲学史》下卷，商务印书馆 1976 年版，第 211 页。
② 休谟：《人性论》，商务印书馆 1980 年版，第 674 页。
③ 休谟：《人性论》，商务印书馆 1980 年版，第 304 页。
④ 《致埃利奥斯》，转引自阎吉达：《休谟思想研究》，上海远东出版社 1994 年版，第 327 页。

本能（欲望、情感、爱好等等）之间的冲突，康德提出和发展了理性的能动性和主体性的思想，将其提高和扩大到了对人的知识能力、欲望能力（意志）和情感能力，即对人类活动的真、善、美各个领域进行立法的地位。康德的三大批判的宗旨就在于确立理性对人类的认识活动、意志活动和审美活动所颁布的先天原理或先天规律，并证明它们的有效性。在康德看来，理性以其先天知识形式在综合统一后天的感觉材料中创造自己认识的对象——自然界，以其先天实践（道德）规律在排斥感性的欲望、爱好等等中创造自己追求的对象——善的意志，以其先天评判（反思）原理在诸认识能力的自由游戏中创造自己审美的对象——美和艺术，这就是理性的先天原理在各自领域中具有普遍必然的客观效力的根据。康德提出和论证的这种理性统摄一切和创造一切的能动性和主体性的原理及其中包含的关于综合统一、二律背反和三分法等思想，将近代早期理性哲学推向了新的发展阶段，成为往后黑格尔集大成的新型的、更高形态的理性哲学的源头。

但是，与此同时，康德又限制理性的认识能力，认为理性为知识所立的法（时间、空间、因果性等等先天知识形式）只适用于现象，而不适用于作为现象的基础的物自体，因而理性只能认识现象而不能认识物自体。在康德看来，物自体存在而不可知，这就为他说明道德、自由和宗教留出了地盘。不过，这样一来也就为各种非理性主义思想的滋生提供了土壤。这种情况首先出现在康德自己的道德理论中。依照康德的观点，在道德实践的范围内，为了使实践理性所立的法——普遍必然的道德律能够实际起作用，从而使道德成为可能，就必须假定作为现象的人同时具有自由意志——意志有一种绝对的自发性或自由的能动性，一方面能摆脱自然必然性而独立（消极的自由），另一方面能以自己确立的、同时可以作为普遍立法原理的行为准则来决定自己行为的动机。人是否真的具有这种自由意志？这在理论上无从证明，也无从反驳。不过，任何人从自己的道德实践中都可以得到他的意志实际上有这种绝对自发性能力的暗示，并能够体验到，为了使自己的行为有道德性，就必须确信自己具有这样的自由意志，这是一个"实践知识"，即道德信念的问题，康德认为，设想人作为现象必须服从自然必然性的规律，而作为本体则具有自由意志；设想人的行为作为现象必须从属于自然因果性，而同一行为从它应当不应当发生看则不为自然的条件所决定，而是从属于自由因果性，为人的自由意志所发动——所有这些都是不矛盾的。正是康德这种人的自由意志作为超时空的本体可以自发地、能动地开始（产生出）一个时空中的现象系列的思想，为后来叔本华意志主义的产生提供了最初的源头。

在康德那里，现象和本体、自然（必然）和自由的分立是以认识和实践（道德）的分立为依据的，因而也就是由人类认识能力本身的性质决定的。为了把彼此分立或对立的双方结合起来，康德认为有必要设想一种人所不能具有而又与自然同一的"知性的直观"或"直观的知性"，在那里自然的多样性无须任何思维（概念）的中介而直接是一个有机统一的整体，由于这个整体本身即是现象和本体、必然和自由的统一，因而它也就可以看作是人类理性借以制定从现象反思本体、从必然反思自由的主观原理的根据。康德提出的这种作为"多样性的直接统一"的"知性直观"的思想，既为理性主义的辩证思维说、也为非理性主义的直观说提供了进一步发展的契机。

四、费希特哲学和谢林哲学作为理性哲学和
意志哲学发育的共同环节

1. 费希特哲学

费希特认识到，为了解决康德哲学中现象和本体、必然和自由的矛盾，就必须把康德分开的认识和实践统一起来并进一步发现和阐明它们两者的共同基础。康德尽管承认只有一个理性，但由于他把理性的理论运用（认识）和实践运用（道德）各自的先天原理截然分开，从而造成了理论理性和实践理性的分立。针对这种情况，费希特提出，作为主体的理性，即自我，本身即是知性（理智）和意志的同一，它的本质在于它本身就是一种"行动"，一种绝对的、无条件的自发的活动，一种自我设定（建立）它自己的行动（正题）。这种"自我设定自我"的"本源行动"，是一种意志的行动，但从属于知性的形式逻辑的同一律（A=A）。不过，费希特认为，自我在设定它自己的同时也设定了一个非我与自己相对立，他把这一行动称为"反设定"或"树立对立面的活动"（反题）。而在设定对立面的

同时，自我也就在它自身范围之内设定起互相对立、互相限制，因而是有限的（经验的）自我（主体）和非我（客体），费希特把这一个设定行动称为综合（合题）。根据合题，在非我限制（决定）自我的情况下自我是认识的主体，在自我限制非我的情况下自我是实践的主体，主体通过自己的能动的认识活动和实践活动，一方面建立起了关于对象的科学知识，另一方面则建立起了从必然到自由，即从有限自我提高（回归）到绝对自我的人类历史。

费希特哲学将康德提出的理性的能动性和主体性的思想推到了一个新的高度。费希特肯定作为主体的理性，即自我是一种自己产生自己、创造自己、发展自己的本原，它统摄一切和创造一切的活动从属于它自身的某种必然的辩证的规律性（正、反、合），他在这个基础上把认识活动和实践活动统一起来，并且试图突破康德哲学局限于抽象的道德实践的狭隘性而把人类创造历史的各个活动领域都纳入实践的范围，这时，他就为更新、更高形态的理性哲学的形成提供了强大的支柱。正如马克思、恩格斯所指出的那样，费希特的自我意识是黑格尔的体系和绝对精神的基本构成要素之一。①

但是，康德哲学所孕育着的意志主义胚芽在费希特哲学中也得到了发育成长。我们看到，费希特把作为自我自身的"本原行动"看作某种A=A那样的自身等同的东西，因而是一种意志的绝对无条件的自发（自由）的行动，这样的行动既不是感性直观所能直接知道，也不是理性思维，即概念所能间接知道，而是只有通过某种"知性的直观"，注视自己的内心才能直接发现和把握到的，而实在的主体和客体则是它的现象或显现，这时，他就是在沿着主观主义的方向为意志主义的确立提供积极的论证，为它的发展开辟道路。

2. 谢林哲学

为了使费希特哲学摆脱它所必然陷入的唯我论，谢林认为人的认识活动和实践活动统一或一致的共同基础不是费希特主张的自我的设定活动，而是一种本身即是主体（自我）和客体（非我）的绝对同一的客观精神，即"绝对"的发展自己和认识自己的活动。自然界是这种"绝对"自

---

① 《马克思恩格斯文集》第 1 卷，人民出版社 2009 年版，第 341—342 页。

身从无意识到有意识的发展阶段，人类历史则是它的有意识的，即其自我意识的发展阶段，它在人的创造科学的认识活动和创造历史的实践活动中都没有也不可能完全意识（认识）自己，只是在创造艺术的艺术活动中才通过审美的或艺术的直观而最终意识到自身的本质——"主体和客体的绝对同一"，意识到一切自然的和精神的事物都是它自己的产品和显示，而它自己则是贯穿在一切自然的和精神的现象中的本体。

谢林哲学将康德和费希特的理性统摄一切、创造一切的思想建立在客观的基础上，它标志着近代西欧理性哲学的理性观向古代希腊理性哲学的理性观的回复。不过这不是回复到那种主客未分或主客混沌的原始统一的理性，而是在主客高度分化和对立的基础上，向着一种将主客对立包含在自身之内的统一理性的上升。我们看到，当谢林把他提出的"绝对"称之为主客同一的"绝对理性"，试图说明"绝对"是遵循着自身的必然规律，从同一到对立再到把对立包含于自身中的新的同一这样循环往复、层层递进、由低到高辩证地发展时，他是在为在黑格尔那里最终完成和定型的新的、辩证形态的理性哲学提供一个唯一真实的出发点。就像费希特企图从"自我"出发逻辑地推演出全部知识学体系那样，黑格尔则是企图从谢林提出的"主体和客体的绝对同一"这个根本原则出发逻辑地推演出由逻辑学、自然哲学和精神哲学所组成的整个理性体系。在这个意义上，正如费尔巴哈所说，"黑格尔是通过谢林为中介的费希特"①。

但是，费希特哲学的意志主义倾向在谢林哲学中也客观化了。和费希特一样，谢林由于把作为出发点的"绝对同一"理解为形式逻辑的A=A那样无差别的同一而找不到它自己运动的源泉，无法解决如何从同一过渡到对立的问题，因而不得不以某种方式诉诸意志的自发性。这种解决问题的方式是同谢林的浪漫主义倾向完全契合的，并随着浪漫主义思潮之从自然转向宗教而相应地有所变化和发展。起初，谢林认为，自然界的事物都是"绝对"由于一种要求意识（认识）它自己的无意识的欲望，通过一次一次的无意识的，但不成功的自我直观而产生出来的，它们都是"绝对"在不同阶段、层次或等级上的体现，他把这些不同的阶段、层次或等级称为"因次"。随后，他又从斯宾诺莎的实体主义转向柏拉图和新

---

① 《费尔巴哈哲学著作选集》上卷，三联书店 1959 年版，第 64 页。

柏拉图主义，把"因次"称为"理念"，把它看作是上帝，即"绝对"显现自己的永恒形式或上帝的自我直观，而经验的个体事物则是其有限的摹本，从而理念也就构成了"绝对"转化为世界的中间环节。最后他把理念脱离上帝而形成现实世界的根源看作是上帝，即"绝对"自身的本质中的非理性的东西，这就是那种无始无终的盲目的追求和冲动，即无意识的意志。现实世界就是这个无意识的意志之欲求的表现，而人对于上帝或"绝对"本身的认识则不仅要通过知性直观和艺术直观，更为根本的是要通过人的宗教活动中的宗教直观。谢林哲学中的这一方面为叔本华意志主义从主观主义方向转换到客观主义方向发展铺平了道路和准备好了一切必要的思想要素。

五、黑格尔哲学和叔本华哲学作为从康德 经过费希特到谢林的哲学发展的结果

1. 黑格尔哲学

从康德开始的把理性的立法权力推向非理性的一切领域的理性主义倾向，到了谢林那里就表现为这样一个矛盾：一方面"绝对"如果不是由于一种无意识的欲望冲动就不能行动起来，另一方面"绝对"的行动又服从于某种必然的辩证的规律性。黑格尔看到谢林把"绝对"非理性化，是由于他并没有真正了解"绝对"的本质和规律。黑格尔认为，"绝对"应是一种"主客同一"的逻辑精神，其规律不是形式逻辑的，而是辩证逻辑的。这就是说，作为这种精神运动的出发点的自身同一性不是无差别的A=A那样的同一性，而是自身就包含差别的同一性，它既与自身同一又与自身不同一，既是它自身又不是它自身。由于这种内在的自相矛盾性，它就要否定自身，异化或外化自身，向对立面转化，通过对立面的综合，使对立双方被扬弃为新的统一体的两个构成环节，以达到对立的统一和否定之否定。这样，这个出发点就从一种潜在的对立同一体变成了现实的对立同一体，从而实现了自我发展和自我认识。黑格尔正是凭借这种辩证逻辑，使谢林、费希特等人那里的非逻辑的、非理性的自发能动性本身成为一个客观必然的过程。这样一来，在黑格尔哲学里，精神和自然、无意识

和有意识、意识和对象、个人意识和社会意识、理论活动和实践活动、个人活动和人类活动、激情和理性、历史和逻辑等等，都被归结为绝对精神内部的对立统一的不同层次、不同阶段和不同环节，从而建立起了一个严密的理性主义体系，赋予了理性哲学以新的更高形态，即辩证的形态，达到了近代理性主义哲学发展的最高峰。

黑格尔把他的哲学看作是哲学思想的历史发展的结果。在这个结果里，那些困惑了历代哲学家，特别是近代哲学家的四大对立——思维（主体）与存在（客体）、自由与必然、善与恶、灵魂与肉体，以及从它们中衍生出来的如认知与意志、情感，间接的知与直接的知，历史的规律与人的自由自觉的活动，社会的理想与生命的冲动等等对立，都合乎规律地得到了和解。在黑格尔看来，他已经在理性从潜在的主客同一（逻辑理念）到现实的主客同一（人和人类的精神）的发展过程中，为从无机自然直到人的本能冲动和神秘直观的一切非理性的东西找到和安排好了它们应有的位置，从而也就把非理性的方面完全彻底地统摄到理性之下了。实际上，他不过是在思想上先把非理性的东西变成了理性自身的"异化"形式，然后宣称理性克服了自身的异化，使之回归到了自身罢了。而实在的非理性的东西却依然故我地在理性之外同理性对峙着。这种情况就决定了黑格尔的高度发展和极其精密的理性主义哲学阵系也没有能够完全消除某种非理性的意志论的色彩。黑格尔同谢林一样也都必须回答上帝即"绝对"如何转化为世界的问题。不同的是，黑格尔坚持理性主义立场，企图用辩证逻辑来解决这个问题。可是，在说明逻辑理念转化为自然界时，不管他用了多少唯心主义的辩证法，最后仍要诉诸绝对理念的某种意志行为，即它"决心（决定）""把自己作为自然界自由地从自己外化出去"[①]。同时，众所周知，黑格尔又将自己的哲学体系宣布为绝对理念对自身的完全的认识，而当时的普鲁士王国则被说成是历史发展的极限，这样一来，绝对理念辩证发展的永恒的生命，一切求真、求善的冲动，乃至生命的冲动本身也都完结了，都被窒息在他的被完成了的体系之中了。

黑格尔哲学体系标志着理性主义已发展到了极端，依据黑格尔表述

---

① 黑格尔：《小逻辑》，商务印书馆1980年版，第428页。

的辩证法的法则，理性主义体系必然要向自身的对立面——非理性主义体系转化。而这个对立面也已经同黑格尔哲学一起从康德到谢林的哲学发展中产生出来了。这就是叔本华的意志哲学。

2. 叔本华哲学

叔本华自称他的哲学直接继承了康德哲学，不承认在康德与他的哲学之间有任何中间环节。实际上，叔本华的哲学不过是把从康德到谢林力图用理性去统摄非理性的做法颠倒过来，将非理性的意志加以绝对化，使之去统摄理性；而他的哲学的内在进程也以其特殊的方式反映了从康德到谢林的哲学的思想进程。

首先，叔本华肯定康德区别现象和物自体，认为我们认识的只是现象，现象即是表象，是由于我们的认识而产生的，服从于我们先天的认识方式——时、空、因果性（叔本华总括为根据律），是科学可以认识的世界，由此推出"世界是我的表象"①。

其次，物自体是现象的本质和内核，是可知的，不过不是通过概念的推论，也不是通过经验的感知。表象是一体两面，要从主体去把握，主体是与身体同一的心灵，只有通过"直接的认识"，费希特式的"知性的直观"，即注视与身体同一的内心，才可悟到。这个主体就是我的意志——自身直接存在的意志，不是"我思"，而是"我要"，一种神秘的欲求"活动"。我的身体就是我的意志的客体化或成为表象的意志，因此与我的意志所宣泄的各种主要欲望相契合，例如我要吃，所以身体就有了牙齿、胃、食道等客体化形式。由此推出"世界是我的意志"②。

最后，叔本华也要摆脱唯我论，上面只是揭示世界的内在本质是意志这个观点的入口，他由此进一步推论出其他事物也是表象，也有两面，其本质也是意志，是意志的客体化。正如谢林用"绝对"代替费希特的"自我"，叔本华也用唯一的宇宙意志来代替"我的意志"，把包括我的意志现象在内的一切现象都看作宇宙意志的不同等级上的表象或现象（人是意志客体化的最高等级，才产生了理智）。不过在这里他抛开了谢林的"绝对"自身的辩证发展的思想，而接受了谢林后来把理念作为"绝对"

---

① 叔本华：《作为意志和表象的世界》，商务印书馆 1982 年版，第 25 页。
② 叔本华：《作为意志和表象的世界》，商务印书馆 1982 年版，第 27 页。

转化为世界的中间环节的新柏拉图主义思想，把"理念"看作个体事物（现象）和意志（作为物自体）的中介，或者说，理念作为意志的自我直观是意志的直接客体性，而个别事物作为理念在时空中的个体化则只是意志的间接客体性，以此来说明意志客体化（现象化）的无穷等级。

叔本华的"意志"是把康德所说的"低级欲求能力"形而上学化为康德、费希特所谓具有绝对自发能力的自由意志的结果，也即是清洗掉理性和宗教的杂质后的谢林所谓作为现实世界的原始根源的无意识意志之彻底非理性化。① 这种意志是一种超时空的活动，一种绝对自发性的"行动"，一种"不能遏止的盲目的冲动"，一种以自身为目的的无止境的永不满足的欲求。它的基本点就是求生存、求生命。正是这种生命意志、生存意志构成了世界的本质。人在这个作为"物自体"的意志面前消极无为，因为意志本身是绝对的自发性，但其客体化、表象、现象却服从现象界的规律。生命本质上是痛苦：理智认识到求生的人作为表象都不免一死；欲求的基础是需要，缺乏，难以满足；而欲望的满足又引起新的欲望或空虚无聊。生活不过是一场悲剧。摆脱痛苦的唯一方式就是禁欲，取消一切欲求，即否定意志，达到"无欲"境界。他就这样地从人的命运只是痛苦，得出了否定意志、结束生命冲动的结论。叔本华并不否认人有理性，不过理性只能认识现象，而对自在之物或本质的把握则只有通过神秘的直观。在直观中可以达到对"理念"的认识，在其中主体与客体已无区别，都是意志："意志在这里自己认识到自己。"② 理性作为意志客体化最高等级的产物，它只能是为意志服务的奴仆和工具。

当然，叔本华哲学作为从康德开始经过费希特、谢林的中间环节而产生的意志主义哲学，只是近代意志主义的开端，如同新生的婴儿一样，处于雏形阶段，尚未发展至成熟的典型形态。在 19 世纪 70 年代继之而起的尼采意志哲学中，意志主义才达到了它的成熟的典型形态。尼采和费希特一样宣称生活和行动才是其哲学的目的、本质。首先，尼采将叔本华的生存意志发展为权力意志，因为他认为生命的本质就在于生命力的发挥，即促使生命向着更强大、更旺盛、更富有活力的方向发展，与此同时，它

---

① 参见文德尔班：《哲学史教程》下卷，商务印书馆 1996 年版，第 851 页。
② 叔本华：《作为意志和表象的世界》，商务印书馆 1982 年版，第 252 页。

也就间接地达到了自我保存即生存的目的。其次，尼采也认为生命本身免不了痛苦，但是他抛弃了叔本华的悲观主义态度，而采取了一种自我超越的姿态，认为生命应在痛苦中去追求超越当下的生存状态，超越自身，成为超人。尼采一方面宣称"上帝死了"（这"上帝"包括"绝对"、"绝对精神"等等），另一方面则在上帝的尸身上树立起超人的崭新形象，表现出对人的本质力量（意志）的一种乐观主义的和近乎狂妄的自信。最后，尼采要求站在超人的立场上重新估价一切传统价值，确立新的评价标准。理性确立的真理是虚构，真理只有在对超人有用时才是真理。尼采的这些观点对后世产生了重大的影响。

尼采与叔本华的意志哲学构成了现代西方非理性哲学的源头，以后的生命哲学、存在主义、弗洛伊德主义、法兰克福学派的社会批判理论等都是这种非理性主义思潮的进一步发展。然而从历史的渊源上来看，近代非理性主义的真正源头要追溯到康德和其后的德国古典哲学中的非理性的因素和倾向，而这些因素和倾向也是包容在黑格尔理性主义哲学中的。这就需要我们从辩证的角度来研究这两大思潮在内容上的对立与交叉、重合，进而理解其深刻的内在联系。

六、理性主义和意志主义两大对立思潮 在内容上的重合、交叉和互补

生活、行动、实践乃是由意志这种内在推动力所发起、所调节的，所以对前者的哲学思考首先就接触到意志及其活动的问题。尽管意志在西方哲学史中，自古以来就是哲学思考的主题之一，但只是在休谟以后才从意志对人的实践和认识、存在和发展的意义的角度出发，对意志的本质与作用进行哲学的或形而上学的研究。因此无论是在从康德到黑格尔的理性主义思潮中，还是在叔本华和尼采的意志主义思潮中，意志的地位和作用的问题都被鲜明地突出出来，这是它们二者的一个重合点；但是二者对意志的理解和态度、研究的出发点和侧重点以及方法，都存在着极大的分歧。

（1）出发点不同：理性主义是在把理性绝对化的前提下来考察意志等

因素的，它力图把意志作为理性的一个环节、特殊的形式等等。而意志主义则把意志本身绝对化，在此基础上来考察意志的本质和作用，理性仅仅被当作从属于意志的工具。

（2）对意志的理解不同：康德将人的意志或欲望能力分为高级的和低级的，理性主义一般以求真、求善、求实的理性理想的高级意志为对象，可称为理性的或向着理性化方向上升的意志。意志主义则是把理性主义不屑一顾或不愿在那里多停留一会儿的低级欲望能力，即以求生的意志冲动作为对象，可称为感性的、非理性的或向着非理性化、感性化方向下沉的意志。

（3）侧重点不同：将理性绝对化以考察其本质和功能始自柏拉图，已有两千多年的历史，在近代从笛卡尔到康德哲学出现以前也有一百五十余年的历史，可以说，理性本身的方方面面以及与之相关的各方面，都已经逐渐地被揭示出来，康德开始的德国理性主义则进入到对理性进行综合认识的阶段。因此，理性主义在将意志活动（实践）作为理性的环节来考察时，所侧重的 方面是其宏观的结构和内容（目的、工具、活动等）的综合，一方面是它与理性的其他环节（认识、规律、真理、理想等等）之关系，并将其综合统一为一体，直到黑格尔哲学这一综合过程才达到完成。与此相反，将意志绝对化以考察其本质的功能，可以说是从叔本华到尼采的意志主义才开始的（尽管唯意志论的倾向、因素早已有之），这就决定了它必然要从揭示意志本身的最原始、最初级，因而也是最基本、最普遍的层次、成分或因素开始，即从作为来自生命本身的推动人行动的内在力量——生命冲动开始。只有在这一思潮的往后发展中才能逐渐地揭示出意志本身的其他因素和方面，并进而考察意志与人的精神活动的其他方面的关系，这就是说，它标志着对意志本身的本质和作用的认识还处于分析认识的阶段。

（4）方法不同：处于综合的阶段的德国理性主义，要求发展一种与之相适应的思维方式、方法，即与形而上学的（分析的）思维方式不同的辩证的思维方式或理性的思辨的综合方法。叔本华、尼采的意志主义尚处于分析的阶段，理所当然地注重分析的方法，而在把意志从其总体中分析出来作为一种非理性的生命冲力时，对它的认识似乎就只能诉诸内心的直观和体验；而在涉及它和其他方面的关系时则只能是折中的结合或包容。

（5）对意志的作用和意义所注重的不同：由于各自的侧重点不同，德国理性主义强调意志活动（实践活动）对认识真理的意义，即其认识论的功能和对实现历史规律和历史发展理想的意义，也即其社会的和历史的功能。而意志主义则集中于强调意志作为生命冲力对于个体的人的存在（生存）、自由、创造和发展的意义和功能。

总之，理性主义思潮和意志主义思潮针对不同层次、阶段上的意志的本质、构成、作用和意义展开了哲学思考，尽管二者是对立的，但由于它们都是对同一意志的不同层次、方面等等的哲学认识，所以在内容上又具有互补性。于是，摆在我们面前的任务就是如何真正地扬弃这两大对立思潮。

七、在系统的研究中扬弃

要能够真正扬弃这两大思潮，吸取它们各自包含的合理因素，必须站在比二者更高的观点上，对它们展开系统的研究。

（1）系统研究要以研究现实的人为出发点。理性哲学和意志哲学都是把现实的人接近现实、把握现实的无数（数目不断增长的）方面或成分之一加以绝对化，将其发挥成为世界观或人生观。从认识上说，其意义在于使人们认清了这一个方面或成分的本质、作用、意义以及它们的界限，但作为发挥而成的整体则是错误的，即不是对世界、人生的正确的说明。只有以人接近、把握现实之无数的、不断增加着的成分之总体才能真正说明现实的世界和人生。而现实的人就是以他自身来接近、把握现实的，所以，问题就归结为现实的人是什么？

首先，实践唯物主义认为：现实的人不仅是一个"感性的对象"，而且应该被理解为一种"感性的活动"——个体的、同他人结成一定关系的、以自己的实际力量改变着现实世界同时也改变着自身的活动。这样的人及其活动是与现实世界血肉不可分的统一体。这种活动是以物质的感性的活动为基础的物质的感性活动与精神的活动的统一整体。

其次，人的精神活动也是一个整体——生理（无意识的本能）因素、心理（知、情、意）因素和社会（社会生活及其意识的各个方面）因素构成的整体，而且这个整体是在作为整体的物质的感性活动（个人的、肉体的、社会的）的基础上变化发展着的，必须在这感性活动史的基础上来考察。

最后，精神活动的每一方面又是许多因素构成的整体，因而精神活动作为一个整体是很复杂的。但是，根据人是从动物进化而来的基本事实，我们完全可以合理地从理性和非理性的相互关系这一视角来把握这个整体。一方面，理性是从欲望、情绪、无意识的本能这些基础性或本能性的东西生成的，而理性本身又经历了一个从低到高的发展过程。在这个过程中非理性的东西不仅是理性的基础，而且往往是理性东西的先导或契机。另一方面，人是社会的人，因此在人那里情感、欲望、意志等等都直接间接地受到理性的主导作用（人完全受动物式本能的支配是在非正常的情况下出现的），直觉、灵感、顿悟等非理性的知也是在经验和文化的基础上，作为间接的知的转化结果出现的。所以人的非理性的存在及其发展也不是孤立的，而是在与理性同步、交织、相互作用中进行的。理性虽然一般地或经常处于主导地位，但依据具体情况，这种地位是可以甚至不可避免地会发生变化的。非理性的作用越大，理性也就越应该深入到非理性中去，从而改变和发展自身，以保持和实现其主导作用。理性与非理性的区别、对立是不能抹杀的，然而这种对立又不是过分的、僵死的，它们是在相互渗透、相互转化、对立同一中发展变化着的。总之，应当在实践唯物主义的根本观点上，动用唯物辩证方法，以理性和非理性的相互关系为线索来系统地研究两大思潮。

（2）重新考察德国古典唯心的理性主义哲学。在这方面的研究已经取得了很大的进展和丰硕的成果（如马克思主义），但仍有许多东西和问题有待研究。从康德开始的这一思潮是近代理性主义，因而也是哲学史上理性主义发展的最高阶段，它的根本特点就是自觉地要把理性的立法地位推广到一切非理性领域，也就是要用理性来统摄非理性。从这点出发，就要研究这一思潮是怎样用理性来统摄意志、情感、欲望、无意识的生命冲动等等以及诸如直观、灵感、信仰、顿悟、体验等等非理性的认识形式的，在这种统摄过程中出现了什么矛盾，又是如何来解决这些矛盾的，在解决矛盾中理性和非理性双方都发生了什么变化，以及使理性容纳非理性和使非理性向理性发展时，在对理性、非理性及两者关系的认识上的是非得失、经验教训、实质进展等等。

（3）对意志主义和非理性主义思潮进行系统研究。相对于古典哲学来说，这方面的研究显得较薄弱。黑格尔哲学是理性主义发展的高峰和终结，从它的解体中产生了马克思主义的实践的唯物主义。相反地，从同一来源产生的叔本华哲学则仅仅是意志主义的开始，继叔本华和尼采之后，意志主义在现代西方哲学发展为包括许多派别、经历了许多形态的强大的非理性主义思潮，这一思潮对现代西方世界发生了很大的影响，是不能等闲视之的。对意志主义的研究应当首先排除对它的各种武断的成见，特别是将其简单化和政治意识形态化的做法，根据上面提出的观点、方法和线索对之进行系统的研究，以求达到对它的真知。

首先，对每一个这样的哲学体系进行系统的研究，从理性与非理性的相互关系上来考察其主要原则、主要范畴之间的关系，从而掌握和洞察其内在的不可解决的矛盾。如对叔本华哲学至少应注意这样四对范畴及其关系的研究：作为现象的表象和作为本质之意志之间的关系；意志作为生命的冲力和理念作为理性的规范（原型）之间的关系；对意志的直观和表象作为意志对自身的间接认识之间的关系；意志的肯定作为生命之本和意志的否定作为人生的归宿之间的关系。

其次，对每一个这样的体系与先行的和后继的体系之间的关系进行系统的把握。就叔本华哲学而言，一方面必须系统地把握从康德经过费希特、谢林到叔本华哲学的进程，另一方面，更为重要而且对于我们来说也是更为迫切的，则是系统地把握叔本华—尼采的意志哲学与从那里发展出来的现代西方非理性主义的各种哲学体系之间的内在联系和进程，考察理性与非理性的相互关系在这一进程中所经历的变化和这种变化之间的必然联系。在这里，似乎以意志哲学为其开端的现代西方非理性主义思潮也在以自己特有的形式重复着近代以笛卡尔哲学为开端的理性主义思潮直到黑格尔哲学的进程，就是说，从某种片面的或形而上学的非理性哲学经过某些中间环节走向某种力图将非理性和理性有机地结合起来的"辩证的"非理性哲学。事实上，巴雷特就曾指出，海德格尔既不是非理性主义者，也不是理性主义者；而伽达默尔对黑格尔辩证法的呼唤和解读以及他的解释学辩证法，亦可看作是正在出现这一走向的一些标志。正如具有辩证倾向的理性哲学在认识理性与非理性的相互关系上作出了那个时代可能允许的有价值的贡献一样，具有辩证倾向的非理性哲学也必定会从相反的方向，就这种关系的认识作出与自己时代的条件相符合的、值得重视的贡献。当然，理性和非理性哲学发展的这种进程，恰好证实了这样一点：无论是绝对化理性的理性哲学还是绝对化非理性的非理性哲学，它们本身都是片面的和站不住脚的。

再次，对从意志主义到现代西方非理性主义的哲学进程和近现代世界的历史进程之间的平行关系进行系统的研究和把握。这是马克思主义的科学的哲学史观的一个根本要求。

最后，还必须把上述三个方面的系统研究统一起来加以把握。

总之，只有通过对理性主义和非理性主义分别进行这样系统深入的研究，我们才能达到对它们的真知，也只有把对这两者的真知综合起来，才能求得对它们的相互关系的真知。唯有在这样的工作的基础上，我们才有条件真正从思想上"扬弃"这两大对立思潮。

汉德人名对照表及索引

汉德书名对照表及索引

（仅限于本书正文中提到的著作）

汉德术语对照表及索引

D

108, 109, 123, 124, 136, 155, 164, 165, 168, 169, 171, 173, 179, 183, 188, 201, 207, 208, 219, 225, 226, 229, 231, 233, 248, 249, 250, 251, 255, 266, 267, 268, 271, 272, 273, 275, 276, 278, 279, 280, 281, 282, 283, 284, 285, 286, 287, 288, 289, 293, 294, 298, 302, 306, 308, 312, 315, 317, 324, 325, 326

感性存在　Sinnliches Sein　28, 29, 30, 31, 201, 273, 279, 289

感性对象　Sinnliches Gegenstand　50, 51, 53, 98, 233, 267

感性活动　Sinnliches Tätigkeit　27, 29, 30, 89, 94, 289, 298, 308, 325, 326

感性直观　Sinnliche Anschauung　31, 50, 51, 52, 53, 54, 55, 57, 58, 59, 61, 62, 155, 165, 248, 271, 285, 286, 287, 288, 308, 317

感性直观形式　Sinnliche Anschauungsform　51, 52

根据　Grund　11, 17, 18, 19, 20, 23, 25, 26, 28, 29, 34, 38, 41, 42, 45, 46, 48, 49, 56, 59, 60, 61, 62, 64, 65, 66, 67, 68, 73, 74, 79, 81, 83, 88, 89, 91, 92, 94, 95, 96, 97, 98, 99, 100, 102, 103, 105, 109, 117, 118, 119, 120, 121, 125, 126, 127, 131, 136, 137, 138, 139, 140, 141, 143, 144, 148, 150, 151, 152, 153, 158, 163, 178, 182, 189, 191, 192, 193, 194, 195, 196, 199, 200, 201, 202, 204, 207, 208, 209, 224, 225, 234, 237, 240, 244, 258, 259, 261, 268, 275, 278, 279, 280, 281, 283, 285, 291, 306, 308, 313, 315, 316, 317, 321, 326, 327

功利主义　Utilitarismus　81, 84, 88

共通感　Gemeinsinn　101, 102, 103

观念性　Idealität　39, 52, 71, 72, 73, 75, 191, 227, 228, 234

规定　Bestimmung　5, 14, 15, 19, 20, 23, 24, 25, 26, 27, 48, 50, 51, 52, 53, 55, 59, 60, 63, 66, 78, 79, 81, 82, 83, 86, 87, 93, 95, 96, 99, 102, 104, 107, 108, 109, 111, 117, 118, 122, 123, 124, 125, 126, 127, 129, 130, 137, 139, 152, 153, 160, 162, 164, 172, 173, 174, 175, 176, 177, 178, 179, 180, 181, 182, 183, 184, 185, 186, 187, 188, 189, 190, 191, 192, 193, 194, 195, 197, 198, 200, 202, 204, 207, 208, 209, 210, 212, 213, 217, 218, 220, 221, 222, 225, 231, 239, 243, 250, 252, 254, 270, 271, 272, 274, 285

规定的判断力　Bestimmende Urteilskraft　95, 108, 123

国家　Staat　2, 7, 110, 113, 116, 132, 133, 154, 235, 241, 244, 245, 246, 248, 258, 263, 296, 297, 301

过渡　Übergehen　5, 6, 9, 33, 66, 93, 95, 98, 99, 104, 105, 106, 108, 110, 119, 120, 136, 137, 138, 141, 143, 144, 146, 157, 183, 184, 185, 186, 187, 188, 193, 203, 204, 206, 213, 216, 218, 219, 225, 226, 229, 234, 236, 237, 238, 245, 246, 273, 284, 300, 302, 305, 307,

K

L

P

判断　Urteil　15, 19, 34, 37, 38, 40, 43, 44, 45, 46, 47, 48, 49, 50, 55, 56, 57, 58, 59, 60, 61, 63, 65, 77, 79, 90, 91, 93, 94, 95, 96, 97, 98, 99, 100, 101, 102, 103, 104, 105, 106, 107, 108, 109, 110, 111, 122, 123, 129, 149, 163, 165, 175, 184, 207, 208, 209, 210, 212, 213, 217, 220, 271, 287, 311, 312

判断力　Urteilskraft　34, 37, 44, 93, 94, 95, 96, 97, 98, 99, 100, 101, 103, 104, 105, 106, 107, 108, 109, 110, 111, 122, 123, 163, 208

判断形式　Urteilsform　55, 56, 57, 208, 209

普遍的自我意识　Allgemeines Selbstbewußtsein　236, 237

Q

契机，环节　Moment　99, 100, 101, 102

前定和谐　Prästabilierte Harmonie　14

青年黑格尔派　Junghegelianer　5, 27, 28, 170, 256, 257, 260, 265

情感　Gefühl　13, 16, 28, 29, 44, 93, 95, 97, 99, 100, 101, 102, 103, 104, 110, 240, 251, 308, 312, 315, 320, 326

权力意志　Wille zur Macht　322

全与分　Ganzes und Teile　199, 204

R

人本主义　Anthropologismus　29, 30, 31, 256, 276, 279, 289, 293, 295, 296, 300, 306

人本主义的唯物主义　Anthropologistischer Materialismus　29, 256, 306

人格　Person　65, 85, 86, 90, 92, 94, 150, 155, 238, 240, 251, 258, 291

人类学　Anthropologie　111, 112, 151, 231, 277, 279, 296, 297, 299

认识　Erkennen　6, 8, 9, 10, 11, 12, 14, 15, 16, 18, 19, 20, 21, 24, 25, 26, 30, 31, 33, 34, 36, 37, 38, 39, 40, 41, 42, 43, 44, 45, 46, 47, 48, 49, 50, 51, 52, 53, 54, 57, 58, 59, 60, 62, 63, 64, 65, 66, 71, 72, 73, 74, 75, 76, 77, 81, 82, 83, 88, 89, 91, 92, 93, 94, 95, 96, 97, 98, 99, 100, 101, 102, 104, 105, 107, 108, 110, 117, 121, 122, 123, 124, 126, 127, 128, 130, 133, 134, 136, 137, 140, 142, 143, 148, 149, 156, 157, 160, 161, 162, 164, 165, 166, 167, 168, 169, 170, 171, 175, 176, 177, 178, 179, 180, 181, 182, 183, 185, 186, 188, 190, 193,

S

71, 75, 76, 77, 78, 79, 80, 81, 82, 83, 84, 85, 86, 87, 88, 89, 90, 91, 92, 93, 94, 95, 97, 98,
99, 102, 104, 105, 110, 114, 117, 122, 123, 126, 127, 128, 130, 131, 132, 133, 134, 136,
137, 138, 147, 148, 149, 150, 151, 154, 155, 161, 162, 163, 200, 201, 215, 218, 219, 229,
238, 241, 243, 250, 257, 263, 276, 280, 286, 287, 288, 289, 293, 297, 298, 300, 301, 302,
306, 308, 309, 311, 312, 313, 314, 315, 316, 317, 318, 320, 323, 324, 325, 326, 327

实践的自我　Praktisches Ich　130, 131, 148, 149, 154

实践的唯物主义　Praktisches Materialismus　32, 297, 302, 308, 327

实践理性　Praktische Vernunft　21, 22, 34, 44, 75, 76, 77, 78, 80, 81, 82, 83, 84, 85, 86,
87, 88, 89, 90, 91, 92, 93, 94, 95, 110, 122, 123, 126, 131, 132, 162, 163, 315, 316

实践理性的悬设　Postulate der Praktischen Vernunft　89

实体性关系　Substantialitätsverhaltnis　204

事实行动　Tathandlung　123, 126

事物及其特性　Ding und Seine Eigenschaft　196

市民社会　Bürgerliche Gesellschaft　241, 242, 244

斯多亚派　Stoiker　88, 261, 266

思辨　Spekulation　16, 18, 28, 29, 40, 60, 64, 65, 76, 88, 89, 92, 93, 128, 140, 144, 145,
163, 164, 165, 169, 179, 223, 237, 259, 263, 265, 266, 267, 270, 274, 275, 292, 306, 310,
313, 324

思维和存在的对立　Gegensatz von Denken und Sein　13, 14, 17, 299

思维和存在的同一或统一　Identität oder Einheit von Denken und Sein　12, 17, 29, 30,
31, 164, 188, 272

思维和存在的统一　27, 256, 276, 279

数学的范畴　Mathematische Kategorie　57

T

太上单子　Monas Monadum　14

特性　Eigenachaft　36, 38, 42, 60, 72, 85, 144, 162, 190, 196, 197, 198, 208, 210, 211,
231, 236, 279, 283, 295, 300, 301

条件　Bedingung　1, 5, 19, 29, 31, 32, 36, 43, 49, 51, 52, 55, 59, 61, 62, 63, 64, 65, 67, 68,
69, 70, 71, 77, 78, 79, 82, 85, 86, 87, 88, 89, 90, 92, 100, 101, 103, 106, 107, 108, 109,
112, 113, 117, 120, 123, 124, 125, 126, 127, 129, 133, 137, 139, 147, 152, 154, 161, 186,

Z

再版后记

    1993 年由武汉大学出版社正式出版的《德国古典哲学逻辑进程》，于 2003 年出了修订版，为此我特地写了一个"修订版前言"，主要是对哲学发展的内在规律性作了进一步的阐释。二十多年前的著作，我没有想到能纳入人民出版社"哲学史家文库"再版。因此，在写"再版后记"时，不由自主地首先必须深切地感谢武汉大学哲学学院前院长、现国学院院长郭齐勇教授主动向人民出版社推荐了我的两本书（可喜的是另一本《康德黑格尔哲学研究》已于 2015 年 8 月问世）；我更要真诚的感谢人民出版社哲学与社会编辑部方国根主任以弘扬学术的精神和善意欣然将这两本书纳入了"哲学史家文库"第二辑予以再版；我还要向郭齐勇教授的高足周浩翔博士不辞辛苦将原书扫描为电子文本、并耐心细致地校对后寄到人民出版社的无私奉献表示由衷的赞美与谢忱。旧作再版这对八八米寿的我是何等的幸事，令人感慨不已！这里尚需说明的是，原书的"后记"将融入再版后记，而原"修订版前言"全文保留。

    《德国古典哲学逻辑进程》一书是在旧稿《18 世纪末至 19 世纪 40 年代的德国古典哲学》的基础上整理、修改和补充而成的。

    记得当我画下书稿的最后一个句号时，思绪便禁不住一下子飞回到 20 世纪 60 年代初我开始主讲德国古典哲学时的情景。1959 年三十有二的我突接一纸调令从未名湖匆忙来到珞珈山，我像赶着鸭子上架一样逼着自己走上了义无反顾的独立执教西方哲学史的道路，这成为我学术生涯的重要转折。

    在编写教学提纲过程中，恩格斯关于"德国哲学从康德到黑格尔的进展是如此连贯，如此合乎逻辑，也许我可以说，是如此必然"的论断[①]

[①]　参见《马克思恩格斯全集》第 3 卷，人民出版社 2002 年版，第 490 页。

深深地吸引着我，在我心里产生了解开这种发展的连贯性、逻辑性和必然性之谜的强烈冲动；而列宁关于近代哲学的圆圈运动（"霍尔巴赫——黑格尔（经过贝克莱、休谟、康德）黑格尔——费尔巴哈——马克思"）的设想①，像一道划破黑暗的闪电，在我的眼前显示出了解谜的前景。为此，我进行了大量的、艰辛的、创造性的工作。在那个连一张稿纸都不易获得的极端困难的年月里，我高度集中、超常发挥、夜以继日，着迷似的以边讲授、边编写、边由印刷厂印发给学生的"三边方式"，期末再将学生的散页收回给印刷厂装订成册。就这样居然完成了一部以探索德国古典哲学的内在逻辑为目标和特色的教材——40万字的铅印本《18世纪末至19世纪40年代的德国古典哲学》。

在我还来不及对讲义装订本进行重新审视和系统阅读的时候，恰逢以李达为会长的湖北省社联哲学学会首届年会的召开，我被要求为哲学史分会作主题发言，只好马不停蹄地对编写教材的思路进行再思考、再抽象、再提炼和再集中、再典型化，赶写出了一篇长达5万字的主题论文《从法国唯物主义到德国唯心主义》，系统地、深入地探索了德国古典哲学由主观能动性和客观制约性这一主要矛盾推动的螺旋式进展的内在逻辑规律和逻辑进程，冲破了流行的、通用的对德国古典哲学进行教学与研究的框架和模式。这在当时可以说是非常大胆和另类的。这篇论文所体现的基本思想和方法——认为哲学史研究的任务是在唯物辩证法指引下探索哲学由内在矛盾推动的螺旋式进展的逻辑规律和逻辑进程，在那次年会上引起了赞成者、存疑者和反对者之间不同观点的一场相当激烈的争论和深入的讨论。赞成者认为，论文的这种做法是一种真正进入了对哲学史的客观事实本身的研究，因而是值得肯定和提倡的。存疑者认为，论文所述的从康德到黑格尔的矛盾进展太有魅力了，环环相扣，完美而理想，以致对历史事实是否真的如此就难免有些疑虑了。反对者的意见是相当激烈的，认为论文所体现的观点与方法离开了马克思主义（实际上是苏联共产党的意识形态主管日丹诺夫）关于哲学史是唯物主义与唯心主义的斗争史和这种斗争是阶级斗争的反映的基本立场。尽管这篇主题发言把我推到了风口浪尖，极为幸运的是，由于三年困难时期阶级斗争的弦稍微放松了一些，贯

---

① 参见《列宁全集》第55卷，人民出版社1990年版，第308页。

彻"高教60条",调整了知识分子政策,特别是实行"脱帽加冕"(脱去资产阶级知识分子的帽子,加入劳动知识分子行列)和重申贯彻"百家争鸣、百花齐放"的双百方针以及实行"三不主义"(不戴帽子、不打棍子、不抓辫子),使善良的知识分子如获至宝,奔走相告。可以说,我初到珞珈山作出的这第一批成果完全要感谢"高教60条"的贯彻。

但是,政策调整毕竟是短暂的。随着困难时期的过去,阶级斗争不可避免地一浪高一浪地席卷神州大地。正当我已有可能在现有的基础上继续研究这一课题时,"四清"和"文化大革命"却无情地中断了我的研究达15年之久。但是在我的学术经历中,我深深地感觉到,抓住一切可能的机会做自己心中的学术是我学术不断线的经验。从1968年起,武汉大学哲学系就一锅端到襄阳隆中的武汉大学分校搞"斗、批、改",我在养猪场全力投入又脏又累的劳动改造,连猪草也要自己下湖或到齐腰的河汉中去捞,但我很安于这样的劳动。复课闹革命后,1970年武汉大学哲学系率先招收"上、管、改"的工农兵学员,我仍在养猪。毛主席发出"学一点哲学史"的最高指示,我奉命急忙从养猪场赶上课堂,刚刀讲第一堂古希腊罗马哲学,学员就贴出了"奴隶有哲学"的大字报,在分校、总校党的领导下掀起了一场声势浩大的"奴隶有无哲学的大辩论",我作为唯一的"无派",我的学术良心和学术信念经受住了这场不是问题的问题的大辩论的考验。① 在以后教学秩序比较平静的情况下,分校系主任孟宪鸿先生号召教师编写教材,我紧紧抓住这个机会,着手编写"西方哲学史",从第一章古希腊罗马哲学写起,到西欧中世纪哲学快完稿时,我的"老搭档"陈修斋先生刚完成了经典名著《人类理智新论》的翻译也来参加教材编写了,于是我们共同完成了这部上下册铅印教材。我在编写庞大的德国古典哲学章节时丝毫也不轻松,我要求自己又一次对德国古典哲学发展的逻辑线索与逻辑进程进行思考与深化,使教材尽可能多地体现出我心目中关于这一进程的内在线索的观点。极富传奇性的是,这部在"文革"中、在山沟里编写出来的教材,改革开放后的1983年由陈修斋、杨祖陶署名以《欧洲哲学史稿》为书名由湖北人民出版社正式出版了,其修订本被列

---

① 参见国务院学位委员会办公室编:《中国社会科学家自述·杨祖陶》,上海教育出版社1997年版,第57—58页。

为国家教委哲学类专业指定教材，一再重印，印数达数万册，后来还被评为国家教委优秀教材一等奖。

改革开放后学术空气空前活跃，我曾应邀到武汉各高校，以及西安、广州等高校就已经正式发表的《从法国唯物主义到德国唯心主义》一文的基本观点作学术演讲。听者中一些中青年哲学工作者十分惊讶地表示，像这样辩证逻辑地再现哲学的发展，真是从来没有见过。他们热切地希望读到这方面更有分量、更有系统、更详尽的专门著作。他们的这种热望深深地感染了我，成了促使我将早已泛黄的《18世纪末至19世纪40年代的德国古典哲学》讲义加以整理、修订作为专著正式出版的动力。

可是，由于各种主客观的原因，这件事总是一拖再拖而未动手。后来，这项工作被列入高等学校哲学社会科学博士学科点专项基金"七五"项目，也就非干不可了。

在着手这项工作时，我仍然紧紧抓住以主观能动性和客观制约性的矛盾这个纲，展开这对基本矛盾在从康德开始经过黑格尔到费尔巴哈的德国古典哲学中自身必然的辩证运动进程及其向马克思哲学发展的内在必然性。我认为这不仅符合德国古典哲学发展的实际，而且还在于：主观能动性和客观制约性的对立统一，无论在我国的实际生活中（想想当年的"大跃进"及其间"人有多大胆，地有多高产"的诸多豪言壮语吧！）还是在理论生活中（想想从20世纪50年代末起直到八九十年代的一些重大争论，特别是关于客观规律与主观能动性，关于主体性等问题的长久的激烈的争论），都依然是一个所谓"关键中的关键"、"问题中的问题"。熟知和了解哲学史上对于这个问题曾经进行过一些什么样的研究和争论，在这样的过程中又出现过一些什么样的理论和学说，它们之间有着什么样的内在必然联系，它们在总体上又体现着什么样的规律性的经验教训等等，是一个重要的方面。在我看来，提供富有这样内容的作品应是哲学史研究者不容忽视的职责。正是从这点出发，我在修订过程中也同时力求站在时代的高度，重新审视旧稿的全部内容和观点，突出那些与时代脉搏息息相关的问题，删减那些与时代主题疏远的材料，补充一些必要的内容。在这里，我要特别提出的是，课题组成员当时的副教授、现博士生导师邓晓芒教授在协助我整理旧稿的过程中显示出良好的哲学悟性，付出了巨大的辛劳，在此再次表示感谢。全部过程的最后成果就是姗姗来迟的这部《德国古典哲学逻辑进程》。

写到这里我眼前不由自主地浮现出了兄弟般地关爱着我的学长、著名哲学家和哲学教育家黄枬森先生和蔼清癯的面容。当他得到我的《德国古典哲学逻辑进程》一书时，立即来信亲切地表示"感到十分欣慰"，并由衷地评说："这不是一本普通的著作，而是一个学者生命与智慧的结晶，无数次探索追求、殚精竭虑的成果，又为我国的哲学宝库增添了一大笔财富，这是值得大大庆贺的。"①

本书此次再版，尚须具体说明一下有关引文的出处的改变。为了便于读者和研究者查阅，第一章有关康德《纯粹理性批判》和《实践理性批判》的引文，除引自人民出版社 2001 年出版的《康德三大批判精粹》的以外，现都依据人民出版社分别于 2004 年和 2003 年出版的两书各自的译本引用。第三章有关黑格尔《精神哲学》的引文则依据人民出版社 2015 年刚出版的《黑格尔著作集》第 10 卷《哲学科学百科全书》Ⅲ引用。

但是引文这样的改动无疑是工作量很大而又非常琐细的事。为此，我试着改了一条注释的名称、还不是正文，就把清样页面弄的不成样子。我的终生伴侣、81 岁的肖静宁教授一看立即说，这怎么行？她让我列一个清单，把原书页码与清样页码相对应，再与注释的新出处三者统一起来。这样的要求并不难，因为在 2014 年合同签定后我已经用红笔陆陆续续作了注释的修改工作，把一本武汉大学版的原书改的面目全非，只有我自己才看得懂。奇怪的是，我当时根本没有想到如何在清样上修改的问题，也没有估计到手工操作是不可行的，因为清样根本容纳不了手工改写的内容。肖静宁拿到清单说干就干，关键是通过我提供的原书的修改注释页码才能找到新的引文出处再达到与清样"三统一"，由于太杂乱看不清，或由于搞错了不准确，使她的电脑操作时时中断，要不时停下来问我，待我找出问题再干，有时是很费时费力的。她几乎是抛开一切全力投入，几天下来终于完成了注释校改的电子文本，共计改动注释 32 条、计 4800 余字。这只是工作的第一步，下一步是要将电子文本落实到清样上，这是更恼人的工作。她自己说是用了极"笨"的办法，就是剪刀加固体胶，一行

---

① 杨祖陶：《兄弟情谊六十载》，载《哲学创新的一面旗帜——黄枬森先生追思录》，中央编译出版社 2014 年版，第 22 页。

一行、一条一条剪贴到清样相应的位置上，其中有的一条注释要动十余次剪刀，就这样一页一页的推进，边操作边核对，终于圆满地完成了注释的校改工作，使清样校改稿看上去还蛮干净的。我以半开玩笑的口气倾述了我的心里话："你对清样动了一次大手术，你立了大功，帮了我的大忙，我要好好谢谢你！"的确，没有肖静宁的努力，要我完成这项工作是不可想象的！她还把电子文本与打印样稿均发给责任编辑李之美博士参考，她深知这是一项不轻松的事，希望尽可能地减少一点编辑工作的额外负担。

人民出版社哲学编辑室李之美博士任本书再版的责任编辑，她工作非常细致入微，力求完美准确。她在编发本书时，不厌其烦地查对马克思、恩格斯、列宁著作的新译本，校改了书中的众多引文。她还根据原书按汉语拼音顺序提供的汉德人名对照表、汉德术语对照表制作成完整的全书索引，像她编辑的《康德黑格尔哲学研究》一书一样，这个索引也是手工操作与电脑搜索的"结合体"。由于在《德国古典哲学逻辑进程》修订本问世后，不断有康德、黑格尔著作的新译本的问世，因而有关康德、黑格尔著作的引文出处也要相应改变，这都给李之美博士带来额外的麻烦和辛劳。在本书即将付梓之际，我要向李之美博士的敬业精神、高效、高水准的工作表示最诚挚的钦佩与谢忱。

杨祖陶于珞珈山麓
2015 年 9 月 28 日
2016 年 1 月 15 日修订

编辑主持:方国根

责任编辑:李之美

图书在版编目(CIP)数据

德国古典哲学逻辑进程/杨祖陶 著. -北京:人民出版社,2016.3
  (2024.1重印)
(哲学史家文库.第2辑)
ISBN 978-7-01-015761-0

Ⅰ.①德… Ⅱ.①杨… Ⅲ.①德国古典哲学-研究 Ⅳ.①B516.3

中国版本图书馆 CIP 数据核字(2016)第 014761 号

德国古典哲学逻辑进程
DEGUO GUDIAN ZHEXUE LUOJI JINCHENG

杨祖陶 著

人民出版社 出版发行
(100706 北京市东城区隆福寺街 99 号)

北京中科印刷有限公司印刷 新华书店经销

2016 年 3 月第 1 版 2024 年 1 月北京第 3 次印刷
开本:710 毫米×1000 毫米 1/16 印张:23.5
字数:370 千字

ISBN 978-7-01-015761-0 定价:78.00 元

邮购地址 100706 北京市东城区隆福寺街 99 号
人民东方图书销售中心 电话 (010)65250042 65289539